联大学术文库
本书为2013年度教育部人文社会科学研究西部规划基金项目“明清云南科举文献整理及研究”（项目编号:13XJA751004）的结项成果
本书得到云南师范大学历史与行政学院博士点建设成果经费资助

明清云南科举文献编年

刘明坤　编著

科学出版社
北　京

内 容 简 介

明清云南实施科举制度对社会的发展与繁荣起到了重要作用，科举制度的实施稳定了云南社会各阶级、各阶层及各民族，而整理这些重要的科举文献，并按照年代的顺序进行编年，有助于对科举政策、科举法规、科举观念一目了然，在直观的年代顺序中，更能窥见当时科举制度实施的具体情况。首先是明清各种史料，如正史、方志等记载的云南科举文献；其次是明清乡试、会试录及朱墨卷以及文人笔记、文集、别集中涉及的科举文献资料；再次是明清两朝专门针对云南科举颁布的一系列政令和规制。

本书适合于历史学、文献学等专业的人员参考阅读。

图书在版编目（CIP）数据

明清云南科举文献编年 / 刘明坤编著. —北京：科学出版社，2019.11

ISBN 978-7-03-062952-4

Ⅰ. ①明… Ⅱ. ①刘… Ⅲ. ①科举制度 – 史料 – 云南 – 明清时代 Ⅳ. ①D691.348

中国版本图书馆CIP数据核字（2019）第241953号

责任编辑：王 媛 赵云杰 杨 静 / 责任校对：韩 杨

责任印制：徐晓晨 / 封面设计：润一文化

科学出版社 出版

北京东黄城根北街16号

邮政编码：100717

http://www.sciencep.com

涿州市京南印刷厂 印刷

科学出版社发行 各地新华书店经销

*

2019年11月第 一 版 开本：720×1000 B5

2019年11月第一次印刷 印张：26 1/4

字数：420 000

定价：167.00 元

（如有印装质量问题，我社负责调换）

编 纂 体 例

1. 文献编年排列，时间上按照明朝、清朝的年代顺序进行排列。

2. 科举政策、科举文献、历科考试、进士举人等资料分类，分条排列。

3. 出自《明实录》部分的资料，以国立北平图书馆红格钞本微卷影印(美国国会图书馆摄赠微卷)为主、上海书店 1982 年版的《明实录》为辅，并适量引用《〈明实录〉有关云南历史资料摘钞》中的材料；《明实录类纂》系列与《云南史料选编》亦作为参考。

4. 出自《清实录》部分的资料，以中华书局 1985 年版的《清实录》为主，《〈清实录〉有关云南史料汇编》《云南史料选编》作为重要参考。

5. 两朝进士资料部分，主要以朱保炯等《明清进士题名碑录索引》及江庆柏《清朝进士题名录》为主要参考。

6. 两朝举人资料部分，主要以阮元《(道光)云南通志稿》、王文韶《续云南通志稿》为主要参考。

7. 清代考题、考场情况，以各种会试录、登科录及法式善等撰《清秘述闻三种》为主要文献。

8. 正文部分按照年代的顺序分为明朝和清朝两部分。

9. 附录部分以科举家族成员中考中举人或进士的首人开始算起。

10. 本书以乡试、会试科举文献为主，并按编年顺序兼及其他文献。

11. 其他说明：

(1)本书《明实录》相关引文参考文献依据为：①《明实录》，国立北平图书馆红格钞本微卷影印(美国国会图书馆摄赠微卷)；②《明实录》，上海书店 1982 年版；③全国人民代表大会民族委员会云南民族调查组、云南省少数民族社会历史研究所编：《〈明实录〉有关云南历史资料摘钞》(上、中、下册)，云南人民出版社 1959 年版；④李国祥主编《明实录类纂》系列，武汉出版社 1991 年版；⑤李春龙主编：《云南史料选编》，云南民族出版社 1997 年版。本书以这几个版本比对，以《〈明实录〉有关云南历史资料摘钞》（上、中、下册）中的内容为主要参考，以李国祥主编的《明实录类纂》系列和李春龙主编的《云南史料选编》为重要参考，以国立北平图书馆的《明实录》为最终依据。

（2）本书明代举人主要参考文献依据为：①（清）阮元修，（清）王崧、李诚纂：《（道光）云南通志稿》，道光十五年刻本；②《中国地方志集成 · 云南府县志辑》，凤凰出版社 2009 年版；③（清）范承勋：《中国方志丛书 · 云南府县志》，成文出版社影印本 1967 年版；④《中华人民共和国地方志》编纂办公室：《中华人民共和国地方志丛书 · 云南各县志》，云南人民出版社 1991 年版。其中，主要依据阮元版《（道光）云南通志稿》为明代举人、进士的校对版本。

（3）本书明代进士主要参考文献依据为：①朱保炯、谢沛霖编：《明清进士题名碑录索引》，上海古籍出版社 1979 年版；②屈万里：《明代登科录汇编》，台湾学生书局 1969 年版；③《明清历科进士题名碑录》，华文书局股份有限公司印行、美国夏威夷大学影印本；④明代历科进士登科录、同年录；⑤（清）阮元修，（清）王崧、李诚纂：《（道光）云南通志稿 · 选举制》，道光十五年刻本；⑥《中国地方志集成 · 云南府县志辑》，凤凰出版社 2009 年版；⑦（清）范承勋：《中国方志丛书 · 云南府县志》，成文出版社影印本 1967 年版；⑧《中华人民共和国地方志》编纂办公室：《中华人民共和国地方志丛书 · 云南各县志》，云南人民出版社 1991 年版。其中，明代历科进士及名次等级以朱保炯、谢沛霖编《明清进士题名碑录索引》为主，其他为辅编纂。

（4）本书《清实录》相关引文参考文献依据为：①《清实录》，中华书局 1985 年版；②云南省历史研究所编：《〈清实录〉有关云南史料汇编》卷 4，云南人民出版社 1986 年版；③李春龙主编：《云南史料选编》，云南民族出版社 1997 年版。

（5）本书清代举人主要参考文献依据为：①（清）王文韶修：《续云南通志稿 · 选举制》，文海出版社 1966 年版；②（清）阮元修，（清）王崧、李诚纂：《（道光）云南通志稿 · 选举制》，道光十五年刻本；③《中国地方志集成 · 云南府县志辑》，凤凰出版社 2009 年版；④（清）范承勋：《中国方志丛书 ·

云南府县志》,成文出版社影印本 1967 年版;⑤《中华人民共和国地方志》编纂办公室:《中华人民共和国地方志丛书 · 云南各县志》,云南人民出版社 1991 年版。其中,清代举人、进士部分主要依据王文韶版《续云南通志稿》为主要校对版本,其他文献为参考。

(6)本书清代进士主要参考文献依据为:①江庆柏:《清朝进士题名录》,中华书局 2007 年版;②朱保炯、谢沛霖编:《明清进士题名碑录索引》,上海古籍出版社 1979 年版;③《明清历科进士题名碑录》,华文书局股份有限公司印行、美国夏威夷大学影印本;④清代历科进士登科录、同年录;⑤(清)王文韶修:《续云南通志稿》(七),文海出版社 1966 年版;⑥(清)阮元修,(清)王崧、李诚纂:《(道光)云南通志稿 · 选举制》,道光十五年刻本;⑦《中国地方志集成 · 云南府县志辑》,凤凰出版社 2009 年版;⑧《中华人民共和国地方志》编纂办公室:《中华人民共和国地方志丛书 · 云南各县志》,云南人民出版社 1991 年版。其中,进士名录以江庆柏的《清朝进士题名录》为主,其他文献为辅。

目　录

绪　论

一、明清云南科举制度实施的意义

明清云南各民族科举制度实施前与实施后的社会发展程度是不同的，科举制度实施前，除省会与个别大的府州外，整个社会相对比较保守，很多地方是残酷的农奴制，存在着土司统治贯穿全省大部分地区、劳动生产力低下、社会生产关系复杂等现象，中央对这一地区的统治也较为薄弱；科举制度实施后，各民族关系得到融合、教育较快发展、土司统治逐渐被中央王朝的流官治理所代替、社会得到进一步发展，逐渐获得全面进步。科举制度实施促进了云南社会文化的发展，云南文学尤其是少数民族文学与中原地区的文学主流思潮逐步接轨，成为中华民族文学史上不可缺少的一部分。

1. 科举制度实施对社会融合发展的意义

明清各民族科举制度实施在不同的历史时期具有不同的特点和作用，尤其是少数民族在科举制度推行之后，接受科举制度并逐步实现了民族融合。因此，明清云南各民族科举士子的赴考之"路"成为传播西南边疆文化的"丝绸之路"，并且云南籍科举士子的赴任之路使"云南形象"发展为"云南精神"，且使更多省份了解遥远而神秘的云南从"边徼想象"到"西南重镇"形实的转变。

(1) 云南科举士子由于受理学忠君爱国思想的影响较多，在明清两朝出现了多"御史言官"的文化现象，这对于明清时期的云南科举来说，是科举文人人文精神的体现，也是知识分子理想人格的坚守、宝贵的精神财富。

(2) 从各民族科举与文学的关系中我们可以看到，各民族有各民族的长处,在经济发展上有快有慢。

(3)各民族全面接受科举制度后,民族观念的进步促使各民族融入主流社会,逐步实现了民族融合并形成了中华民族观。中华民族古老的传统文化,尤其是从宋代以来的爱国主义,从此在云贵高原开花,云南文化亦作为其中重要的一部分。

2. 科举制度实施对社会文化交流的意义

云南科举制度实施后,在社会生活的各个方面都产生了重要的影响,特别是对政治制度、经济发展与风俗文化方面改变较大,具有明显的特点。

(1)在政治制度方面,云南实施科举制度包括少数民族的科举制度为"土司统治"向"流官治理"提供了思想支持与政治理念。明代初期,云南社会部分民族地区实施土司制度。随着明王朝对云南社会的开发与治理,土司制度已经阻碍了生产力的发展,改土归流成为必然的政治需求。科举制度实施后云南社会的政治风貌开始变化,很多土司接受了先进的儒家文化,政治上接受了改土归流,之后尽管在部分民族地区,中央王朝仍然任命以前的土司继续管理这些地区,但性质已经发生了根本的变化。"改土归流"的实施,对促进地区发展与社会进步及稳定起到了重要作用。"改土归流"后云南各民族积极维护国家统一,并且各民族在明清两朝相对安定,国家安全也得到了保障。

(2)在经济发展方面,科举制度实施为"农奴经济"走向"封建经济"提供了人身自由与经济基础。明前期云南科举制度实施前,特别是少数民族地区大部分实施的还是农奴制经济,农奴庄园存在于很多地区,农奴没有人身自由,亦没有属于自己的经济基础。明中后期科举制度实施后,云南文化教育开始发展,农奴经济逐步向封建经济转型。随着朝廷对云南开始加大开发力度,云南社会取得了进步,并且在科举理念浸染下,云南社会的大中华民族观念随之形成。

(3)在风俗文化方面,科举制度实施为"边省文化"融入"中原文化"提供了条件。明清云南各民族地区的科举实施促进了社会发展与民族融合,外来移民与边地民族杂居相处,云南社会逐步发展,教化思想深入人心,边地民族开始接受中央统治,云南从各个方面成为中华民族大家庭不可分割的一部分。实施科举制度后,云南社会各民族的"传统天下观"演变为"大一统观",云南社会在各方面完全融入了主流社会。

3. 科举制度实施对文学的意义

云南各民族由于地理、政治等原因,总体上发展较慢,特别是明代以前,户籍人口比较少,又都基本上处于土司统治的模式之中,土司中的上层垄断了知识与文化,世袭继承着他们的统治领地。因此,科举制度普遍实施前的云南社会,各民族地区的文学亦受此影响,发展十分缓慢,甚至流传下来的文学作品也非常少。明代科举制度实施后,各民族地区亦发生了很大的变化,其中少数民族文学也取得了较大的成绩。

(1)科举制度的实施为各民族作家的产生提供了文化条件。在科举社会中,科举士子都习儒业,传统的忠君爱国精神在他们身上都有很好的体现,无论是考中前还是考中后,都会用文学作品来表达自己的思想,所以科举制度的实施为少数民族作家的培养提供了条件。

(2)科举士子的考试之路和为官之途为文学作品的产生提供了生活源泉。考生参加科举考试特别是去京城参加会试的过程是一个艰难的跋涉过程,云南多山的环境、路途险恶的经历使科举士子为官上任的道路充满着艰辛,很多士子不得不风餐露宿、宵衣旰食的为自己的前途奋斗,所以有着人在旅途的见闻和感想,这是文学创作取之不竭的源泉。

(3)文学创作的风格与热潮也会促进科举的繁荣与发展。文风的改变、向学之风的潮流会反作用于科举,科举受到这些"副产品"的影响亦是显而易见的。文学风格是一个地区、一个时代的标志,但它会受政治思潮、社会风气的影响,并具有阶段性和不稳定性,甚至与科举影响之下的向学之风互为因果。

总之,一个时期、一个地域及一个民族的文学风格和文学思潮是受多方面因素影响的,政治、经济、文化在其中都会起到不同程度的作用,但科举风潮、科举意愿无疑会是促进区域文学的直接动力,文学总会或直接或间接地表现着它的受动性。

二、明清云南科举文献编年的意义

明清云南科举制度实施对云南社会的发展与繁荣起到了重要的作用,并对云南社会融入中央王朝主流社会意义重大。科举制度的实施稳定了云南社会各阶级、各阶层及各民族,而整理这些重要的科举文献并按照年代的顺序进行编年,能使人们对科举政策、科举法规、科举观念一目了然,在直观的年代顺序中,更能窥见当时科举制度实施的具体情况。

首先是明清各种史料,如正史、方志、笔记等记载的云南科举文献,包括朝廷制定的各项科举制度、云南科举在明清两朝的实施和发展变化情况。云南地处边陲,民族关系复杂,明王朝定鼎中原后便开始了对云南的治理与开发,特别是统一云南后,明王朝派出军队与移民,实施军屯、民屯和商屯的开发制度充实云南,并在交通要道和重要城市实施卫所制度,巩固中央王朝对云南的统治。而在文化上则是实行了科举与学校并行的文教制度,明王朝修复了大量的府学、县学,建立文庙及大量的社学、义学,重视四书五经与理学思想的推广,而对于这些"意识形态"的检验与提高便是科举制度的实施。因此,中央王朝在明清两朝对于科举的实施颁发了很多的法令制度,而搜集整理这些法令制度、重点关注科举制度在明清两朝的实施及变化情况,并为科举文献研究做出对比与结论提供资料,具有重要意义。

其次是明清乡试、会试录及朱墨卷中涉及的科举文献资料。这部分科举资料于每年、每月中首先列出,它们可以清晰地反映明清两朝云南科举的发展脉络及特殊性,其史料性强,也最具权威性。这部分资料是当时科举考试的"活化石",是当时科举制度实施的具体体现,也是科举具体内容的真实再现;这些资料不仅对当时的制度有直接的反映,而且对当时的科举文人及政策导向也是真实的体现,以及对乡试、会试录中的文献、图片、匾额、碑刻等材料都具有直接或间接的重要价值,如题名碑录便是对两朝科举实施录取人员非常权威的记载。

最后是明清两朝专门针对云南科举颁布的一系列特殊政令和规制。云南地处西南边疆,文人群体构成复杂,明清两朝均在举子待遇、赴考方式、科举内容、中试额度等诸多方面制定相应政策，对其按照年代顺序查考、统计，可以显见当时云南科举和文化的发展情况。

因此，以各种科举文献的时代顺序，按照天干地支和皇帝年号纪年法再标注出相应的公元纪年，并在这些文献后面尽量标注出较为详细的出处，便于查找原文，使不同内容的科举文献资料能够一目了然，有助于读者对明清科举制度的实施情况和内容进行直观了解，以期对科举文献进行一个基本的梳理。

第一章　明朝云南科举文献编年

一、明朝科举政策

《虞书》“询事考言”为选举所自始，厥后，取士之法代有因革，至明、清而大备。滇南自元仁宗皇庆二年冬十月甲辰，始行科举，诏天下以皇庆三年八月，天下郡、县兴其贤者能者充贡，有司次年二月会试京师。又《选举志》：“选合格者三百人赴会试，于内取中选者一百人，内蒙古、色目、汉人、南人分卷，各二十五人。蒙古人取合格者七十五人，云南一人；色目人取合格者七十五人，云南二人；汉人取合格者七十五人，云南二人。”

——（清）龙云、卢汉修，周钟岳纂：《民国新纂云南通志》卷16《历代贡举征辟表》，《中国地方志集成》，凤凰出版社、上海书店、巴蜀书社2009年版，第581页

丁酉，下令设文武科取士，令曰：“盖闻上世帝王创业之际，用武以安天下，守成之时，讲武以威天下。至于经纶抚治，则在文臣。两者不可偏用也。古者人生八岁，学礼、乐、射、御、书、数之文，十五学修身、齐家、治国、平天下之道。是以周官选举之制，曰六德、六行、六艺。文武兼用，贤能并举，此三代治化所以盛隆也。

兹欲上稽古制，设文武二科以广求天下之贤。其应文举者，察其言行以观其德，考之经术以观其业，试之书算骑射以观其能，策以经史时务以观政事。应武举者，先之以谋略，次之以武艺。俱求实效，不尚虚文。然此二者，必三年有成。有司预为劝谕民间秀士及智勇之人以时勉学，俟开举之

岁充贡京师。其科目等第，各有出身。”

——《明实录·太祖实录》卷 22，国立北平图书馆红格钞本，第 5—6 页，总第 322—323 页

国初，有举保之令。凡举保孝廉人材秀才，及山林隐逸，礼部即行所属，委自正官，选求民间，果系名实相副，素无过犯之人，有司起送到部，咨发吏部听用。其后皆属吏部掌行。而礼部所掌惟岁贡。

——(明)李东阳等撰，(明)申时行等重修：《大明会典》卷 77《礼部志稿·贡举》，明嘉靖内府刻本，第 1 页

洪武三年(1370)，诏设科取士。以今年八月为始。使中外文臣，皆由科举而选。京师及各行省乡试。八月初九日，试初场。又三日，试第二场。又三日，试第三场。初场，经义二道。《四书》义一道。第二场，论一道。第三场，策一道。后十日，复以骑射书算律五事试之。乡试中式，行省咨中书省判送礼部会试。其中选者，上亲策于庭，第其高下。《五经》义限五百字以上，《四书》义限三百字以上，论亦如之。策惟务直述，不尚文藻。限一千字以上。其高丽、安南、占城等国。如有经明行修之士，各就本国乡试，许贡赴京师会试。不拘额数选取。

——(明)李东阳等撰，(明)申时行等重修：《大明会典》卷 77《礼部志稿·科举》，第 10 页

洪武三年(1370)五月，己亥，诏设科取士。诏曰：“朕闻成周之制，取才于贡士，故贤者在职，而其民有士君子之行，是以风俗淳美，国易为治，而教化彰显也。汉、唐及宋，科举取士，各有定制。然但贵词章之学，而不求六艺之全。前元依古设科，待士甚优。而权豪势要之官，每纳奔竞之人，夤缘阿附，辄窃仕禄，所得资品，或居贡士之上。其怀材抱道之贤，耻于并进，甘隐山林而不起。风俗之弊，一至于此。今朕统一华夷，方与斯民共享升平之治。所虑官非其人，有殃吾民，愿得贤人君子而用之。自今年八月为始，特设科举，以起怀材抱德之士，务在经明行修，博通古今，文质得中，名实相

称。其中选者,朕将亲策于庭,观其学识,第其高下,而任之以官。果有材学出众者,待以显擢。使中外文臣,皆由科举而选,非科举者,毋得与官。彼游食奔竞之徒,自然易行……体予至怀”。

——《明实录·太祖实录》卷52,第5页,总第1019—1020页

洪武四年(1371),诏各行省连试三年。自后三年一举,着为定例。

——(明)李东阳等撰,(明)申时行等重修:《大明会典》卷77《礼部志稿·科举》,第11页

洪武四年(1371),令科举凡文字词理平顺者,皆预选列。惟吏胥心术已坏,不许应试。

——(明)李东阳等撰,(明)申时行等重修:《大明会典》卷77《礼部志稿·科举》,第13页

洪武五年(1372),令举人不中程式,为有司所黜,多不省己自修,往往摭拾主司细故,谤毁以逞私忿者,罪之。

——(明)李东阳等撰,(明)申时行等重修:《大明会典》卷77《礼部志稿·科举》,第16页

洪武七年(1374),奏准,生儒点名进场时,严行搜检,入舍后,详加伺察。如有犯者,照例于举场前,枷号一月,满日问罪革为民。

——(明)李东阳等撰,(明)申时行等重修:《大明会典》卷77《礼部志稿·科举》,第16页

洪武十三年(1380),奏准,誊录生宜多增名数,严加考选,临期,责令所官用心督责。有脱误差讹者,除查究外,仍将本卷另誊。对读生查出者,量行给赏。至于分卷誊录之时,须将前后所收试卷匀散,以防奸弊。

——(明)李东阳等撰,(明)申时行等重修:《大明会典》卷77《礼部志稿·科举》,第16—17页

洪武十五年(1382),八月,己丑,监察御史章良以罪系狱,上疏自陈过咎。上曰:"知过能改,亦人所难。"遂释之,左迁云南府儒学教授。

——《明实录 · 太祖实录》卷 147,第 10 页,总第 2317 页

洪武十七年(1384),令凡试官,不得将弟男子侄亲属入院,徇私取中。违者指实陈告。

——(明)李东阳等撰,(明)申时行等重修:《大明会典》卷 77《礼部志稿 · 科举》,第 17 页

《初行科举成式》——

洪武十七年(1384),三月戊戌朔,命礼部颁行科举成式:

凡三年大比,子午卯酉年乡试,辰戌丑未年会试。举人不拘额数,从实充贡。

乡试八月初九日第一场,试《四书》义三道,每道二百字以上;经义四道,每道三百字以上;未能者许各减一道。《四书》义主朱子《集注》。经义,《诗》主朱子《集传》,《易》主程朱传义,《书》主蔡氏传及古注疏,《春秋》主左氏、公羊、穀梁、胡氏、张洽传,《礼记》主古注疏。十二日第二场,试论一道,三百字以上,判语五条;诏、诰、章、表、内科一道。十五日第三场,试经史策时务五道,未能者许减其二,俱三百字以上。

次年礼部会试,以二月初九日、十二日、十五日为三场,所考文学与乡试同。

乡试,直隶府州县则于应天府,在外府州县则于各布政司。

其举人,则国子学生及府州县学生员之学成者、儒士之未仕者、官之未入流者,皆由有司申举性资敦厚、文行可称者应之。其学校训导专教生徒及罢闲官吏、倡优之家与居父母丧者,并不许入试,其中式者,官给廪传,送礼部会试。

考试官皆访经明公正之士,官出币帛,先期敦聘。主文考试官二人,文币各二表里。同考试官,乡试四人,会试八人,文币各一表里。

提调官,在内,乡试应天府官一人,会试礼部内官一人;在外,布政司官一人。

监试官,在内,监察御史二人;在外,按察司官二人。

供给官,在内,应天府官一人;在外,府官一人。

收掌试卷官一人,弥封官一人,誊录官一人,对读官四人,受卷官二人,皆选居官之清慎者为之。巡绰、监门、搜检、怀挟官四人,在内,从都督府委官;在外,从守御官委官。凡供用笔札、饮食之属,皆官给之。

举人试卷自备,每场草卷、正卷各用纸十二副(幅),幅首书三代姓名及其籍贯、年貌、所习经书。在内赴应天府,在外赴布政司印卷,会试、殿试赴礼部印卷。

试之日,黎明,举人入场,每人用军一人守之,禁讲问代冒。至晚纳卷,未毕者给烛三枝。文字回避御名、庙讳及不许自叙门地。弥封者编号作三合字。誊录者用朱,考试官用墨,以防欺伪。

其会试中式者,三月朔日赴殿试。

——(明)俞汝楫编:《礼部志稿》卷71,《景印文渊阁四库全书》,商务印书馆1986年版,第196页

洪武十七年(1384)六月,乙亥,普定军民府知府者额遣其子吉隆及其营长之子阿黑子等十六人入太学,命赐袭衣靴袜。

——《明实录·太祖实录》卷162,第4页,总第2517页

洪武十七年(1384),令文字回避御名、庙讳,及不许自叙门地。誊录官检点得出,送提调监试官阅过,不录。

——(明)李东阳等撰,(明)申时行等重修:《大明会典》卷77《礼部志稿·科举》,第14页

洪武十七年(1384),定乡会试,三年大比。八月初九日第一场,试《四书》义三道,每道二百字以上。经义四道,每道三百字以上。未能者,许各减一道。《四书》义主朱子"集注"。经义,《易》主程朱"传义"。《书》主蔡氏"传",及古注疏。《诗》主朱子"集传"。《春秋》主"左氏、公羊、穀梁、胡

氏、张洽传”。《礼记》主古注疏。(后《四书》《五经》主《大全》)。十二日第二场,试论一道,三百字以上。判语五条。诏、诰、表、内科一道。十五日第三场,试经史时务策五道。未能者许减二道。俱三百字以上。其中式举人,出给公据,官为应付廪给脚力,赴礼部印卷会试。就将乡试文字,咨缴本部照验。以乡试之次年,二月初九日、十二日、十五日,为三场。举人不拘额数。举人试卷及笔墨砚自备。每场草卷正卷,各纸十二幅。首书姓名、年甲、籍贯、三代、本经。(会试殿试并同)前期,在内赴应天府,在外赴布政司。印卷置簿附写,于缝上用印钤记。仍将印卷官姓名,置长条印记,用于卷尾,各还举人。试前二日,……又于间内贴其姓名出榜晓示。试之日,黎明,举人入场。每人一军看守。禁讲问代冒。黄昏纳卷。未毕者,给烛三枝。烛尽文不成者,扶出。

——(明)李东阳等撰,(明)申时行等重修:《大明会典》卷77《礼部志稿·科举》,第11—12页

洪武十七年(1384),定乡试额数,举人不拘额数,从实充贡。

——(明)李东阳等撰,(明)申时行等重修:《大明会典》卷77《礼部志稿·科举》,第18页

洪武十八年(1385)诏令云南所属生员有成材者从便选贡。

——(清)倪蜕辑,李埏校点:《滇云历年传》卷6,云南大学出版社1992年版,第256页

洪武二十年(1387)诏云南各学生员不拘额数选取。

——(清)倪蜕辑,李埏校点:《滇云历年传》卷6,第258页

洪武二十一年(1388),令岁贡,府学一年,州学二年,县学三年,各贡一人。必性资纯厚,学业有成,年二十以上者方许。

——(明)李东阳等撰,(明)申时行等重修:《大明会典》卷77《礼部志稿·贡举》,第1页

洪武二十二年(1389)始命云南选贡送监,就应天府乡试。蜕按:自此而后,洪武癸酉科有中式李忠、杨嵩,皆昆明人。忠成进士。丙子科有杨庆、段澍,皆昆明人,俱成进士。永乐壬午科有张文礼、王遴,皆宁州人。张成进士。是即滇人所称"京举"者也。然元时开科,云南已有王楫、李敬仁、段天祥、李天祐、李郁、李元吉,皆史载其名,盖云南举人,实始于元也。

——(清)倪蜕辑,李埏校点:《滇云历年传》卷6,第259—260页

洪武二十二年(1389)建石屏州儒学。

——(清)倪蜕辑,李埏校点:《滇云历年传》卷6,第260页

明洪武二十二年(1389),始命云南选贡送应天府乡试。

——(清)龙云、卢汉修,周钟岳纂:《民国新纂云南通志》卷16《历代贡举征辟表》,《中国地方志集成》,第583页

洪武二十三年(1390)秋七月,戊申,云南乌撒军民府土官知府何能遣其弟忽山及罗罗生二人,请入国子监读书。各赐钞锭。

——《明实录·太祖实录》卷203,第3页,总第3040页

洪武二十四年(1391)定文字格式。一凡出题,或经或史,所问须要含蓄不显,使答者自详问意,以观才识。凡对策,须参详题意,明白对答。如问钱粮即言钱粮,如问水利即言水利,孰得孰失,务在典实,不许敷衍繁文。遇当写题处,亦止曰云云,不必重述。凡作四书经义,破承之下,便入大讲,不许重写官题。又令科举岁贡,于大诰内出题,或策论判语参试。

——(明)李东阳等撰,(明)申时行等重修:《大明会典》卷77《礼部志稿·贡举》,第14页

洪武二十五年(1392)西平侯沐英薨,以其子春嗣侯,镇云南。史:英为人英爽有姿概,所致未尝滥杀。既分省,列卫戍、简官僚、课农桑、兴学校,一切屯田、水利、力役、贡赋,咸经理有余。平居好读书,亲近儒者。尤究心《大学衍义》《太极图说》。刻《白鹿洞规》张子《东西铭》于文庙。士皆观感向风。西南文教盖由英而渐盛也。

——(清)倪蜕辑,李埏校点:《滇云历年传》卷6,第262页

洪武二十五年(1392),令岁贡,府学一年二人。州学二年三人。县学一年一人。

——(明)李东阳等撰,(明)申时行等重修:《大明会典》卷77《礼部志稿·贡举》,第1页

二、明朝云南科举文献编年

洪武二十六年(1393)癸酉科乡试

李忠(昆明)、杨嵩(昆明)中举,是科云南2人中举。

——(清)阮元修,(清)王崧、李诚纂:《(道光)云南通志稿》卷138《选举制·举人(一)》,道光十五年刻本,第4页

王崧(1752—1837),原名藩,字伯高,一字乐山,号酉山,云南浪穹(今大理白族自治州洱源县)玉湖镇北门街人,白族。嘉庆四年(1799)己未科会试进士。其成就主要有:校理《南诏野史》,因为《南诏野史》版本众多,内容各异,舛讹错落之处俯拾皆是。王崧乃“取数本互校”,“参互考订,勒为一编,使如乱丝之就理,后观此书者,庶免扫落叶之憾焉”。王崧校理的《南诏野史》刊入《云南备征志》,成为《南诏野史》最通行的两个版本之一。

另有:《云南备征志》首有“总序”,略述汉以前有关云南之事迹。其后则辑录《史记》以下至清初有关云南史料诸书,凡62种。这62种书的汇编

方式有四类:一是收录全书,对历代专记云南史事的书籍,择其善本,全书纳入,如樊绰《云南志》、张道宗《记古滇说》、杨慎《滇载记》、阮元声《南诏野史》、诸葛元声《滇史》、冯苏《滇考》、余庆远《维西见闻录》、王凤文《云龙记往》等;二是收录专卷,选择重要典籍中有关云南的专卷收录,如《华阳国志·南中志》《新唐书·南蛮传》《太平寰宇记·剑南西道》《明史·地理志》等;三是收录专条,收录各正史地理志及其他地理书中有关云南的专条,如《汉书·地理志》《续汉书·郡国志》《元史·地理志》和《水经注》《山海经》等;四是辑录成篇,将某书中有关云南的零散资料辑录出来,集成专篇,如《资治通鑑》《元史·本纪》《明史·本纪》等。《云南备征志》所汇编之史料大抵以事为主,照录原文,且所用版本多为善本(如樊绰《云南志》为武英殿聚珍版原本、《水经注》则从戴震校本节录)。因而,《云南备征志》为以后云南修志提供了基本的资料,亦方便了后学。该书一出即受到人们的重视和赞誉,被称为“滇南大典”,“凡所取,以事为主,照原文,称之为滇南大典,足当之。得此一编,要籍粗备,考究滇史者称便”。后世人累有评价,常与师范《滇系》齐名,是研究云南历史的主要文献。

道光《云南志钞》八卷,亦为王崧总理云南通志馆时编纂。王崧总纂云南通志数年,析各省通志而标新,参诸史传作旁证,广采案牍、斟酌损益,已成通志稿过半。后王崧以事辞归,已成之稿,经过遴选由其学生杜允中注释后刊刻,收入丛书《乐山集》。收入《乐山集》的《云南志钞》,封面刻有“道光云南志钞”和“道光九年吉佑堂藏版”字样,卷首目录载为八卷:卷一“地理志”,卷二“建置志”“盐法志”“矿产志”,卷三和卷四“封建志”上下,卷五和卷六“边裔志”上下,卷七和卷八“土司志”上下。《云南志钞》虽刊刻而未通行,故传本绝少,世人知之不多。直至民国初年,秦光玉编《续云南备征志》时将其收入,始得流传。孙殿起《丛书目录拾遗》、方国瑜《云南史料目录概说》有著录。

——宋永平《王崧与云南地方志》,《史学史研究》1999 年第 4 期,第 74—75 页

洪武二十七年(1394)甲戌科会试

李忠(昆明、3甲48名)中进士,云南中式1人。

——朱保炯、谢沛霖编:《明清进士题名碑录索引》,上海古籍出版社1979年版,第2422—2423页

洪武二十八年(1395),六月,癸亥朔夜天鸣……辛未,以户部员外郎莫礼,为本部右侍郎;兵部员外郎夏恕,为大理寺右寺丞。壬申,户部知印张永清言:"云南、四川诸处边夷之地,民皆罗罗,朝廷与以世袭土官,于三纲五常之道,懵焉莫知,宜设学校,以教其子弟。"上然之,谕礼部曰:"边夷土官皆世袭其职,鲜知礼义,治之则激,纵之则玩,不预教之,何由能化?其云南、四川边夷土官,皆设儒学,选其子孙弟侄之俊秀者以教之,使之知君臣父子之义,而无悖礼争斗之事。亦安边之道也。"

——《明实录·太祖实录》卷239,第1页,总第3475—3476页

洪武二十九年(1396)丙子科乡试

杨庆(昆明)、段澍(昆明)中举,是科云南2人中举。

——(清)阮元修,(清)王崧、李诚纂:《(道光)云南通志稿》卷138《选举制·举人(一)》,道光十五年刻本,第5页

洪武三十年(1397)丁丑科会试

杨庆(昆明、3甲22名)、段澍(昆明、3甲32名)中进士,是科云南2人中进士。

——朱保炯、谢沛霖编:《明清进士题名碑录索引》,第2423—2424页

洪武三十一年(1398),西平侯沐春卒,无子,以其弟后军左都督沐晟嗣

侯，镇云南。

——（清）倪蜕辑，李埏校点：《滇云历年传》卷6，第267页

明成祖永乐元年（1403），令广西、湖广、四川土官衙门生员，照云南例选贡。

——（明）李东阳等撰，（明）申时行等重修：《大明会典》卷77《礼部志稿·贡举》，第3页

永乐元年（1403）癸未科乡试

张文礼（宁州）、王遴（宁州）中举，是科云南2人中举。

——（清）阮元修，（清）王崧、李诚纂：《（道光）云南通志稿》卷138《选举制·举人（一）》，第5页

永乐元年（1403）八月，庚申，升陕西……设云南楚雄府楚雄县儒学。先是，本府言："所属人民、类皆蛮夷，不知礼义，惟僰人一种，赋性温良，有读书识字者。府州已尝设学教养，其县学未设，今楚雄县所辖六里，而僰人过半，近委官劝集民间俊秀子弟入学读书，而无师范，请立学置官训诲。"从之。

——《明实录·太宗实录》卷22，第3页，总第410页

永乐二年（1404）秋七月，甲辰，升都指挥签事李敬为四川都指挥使。吏部言："有进士自陈是云南人，不闲吏事，愿为教官。"上喜曰："云南人能举进士，可嘉，就受云南学官，以劝其乡人。"乙巳，修江西分宜县漳湖塘。

——《明实录·太宗实录》卷33，第1页，总第575—576页

永乐二年（1404），十月，辛未，置云南木邦、孟养……上以云南各处土

官不识中国文字,遇有奏报不谙礼体,命吏部各置首领官,择能书而练于事者,往任之。

——《明实录 · 太宗实录》卷 35,第 2 页,总第 610 页

永乐二年(1404)甲午科会试

张文礼(宁州、3 甲 352 名)中进士,是科云南 1 人中进士。

——朱保炯、谢沛霖编:《明清进士题名碑录索引》,第 2426—2429 页

永乐四年(1406),三月,辛卯朔,上视太学。先是,敕礼部臣曰:

朕惟孔子帝王之师,帝王为生民之主。孔子立……之太经太法,皆孔子明之,以教万世。朕皇考太祖高皇帝膺君师亿兆之任,正中夏文明之统,复衣冠礼乐之旧,渡江之初,首建学校,亲祀孔子,御筵讲书,守帝王之心法,继圣贤之道学……惟成宪是遵。今当躬诣太学,释奠先师,以称崇儒重道之意。其合行礼仪,礼部详议以闻。

——《明实录 · 太宗实录》卷 52,第 1 页,总第 771 页

永乐五年(1407),春正月,乙亥,上谕后军都督同知朱崇等曰:"朕怀绥远人……云南镇南州言,洪武中有命建学,时以民力未敷,暂于城隍庙聚徒训之,因循已久,今请别建学舍。"从之。

——《明实录 · 太宗实录》卷 63,第 3 页,总第 905—906 页

永乐六年(1408)四月,丙申,命户部发粟赈北京献县饥民凡千五百七十石,巡按云南监察御史陈敏言:"云南自洪武中已设学校,教养生徒,今郡、县诸生多有资质秀美、通习经义,宜如各布政使司三年一开科取士。"又言"师儒之职为后学矜式,云南郡、县学校官多用土人,学问肤浅,

容止粗鄙，不称师范。宜别选用经明行修之士，庶几教育有法”。俱从之。

——《明实录·太宗实录》卷 78，第 2 页，总第 1056 页

永乐六年（1408）四月，己亥，云南元江军民府儒学言：“洪武中创庙学，规制隘陋，请改建，以教夷民子弟。”从之。

——《明实录·太宗实录》卷 78，第 3 页，总第 1057 页

永乐八年（1410），令凡州县户不及五里者，州一年，县二年，各贡一人。

——（明）李东阳等撰，（明）申时行等重修：《大明会典》卷 77《礼部志稿·贡举》，第 1 页

永乐九年（1411），诏云南布政司开科，并开岁贡。《野史》：自洪武三年（1370）开科，天下共取五百人。是时云南、四川俱未入版图，而所试之文，尚仍原旧：初场《经义》一道，限二百字，《四书义》一道，限三百字。二场《礼乐论》一道，限三百字；诏、诰、表、笺内科一道。三场《经史时务策》一道，一千字。三场毕十日，以骑、射、书、算、律五事试之。一年一次廷试，赐进士一百名：一甲一名，授从六品员外郎；二三名，正七品主事。二甲十七名，授七品判官。三甲八十名，正八品县丞。四年（1371）又诏各省连试二年，自后二年一举，著为定例。六年（1373），诏罢科举，专用辟荐。其目有经明行修、怀才抱德、贤良方正、人材孝廉。命有司群举于朝，皆卒业太学，以次除用。科举罢者十有二年，至十七年（1384），始颁定今科举程式。自是永为定制，而取无额数。《四书义》每道限二百字，《经义》三百字，未能者许各减一道，《论策》俱三百字，未能者减二道，而官之未入流者亦许应试。云南自洪武甲子（1384）始增建学校，己巳（1389）始选贡送监，就应天府乡试，以人材未充故也。至是乃命开科专试焉。（注释：“自此条所引野史之文，与今存各本《南诏野史》异，疑倪氏所据乃‘引用书目’中所列之明野史，

今未见此书。”)

——(清)倪蜕辑,李埏校点:《滇云历年传》卷6,第279—280页

永乐九年(1411)秋八月,云南始行乡试,通省生儒取洪诚等二十八人。《野史》:内举进士洪诚、杨春二人。其熊信、段鑑、李灏,皆昆明人。杨禧,大理人。历官部曹台谏方面,俱有闻于世,而洪诚为尤著。诚,昆明沙浪里人,世业农。至诚始慕读书。少治诗,朝夕讽诵不辍,虽隆冬不设榻,遇夜寒,至两足不可动,其克(刻)苦如此。戊戌(1418),第进士归里,犹身事锄犁,若农夫然。黔国公贤西重之,后授孝感县知县,调遂宁,有为有守,德政名一时。……至临清,乡人有官县幕者,代人以百金馈之,诚置之法,由是名震远近。宣德中,知顺庆府,入觐,考绩廉最。时顺天缺府尹,将拟其名上,会其母讣至,奔丧,次三峡,舟覆而卒,朝野惜之。

——(清)倪蜕辑,李埏校点:《滇云历年传》卷6,第280—281页

永乐九年(1411),始命云南乡试,是年八月,乡试取二十八人。

——(清)龙云、卢汉修,周钟岳纂:《民国新纂云南通志》卷16《历代贡举征辟表》,《中国地方志集成》,第583页

永乐九年(1411)辛卯科乡试

洪诚(昆明)、王嗣宗(宁州)、熊信(昆明)、周永(石屏)、杨森(大理)、尹正(澄江)、杨鼎(云南府)、苏兴(澄江)、段鑑(云南府)、白圭(临安)、董纯(云南府)、李瑄(姚州)、杨节(嵩明)、尹禧(澄江)、杨禄(大理)、赵安(临安)、张复(姚州)、杨禧(太和)、李天祥(澄江)、赵士衡(楚雄)、张进(澄江)、李士英(阿迷)、李灏(云南府)、杨翊(云南县)、杨英(云南府)、杨靖(安宁)、杨春(太和)、段英(太和)、杨荣(太和)中举,是科云南29人中举。

——(清)阮元修,(清)王崧、李诚纂:《(道光)云南通志稿》卷138《选举制·举人(一)》,第5页

永乐九年(1411)秋九月考试,通省贡生取赵诚等二十一人。

——(清)倪蜕辑,李埏校点:《滇云历年传》卷6,第281页

永乐十年(1412)三月,丙申,云南布政司左参议吕名善言;“武定、寻甸、广西三府,居民繁庶,请设学校”。从之。上谓礼部臣曰:“学校,风化所系,人性之善,蛮夷与中国无异,特在上之人作兴之耳。”增置应天府都税司副使二员,分管三山门外沿河塌房官税。

——《明实录·太宗实录》卷126,第3页,总第1577页

永乐十年(1412)壬辰科会试

杨荣(太和、3甲14名)中进士,是科云南1人中进士。

——朱保炯、谢沛霖编:《明清进士题名碑录索引》,第2432—2433页

永乐十一年(1413),五月,丙午,赐国子监琉球、云南、四川生怀得等六十人夏衣等物,修神乐观及醴泉亭。

——《明实录·太宗实录》卷140,第4页,总第1686页

永乐十二年(1414),秋八月,乡试。通省生儒取张寿等三十五人。《野史》:此榜举进士张斌。内李纯,昆明人。少不羁而有智略,善骑射,授监察御史,弹劾不畏权要。正统九年(1444)巡按辽东,以功升佥都御史,巡抚辽东。土木之变,虏众二百骑犯辽城,纯设伏破之,进左副都御史,食二品俸。在辽十余年,虏莫敢窥边。寻改榆林。大虏压境,纯微服潜行贼中,得其虚实。还,集将卒,攻其不备,大败之。虏遁去,斩获二千余,边庭赖之。寻卒于官。诏云南举人明年会试于北京。

——(清)倪蜕辑,李埏校点:《滇云历年传》卷6,第282页

永乐十二年(1414),云南乡试取二十五人。

——(清)龙云、卢汉修,周钟岳纂:《民国新纂云南通志》卷16《历代贡举征辟表》,《中国地方志集成》,第583页

永乐十二年(1414)甲午科乡试

张寿(安宁)、张福(云南府)、杨伯隆(太和)、杨庆(大理)、李鑑(石屏)、苏懋(石屏)、杨执(大理)、赵敬(嵩明)、陈镛(大理)、李纯(昆明)、赵珣(澄江)、张旺(通海)、杨昺(云南府)、苏铭(楚雄)、王谌(石屏)、李质(姚安)、张英(姚安)、杨子澄(晋宁)、杨宗辅(云南府)、牟恺(四川纳溪)、张敏(安宁)、李瑜(广通)、李敬(曲靖)、杨斌(大理)、赵琮(澄江)、苏茂(太和)、杨敏(云南府)、陈常(石屏)、杨组(太和)、杨暹(澄江)、王敬(临安)、赵杰(太和)、张杰(大理)、苏坚(太和)、施泽(安宁)中举,是科云南35人中举。

——(清)阮元修,(清)王崧、李诚纂:《(道光)云南通志稿》卷138《选举制·举人(一)》,第6页

永乐十二年(1414),三月,丙戌,命皇太子以出师告天地……云南临安府嶍峨县丞周成言:"境内夷民僰人、啰啰、百夷、普蜡、和泥,其类不一,而僰人子弟多有俊秀,宜建学校教之,使习诗书、知礼义。"从之。

——《明实录·太宗实录》卷149,第2—3页,总第1738—1739页

永乐十五年(1417),二月,壬戌,晋王济熿还国,赐赉甚厚,其从官赐钞有差,云南鹤庆军民府顺州知州王义言;"州虽系蛮夷,然归附以来,沾被圣化三十余年,声教所暨,语言渐通,子弟亦有俊秀,请建学教育,庶几人材可成。"从之。

——《明实录·太宗实录》卷185,第1页,总第1982页

永乐十五年(1417),三月,丁亥朔,南海边地女直野人……交址北江等府、州、县选贡生员邓得等至京,命送国子监进学,赐赍如云南生例。初,上既平交址,即命郡县建学教养生徒。至是,始选贡焉。

——《明实录·太宗实录》卷186,第1页,总第1989—1990页

永乐十五年(1417)秋八月,乡试。通省生儒取张宏等五十五人。《野史》:内张禾,太和人,以起复驿丞登科。

——(清)倪蜕辑,李埏校点:《滇云历年传》卷6,第283页

永乐十五年(1417),云南乡试取五十三人。

——(清)龙云、卢汉修,周钟岳纂:《民国新纂云南通志》卷16《历代贡举征辟表》,《中国地方志集成》,第583页

永乐十五年(1417)丁酉科乡试

张宏(云南府)、段成(云南府)、张旭(澄江)、许胜(石屏)、陈炎(云南府)、尹士恭(楚雄)、姜福应(南安)、李景(云南府)、施大节(石屏)、杜元隆(浪穹)、陈冕(云南府)、洪玉(安宁)、李诚(元江)、张志(嵩明)、赵彦贞(浪穹)、廖原(云南府)、尹士良(邓川)、杨显宗(蒙化)、黄亮(石屏)、陈刚(大理)、刘春(鹤庆)、李兴(元江)、王纲(河西)、张禾(太和)、杨徵(太和)、赵濬(楚雄)、张毓(楚雄)、杨英(南安)、程保(大理)、杨英(嵩明)、赵寿(赵州)、杨豫(蒙化)、李才美(赵州)、李让(安宁)、杨燮(石屏)、张赐(宁州)、杨茂(楚雄)、张英(通海)、李英(大理)、魏真(四川永宁)、杨义(太和)、龙潭(石屏)、张琏(赵州)、杨至美(邓川)、杨瑾(楚雄)、张瑶(昆阳)、尹忠(赵州)、贾晟(河西)、杨迪(临安)、陈庆(大理)、李瓛(姚安)、张焕(蒙自)、杨孟辅(镇南)中举,是科云南53人中举(《滇云历年传》载

55人)。

——(清)阮元修,(清)王崧、李诚纂:《(道光)云南通志稿》卷138《选举制·举人(一)》,第7—8页

永乐十六年(1418)戊戌科会试

洪诚(昆明、3甲13名)、杨斌(太和、3甲149名)中进士,是科云南2人中进士。

——朱保炯、谢沛霖编:《明清进士题名碑录索引》,第2436—2438页

永乐十七年(1419),十二月,丁酉,巡按交址监察御史黄宗载言:"交址人民新入版图,劳来安辑,尤在得人。今府、州、县官多系两广、云南等处岁贡生员、下第举人,未入国学,因其愿仕远方,遂授以职。既乏大学教养之素,又非诸司历试之才,所以牧民者不知抚字,理刑不明律意……今御史所言良是,继今宜慎选之。戊戌,交址总兵……"

——《明实录·太宗实录》卷219,第6页,总第2181页

永乐十八年(1420),秋八月,乡试。云南生儒取李应等三十五人。

——(清)倪蜕辑,李埏校点:《滇云历年传》卷6,第284页

永乐十八年(1420),十二月,己亥,上视牲南郊,命贵州思南等八府所选贡生员李正等,送国子监进学,赐赉如云南生例。壬寅……

——《明实录·太宗实录》卷232,第1页,总第2241页

永乐十八年(1420),云南乡试取三十九人。

——(清)龙云、卢汉修,周钟岳纂:《民国新纂云南通志》卷16《历代贡举征辟表》,《中国地方志集成》,第583页

永乐十八年(1420)庚子科乡试

李应(云南府)、李思诚(云南府)、朱明(澄江)、张秉彝(云南府)、杨珣(大理)、李华(云南府)、洪畴(澄江)、杨福(姚安)、赵敬(赵州)、张仲钦(云南府)、杨良(安宁)、赵禔(云南府)、吴埜(蒙自)、罗斌(大理)、杨通(宁州)、杨坚(太和)、杨暹(楚雄)、赵福(通海)、董源(大理)、杨昇(姚安)、杨清(楚雄)、苏熙(元江)、赵让(云南府)、杨宾(临安)、苏政(楚雄)、段奇(大理)、普苏(宁州)、李毅(河西)、周文秀(云南府)、董从政(邓川)、陈懋(大理)、崔杰(太和)、陈添锡(楚雄)、李纯(安宁)、段芳(太和)、张祥(临安)、杨贤(云南县)、张伦(云南府)、杨文昌(姚安)中举,是科云南39人中举(《滇云历年传》载35人)。

——(清)阮元修,(清)王崧、李诚纂:《(道光)云南通志稿》卷138《选举制·举人(一)》,第8—9页

永乐十九年(1421)辛丑科会试,云南无人中进士。

——朱保炯、谢沛霖编:《明清进士题名碑录索引》,第2438页

永乐二十一年(1423),秋八月,乡试。云南生儒取张彬等二十五人。《野史》:内举进士者张淑。

——(清)倪蜕辑,李埏校点:《滇云历年传》卷6,第284页

永乐二十一年(1423)，云南乡试取五十一人。

——(清)龙云、卢汉修，周钟岳纂:《民国新纂云南通志》卷16《历代贡举征辟表》，《中国地方志集成》，第583页

永乐二十一年(1423)癸卯科乡试

张彬(云南府)、施瑜(安宁)、李铎(澄江)、杨彬(大理)、李勉(石屏)、杨敬(昆阳)、张鼎(云南府)、李文林(剑川)、杨顺(云南府)、杨忠(太和)、傅景茂(曲靖)、段复(赵州)、王敬(云南府)、杨观(鹤庆)、李让(姚安)、杨政(安宁)、赵璧(曲靖)、尹文(曲靖)、张睿(蒙化)、张淑(云南府)、段暹(镇南)、胡友谅(四川永宁)、张忠(楚雄)、杨义(嵩明)、赵恂(剑川)、赵恭(呈贡)、王贵(通海)、张文秀(大理)、杨九思(邓川)、马思忠(澄江)、杨景(安宁)、王志聪(浪穹)、赵伯高(鹤庆)、李靖(剑川)、杨镃(云南府)、戌得春(云南府)、杨巨川(姚州)、杨荣(河西)、杨冕(临安)、赵和(赵州)、赵纯(姚州)、杨谦(澄江)、王让(石屏)、张宏(安宁)、李珠(赵州)、李思明(昆阳)、赵杰(赵州)、杨嘻(云南府)、李平(大理)、张文礼(赵州)、杨振(宁州)中举，是科云南51人中举。

——(清)阮元修，(清)王崧、李诚纂:《(道光)云南通志稿》卷138《选举制·举人(一)》，第9—10页

永乐二十二年(1424)甲辰科会试

杨春(太和、2甲27名)中进士，是科云南1人中进士。

——朱保炯、谢沛霖编:《明清进士题名碑录索引》，第2440页

仁宗洪熙元年(1425)，召黔国公沐晟入朝，命世偑征南将军印，镇守云南。定云南乡试额十名，会试分南、北、中卷，云南为中卷。

——(清)倪蜕辑，李埏校点:《滇云历年传》卷6，第284页

洪熙元年(1425),定取士额数。南京国子监并南直隶,共八十名。北京国子监并北直隶,共五十名。江西,五十名。浙江、福建,各四十五名。湖广、广东,各四十名。河南、四川,各三十五名。陕西、山西、山东,各三十名。广西,二十名。云南、交址,各十名。

——(明)李东阳等撰,(明)申时行等重修:《大明会典》卷77《礼部志稿·贡举》,第17页

洪熙元年(1425)奏准:会试取士临期,请旨不过百名,南卷取十之六,北卷取十之四。后复以百名为率,南北各退五卷为中卷,云南为中卷。

——(清)龙云、卢汉修,周钟岳纂:《民国新纂云南通志》卷16《历代贡举征辟表》,《中国地方志集成》,第581页

洪熙元年(1425),秋七月,庚寅,命行在吏部侍郎黄宗载等……改四川雅州学正何源为土官衙门吏目。源,云南人,以监生授学正,自陈不通经学,难为师范,愿改他职。上谕行在吏部尚书蹇义等曰:"非经明不可为人师。云南生固不通经,量才授职,则人皆效用,官不废事。此亦初授之际,失于酌量。其改为土官衙门吏目,彼知土俗,亦得展布。"

——《明实录·宣宗实录》卷4,第6页,总第109—110页

洪熙元年(1425),九月,乙卯,上曰:"必其不如慎故民求……特免太子少傅工部尚书兼谨身殿大学士杨荣户内徭役。"行在礼部奏定科举取士之额。先是,仁宗皇帝以为近年科举太滥,命礼部、翰林院定议额数。至是议奏,凡乡试取士……云南、交址各十人,贵州所属有愿试者,于湖广就试。

——《明实录·宣宗实录》卷9,第10—11页,总第244—245页

洪熙元年(1425),定取士额数,云南十名。

——(清)龙云、卢汉修,周钟岳纂:《民国新纂云南通志》卷16《历代贡举征辟表》,《中国地方志集成》,第583页

宣宗宣德元年(1426),秋八月,乡试。通省生儒取王誉等十人。

——(清)倪蜕辑,李埏校点:《滇云历年传》卷6,第285页

宣德元年(1426)丙午科乡试

王誉(云南府)、谭志学(曲靖)、杨相(澄江)、李畅(昆明)、杨巽(云南府)、李荣(安宁)、王文(嶍峨)、段瑜(大理)、王鑑(通海)、李庭(姚安)中举,是科云南10人中举。

——(清)阮元修,(清)王崧、李诚纂:《(道光)云南通志稿》卷138《选举制·举人(一)》,第10—11页

宣德元年(1426)十二月,乙亥,陕西河州卫……行在礼部奏:"两京国子监生多给假还乡,经历年久,托故不来。请遣人提问。"上曰:"古云才难,诸生未及仕先负罪名,即为终身之玷。宜量地方远近,定与限期,如再于限外不来,皆发充吏。"于是礼部定限,自移文到日为始,交址、云南、贵州十阅月,四川、两广九阅月,福建、陕西七阅月,山西、湖广六阅月,江西、浙江、山东、河南五阅月,两京、直隶四阅月。

——《明实录·宣宗实录》卷23,第6—7页,总第614—615页

宣德二年(1427),令贵州府学,照县学例,三年一贡。

——(明)李东阳等撰,(明)申时行等重修:《大明会典》卷77《礼部志稿·贡举》,第1页

宣德二年(1427),六月,己未,行在工部言……从之。贵州布政司言:"普

安州儒学生员皆是罗罗僰人，莫知向学，今选俊秀军生王玺等入学读书，以备贡举。”又言：“前奉礼部文书，本司所辖州、郡生徒堪应举者，许于湖广布政司就试，缘去湖广路远，于云南为近，宜就近为便。”上命就试云南。

——《明实录·宣宗实录》卷28，第8—9页，总第740—741页

宣德二年（1427），令贵州就试云南。（宣德二年六月，贵州布政司言：“普安州儒学生员皆是猓猡僰人，莫知向学。今选俊秀军生王玺等入学读书，以备贡举。”又言：“前奉礼部文书，本司所辖州郡生徒堪应举者，许于湖广布政司就试。缘去湖广路远，于云南为近，宜就近为便。”）

——（清）龙云、卢汉修，周钟岳纂：《民国新纂云南通志》卷16《历代贡举征辟表》，《中国地方志集成》，第583页

宣德三年（1428），八月，乙未，云南太和县学训导杨智九年考满自陈：“臣本云南人，任本土教官，今当改除，切念臣父母皆老，乞复原任以禄为养。”上悯其情，命行在吏部，从之。黜云南道监察御史霍荦为庆云县知县。降福建按察司签事……

——《明实录·宣宗实录》卷46，第7页，总第1128页

宣德四年（1429），诏贵州生儒就云南乡试额取一名。秋八月，乡试。云、贵生儒取李铨等十一人。《野史》：贵州附试云南始此。

——（清）倪蜕辑，李埏校点：《滇云历年传》卷6，第286页

宣德四年（1429），四月，已卯，浙江上虞县人李志道充楚雄卫军，死而无继，正有孙宗侃，已赴乡试中式，而卫尤追捕军役不已。有司为之达于兵部，尚书张本请依洪武中石坚事例，开其军伍，俾读书会试以自效。上从

之,曰:“祖宗立法如此,正以作士气。成贤才,朕遵承旧制,又何急于一卒之用乎?”庚辰,监察御史张纯言四事……

——《明实录·宣宗实录》卷 53,第 4 页,总第 1269—1270 页

宣德四年(1429),六月,丁丑,初,宁王权奏镇国将军以下不应有品级,郡君仪宾应服麒麟玉带……戊寅,诏增云南科举额。先是定云南布政司科额止十人,贵州布政司有学愿试者于湖广布政司就试。其后贵州布政司言贵州去湖广四十余驿,去云南止八驿,乞以近相附,行在礼部以闻,从其言。至是,云南布政司奏贵州生从云南试,请增名额,礼部议增五名。从之。

——《明实录·宣宗实录》卷 55,第 1 页,总第 1307—1308 页

宣德四年(1429)己酉科乡试

李铨(云南府)、施济(云南府)、官廉(云南府)、杨护(宁州)、完玉(云南县)、杨荣(大理)、李友直(定远)、王文凤(临安)、李甯(河西)、李诠(澄江)中举,是科云南 10 人中举。

——(清)阮元修,(清)王崧、李诚纂:《(道光)云南通志稿》卷 138《选举制·举人(一)》,第 11 页

宣德五年(1430),诏增贵州解额四名,合云南为十五人,以壬子科为始。

——(清)倪蜕辑,李埏校点:《滇云历年传》卷 6,第 286 页

宣德五年(1430)庚戌科会试

张淑(昆明、2 甲 28 名)中进士,是科云南 1 人中进士。

——朱保炯、谢沛霖编:《明清进士题名碑录索引》,第 2442—2443 页

宣德七年(1432)秋八月,乡试。云、贵生儒取杨俊等十五人。《野史》:内云南十人,贵州五人。而临安刘锴、曲靖马经成进士。

——(清)倪蜕辑,李埏校点:《滇云历年传》卷6,第287页

宣德七年(1432),令岁贡照洪武二十五年例。

——(明)李东阳等撰,(明)申时行等重修:《大明会典》卷77《贡举》,第1—2页

宣德七年(1432)壬子科乡试

杨俊(云南府)、刘锴(临安)、赵彦(赵州)、张琳(昆阳)、李芳(嵩明)、马经(曲靖)、杨文贵(云南府)、张操(云南府)、郑溥(元江)、周礼(楚雄)中举,是科云南10人中举。

——(清)阮元修,(清)王崧、李诚纂:《(道光)云南通志稿》卷138《选举制·举人(一)》,第11页

宣德七年(1432),十月,己亥,陕西西宁卫大国师……行在都察院左副都御史陈勉,亲丧,服阕,命复原职。云南太和县儒学生段聪,岁贡至京,两考不中,当充吏。聪奏:"臣本夷人,性资愚鲁,乞仍归读书,以俟再试。"行在礼部言:"充吏,今之定例。"上曰:"夷人难比内郡学者,姑令归进学。"

——《明实录·宣宗实录》卷96,第2—3页,总第2166—2167页

宣德八年(1433),令天下州不及二十里者岁贡一人。

——(明)李东阳等撰,(明)申时行等重修:《大明会典》卷77《贡举》,第2页

宣德八年(1433)癸丑科会试

刘益(姚安)中进士,是科云南1人中进士。

——朱保炯、谢沛霖编:《明清进士题名碑录索引》,第2443页

宣德八年(1433),三月,戊午,设四川乌蒙军民府儒学,置教授一员、训导四员。先是通判黄甫钺奏:"本府前元时设立学校,今文庙犹存,每岁春秋,府官祭祀,无教官、生员典礼。宜仍设学校,除授教官,选取士民俊秀子弟入学读书,庶使远人通知礼义,亦得贤才备用。"

——《明实录·宣宗实录》卷100,第2页,总第2237页

宣德十年(1435),春正月,命内官张达镇守云南。《野史》:云南设镇守内官始此。秋八月,乡试。云、贵生儒取陶熔等十五人。《野史》:内云南十人,贵州五人。而成进士者张谏、秦顺,皆贵州人。谏,仕至顺天府尹,本应天句容人。其先国宾、国瑞兄弟,于洪武初,园中生瓜并蒂,献于邑宰,进之朝廷,荐之宗庙。学士文人,多作歌颂以美之。后国宾兄弟以族姓株连,同时弃市,二首系发并悬,恰如两蒂,人谓此为草木之妖祸征也。时,国宾子甫三岁,发贵州赤水卫充军。洎长,生四子。后繁衍日多,有估于蜀者;有复于籍者,凡三处,共有五六百丁。人又谓是瓜瓞之祥。虽然祸福倚伏,皆非一瓜所能为之兆也。时人浅见之言,乌足道哉!以张谏亦是三岁军后,故附记及之。

——(清)倪蜕辑,李埏校点:《滇云历年传》卷6,第288页

宣德十年(1435)乙卯科乡试

陶镕(云南府)、李圭(云南府)、杨真(楚雄)、杨忠(大理)、张翯(昆阳)、段惟恕(云南府)、周铭(楚雄)、宴辅(嶍峨)、李敏(澄江)、李信(澄

江)中举,是科云南10人中举。

——(清)阮元修,(清)王崧、李诚纂:《(道光)云南通志稿》卷138《选举制·举人(一)》,第11页

英宗正统元年(1436),设提督云、贵学校官。《野史》:夏五月,始设云南按察副使或佥事一员,提调学校。时各省均设,惟南北直隶用监察御史。

——(清)倪蜕辑,李埏校点:《滇云历年传》卷6,第289页

正统二年(1437),命云南乡试取士,不拘额数。诏增云南儒学师生廪米。

——(清)倪蜕辑,李埏校点:《滇云历年传》卷6,第290页

正统二年(1437),十二月,甲子,命瓦剌顺宁王脱欢使臣……。乙丑,巡按直隶监察御史杨春言:"太祖高皇帝《大诰》三编,教民为善去恶,官民所宜遵守。今天下有司视为文具,乞令讲读;又天下学校皆设提学风宪官,惟云南独以地远未设,乞照例设官。"事下行在礼部覆奏:"讲读《大诰》,宜如春言;云南学校甚少,分巡宪臣可以兼理,不必设官。"从之。

——《明实录·英宗实录》卷37,第2—3页,总第712—713页

正统三年(1438),九月,甲辰,云南……行在礼部尚书胡濙奏:"国子监云南监生王明贤等三十八人夏衣,该司官吏宜依时请给,今九月将终,方奏关领,时已过矣,有失朝廷优下之意,请治其罪。"上命姑宥之,戒毋再失。

——《明实录·英宗实录》卷46,第7页,总第897页

正统三年(1438)戊午科乡试

张英(云南府)、龚彦广(姚安)、王宗(晋宁)、杨清(通海)、杨懋(澄

江)、杨龄(大理)、黄钟(曲靖)、杜森(云南府)、陈钟(邓川)、葛陵(河西)中举,是科云南10人中举。

——(清)阮元修,(清)王崧、李诚纂:《(道光)云南通志稿》卷138《选举制·举人(一)》,第12页

正统四年(1439),秋八月,乡试。云、贵生儒取张英等十五人。《野史》:举进士者二人:云南黄钟、贵州申祐也。榜首张英,昆明人。为人宽厚,与物无忤,事母克孝。后居曹监,会祭酒李时勉为王振所诬,枷置国子监门。英首倡求以身代,于是率六馆诸生诣阙,得蒙原宥。时勉既释,英遂归养。修撰商辂以诗送之曰:"熏风细雨送南归,万里宁亲愿不违;鬓发萧疏怜我老,文章磊落似君希。行过柳市沽清醑,回到萱庭戏彩衣;莫向故乡耽乐久,桥门计日待光辉。"既归,安贫乐道,教授于乡。讲易最明,传经者甚众。年九十四卒于家,黔国武禧公以礼葬之。

——(清)倪蜕辑,李埏校点:《滇云历年传》卷6,第295页

正统四年(1439)己未科会试

马经(陆凉、3甲9名)中进士,是科云南1人中进士。

——朱保炯、谢沛霖编:《明清进士题名碑录索引》,第2445—2446页

正统五年(1440),复定取士额。顺天府,仍八十名。应天府百名。浙江、福建,皆六十名。江西,六十五名。河南、广东,皆五十名。湖广,五十五名。山东、四川,皆四十五名。陕西、山西,皆四十名。广西,三十名。云南,二十名。

——(明)李东阳等撰,(明)申时行等重修:《大明会典》卷77《贡举》,第18页

正统六年(1441),令出题不许摘裂牵缀,及问非所当问。取文务须淳

实典雅,不许浮华。违者从风宪官纠劾治罪。

——(明)李东阳等撰,(明)申时行等重修:《大明会典》卷77《贡举》,第14页

正统六年(1441),诏增云、贵乡试举人五名;云南三人、贵州二人。秋八月,乡试。云、贵生儒取刘玺等二十人。《通志》:内贵州六名。举进士者王敞,贵州人。

——(清)倪蜕辑,李埏校点:《滇云历年传》卷7,第300—301页

正统六年(1441),令府学一年贡一人。州学三年贡二人。县学二年贡一人,遂为定例。

——(明)李东阳等撰,(明)申时行等重修:《大明会典》卷77《贡举》,第2页

正统六年(1441)辛酉科乡试

刘玺(姚安)、陈安(昆明)、李辉(澄江)、潘颜(曲靖)、周容(曲靖)、戴俨(云南府)、李旺(河西)、李庸(太和)、蔡濬(临安)、何澄(澄江)、戴明(澄江)、李用忠(云南府)、尹鑑(大理)、杨赟(蒙化)中举,是科云南14人中举。

——(清)阮元修,(清)王崧、李诚纂:《(道光)云南通志稿》卷138《选举制·举人(一)》,第12页

正统七年(1442),诏提学官三年一次,会同州县正官考选生员。《志》:凡生员中,年老残疾及人物鄙猥,悉黜为民。又三年,令提学官、教官考选生员。年四十以上不谙文理者,廪膳十年以上送吏部,六年以上送附近布政司,增广十年以上送本布政司,直隶送本府,俱充吏;六年以上并鄙猥残疾者,悉黜为民。云南、贵州免考。

——(清)倪蜕辑,李埏校点:《滇云历年传》卷7,第304页

正统七年(1442)壬戌科会试

刘锴(临安、2 甲 27 名)、黄钟(曲靖、3 甲 23 名)中进士,是科云南 2 人中进士。

——朱保炯、谢沛霖编:《明清进士题名碑录索引》,第 2446—2447 页

正统九年(1444),始建金齿司儒学。《野史》:令训诲武职子弟,尚无科贡也。秋七月,命刑部右侍郎参赞军务杨宁巡抚云南。八月,乡试。云、贵生儒取王铎等二十人。《通志》:内贵州七名。进士罗晟,云南人。

——(清)倪蜕辑,李埏校点:《滇云历年传》卷 7,第 306—307 页

正统九年(1444)甲子科乡试

王铎(云南府)、王钰(大理)、李智(安宁)、王宪(云南府)、罗晟(石屏)、王正(澄江)、李素行(临安)、赵端(晋宁)、合政(河西)、潘勉(太和)、陶广(曲靖)、王永龄(澄江)、陆普(云南府)中举,是科云南 13 人中举。

——(清)阮元修,(清)王崧、李诚纂:《(道光)云南通志稿》卷 138《选举制·举人(一)》第 12—13 页

正统十年(1445),秋七月,丙戌,中元节遣官祭长陵……参赞云南军务刑部右侍郎杨宁先奏:"顺州夷俗僻陋,北胜州人烟辏集,乞将顺州学裁革,于北胜州开学设馆,教诲生徒。"事下礼部覆奏以为便。上从之。

——《明实录·英宗实录》卷 131,第 5 页,总第 2607 页

正统十二年(1447)三月,癸酉,直隶凤阳府知府杨瓒言……参赞云南军务兵部左侍郎侯琎奏:"云南去京师一万余里,其武职应比试者,多孤弱

贫窘,路费不给。乞如守备官例,就彼会官比试为便。”从之。

——《明实录·英宗实录》卷151,第2页,总第2959—2960页

正统十二年(1447),诏加云、贵解额五名:云南三人,贵州二人。二月,命监丞郝宁镇守云南……八月,乡试。云、贵生儒取李蕃等二十五人(康熙、雍正《云南通志》均谓此科取二十名)。《野史》:内贵州八人。举进士者李蕃、易贵、黄绂。贵、绂,黔人也。绂仕至南京户部尚书。云、贵人官尚书,自绂始。

——(清)倪蜕辑,李埏校点:《滇云历年传》卷7,第309页

正统十二年(1447)丁卯科乡试

李蕃(澄江)、刚正(云南府)、郑通(大理)、赵禧(河阳)、狄昶(云南府)、陈时雨(太和)、王麟(大理)、邵圯(晋宁)、蒲庆(阿迷)、李容(云南府)、戴儒(河西)、朱璲(安宁)中举,是科云南12人中举。

——(清)阮元修,(清)王崧、李诚纂:《(道光)云南通志稿》卷138《选举制·举人(一)》第13页

正统十三年(1448)戊辰科会试

李蕃(河阳、2甲35名)中进士,是科云南1人中进士。

——朱保炯、谢沛霖编:《明清进士题名碑录索引》,第2449页

景泰元年(1450)五月,己酉,升云南按察司签事李瓘为布政司……云南按察司提调学校副使姜濬言二事:一曰“学校乃育材之地,国家致治之源,古今所同重也。臣自受命以来,遍历云南各府、司、州、县儒学,见生员多系僰人、罗罗、摩些、百夷种类,性资愚鲁,不晓读书,不知礼让。廪、膳、增、广,俱不及数,或缺半者有之,或缺三之一者有之。欲将增、广考补,百

无一二，惟恐虚费廪禄，因循日久，学政废弛。其各卫、所军生，多有人物聪俊，有志于学，缘不得补廪，无人养膳，难于读书。乞不拘常例，军民生员相兼廪膳，庶使生徒向学，不负教养”。二曰“贡举务在得人。云南地方惟流官衙门，学校岁贡生员，依例考试。其土官衙门，止是选贡所司，更不论其贤否，一概挨次贡部入监。以此，生员惟图侥幸，愈不读书，有负朝廷养贤盛意。请将今后选贡生员，亦当于食粮年深内. 考选其资质端重、颇知大义，或书或算略通一艺者，起送充贡。如人物鄙猥、懵无所知，即黜罢之，庶使生徒激励，贡举得人”。从之。

——《明实录·英宗实录》卷192，第4—6页，总第3988—3992页

景泰元年(1450)秋八月，乡试。云、贵生儒取杨贤等三十六人。《野史》：内云南二十四名，贵州十二名。举进士者云南一人：杨纬；贵州三人：赵侃、周瑛、钟震。

——(清)倪蜕辑，李埏校点：《滇云历年传》卷7，第315页

景泰元年(1450)庚午科乡试

杨贤(云南府)、杨纬(太和)、杨文(云南府)、洪汉(澄江)、邱瑛(太和)、施铨(昆明)、万清(云南府)、黄逸(云南县)、陈谐(大理)、杨宁(大理)、张杲(金齿卫)、段显(云南府)、李善(云南府)、李森(赵州)、郑谦(金齿卫)、李春(呈贡)、杨溥(太和)、杨绅(太和)、李斌(楚雄)、董琳(安宁)、刘经(楚雄)、杨贤(澄江)、萧文亮(晋宁)、胡源(蒙化)中举，是科云南24人中举。

——(清)阮元修，(清)王崧、李诚纂：《(道光)云南通志稿》卷138《选举制·举人(一)》，第13—14页

景泰二年(1451)，令云南、贵州军民生兼考补廪膳，照例科贡。

——(清)倪蜕辑，李埏校点：《滇云历年传》卷7，第316页

景泰二年(1451)辛未科会试

王惟善(嵩明、3甲85名)、罗晟(临安、3甲62名)中进士,是科云南2人中进士。

——朱保炯、谢沛霖编:《明清进士题名碑录索引》,第2450—2452页

景泰四年(1453),诏增解额十名。聘仁和县训导聂大年为云贵癸酉科考试官。滇补:大年,临川人。景泰(1450—1457)初用荐,起为仁和训导。博涉经传,笃志古文,名播朝野。是年,两广、湖湘、山西、云南皆具礼聘大年。大年以诗辞之,曰:"名藩校艺遣征书,使者频繁走传车;老大难遵太行路,平生厌食武昌鱼。五羊城古仙游远,八桂霜寒木叶疏,寄与青云旧知己,莫因词赋荐相如。"然卒应云南之聘。是科取士,称得人焉。秋八月,乡试。云、贵生儒取杜亨等五十五人。《野史》:内云南三十七名,贵州十八名。举进士者五人,云南杜亨、曾瑄;贵州陈神、黎逊、田宜(雍正《云南通志·选举志》载该科乡试,云南举进士者尚有朱祐)。

——(清)倪蜕辑,李埏校点:《滇云历年传》卷7,第318—319页

景泰四年(1453),诏增解额十名,是科云、贵取士五十五人,云南三十七人。明《昭代典则》:四年五月增定各省乡试取士额数,云南先二十,各令增十名。

——(清)龙云、卢汉修,周钟岳纂:《民国新纂云南通志》卷16《历代贡举征辟表》,《中国地方志集成》,第583页

景泰四年(1453),复定取士额。南北直隶各增三十五名。浙江、江西、福建、河南、湖广、山东,各增三十名。广东、四川、陕西、山西、广西,各增二

十五名。云南,增十名。

——(明)李东阳等撰,(明)申时行等重修:《大明会典》卷77《贡举》,第19页

景泰四年(1453)癸酉科乡试

杜亨(大理)、朱克瀛(晋宁)、杨祥(大理)、徐清(云南府)、张友闻(阿迷)、董云(金齿卫)、曾瑄(临安)、乐清(云南县)、赵昱(澄江)、张佐(安宁)、杨淑(云南府)、田容(临安)、杨经(邓川)、尹茂(邓川)、张骞(大理)、朱祐(曲靖)、杨正(大理)、徐災(临安)、张遵(通海)、王俨(安宁)、陈器(大理)、傅瑛(通海)、杨泽(澄江)、钟礼(石屏)、周信(云南府)、陈进(大理)、高曦(云南府)、邹儒(大理)、李杰(安宁)、杨顺(云南府)、沈政(通海)、李宗(澄江)、田宣(云南府)、舒通(楚雄)、李逊(云南府)、何泰(镇南)、杨进(太和)中举,是科云南37人中举。

——(清)阮元修,(清)王崧、李诚纂:《(道光)云南通志稿》卷138《选举制·举人(一)》,第14—15页

景泰五年(1454)甲戌科会试

杨纬(太和、2甲65名)、朱祐(曲靖、题名碑录无此人而《云南通志》有此人)中进士,是科云南2人中进士。

——朱保炯、谢沛霖编:《明清进士题名碑录索引》,第2452—2453页

景泰七年(1456)春正月,增定云南乡试取士额三十人。《野史》:时以天下人才弥盛,始加增定,于是天下共取七百六十人。令云南岁贡生改送北监。秋八月,乡试。云、贵生儒取张正等三十人。历科名第录:是科定额,云南二十名,贵州十名。举进士者六人,云南张正、邢干、周铨、朱谦,贵州孙伟、杨绎。

——(清)倪蜕辑,李埏校点:《滇云历年传》卷7,第321—322页

景泰七年(1456),二月,诏定各布政司乡试取士额数,云南三十名。

——(清)龙云、卢汉修,周钟岳纂:《民国新纂云南通志》卷16《历代贡举征辟表》,《中国地方志集成》,第583页

景泰七年(1456)丙子科乡试

张政(大理)、吕褕(云南府)、邢乾(临安)、孙伟(曲靖)、李信(临安)、周铨(曲靖)、夏聪(云南县)、邓恪(昆阳)、丰龄(嵩明)、刘镛(云南府)、赵俊(呈贡)、杨绎(大理)、田瑛(云南府)、袁镐(石屏)、张通(河西)、沈仪(云南府)、苏祺(石屏)、孙成(澄江)、赵鑑(蒙化)、李文(金齿卫)中举,是科云南20人中举。

——(清)阮元修,(清)王崧、李诚纂:《(道光)云南通志稿》卷138《选举制·举人(一)》,第15页

英宗复辟,天顺元年(1457)丁丑科会试

田瑄(前卫、3甲168名)、曾瑄(临安、3甲145名)中进士,是科云南2人中进士。

——朱保炯、谢沛霖编:《明清进士题名碑录索引》,第2455—2457页

天顺三年(1459)秋八月,乡试。云、贵生儒取杨洪等三十人。《名第录》:内云南二十名,贵州十名。举进士者七人,云南杨洪、文澍、陈经(《(雍正)云南通志·选举志》一作陈轻)、蒙鑑,贵州毛铉、徐节、杨遵。

——(清)倪蜕辑,李埏校点:《滇云历年传》卷7,第323页

天顺三年(1459)己卯科乡试

杨洪(安宁)、江济(南安)、李琦(云南府)、王儒(曲靖)、李智(云南府)、文澍(金齿卫)、陈轻(曲靖)、赵熙(太和)、李仪(安宁)、郑杲(临安)、

杨缙(大理)、蒙鑑(云南县)、周倧(嵩明)、王曦(河西)、凌克温(晋宁)、董文焕(嶍峨)、焦懋(云南府)、曹恒(曲靖)、杨政(大理)、李沧(昆阳)、李宽(昆明)中举,是科云南 21 人中举(《滇云历年传》载 20 人)。

——(清)阮元修,(清)王崧、李诚纂:《(道光)云南通志稿》卷 138《选举制 · 举人(一)》,第 15—16 页

天顺四年(1460)庚辰科会试

杨绎(太和、2 甲 5 名)、杜亨(太和、3 甲 100 名)、周铨(曲靖、3 甲 30 名)、陈轾(曲靖卫、题名碑录作天顺八年 3 甲 86 名)中进士,是科云南 4 人中进士。

——朱保炯、谢沛霖编:《明清进士题名碑录索引》,第 2457—2458 页

天顺六年(1462),诏复设提督学校官。命廷臣举有学行者提督学校。以邵玉任云南学政……秋八月,乡试。云、贵生儒取段子澄等三十人。《名第录》:内云南二十一人,贵州九人。举进士者罗珦、李华、赵弼、谭升、李濬、李珉、杨仲纶,皆云南人。

——(清)倪蜕辑,李埏校点:《滇云历年传》卷 7,第 324 页

天顺六年(1462)壬午科乡试

段子澄(大理)、罗珦(临安)、李华(太和)、何宗显(大理)、李昱(云南府)、杨宪(阿迷)、赵弼(大理)、谭昇(北胜)、施继先(曲靖)、杨浩(嵩明)、李濬(云南府)、谭景(晋宁)、李珉(沾益)、王昱(晋宁)、陈甯(浪穹)、夏尚忠(石屏)、刘琛(云南府)、段禧(嶍峨)、毛翔(云南府)、杨仲纶(大理)、苏曰琏(石屏)中举,是科云南 21 人中举。

——(清)阮元修,(清)王崧、李诚纂:《(道光)云南通志稿》卷 138《选举制 · 举人(一)》,第 16 页

天顺八年(1464),甲申科,邢翰(临安、3 甲 152 名)、陈轾(曲靖卫、3 甲

86名）中进士，是科云南2人中进士。

——朱保炯、谢沛霖编：《明清进士题名碑录索引》，第2459—2460页

宪宗成化元年（1465），秋八月，乡试。云、贵生儒取马文荣等三十人。《名第录》：内云南二十名，贵州十名。举进士者二人，许嵩、张璁，皆云南人……秋，诏增云、贵解额十名。

——（清）倪蜕辑，李埏校点：《滇云历年传》卷7，第324—325页

成化元年（1465），乙酉科，马文荣（宁州）、李霖（姚安）、罗维（嵩明）、周慎（云南府）、徐淳（云南府）、李端（大理）、孙赟（通海）、杨正（邓川）、曹豫（临安）、李韶（宾川）、王纲（蒙化）、彭裕（临安）、杨清（大理）、陆芳（曲靖）、陈尧弼（大理）、许嵩（云南府）、杨佐（大理）、潘洪（太和）、蔡秩（蒙自）、张璁（曲靖）中举，是科云南20人中举。

——（清）阮元修，（清）王崧、李诚纂：《（道光）云南通志稿》卷138《选举制·举人（一）》，第16—17页

成化二年（1466）丙戌科会试

张正（大理卫、3甲2名）、谭昇（澜沧卫、3甲85名）、文澍（金齿司、3甲151名）、李珉（沾益、题名碑录无此人而《云南通志》有此人）、孙伟（曲靖、3甲142名）中进士，是科云南5人中进士。

——朱保炯、谢沛霖编：《明清进士题名碑录索引》，第2461—2463页

成化二年（1466）奏准，卫学照县学例，二年贡一人。

——（明）李东阳等撰，（明）申时行等重修：《大明会典》卷77《礼部志稿·贡举》，第2页

成化二年(1466)定,考试等官,俱于当月初七日入院。

——(明)李东阳等撰,(明)申时行等重修:《大明会典》卷77《礼部志稿·贡举》,第12页

成化三年(1467),三月,甲申,礼部尚书姚夔等奏修明学政十事,请榜谕天下学校,永为遵守。"一国家设学校,陈教条,本末具而体用周,是即三代……今国家文运,百年于兹,道化旁洽,岂远近有间。比年云南、贵州,科举进士,往往连名,有足征者。宜自成化四年为始,仍照正统年例,一体考贡。若他处人冒籍边方学校岁贡科举者,械系解京治罪。所司纵容者,以赃论……"是时学教废弛,生徒苟容倖进者多。夔上此奏,上是之,皆准行。

——《明实录·宪宗实录》卷40,第8页,总第23页

成化三年(1467)十一月,甲戌,贵州左布政使等官萧俨等奏:"云、贵二布政司儒学共五十余所,而科额共三十名,而贵州止得十名,宜量增名数以励士风。"礼部覆奏,准乡试举人量增十名,贵州六名,云南四名。乙亥,封都督同知周寿为庆云伯。

——《明实录·宪宗实录》卷48,第3页,总第988—989页

成化三年(1467)十一月,增云南、贵州乡试额。《明会典》:三年,令云南乡试,复增十名。

——(清)龙云、卢汉修,周钟岳纂:《民国新纂云南通志》卷16《历代贡举征辟表》,《中国地方志集成》,第583页

宪宗成化四年(1468)秋八月,乡试。云、贵生儒取张翺等四十人。《名第录》:内云南二十四名,贵州十六名。举进士者丁昶,云南人。令云南选

贡仍照例考送。

——(清)倪蜕辑,李埏校点:《滇云历年传》卷7,第325页

成化四年(1468)戊子科乡试

张翱(大理)、尹华(云南府)、奚项(太和)、王迪(云南县)、王巽(金齿卫)、杨宾(安宁)、王禹(大理)、胡琏(云南府)、徐纪(嵩明)、丁昶(蒙化)、杨鑑(太和)、刘亨(宜良)、杨敬(邓川)、杨文(晋宁)、张曰瑚(石屏)、李云(姚安)、林郁(云南府)、杨琪(大理)、姚泰(金齿卫)、濮宗达(建水)、朱谦(云南府)、杨纬(云南府)、陆坦(宁州)、段蒙(云南府)中举,是科云南24人中举。

——(清)阮元修,(清)王崧、李诚纂:《(道光)云南通志稿》卷138《选举制·举人(一)》,第17—18页

成化四年(1468),令云南、贵州选贡,仍照例考送。又令岁贡生员,丁忧正服月日,准作实数。其养病侍亲,及服阕不复学,皆作虚旷。

——(明)李东阳等撰,(明)申时行等重修:《大明会典》卷77《礼部志稿·贡举》,第3页

成化五年(1469)己丑科会试

许嵩(广南卫、3甲31名)、张璁(平彝、3甲132名)中进士,是科云南2人中进士。

——朱保炯、谢沛霖编:《明清进士题名碑录索引》,第2464—2465页

成化六年(1470),令云南提学官专理云南学校。其贵州学校,令贵州分巡官兼理之。

——(清)倪蜕辑,李埏校点:《滇云历年传》卷7,第326页

成化六年(1470),夏四月,丙辰,增设河南裕州同知一员……丁巳,巡抚贵州右副都御史秦敬奏:贵州学校悉属云南提调佥事兼理,相去动经千里,往来考试不便。乞令本官专理云南学政,本省从分官兼理。从之。

——《明实录·宪宗实录》卷78,第2—3页,总第1512—1513页

成化七年(1471)秋八月,乡试。生儒取韩昂等四十人。《名第录》:内云南二十四人,贵州十六人。举进士者五名,云南韩昂、赵璧、唐瑢、夏暹,贵州俞玑。是年,杨文襄一清中顺天乡试。前后中北闱者不尽录。

——(清)倪蜕辑,李埏校点:《滇云历年传》卷7,第326页

成化七年(1471)辛卯科乡试

韩昂(云南府)、赵璧(云南府)、周訚如(曲靖)、刘斗(临安)、胡宾(云南府)、张守正(安宁)、唐瑢(云南府)、高寿(景东)、李霖(浪穹)、卿惟贤(昆明)、朱瑀(归化)、郑澄(宜良)、马友谅(安宁)、聂忠(姚安)、王懋(晋宁)、赵达(大理)、赵永和(云南府)、洪纬(大理)、夏暹(云南府)、李銮(南安)、汪琎(云南府)、金鼒(云南府)、许琏(云南府)、张昇(云南府)、杨一清(安宁)中举,是科云南25人中举。

——(清)阮元修,(清)王崧、李诚纂:《(道光)云南通志稿》卷138《选举制·举人(一)》,第18页

成化八年(1472)壬辰科会试

赵璧(昆明、2甲62名)、杨一清(安宁、3甲95名)、杨仲纶(太和、3甲145名)中进士,是科云南3人中进士。

——朱保炯、谢沛霖编:《明清进士题名碑录索引》,第2466—2467页

成化十年(1474)春,复增云南乡试解额五名。《野史》:于是云南共二

十九名，贵州十六名。蜕按：成化（1465—1487）乡试八科，云南广额两次十五人。然可称者，惟永昌张志淳、邓川杨南金二人而已……秋八月，乡试。云、贵生儒取杨杰等四十五人。《名第录》：内云南二十九人，贵州十六人。举进士者三名，杨杰、张西铭、金章，皆云南人。

——（清）倪蜕辑，李埏校点：《滇云历年传》卷7，第326页

成化十年（1474）夏四月，丙寅，以去年旱灾，免山西太原、平阳二府无征秋粮……增云南乡试举人五名。先是总兵官黔国公沐琮等奏："云南、贵州虽在边鄙，久沾圣化，人才渐盛，往往与中州之士，联中甲科。故事，乡试止取四十名：云南二十四名，贵州十六名。人才淹滞，教官亦难迁转，乞量增额数。"故有是命。

——《明实录·宪宗实录》卷127，第5页，总第2421页

成化十年（1474）四月，令云南解额复增五名。

——（清）龙云、卢汉修，周钟岳纂：《民国新纂云南通志》卷16《历代贡举征辟表》，《中国地方志集成》，第583页

成化十年（1474）甲午科乡试

杨杰（邓川）、俞汴（云南府）、张西铭（宁州）、邱鑑（姚安）、赵臣（蒙自）、张爱（澄江）、李宽（安宁）、杨成（太和）、王玘（云南府）、许鑑（云南府）、李春（金齿卫）、金章（云南府）、段章（大理）、罗文（云南县）、戴仁（太和）、汤克谐（太和）、王智（赵州）、黄钲（云南府）、孙杰（通海）、吴泰（曲靖）、唐以敬（晋宁）、奚琥（鹤庆）、陈俊（云南府）、李谧（河西）、刘贤（景东）、杨瑄（楚雄）、李钦（嵩明）、严容（宜良）、朱凤（晋宁）中举，是科云南29人中举。

——（清）阮元修，（清）王崧、李诚纂：《（道光）云南通志稿》卷138《选举制·举人（一）》，第18—19页

成化十一年(1475)乙未科会试

李濬(左卫、3甲7名)、金章(中卫、3甲137名)、唐瑢(左卫、3甲169名)、杨杰(大理题名碑录作邓川州、3甲168名)、张铭(张西铭)(宁州、3甲135名)中进士,是科云南5人中进士。

——朱保炯、谢沛霖编:《明清进士题名碑录索引》,第2468—2470页

成化十三年(1477),秋八月,乡试。云、贵生儒取赵锐等四十五人。《名第录》:内云南二十九名,贵州十六名。举进士四名,云南滕槟、张翚、张濂,贵州朱璧。

——(清)倪蜕辑,李埏校点:《滇云历年传》卷7,第330页

成化十三年(1477)丁酉科乡试

赵锐(云南府)、阎琮(云南府)、卓仪(云南府)、赵子禧(鹤庆)、徐瀚(阿迷)、傅澄(昆明)、王应明(易门)、滕槟(金齿卫)、沈经(云南府)、俞钥(南安)、廖恕(云南府)、孙纶(云南县)、程信(赵州)、王清(云南府)、阮勤(云南府)、包文伟(太和)、包玉(浪穹)、杨政(太和)、张翚(云南府)、罗应魁(曲靖)、牛纪(云南府)、万纶(金齿卫)、雷中(云南县)、张濂(曲靖)、陈尧道(大理)、方仲才(赵州)、杨荣(云南府)、陶泓(金齿卫)、杨宏(大理)中举,是科云南29人中举。

——(清)阮元修,(清)王崧、李诚纂:《(道光)云南通志稿》卷138《选举制·举人(一)》,第19—20页

成化十四年(1478)戊戌科会试

张翚(中卫、3甲171名)、韩昂(前卫,题名碑录作右卫、3甲197名)、李华(太和、3甲27名)、丁昶(蒙化、3甲34名)、罗珦(临安,题名碑录作成

化二年、3 甲 217 名)中进士,是科云南 5 人中进士。

——朱保炯、谢沛霖编:《明清进士题名碑录索引》,第 2470—2473 页

成化十六年(1480)八月,乡试。云、贵生儒取张志淳等四十五人。《名第录》:内云南二十九名,贵州十六名。举进士五人,云南张志淳、王杲、金冕、朱玑,而贵州则以按察司吏登科郭珠也。张志淳,金齿卫人。仕至南京户部右侍郎。所著有《南园集》《南园漫录》《南园续录》。

——(清)倪蜕辑,李埏校点:《滇云历年传》卷 7,第 333 页

成化十六年(1480)庚子科乡试

张志淳(金齿卫)、胡经(金齿卫)、杨玺(大理)、吕调阳(宾川)、董森(大理)、王杲(临安)、林凤(景东)、李伦(太和)、赵琛(大理)、李亿(太和)、赵辂(曲靖)、郑玘(澄江)、黄琎(云南府)、蔡檖(临安)、金冕(云南府)、孔儒(金齿卫)、戴文(太和)、黄暟(临安)、刘济(云南府)、李敏(云南府)、柴伸(临安)、王仪(河西)、柴俸(临安)、朱玑(蒙化)、杨瀚(安宁)、管霖(曲靖)、杨浩(邓川)、刘昱(安宁)、何瑛(云南府)中举,是科云南 29 人中举。

——(清)阮元修,(清)王崧、李诚纂:《(道光)云南通志稿》卷 138《选举制·举人(一)》,第 20—21 页

成化十七年(1481)二月,癸酉,巡抚云南右副都御史吴诚奏:"乞令土官衙门各边应袭子,于附近府分儒学读书,使知忠孝礼义,庶夷俗可变,而争袭之弊可息。仍禁约学校师生,不许索其束脩馈送。"礼部覆奏:"以为益风化,事在可行。如地远年幼者,督令开一社学,延邻境有学者以为之师。仍听提学官稽考。"上曰:"然。云南土官世修职贡,无敢违越。但争袭之弊,往往有之。盖虽由于政,而未化于教也。其令土官各遣应袭子就学,如巡抚官及尔

礼部所言,使蛮貊乖争之风潜消,而华夏礼义之化远暨,顾不美欤!"

——《明实录·宪宗实录》卷212,第6页,总第3695—3696页

成化十七年(1481)辛丑科会试

赵弼(太和、3甲69名)、王杲(临安、3甲152名)、张濂(越州、2甲54名)、李宗泗(昆明、3甲134名)中进士,是科云南4人中进士。

——朱保炯、谢沛霖编:《明清进士题名碑录索引》,第2473—2475页

成化十七年(1481),诏设广西府儒学。

——(清)倪蜕辑,李埏校点:《滇云历年传》卷7,第334页

成化十九年(1483),秋八月,乡试。云、贵生儒取程瑀(万历、康熙、雍正所修《云南通志》均作"陈瑀")等四十五人。《名第录》:内云南二十九名,贵州十九名。进士云南李宗儒一人。而程瑀作杨瑀,《志》又作程瑀,不知谁是。

——(清)倪蜕辑,李埏校点:《滇云历年传》卷7,第337页

成化十九年(1483)癸卯科乡试

陈瑀(云南府)、杨韶(大理)、杨本(大理)、徐稚(金齿卫)、谭钺(北胜)、万诚(金齿卫)、杨桀(临安)、丁显(云南府)、李宗儒(云南府)、王宏(大理)、刘钧(姚安)、孙铠(金齿卫)、汪钺(云南右卫)、曹汝希(宁州)、张敏(太和)、王恺(太和)、胡谏(晋宁)、林高(云南县)、徐崧(云南府)、杨纲(金齿卫)、冯昇(云南府)、张纯(安宁)、潘浩(楚雄)、李居广(澄江)、张秉中(楚雄)、孟澜(晋宁)、李英(云南府)、施惠(嵩明)、方昱(曲靖)中举,是科云南29人中举。

——(清)阮元修,(清)王崧、李诚纂:《(道光)云南通志稿》卷138《选举制·举人(一)》,第21—22页

成化二十年(1484)甲辰科会试

李宗儒(昆明、3甲114名)、夏暹(左卫、3甲145名)、张志淳(金齿卫、2甲4名)中进士,是科云南3人中进士。

——朱保炯、谢沛霖编:《明清进士题名碑录索引》,第2475—2477页

成化二十二年(1486),秋八月,乡试。云、贵生儒取夏时等四十五人。《名第录》:内云南二十九人,贵州十六人。举进士六名。云南张敩、方矩、王璟、陆经、杨南金,贵州丁相,以按察司吏登科……冬十一月,更定会试南、北、中卷取士额,仍以云南举人入中卷。

——(清)倪蜕辑,李埏校点:《滇云历年传》卷7,第339—340页

成化二十二年(1486)丙午科乡试

夏时(云南府)、诸宏(金齿卫)、杨宣(太和)、张敩(大理)、赵钺(云南府)、刘淮(云南府)、王绍宗(宁州)、杨名(大理)、杨济(大理)、陈璇(金齿卫)、缪芳(曲靖)、赵瓒(大理)、方矩(云南府)、金琇(赵州)、苏仪(楚雄)、余经(金齿卫)、董晖(邓川)、董璧(大理)、赵文振(太和)、金铠(云南府)、刘显(嵩明)、曾镆(临安)、杨杰(安宁)、林锦(赵州)、胡正(蒙化)、王璟(临安)、周道(嵩明)、陆经(鹤庆)、杨南金(邓川)中举,是科云南29人中举。

——(清)阮元修,(清)王崧、李诚纂:《(道光)云南通志稿》卷138《选举制·举人(一)》,第23页

成化二十三年(1487)春二月,礼部奏:"《云南乡试录》文多乖谬,乞将考试官黄金等追夺聘礼,令巡按御史究问。"

——(清)倪蜕辑,李埏校点:《滇云历年传》卷7,第340页

成化二十三年(1487)丁未科会试

滕槟(金齿卫、2甲27名)、朱玑(蒙化、3甲207名)中进士,是科云南2人中进士。

——朱保炯、谢沛霖编:《明清进士题名碑录索引》,第2478—2480页

弘治二年(1489),秋八月,乡试。云、贵生儒取周忠等四十五人。《名第录》:内云南二十九名,贵州十六名。举进士者毛玉、张绎,皆云南人。玉于嘉靖(1522—1566)初为给事中,以议大礼,被旨廷杖死(毛玉,字国珍,更字用成,云南右卫军家子也,其先良乡人。弘治十八年进士。正德五年,由行人擢南京吏科给事中。刘瑾既败,大盗蜂起。玉言大学士焦芳、刘宇实乱天下,请显僇扁,以谢万姓。群盗扰山东、河南,玉请备留都。已而盗果渡江,以备严,不敢犯。外艰去,起南京兵科。御史林有年谏迎佛乌思藏下狱,玉抗疏救之,有年得薄罚。又以继母艰去。服阕,除吏科。世宗即位逾年,兴邸诸内官怙帝宠,渐骄佚。又故太监谷大用、魏彬等相次谋复起,事有萌芽。玉即抗疏历叙武宗时事,劝帝戒嗜欲,杜请托,以破侥幸之门,塞蛊惑之隙。帝嘉纳焉。

御史曹嘉素轻险,仿宋范仲淹《百官图》,分廷臣四等,加以品题。给事中安磐疏驳之,言唐王珪之论房玄龄等,本朝解缙之论黄福等,皆承君命而品藻之,未有漫然恣其口吻,如嘉者也。玉复言嘉背违成法,变乱国是,乞斥。帝从其言,贬嘉于外。御史许宗鲁为嘉讼,请斥玉,其同官伦以谋亦助为言。给事中张原以庶僚聚讼,朝廷为之多事,重损国体,乞身先斥罢。玉亦上疏求去,言:“宗鲁等知朋友私恩,不顾朝廷大体。臣一身所系绝微,公论所关甚大,乞罢臣以谢御史。”帝皆慰留之。时宸濠戚属连逮者数百人,玉奉命往讯,多所全活。且言宸濠称乱,由左右贪赂酿成之。因劾守臣不死事者,而禁天下有司与藩府交通。帝俱从之。再迁左给事中。寻伏阙争“大礼”,下狱受杖,竟卒。后赠光禄少卿)。

——(清)倪蜕辑,李埏校点:《滇云历年传》卷7,第341页

弘治二年(1489)己酉科乡试

周忠(金齿卫)、尹凤仪(太和)、吴璋(金齿卫)、华山(宜良)、萧景时(晋宁)、曹滋(曲靖)、杨鼒(太和)、曾伦(大理)、段昶(太和)、程文衡(通海)、洪九思(大理)、平统(云南府)、毛玉(昆明)、施伦(剑川)、董炎(嶍峨)、冯玉(蒙自)、刘宗礼(金齿卫)、杨瓛(大理)、张绎(临安)、赵俊(邓川)、李和(昆明)、李淮(邓川)、童昱(蒙化)、高广(鹤庆)、王时(云南府)、张豫(金齿卫)、刘敬(腾冲卫)、李禾(云南府)、何雄(临安)中举,是科云南29人中举。

——(清)阮元修,(清)王崧、李诚纂:《(道光)云南通志稿》卷138《选举制·举人(一)》,第22—23页

弘治三年(1490)庚戌科会试

金冕(中卫、2甲15名)、王璟(建水、3甲73名)中进士,是科云南2人中进士。

——朱保炯、谢沛霖编:《明清进士题名碑录索引》,第2481—2482页

弘治五年(1492)巡抚御史张泰请增解额五人,从之,以乙卯(弘治八年,1495)科为始。秋八月,乡试。云、贵生儒取王应奎等四十五人。《名第录》:内云南二十九名,贵州十六名。进士二人,云南王应奎,贵州周昺。

——(清)倪蜕辑,李埏校点:《滇云历年传》卷7,第342页

弘治五年(1492)四月,巡按云南御史张泰请开解额,议增五名。

——(清)龙云、卢汉修,周钟岳纂:《民国新纂云南通志》卷16《历代贡举征辟表》,《中国地方志集成》,第583页

弘治五年(1492)壬子科乡试

王应奎(太和)、杨辅(云南府)、言昺(嵩明)、何俨(临安)、曾祥(临安)、熊经(云南府)、胡鑑(蒙化)、邹缙绅(赵州)、李明(赵州)、耿伟(云南府)、王玺(宜良)、王澍(金齿卫)、赵勤(金齿卫)、孙睿(呈贡)、杨汉(云南府)、吴九功(昆明)、杨麒(邓川)、浚雯(晋宁)、张翮(云南府)、侯爵(云南府)、唐佐(晋宁)、朱耀(云南府)、杨齐贤(安宁)、张云汉(太和)、马玉(通海)、王鼎(云南县)、赵濬(楚雄)、李瓘(剑川)、李居安(澄江)、章昂(嵩明)中举,是科云南30人中举(《滇云历年传》载29人)。

——(清)阮元修,(清)王崧、李诚纂:《(道光)云南通志稿》卷138《选举制 · 举人(一)》,第23—24页

弘治六年(1493)癸丑科会试

方矩(后卫、3甲61名)、王应奎(太和、3甲8名)、张敩(太和、3甲205名)中进士,是科云南3人中进士。

——朱保炯、谢沛霖编:《明清进士题名碑录索引》,第2483—2485页

弘治七年(1494),冬十月,诏《云南乡试进呈录》称《云贵乡试录》。《野史》:先是,贵州之士赴试云南,苦其险远。贵之仕于京者,咸言于礼部尚书南昌张升,欲于贵州开科。升不允。一人曰:"天下十三布政司,有十三本'试录'进朝廷,未为不美。"升曰:"此儿童之见,岂知国之大体。"持之益坚。黔人请不已,乃为奏请以云南易云贵而已(弘治七年十月,贵州守臣奏:"本布政司生员旧于云南布政司乡试,其试录止名《云南乡试录》,所取举人名数通四十五名。今请于本处开科,以免合式;增解额,以激士心。"礼部议谓:"旧制不可改,止拟改试录为《云贵乡试录》及稍增解额名数。"上从之。命云南增举人二名,贵州三名)。

——(清)倪蜕辑,李埏校点:《滇云历年传》卷7,第343页

弘治七年(1494)奏准:《云南贵州乡试进呈录》称《云贵乡试录》,贵州量助钱粮,以备云南供给。又令:考官不许听嘱滥,请各将举主职名咨呈礼部。又令:云、贵解额共额五名。旧《云南通志》:"正德五年,增额五名。嘉靖十四年,令贵州另自开科,其解额云南四十名,贵州二十五名。"《大政纪》:十四年七月初,命贵州开乡举科。先贵州诸生赴试云南,跋涉艰阻,至是,巡按御史王杏上言,乞自开科,从之。明《昭代典则》:十四年秋八月始,云南、贵州各另开科取士。国朝设科取士,初令广西附搭广东,贵州附搭云南,后因广西人材渐多,奏准另自开科,惟贵州仍附搭云南。今议,贵州虽与云南接壤,而山势险绝,道里遐陬,盗贼出没无常,秋夏岚瘴盛发,每科应试生员跋涉冲冒,多所殒伤。况今文教渐洽遐方,绝域人材日盛,每科应试之士,数逾七百,中式录文,五经具备,及举进士,科不乏人,许令贵州建立科场,依期开试。云南乡试解额四十名,贵州乡试二十五名。

——(清)龙云、卢汉修,周钟岳纂:《民国新纂云南通志》卷16《历代贡举征辟表》,《中国地方志集成》,第583页

弘治七年(1494),令作文务要"纯雅通畅",不许用浮华险怪艰涩之辞。答策不许引用谬误杂书。其陈及时务,须斟酌得宜,便于实用,不许泛为夸大,及偏执私见,有乖醇厚之风。御名、庙讳,及亲王名讳,仍依旧制二字不偏讳,不必缺其点画,违者黜落。文字试题上,不许加奉试字。其正卷务依所出题目次第楷书,不许草书,及先后错乱。举人止凭文字高下去取,不得论其地方中式多寡,临时偏徇进黜,以废公论。小录文字,不许提调、监试等官代作,及将举人原文改刻。其考试等官,各开职名,不许称张公李公字样。

弘治七年(1494),令应举生儒人等,不许未熟三场初学之士,及外处人冒滥入试。亦不许重冒古今显者姓名,有即改正。席舍照依编定字号,并所治本经,相间入坐,毋得搀越错乱。

——(明)李东阳等撰,(明)申时行等重修:《大明会典》卷77《礼部志稿·贡举》,第17页

弘治七年(1494)十月,戊午,贵州守臣奏:“本布政司生员旧于云南布政司乡试,其试录止名《云南乡试录》,所取举人名数,通四十五名。今请于本处开科,以免合试,增解额以激士心。”礼部议谓:“旧制不可改,止拟改试录为《云贵乡试录》,及稍增解额名数。”上从之,命云南增举人二名,贵州三名。

——《明实录·孝宗实录》卷93,第1页,总第1701页

弘治八年(1495)秋八月,乡试。云、贵生儒取陶濂等五十人。《野史》:初,贵州抚臣奏请设科增额,部议令量助钱粮,以备云南供给。是科先经御史奏准,加额五名。今部议贵州占三名,从抚臣请也。按:此科云南三十一名,贵州十九名。举进士者云南乔瑛、张云鹏,贵州汪大章、詹恩。

——(清)倪蜕辑,李埏校点:《滇云历年传》卷7,第343页

弘治八年(1495)乙卯科乡试

陶濂(南安)、裴明(云南府)、朱奎(晋宁)、吕钥(云南府)、黄绅(云南县)、陈尧臣(太和)、王锐(通海)、杨迪(宁州)、杨祐(澄江)、李素(云南县)、成俸(曲靖)、奚淑(鹤庆)、杨淳(宾川)、尚汝弼(金齿卫)、纪勋(云南府)、缪白(呈贡)、张志信(金齿卫)、叶茂(临安)、任俊(曲靖)、王翼之(赵州)、李良玉(云南府)、张法(曲靖)、乔瑛(通海)、孙文端(鹤庆)、刘本翊(楚雄)、方铎(金齿卫)、张云鹏(太和)、杨佐(晋宁)、缪暲(通海)、戴显(嵩明)、刘云(石屏)中举,是科云南31人中举。

——(清)阮元修,(清)王崧、李诚纂:《(道光)云南通志稿》卷138《选举制·举人(一)》,第24—25页

弘治九年(1496)丙辰科会试

张绎(建水、3甲82名)中进士,是科云南1人中进士。

——朱保炯、谢沛霖编:《明清进士题名碑录索引》,第2485—2487页

弘治十一年(1498)秋八月,乡试。云、贵生儒取杨宗尧等五十人。《名第录》:内云南三十一人,贵州十九人。举进士者云南杨宗尧、陈钟、马文、陆芸、刘洙。

——(清)倪蜕辑,李埏校点:《滇云历年传》卷7,第345页

弘治十一年(1498)戊午科乡试

杨宗尧(大理)、赵会(云南府)、陈轼(云南府)、杨英(太和)、程政(临安)、陈钟(云南府)、朱环(鹤庆)、赵儒(蒙化)、张宪(大理)、冯鳌(昆明)、薛春(云南府)、张凤羽(太和)、程章(楚雄)、郑儒(嵩明)、马文(金齿卫)、俞金(南安)、姚应璧(金齿卫)、李蕚(宾川)、陆芸(金齿卫)、刘鸿(云南府)、贾文翰(大理)、杨逊(宁州)、薛泾(晋宁)、周福(金齿卫)、张诩(昆明)、王頖(曲靖)、李麒(昆明)、刘湘(临安)、张勉(剑川)、孙璋(云南府)中举,是科云南30人中举(《滇云历年传》载31人)。

——(清)阮元修,(清)王崧、李诚纂:《(道光)云南通志稿》卷138《选举制·举人(一)》,第25页

弘治十二年(1499)己未科会试

陈钟(后卫、3甲79名)、杨南金(邓川、3甲19名)中进士,是科云南2人中进士。

——朱保炯、谢沛霖编:《明清进士题名碑录索引》,第2488—2489页

弘治十二年(1499)七月,丙子,太宗文皇帝忌辰。上祭……丁丑,巡按贵州监察御史张淳言:"……太宗文皇帝时,虽设都、布、按三司,亦未及开科,但应试生儒,改附云南。其额始自五名,累至十六名。"弘治七年,以镇巡等官会奏,又增三名,然尚附云南应试。窃见贵州学校至二十四处,生徒至四千余人。前科赴云南乡试者,逾四百之上。且每科中经魁并前列者,往往有之。科场之费则镇远、永宁二处商税银,岁至一千三百余两,赃罚等

项又可二千五百余两，用之有余。况本城内旧有公馆一座，地势轩敞，少加葺补，堪作试院。请各自开科为便。命下所司知之。

——《明实录·孝宗实录》卷 152，第 5—6 页，总第 2690—2691 页

弘治十三年(1500)奏准："应试生儒举人监生，但有怀挟文字银两，并越舍与人换写文字者，俱问发充吏，三考满日为民。若系官吏，就发为民。其官旗军人夫匠人等，受财代替夹带传递，及纵容不举察者，旗军调边卫食粮差操。官罚俸一年。夫匠发口外为民。若冒顶正军入场看守，属军卫者，发边卫。属有司者，发附近。俱充军。"

——(明)李东阳等撰，(明)申时行等重修：《大明会典》卷 77《礼部志稿·贡举》，第 17 页

弘治十四年(1501)，八月……乡试。云、贵生儒取杨士云等五十人。《名第录》：内云南三十一人。王文宿以左卫军登科。举进士者杨士云、胡洁，皆云南人。蜕按：《野史》：是科初场搜检时将黎明，试题末下而日已出。监临御史何琛令一面传题。及揭晓，录文谬误。于是无名帖子纷然四出。有一打油云："辛酉年来大比辰，监临御史是何琛，唱名搜检天将曙，信口传题日已升。子贡问仁仁不见，孟轲养气气何存？更有许多褒贬处，醇疵相半不成文。"试题是"事其大夫"二句，"其为气也"一节，故五六云云。士风浇薄，斥辱主司，自宋开之，至明而盛。今云南素称朴茂之方，明祖所谓"气厚风和、君子道行之国"也，而亦纷纷若此。世道人心，日趋日下，识者悲之。

——(清)倪蜕辑，李埏校点：《滇云历年传》卷 7，第 348—349 页

弘治十四年(1501)辛酉科乡试

杨士云(大理)、王仲仁(太和)、于经(澄江)、赵仪(大理)、陈淳(呈贡)、杨敷颐(太和)、董资元(安宁)、陈杰(曲靖)、樊昂(临安)、刘永(云南府)、薛澜(晋宁)、高辅(云南府)、邵镗(金齿卫)、杨翱(云南府)、胡洁(曲

靖）、汪城（腾冲卫）、易经（腾冲卫）、周翱（嵩明）、戈泰（腾冲卫）、朱凤（宾川）、殷辂（蒙化）、孙翰（鹤庆）、李希颜（云南县）、何相（嶍峨）、王文宿（云南府）、刘纪（鹤庆）、陈时（蒙化）、周球（蒙化）、赵仁（赵州）、林峦（金齿卫）、邢思敬（临安）中举，是科云南 31 人中举。

——（清）阮元修，（清）王崧、李诚纂：《（道光）云南通志稿》卷 138《选举制·举人（一）》，第 26 页

弘治十五年（1502）壬戌科会试

张云鹏（太和、3 甲 175 名）、乔瑛（通海、3 甲 132 名）、陆经（鹤庆，题名碑作大理卫、3 甲 199 名）中进士，是科云南 3 人中进士。

——朱保炯、谢沛霖编：《明清进士题名碑录索引》，第 2490—2492 页

弘治十六年（1503），省城大风，揭贡院前“腾蛟起凤”坊匾于十五里外。

——（清）倪蜕辑，李埏校点：《滇云历年传》卷 7，第 351 页

弘治十七年（1504）秋八月，乡试。云、贵生儒取严范等五十人。《名第录》：内云南二十九人，贵州十六人。举进士者云南雷应龙（名第录人数仅四十五人，不足五十人之数）。

——（清）倪蜕辑，李埏校点：《滇云历年传》卷 7，第 352 页

弘治十七年（1504）奏准，凡科举入场及开榜之日，如挟私投匿名文书，中伤士子者，在内听巡城御史五城兵马司，在外听按察司，并应捕人役，缉拿到官，依律治罪。见者即便依律烧毁。不许考试官诿以避嫌，妄退文卷。其士子果有作弊实迹，听明白具告治罪。违者，并听监试御史纠举。

——（明）李东阳等撰，（明）申时行等重修：《大明会典》卷 77《礼部志稿·贡举》，第 17 页

弘治十七年(1504)甲子科乡试

严范(宜良)、雷应龙(蒙化)、李文中(临安)、蒋勤(曲靖)、赵云鹏(大理)、李时(太和)、王道(云南府)、张铉(云南府)、王冕(石屏)、赵卿(云南县)、李锐(大理)、张凤举(安宁)、莫文泰(鹤庆)、王用予(邓川)、高昂(太和)、秦春(大理)、陈通(金齿卫)、叶聪(临安)、赵翰缙(邓川)、焦鼐(昆阳)、万嵩(金齿司)、徐芳(昆明)、王良(大理)、王铉(阿迷)、刘洵(临安)、汪鳌(昆明)、胡山(昆明)、魏洪(石屏)、戈谏(金齿卫)、周昊(宾川)中举,是科云南30人中举(《滇云历年传》载29人)。

——(清)阮元修,(清)王崧、李诚纂:《(道光)云南通志稿》卷138《选举制·举人(一)》,第26—27页

弘治十八年(1505)乙丑科会试

毛玉(昆明、3甲101名)、马文(金齿卫、3甲117名)、陆芸(金齿卫、2甲37名)中进士,是科云南3人中进士。

——朱保炯、谢沛霖编:《明清进士题名碑录索引》,第2493—2494页

弘治十八年(1505)三月,乙未……升浙江按察司佥事陈辅、云南曲靖军民府知府焦韶、直隶广平府知府陈钦,俱为按察司副使,辅韶云南,钦广东提调学校。

——《明实录·孝宗实录》卷222,第5页,总第4188页

武宗正德元年(1506)十二月,壬申,户部议覆太常寺少卿乔宇奏:"其一谓大同府……"先是巡抚云南都御史陈金议奏寻甸军民府添设学校,孝宗皇帝允之,而左布政使周宏疏言未可者有三:寻甸一府,民皆夷,虽习于纵肆,但宜镇之以静。况木密、平夷、武定地方,灾变非常,事宜预防。今若兴作,未免起倩夫役,动淹岁月,万一民不堪命,逃移失所。其不可一也。

买办物料,雇觅人工,府库空虚,小民罔极。本司库藏俱系解京备边等项,额数难以动支。其不可二也。兼以税粮不及,三千人民,止有七里,学校一设,师生俸廪、祭祀、乡饮之赏,斋膳门库等项,皆不可缺,加征则无粮可取,加役则无人可充。其不可三也。乞停止。礼部议覆。上曰:"寻甸既系羁縻之地,又多灾伤,儒学其勿设。"

——《明实录·武宗实录》卷20,第6—7页,总第586—587页

正德二年(1507)秋八月,乡试。云、贵生儒取卓文林等五十人。《名第录》:内云南三十一人,贵州十九人。举进士者金罍、董云汉、何邦宪、杨珮,皆云南人。

——(清)倪蜕辑,李埏校点:《滇云历年传》卷7,第354页

正德二年(1507)丁卯科乡试

卓文林(云南府)、铁润(金齿卫)、王玺(临安)、陈瞩(蒙化)、沈淳(大理)、戴伦(昆明)、张凤翔(安宁)、金罍(赵州)、董云汉(澄江)、周塘(云南府)、张古(金齿卫)、缪辅之(通海)、杨绍轲(浪穹)、夏松(金齿卫)、赵鸣鸿(云南府)、朱旒(临安)、赵士贤(临安)、李大经(临安)、何邦宪(宾川)、杨富(大理)、黄玉(临安)、张拱尧(大理)、张含(金齿卫)、易翼之(腾冲卫)、方春(曲靖)、陈表(北胜)、钱用昂(云南府)、项藻(曲靖)、王辅(昆明)、杨珮(太和)、杨表(安宁)中举,是科云南31人中举。

——(清)阮元修,(清)王崧、李诚纂:《(道光)云南通志稿》卷138《选举制·举人(一)》,第27—28页

正德三年(1508)戊辰科会试

刘洙(临安卫、3甲131名)、胡洁(曲靖、3甲156名)中进士,是科云南2人中进士。

——朱保炯、谢沛霖编:《明清进士题名碑录索引》,第2495—2497页

正德五年(1510)春正月,诏增云、贵乡试举人五名,云南三人,贵州二人……秋八月,乡试。云、贵生儒取滕文灿等五十五人。《名第录》:内云南三十四人,贵州二十一人。举进士者云南罗江、周臣、王廷表、朱珮,贵州田秋。

——(清)倪蜕辑,李埏校点:《滇云历年传》卷7,第355—356页

正德五年(1510)庚午科乡试

滕文灿(金齿卫)、周机(邓川)、范昂(赵州)、罗江(嵩明)、何伟(金齿卫)、魏璧(邓川)、张志甯(金齿卫)、陈汉(马龙)、周臣(云南县)、李蓬孺(呈贡)、熊文魁(云南府)、王廷表(阿迷)、李时芳(宾川)、朱佩(鹤庆)、谭纯(晋宁)、石瓒(临安)、刘晓(曲靖)、包一贯(大理)、冯恩(临安)、施一中(大姚)、孙珪(云南府)、朱尹(安宁)、包万石(浪穹)、魏文相(大理)、刘崇儒(蒙化)、丁濂(金齿卫)、钱世资(云南府)、余瓒(昆明)、邓浩(云南府)、马应祥(金齿卫)、何鑑(楚雄)、王泮(澄江)、官懋(蒙化)、杨湜(太和)中举,是科云南34人中举。

——(清)阮元修,(清)王崧、李诚纂:《(道光)云南通志稿》卷138《选举制 · 举人(一)》,第28—29页

正德六年(1511)辛未科会试

刘栾(中卫、3甲19名)、金罍(赵州、3甲72名)、何邦宪(太和、3甲208名)中进士,是科云南3人中进士。

——朱保炯、谢沛霖编:《明清进士题名碑录索引》,第2498—2500页

正德八年(1513)秋八月,乡试。云、贵生儒取颜楫等五十五人。《名第录》:内云南三十四人,贵州二十一人。举进士者傅良弼、杨九龄。

——(清)倪蜕辑,李埏校点:《滇云历年传》卷7,第358—359页

正德八年(1513)癸酉科乡试

颜楫(临安)、戴昊(云南府)、严表(宜良)、徐瑞(云南府)、傅良弼(云南府)、唐鳌(临安)、王章(金齿卫)、张玠(大理)、陆云逵(大理)、刘汉(金齿卫)、杨九龄(邓川)、方端(晋宁)、陈善(景东)、陈弼(赵州)、李资坤(昆阳)、李良金(昆明)、宋钰(楚雄)、杨凤(邓川)、朱光霁(蒙化)、方经(金齿卫)、张钟(金齿卫)、董威(昆明)、黄宽(安宁)、胡钧(石屏)、王纬(曲靖)、李元素(安宁)、黄敏才(晋宁)、杨洲(广西)、徐玹(蒙化)、陈芳(大理)、罗经(北胜)、黄在(金齿卫)、杨凤(大理)、陈珊(嵩明)中举,是科云南34人中举。

——(清)阮元修,(清)王崧、李诚纂:《(道光)云南通志稿》卷138《选举制·举人(一)》,第29—30页

正德九年(1514)甲戌科会试

傅良弼(昆明、3甲77名)、罗江(嵩明、3甲110名)、杨九龄(邓川、3甲160名)、王廷表(阿迷、3甲153名)、董云汉(河阳、3甲163名)、雷应龙(蒙化、3甲215名)中进士,是科云南6人中进士。

——朱保炯、谢沛霖编:《明清进士题名碑录索引》,第2500—2503页

正德十一年(1516),秋八月,乡试。云、贵生儒取邹志学等五十五人。《名第录》:内云南三十四人,贵州二十一人。举进士者云南张凤翀、胡廷禄、陈表、黄凤翙。《野史》:是科揭晓日,谤议汹汹。谓监临唐龙昏聩,参政朱应登去取徇情,不由考官衡决。邹志学,昆明县学,而填为云南府学;《书经文批语》,写作《春秋批语》;于是无赖于又作打油以嘲之,俚鄙不录。

——(清)倪蜕辑,李埏校点:《滇云历年传》卷7,第361—362页

正德十一年(1516)丙子科乡试

邹志学(昆明)、马负图(昆阳)、苏万民(云南府)、杨塾(嵩明)、杨仲明(昆明)、刘纶(云南府)、万言策(临安)、张锐(云南府)、黄凤翱(云南府)、李衡(太和)、杨万钟(大理)、吴尧献(太和)、张凤翀(宁州)、李清问(云南府)、陈显锡(大理)、王垣(太和)、杨孔璋(大理)、汪润(金齿卫)、张秉中(宁州)、许乔迁(鹤庆)、陈表(新兴)、方化(云南府)、刘应春(临安)、王嘉麟(大理)、戴廷恩(大理)、郝凤朝(呈贡)、刘官(安宁)、闪镗(金齿卫)、王庚(金齿卫)、赵德宏(鹤庆)、杨仲美(石屏)、龙潮(云南府)、叶儒(昆明)、胡廷禄(云南府)中举,是科云南34人中举。

——(清)阮元修,(清)王崧、李诚纂:《(道光)云南通志稿》卷138《选举制·举人(一)》,第30—31页

正德十二年(1517)夏四月,甲子,巡按江西御史……丁卯,设云南寻甸军民府儒学及阴阳、医学。寻甸旧属土官,成化间改设流官,亦无州县,至是从知府戴鳌奏,始建学,夷民窘于工力,咸怨之。

——《明实录·武宗实录》卷148,第4页,总第2889—2890页

正德十二年(1517)丁丑科会试

胡廷禄(右卫题名碑中为左卫、2甲51名)、杨士云(太和、3甲15名)、周臣(云南县题名碑录作洱海卫、3甲142名)中进士,是科云南3人中进士。

——朱保炯、谢沛霖编:《明清进士题名碑录索引》,第2503—2505页

正德十四年(1519)秋八月,乡试。云、贵生儒取施昱等五十五人。《名第录》:内云南三十四人,贵州二十一人。举进士者云南施昱、陈常道、缪宗周、唐时英、陶廉、孙继鲁、邹尧臣、叶瑞、叶泰(《(雍正)云南通志·选举

志》所载该科云南举进士名单中除以上九人外，尚有张素，共十人）。

——（清）倪蜕辑，李埏校点：《滇云历年传》卷7，第363页

正德十四年（1519）己卯科乡试

施昱（云南府）、陈常道（云南府）、缪宗周（通海）、铁濡（金齿卫）、冯鲛（云南府）、张素（安宁）、唐时英（曲靖）、朱夔（金齿卫）、艾仲清（通海）、陶廉（曲靖）、孙继鲁（云南府）、徐泰（金齿卫）、冯嘉恩（临安）、包杰（临安）、邹尧臣（赵州）、张一鹗（嵩明）、叶瑞（临安）、史秉彝（金齿卫）、官直（蒙化）、刘长春（蒙化）、杨元吉（大理）、吴廷秀（临安）、徐钺（云南府）、杨高（金齿卫）、李义（石屏）、李如金（腾冲卫）、张纶（云南府）、周缜（金齿卫）、杨子虞（大理）、丁子英（通海）、杨拱辰（大理）、李朝阳（楚雄）、全儒（昆明）、叶泰（云南府）中举，是科云南34人中举。

——（清）阮元修，（清）王崧、李诚纂：《（道光）云南通志稿》卷138《选举制·举人（一）》，第31—32页

正德十六年（1521）辛巳科会试

叶泰（后卫、3甲200名）、杨宗尧（太和、3甲87名）、杨珮（太和、3甲178名）、缪宗周（通海、3甲209名）、张凤翀（宁州、3甲168名）、朱珮（鹤庆、3甲1名）、叶瑞（建水，题名碑录作临安卫、嘉靖二年，3甲106名）中进士，是科云南7人中进士。

——朱保炯、谢沛霖编：《明清进士题名碑录索引》，第2506—2509页

世宗嘉靖元年（1522），秋八月，乡试。云、贵生儒取张合（“张合”原作“张含”《（雍正）云南通志·选举志》作“张合”。按：张含为张志淳长子，张合为张志淳次子。康熙、雍正《云南通志·张含传》均谓张含为正德丁卯二年（1507）科举人，“不乐仕进”。两志书《选举志》于正德丁卯科乡试所列中举名录中均有张含。又两志书《张合传》均谓张合于嘉靖元年乡试解元，

壬辰(嘉靖十一年,1532)登进士。张氏兄弟二人登科事不相混,由是可证。此处及下文之"张含"皆"张合"之误。今据改)等五十五人。《名第录》:内云南三十四人,贵州二十一人。举进士者,云南张合、李元阳、赵汝濂、贾文元、唐锜五人。合,志淳子。元阳,世称中溪先生。

——(清)倪蜕辑,李埏校点:《滇云历年传》卷8,第369—370页

嘉靖元年(1522)十月,内礼部题:该礼科给事中章侨奏为崇正学以图治理事,内称"三代以下,论学正莫如朱熹,近世以来,有等倡为异学之徒,大率取陆九渊之简便,惮朱熹为支离。甚者以朱熹为好名,文章为腐烂"等因。又该监察御史梁世骠奏称:"自古道学之传,至宋儒朱熹,可谓大明矣。近年以来,以陆九渊为尊德性,以朱熹为支离,概多可丑。"俱乞行提学痛革等因。本部议得"二臣之言,深切时弊,有补风教。合候命下,通行各处巡按御史及两京提学御史各行提学官并司府州县,刊榜晓谕。一应僧儒人等,务崇正学,刮去浮靡,以趋笃实,毋惑怪异之说,毋习简便之私,毋作矫伪之行,毋尚艰险之文。但有诋訾先儒、厌弃经史、拂古圣之遗规、求真知于一蹴、著书立论与程朱相背戾者,即是心术不正。官府察知,亟为禁治。主司较阅,慎勿收录"等因。题奉圣旨:你每都说的是。祖宗朝表彰《五经》,颁降敕谕,正欲崇正学、迪正道、端士习、育真才,以成正大光明之业。百余年间,人材浑厚,文体纯雅。近年以来,士习多有诡异文辞、务为艰险,不无有伤治化。你部里便通行各该巡按提学官出榜晓谕,严加禁约。教人取士,一遵程朱之言。但有叛道不经之书,不许私自刻板,互相传习致误初学。其余俱依拟行。钦此。

——(明)俞汝楫编:《礼部志稿》卷94,《景印文渊阁四库全书》第598册,商务印书馆1986年版,第709—710页

嘉靖元年(1522)壬午科乡试

张合(金齿卫)、李元阳(大理)、赵汝濂(大理)、吕凤池(宾川)、张流玉

(太和)、封祖裔(云南府)、龚瑀(金齿卫)、王璠(浪穹)、沈森(宜良)、孙鳌(晋宁)、罗应元(澄江)、任俊(嵩明)、项蓬(曲靖)、张钦(鹤庆)、沈渊(太和)、徐澜(石屏)、贾文元(大理)、李时新(澄江)、杨志林(通海)、唐琦(晋宁)、王相(云南府)、杨钦(大理)、张纪(昆明)、赵儒(云南县)、裴璋(云南府)、郭廷珪(蒙化)、郭如磐(姚安)、龙云(赵州)、倪辂(昆明)、王玺(鹤庆)、胡文光(云南府)、杨春(金齿卫)、陈正学(澄江)、罗经(剑川)中举,是科云南 34 人中举。

——(清)阮元修,(清)王崧、李诚纂:《(道光)云南通志稿》卷 138《选举制·举人(一)》,第 32—33 页

嘉靖二年(1523)癸未科会试

孙继鲁(右卫、2 甲 8 名)、张素(安宁、3 甲 136 名)、陈表(新兴题名碑作云南前卫、3 甲 145 名)、孔僖(永昌、3 甲 36 名)中进士,是科云南 4 人中进士。

——朱保炯、谢沛霖编:《明清进士题名碑录索引》,第 2509—2511 页

嘉靖二年(1523)春正月……巡抚王启建五华书院。(万历《云南通志》系此事于嘉靖三年)王启《传》:启,字景昭,浙江黄岩人。以右副都御史抚滇,建书院,治城郭。适永昌复府治,擘画毅然,不为浮议所摇。滇人士感之。

——(清)倪蜕辑,李埏校点:《滇云历年传》卷 8,第 370—371 页

嘉靖三年(1524),秋七月,翰林修撰杨慎以议大礼,谪戍永昌卫,给事中毛玉逮杖死。蜕按:以大礼议而得罪者,杨廷和、毛澄、蒋冕、毛纪、林俊、乔宇、汪俊、夏良胜、何孟春等以大臣止于削夺;其谪戍者学士丰熙等八人,决杖病疮死者编修王思等一十七人。今杨慎谪戍永昌,而毛玉滇人,故书。

——(清)倪蜕辑,李埏校点:《滇云历年传》卷 8,第 371 页

嘉靖四年(1525)秋八月,乡试。云、贵生儒取赵鼐等五十五人。《名第录》:内云南三十四人,贵州二十一人。成进士者杨僎、高䍐、刘辅、钱世贤,皆云南人。

——(清)倪蜕辑,李埏校点:《滇云历年传》卷8,第371页

嘉靖四年(1525)乙酉科乡试

赵鼐(澄江)、杨维藩(澄江)、陈爵(通海)、吴璋(腾冲卫)、杨僎(临安)、胡杰(永昌)、郑文灿(腾冲卫)、施钦(永昌)、李粟(大理)、李俊(永昌)、杨翼(云南府)、田銮(永昌)、杨东山(嵩明)、高䍐(大理)、黄凤翔(云南府)、李会春(云南府)、段廷实(剑川)、程元(永昌)、卢凤仪(大理)、王国臣(通海)、刘辅(昆明)、张一鹏(河西)、王信之(临安)、冯文魁(石屏)、缪宗尧(通海)、黄明良(晋宁)、米希文(鹤庆)、钱世贤(云南府)、钟岳(临安)、钱若愚(宜良)、乔嵩(曲靖)、杨本清(邓川)、冯彦(临安)、杨茂(安宁)中举,是科云南34人中举。

——(清)阮元修,(清)王崧、李诚纂:《(道光)云南通志稿》卷138《选举制·举人(一)》,第33页

嘉靖五年(1526)丙戌科会试

陈常道(呈贡、3甲64名)、黄凤翔(右卫、3甲109名)、唐锜(晋宁、3甲174名)、施昱(广南卫、3甲203名)、李元阳(太和、3甲65名)、邹尧臣(赵州、3甲136名)、杨僎(临安卫、3甲35名)中进士,是科云南7人中进士。

——朱保炯、谢沛霖编:《明清进士题名碑录索引》,第2512—2514页

嘉靖六年(1527)奏准:科场文字,务要平实典雅,不许浮华险怪,以坏文体。试录只依士子本文,稍加润色。

——(明)李东阳等撰,(明)申时行等重修:《大明会典》卷77《礼部志稿·贡举》,第15页

嘉靖七年(1528)秋八月,乡试。云、贵生儒以兵科给事中商大节为考试官,取薛炳等五十五人。《名第录》:内云南三十四名,贵州二十一名。成进士者云南张祐、冯良知(《(雍正)云南通志·选举志》所载该科云南举人成进士者尚有杨一和)。

——(清)倪蜕辑,李埏校点:《滇云历年传》卷8,第377页

嘉靖七年(1528)戊子科乡试

薛炳(晋宁)、滕文光(永昌)、李希凤(大理)、许乔松(鹤庆)、张源(永昌)、杨环(石屏)、高第(云南府)、胡志儒(蒙化)、赵鲲(永昌)、王如春(晋宁)、刘演(永昌)、周奕(永昌)、于镗(太和)、徐九皋(云南府)、萧遇祥(临安)、洪震(蒙化)、拜完(临安)、杨一如(太和)、林儒(腾越)、朱天秩(永昌)、唐金(晋宁)、段纁(昆明)、把玹(昆明)、袁衮(楚雄)、曹林(晋宁)、韩宸(大理)、杨泰(大理)、侯宾(永昌)、朱宾(蒙化)、张祐(永平)、冯良知(石屏)、郑植(嵩明)、陈世麒(云南府)、姬文(永昌)中举,是科云南34人中举。

——(清)阮元修,(清)王崧、李诚纂:《(道光)云南通志稿》卷138《选举制·举人(一)》,第33—34页

嘉靖八年(1529)己丑科会试

钱世贤(左卫、2甲59名)、陶廉(南宁题名碑录作曲靖卫、3甲55名)、杨道东(太和、题名碑录中无此人而《云南通志》中有此人)、唐时英(南宁、3甲193名)中进士,是科云南4人中进士。

——朱保炯、谢沛霖编:《明清进士题名碑录索引》,第2514页

嘉靖十年(1531)秋八月,乡试。云、贵生儒取李东儒等五十五人。《名第录》:内云南三十四人,贵州二十一人。成进士者云南段承恩、李启东、杨经、席大宾、张拱文、万文彩;贵州赵维垣。按:李启东,楚雄人,壬辰(1532)殿试拟一甲一名,以云南边方,抑置二甲一名。赵维垣,贵州永宁人,后为

云南提学道。

——(清)倪蜕辑,李埏校点:《滇云历年传》卷8,第382—383页

嘉靖十年(1531)辛卯科乡试

李东儒(剑川)、段承恩(晋宁)、李启东(楚雄)、乔栋(通海)、杨东震(大理)、李旸(昆明)、孙文光(大理)、李俸(永昌)、刘宗尧(蒙化)、李钟杰(澄江)、郝大宾(云南府)、杨时新(大理)、邹星(临安)、洪儒(嵩明)、谢瓒(楚雄)、杨经(昆明)、李廷玠(阿迷)、席大宾(河阳)、张拱文(大理)、周俊(云南府)、杨金斗(大理)、李朝用(平彝)、万文彩(临安)、陈宗儒(云南县)、李俊(易门)、李恒门(大理)、朱仕(阿迷)、许恺(昆明)、赵廷臣(太和)、李稠(大理)、施镔(永昌)、赵汝谦(通海)、尹凤(曲靖)、高岐(大理)中举,是科云南34人中举。

——(清)阮元修,(清)王崧、李诚纂:《(道光)云南通志稿》卷138《选举制·举人(一)》,第34—35页

嘉靖十一年(1532)壬辰科会试

段承恩(晋宁、2甲75名)、贾文元(太和、3甲124名)、赵汝濂(太和、3甲127名)、张合(金齿卫、2甲6名)、李启东(楚雄、2甲1名)、席大宾(左卫、3甲165名)中进士,是科6人中进士。

——朱保炯、谢沛霖编:《明清进士题名碑录索引》,第2517—2519页

嘉靖十三年(1534)秋八月,乡试。云、贵生儒取朱文质等五十五人。《名第录》:内云南三十四人,贵州二十一人。成进士者云南朱文质、李遇元,贵州敖宗庆。

——(清)倪蜕辑,李埏校点:《滇云历年传》卷8,第386页

嘉靖十三年(1534)甲午科乡试

朱文质(云南府)、陈宸(新兴)、李登(云南府)、杨怀哲(大理)、施继远(云南府)、史笔(曲靖)、吕凤来(宾川)、王廷佐(通海)、张鐼(大理)、杨坦(昆明)、秦国贤(新兴)、徐州(嵩明)、黄明贤(晋宁)、张汝学(云南府)、杨庆成(大理)、罗应时(云南府)、叶松(宾川)、沈一鹏(永昌)、齐承爵(云南府)、刘楷(临安)、陈琏(昆阳)、王嘉谟(南安)、李茂阳(昆阳)、纪经纶(建水)、刘宗鼎(晋宁)、常宪(云南县)、车文琮(剑川)、张经纬(澄江)、戴国经(河西)、赵纯一(大理)、樊巍(鹤庆)、俞纬(楚雄)、马宗儒(昆明)、李遇元(临安)中举,是科云南34人中举。

——(清)阮元修,(清)王崧、李诚纂:《(道光)云南通志稿》卷138《选举制·举人(一)》,第35—36页

嘉靖十四年(1535)初,诏云、贵各自开科。定云南解额四十人,贵州解额二十五人。

——(清)倪蜕辑,李埏校点:《滇云历年传》卷8,第386—387页

嘉靖十四年(1535)乙未科会试

刘辅(前卫、2甲33名)、朱文质(前卫、3甲60名)、高尌(太和、3甲48名)、张拱文(太和、3甲203名)、冯良知(临安、3甲80名)、张祜(永昌、3甲76名)中进士,是科云南6人中进士。

——朱保炯、谢沛霖编:《明清进士题名碑录索引》,第2519—2522页

嘉靖十六年(1537)秋八月,乡试。通省生儒取马应羲等四十人。《志》:云、贵分科始此。内成进士者梁佐、邵惟中、霍薰。

——(清)倪蜕辑,李埏校点:《滇云历年传》卷8,第389页

嘉靖十六年(1537)丁酉科乡试

马应羲(大理)、段有成(云南府)、杨茂时(临安)、党宗正(云南县)、梁佐(太和)、刘举良(石屏)、陶庚(昆明)、杨锡文(安宁)、萧纶(澄江)、张曾(大理)、马应龙(保山)、王起明(大理)、邵惟中(保山)、王采(石屏)、杨本聪(大理)、杨珂(大理)、孙之谟(蒙化)、冯育(永昌)、杨作舟(大理)、李秉中(大理)、周棐(嵩明)、杨大韶(剑川)、赵安世(太和)、耿介(云南县)、张朝栋(云南府)、佘应桂(昆明)、傅训(云南府)、张一鹤(河西)、张舜民(安宁)、戴国宾(腾越)、徐第(蒙化)、胡昶(保山)、赵宋儒(新兴)、霍薰(永昌)、朱纲(临安)、濮大纲(临安)、杨和(嵩明)、张崟(曲靖)、杨秉中(赵州)、李鼎(保山)、姜潮(云南府)中举,是科云南41人中举(《滇云历年传》载40人)。

——(清)阮元修,(清)王崧、李诚纂:《(道光)云南通志稿》卷138《选举制·举人(一)》,第36—37页

嘉靖十七年(1538)题准:"会试校文,务要醇正典雅,明白通畅,合于程式者,方许取中。其有似前驾虚翼伪,钩棘轧茁之文,必加黜落。仍听考试官摘出,不写经传本旨,不循体制,及引用'庄列'背道不经之言,悖谬尤甚者,将试卷送出,以凭本部指实奏请除名,不许再试。"

——(明)李东阳等撰,(明)申时行等重修:《大明会典》卷77《礼部志稿·贡举》,第15页

嘉靖十七年(1538)戊戌科会试

万文彩(临安卫、3甲193名)、缪文龙(沾益、《明清进士题名碑录索引》载属于贵州,3甲86名)、吴兰(沾益、3甲124名)中进士,是科云南3人中进士。

——朱保炯、谢沛霖编:《明清进士题名碑录索引》,第2522—3524页

嘉靖十七年(1538)题准,承天府学,每二年贡三名。单年二名,双年一

名。凡起贡。洪武十八年,令云南所属学校生员有成材者,不拘常例,从便选贡。

——(明)李东阳等撰,(明)申时行等重修:《大明会典》卷77《礼部志稿·贡举》,第2—3页

嘉靖十八年(1539),令今后乡试进到试录,礼部详阅举奏。如有叛经离道,诡辞邪说,定将监临考试等官罪黜。取中举人,辨验公据得实,革退为民。

——(清)倪蜕辑,李埏校点:《滇云历年传》卷8,第390页

嘉靖十九年(1540)八月,乡试。通省生儒取纪律等四十人。《志》:成进士者杨廷相。

——(清)倪蜕辑,李埏校点:《滇云历年传》卷8,第390页

嘉靖十九年(1540)庚子科乡试

纪律(云南府)、羊尚恩(临安)、王世泰(曲靖)、徐世恭(云南府)、何玠(大理)、杨廷相(石屏)、杨汝听(大理)、杨世学(大理)、张守纶(太和)、杨敏(大理)、罗云凤(剑川)、杨绣(晋宁)、高嵩(大理)、王畿(安宁)、石银(呈贡)、吴懋(大理)、张宏光(剑川)、潘晟(临安)、刘体仁(昆明)、陈孟章(安宁)、苏民重(石屏)、孙光远(昆明)、任之贤(临安)、聂勋(临安)、吴鷫(河西)、张文熙(大理)、郭梁(保山)、刘大有(蒙化)、张时举(昆明)、刘文荣(临安)、张大经(云南府)、杨秉和(昆明)、许子言(石屏)、张六师(蒙化)、吴炎(云南府)、吕学(昆明)、夏寅(临安)、缪汝恩(云南府)、闵朴(永昌)、毛沂(云南府)、王襄(保山)中举,是科云南41人中举(《滇云历年传》载40人)。

——(清)阮元修,(清)王崧、李诚纂:《(道光)云南通志稿》卷138《选举制·举人(一)》,第37—38页

嘉靖二十年(1541)辛丑科会试

霍薰(永昌、3甲26名)中进士,是科云南1人中进士。

——朱保炯、谢沛霖编:《明清进士题名碑录索引》,第2525页

嘉靖二十二年(1543)八月,乡试。通省生儒取张九渊等四十人。《志》:成进士者张烈文、张桥、杨钥、赵周、严清。

——(清)倪蜕辑,李埏校点:《滇云历年传》卷8,第391页

嘉靖二十二年(1543)癸卯科乡试

张九渊(永昌)、姜周用(云南府)、陈然(晋宁)、张烈文(蒙化)、包溥(临安)、袁道(太和)、张朝宪(景东)、黄宪(宁州)、何思明(浪穹)、王鹤年(鹤庆)、宋应信(蒙化)、李向阳(云南府)、钏珠(大理)、鞠躬(楚雄)、李坤(澄江)、李岐凤(安宁)、段衮(大理)、范元恺(蒙化)、乔桂(曲靖)、何沧(大理)、李时茂(安宁)、王以忠(临安)、杨廷佐(曲靖)、朱大定(鹤庆)、吴忠尧(腾越)、张桥(云南府)、顾天佑(昆明)、杨钥(剑川)、王淮(云南府)、常时亨(河西)、段有学(云南府)、杜应麟(大理)、赵周(太和)、傅以智(安宁)、熊元吉(云南县)、严清(云南府)、杨达之(大理)、葛之奇(河西)、邵章(永昌)、刘昺(曲靖)中举,是科云南40人中举。

——(清)阮元修,(清)王崧、李诚纂:《(道光)云南通志稿》卷138《选举制·举人(一)》,第39页

嘉靖二十二年(1543)十二月,乙酉……礼部言:国家开设贤科,两京、各省三年大比,各简其士之贤者,贡于礼部合试之,简其贤者,对制大廷,以供中外百司之任,所系甚重。夫人才之生其地者,多寡不同,故解额因之而异。至于会试,则分为南、北、中卷,取之各有定数,所司不得增损。奈何法久禁疏,遂有游学矫诈之徒,见他方解额稍多,中式颇易,往往假为流移,冒籍入试。

至有脱逃罪犯,变易姓名,奔走营求,靡所不至。至于会试举人,报籍印卷,亦有假托,族属改附,籍贯朦胧开具,以南作北,国法罔存,士风大坏。乞于明年会试,严加核究。但系先年冒籍,尝经恩赦者,许其首正。其他籍贯不明,妄报中卷、北卷者,本部指名参退。仍行两京、各省,凡遇乡试开科,提学考儒,生儒不得将流移附籍之徒,一概滥收,以玷科目,违者,奏请治罪。报可。

——《明实录·世宗实录》卷281,第3页,总第5467—5468页

嘉靖二十三年(1544)甲辰科会试

严清(后卫、3甲159名)、杨廷相(石屏、3甲131名)中进士,是科云南2人中进士。

——朱保炯、谢沛霖编:《明清进士题名碑录索引》,第2528—2530页

嘉靖二十五年(1546)八月,乡试。通省生儒取李廷诏等四十人。《志》:成进士者吴崧、郭斗。按:郭斗,昆明人。官至布政使。连任贵州藩臬。治滇、黔道途,以利行旅,岩险化为坦夷,皆斗力也。归田后,构小楼于进耳山,赋诗作书自适。一夕,方据案吟咏,忽掷笔而逝。

——(清)倪蜕辑,李埏校点:《滇云历年传》卷8,第392页

嘉靖二十五年(1546)丙午科乡试

李廷诏(邓川)、石雷(永昌)、兰淑(保山)、陈瑞麟(马龙)、杨一麒(姚州)、万谷(永昌)、陶銮(曲靖)、汤宪(昆明)、吴崧(永昌)、周佐(永昌)、郭斗(云南府)、李良材(大理)、李文蔚(石屏)、陈重(剑川)、周儒(云南府)、张烛(安宁)、陈葵(石屏)、马继龙(永昌)、陆凤鸣(永昌)、胡然(云南府)、苏文举(北胜)、陈嘉言(临安)、蒋国宾(云南府)、吴希贤(临安)、束载(曲靖)、陈瑞凤(马龙)、包文殊(临安)、刘效淳(永昌)、黄冕(蒙化)、刘定楚(蒙化)、陈大受(腾越)、任之良(临安)、俞汝钦(楚雄)、徐行(昆明)、王国

贤（永昌）、李继祖（临安）、张其恭（云南府）、杨邦俊（大理）、刘承恩（昆明）、何世彦（宾川）中举，是科云南40人中举。

——（清）阮元修，（清）王崧、李诚纂：《（道光）云南通志稿》卷138《选举制·举人（一）》，第39—40页

嘉靖二十六年（1547）丁未科会试

杨经（右卫、题名碑录作左卫，3甲191名）、梁佐（大理卫、2甲48名）、李遇元（建水、3甲77名）、邵惟中（永昌、3甲80名）、杨钥（剑川、3甲185名）中进士，是科云南5人中进士。

——朱保炯、谢沛霖编：《明清进士题名碑录索引》，第2531页

嘉靖二十八年（1549），秋八月，乡试。通省生儒取张文奎等四十人。《志》：举进士者杨柟。

——（清）倪蜕辑，李埏校点：《滇云历年传》卷8，第394页

嘉靖二十八年（1549）己酉科乡试

张文奎（太和）、陈其力（通海）、李恒颜（大理）、张枢（永昌）、杨钧（嵩明）、孙良珊（临安）、许堂（石屏）、杨柟（大理）、范运吉（蒙化）、刘瀚（大理）、孙和（永昌）、段经（晋宁）、李一阳（云南府）、吴朝周（临安）、陈楠（昆明）、张伯和（云南县）、朱良用（云南府）、朱绍舜（临安）、文华国（大理）、王邦泰（大理）、李如栗（嵩明）、张嘉言（阿迷）、王蕃（昆明）、王一鹏（晋宁）、朱崐（保山）、赵万言（浪穹）、祁恕（通海）、袁邦彦（楚雄）、刘善（北胜）、王一夔（鹤庆）、胡凤来（昆明）、邱应璧（永昌）、葛文光（永昌）、谭仕炜（北胜）、侯祚（昆明）、吴福基（昆明）、梁拱辰（曲靖）、闪应霨（保山）、程介（云南县）、王腾汉（晋宁）中举，是科云南40人中举。

——（清）阮元修，（清）王崧、李诚纂：《（道光）云南通志稿》卷138《选举制·举人（一）》，第41—42页

嘉靖二十九年(1550)庚戌科会试

杨一和(太和、2甲49名)、赵周(太和、3甲94名)、吴崧(永昌、2甲76名)中进士,是科云南3人中进士。

——朱保炯、谢沛霖编:《明清进士题名碑录索引》,第2533页

嘉靖三十一年(1552)秋八月,乡试。通省生儒取于泰元等四十人。《志》:成进士者彭富、杨应东、李元泰。

——(清)倪蜕辑,李埏校点:《滇云历年传》卷8,第396页

嘉靖三十一年(1552)壬子科乡试

于泰元(澄江)、彭富(鹤庆)、周绍稷(永昌)、邱嵩(保山)、程师孟(云南府)、李居易(云南府)、李逢旸(临安)、郝知年(云南府)、宗廷美(石屏)、李明通(石屏)、杨嵘(浪穹)、杨大俊(大理)、李时沛(云南府)、孙毂(永昌)、王爵(鹤庆)、李守(晋宁)、杨应东(大理)、马循义(昆明)、阎士麟(云南府)、拜锦(临安)、高任重(云南府)、戴官(云南府)、刘维藩(蒙化)、袁藻(永昌)、马万程(临安)、张九德(太和)、刘师颜(蒙化)、王万运(临安)、马循信(云南府)、叶路新(昆明)、丁榛(永昌)、罗文灿(太和)、李元泰(昆明)、侯天爵(云南府)、张季良(赵州)、朱朝冠(嵩明)、程文俊(晋宁)、徐潮(云南府)、耿师恭(晋宁)、张德化(永昌)中举,是科云南40人中举。

——(清)阮元修,(清)王崧、李诚纂:《(道光)云南通志稿》卷138《选举制·举人(一)》,第42—43页

嘉靖三十二年(1553)癸丑科会试

李元泰(中卫、2甲76名)、郭斗(右卫、3甲204名)、张烈文(蒙化、3

甲 222 名）中进士，是科云南 3 人中进士。

——朱保炯、谢沛霖编：《明清进士题名碑录索引》，第 2536—2538 页

嘉靖三十四年（1555）秋八月，乡试。通省生儒取龙施等四十人。《志》：成进士者龚廷璧。按：龙施，昆明人。……以母老请养，家居二十余年，淡然自乐。著书之外，治药济病。人有缓急，量力佐之。

——（清）倪蜕辑，李埏校点：《滇云历年传》卷 8，第 398 页

嘉靖三十四年（1555）乙卯科乡试

龙施（昆明）、周中规（蒙化）、庞大治（鹤庆）、王崇皋（临安）、施汝翼（云南府）、赵鸾（保山）、郑延年（嵩明）、陈思学（云南府）、龚廷璧（临安）、何文极（大理）、张崇德（昆明）、林葵（大理）、张联奎（澄江）、郭云凤（永昌）、张鸣鹤（昆明）、吴一贯（昆明）、张九功（永昌）、施从教（安宁）、鞠以仁（楚雄）、黄元（晋宁）、李成梁（阿迷）、王朝用（曲靖）、李世芳（安宁）、熊儒（太和）、段文绮（云南府）、迟问仁（云南府）、吴歧（永昌）、董学孔（蒙自）、朱俨（蒙化）、段云鸿（云南府）、杜凌云（昆明）、米芾（云南县）、周应爵（云南府）、杨威（曲靖）、谭秉彝（北胜）、季高（永昌）、刘孟贤（通海）、张元卿（昆明）、董金（大理）、王尧中（石屏）中举，是科云南 40 人中举。

——（清）阮元修，（清）王崧、李诚纂：《（道光）云南通志稿》卷 138《选举制 · 举人（一）》，第 43—44 页

嘉靖三十七年（1558）八月，乡试。通省生儒取刘诰等四十人。《志》：是为戊午科。成进士者侯必登、李东、皮汝谦。

——（清）倪蜕辑，李埏校点：《滇云历年传》卷 8，第 401 页

嘉靖三十七年(1558)戊午科乡试

刘诰(保山)、侯必登(澄江)、刘寿祺(曲靖)、周大绣(蒙化)、张拱明(大理)、赵铉(大理)、曹世卿(太和)、高守谦(临安)、杨松年(嵩明)、李东(大理)、赵汝谊(通海)、杨春煦(太和)、华衷(永昌)、朱世禄(宾川)、刘安民(昆明)、沈清(太和)、段丝锦(嵩明)、袁葵(晋宁)、邹启元(楚雄)、缪应龙(曲靖)、全福(云南府)、倪金(永昌)、唐允恭(临安)、缪文英(云南府)、杨初复(云南府)、马桂芳(临安)、胡桐(云南府)、蒋冠英(澄江)、胡大观(蒙化)、郝知礼(云南府)、雷学皋(临安)、王允中(鹤庆)、皮汝谦(蒙化)、张必焕(保山)、王廷臣(云南府)、李徽(大理)、董士元(鹤庆)、杨津(呈贡)、牛世重(大理)、胡定(阿迷)中举,是科云南40人中举。

——(清)阮元修,(清)王崧、李诚纂:《(道光)云南通志稿》卷138《选举制·举人(一)》,第44—45页

嘉靖三十八年(1559)己未科会试

张桥(昆明、2甲36名)、杨应东(太和、3甲60名)、侯必登(广南卫、3甲205名)中进士,是科云南3人中进士。

——朱保炯、谢沛霖编:《明清进士题名碑录索引》,第2543页

嘉靖四十年(1561),八月,乡试。通省生儒取唐尧宫等四十人。《志》:成进士者萧崇业、王来贤、赵以糜。

——(清)倪蜕辑,李埏校点:《滇云历年传》卷8,第402—403页

嘉靖四十年(1561)辛酉科乡试

唐尧官(晋宁)、萧崇业(临安)、李嘉猷(大理)、邓嵩(永昌)、赵献可(太和)、马驷(鹤庆)、王纯心(临安)、王之绪(临安)、黄致中(临安)、吴荣(永昌)、杨明诗(大理)、陆如衢(赵州)、高梦弼(云南府)、贾梁(江川)、马

三才(永昌)、张汝器(昆明)、杨云鹍(大理)、杨大器(腾越)、王来贤(临安)、赵以贤(邓川)、朱翼(蒙化)、诸敬(嵩明)、万铣(临安)、李嘉庆(晋宁)、邹学孔(临安)、张应时(临安)、杨珊(大理)、王建元(临安)、赵磅(大理)、吴尚信(临安)、张希贤(昆明)、李天箕(云南县)、杨蕃(太和)、杨资元(蒙自)、陆逖(保山)、赵以康(浪穹)、王养性(临安)、范从义(云南府)、苏伟(大理)、王询(浪穹)中举,是科云南40人中举。

——(清)阮元修,(清)王崧、李诚纂:《(道光)云南通志稿》卷138《选举制·举人(一)》,第45—46页

嘉靖四十一年(1562)壬戌科会试

杨枏(太和、2甲70名)、皮汝谦(蒙化、3甲84名)、彭富(鹤庆、3甲42名)中进士,是科云南3人中进士。

——朱保炯、谢沛霖编:《明清进士题名碑录索引》,第2545—2546页

嘉靖四十三年(1564),秋八月,乡试。通省生儒取许镃等四十人。志:成进士者许镃、杨道东、苏湖、王恩民。按:许镃,字国器,石屏人,累官御史。时,詹仰庇忤权珰,毙廷杖,人莫敢近。镃伏其尸大哭。上闻之,乃令收葬,出镃江西副使。镃刚方自持,与巡按不合,遂致仕归。王恩民,建水人。由县令诏试御史,参议荆西,歼除崔家坪巨寇。值张相以父丧归,一时监司逢迎恐后,恩民独投刺吊赙如常仪。张不悦,恩民径登舟去。调贵州,迁副使。有夷寇突至城下,挟取罪酋,人情震动。恩民徐取片纸,分署官兵开城击,贼遂退。抚按合疏荐其才器可用九边,会以忧归。后历布政,晋巡抚,告致还。年八十六卒。

——(清)倪蜕辑,李埏校点:《滇云历年传》卷8,第405页

嘉靖四十三年(1564)甲子科乡试

许镃(石屏)、张震(蒙化)、李维唐(云南府)、杨道东(太和)、俞世杰

(楚雄)、赵友仁(临安)、许嘉荣(临安)、木从绳(永昌)、曾倬(临安)、苏湖(大理)、杨京(赵州)、铁世材(永昌)、马腾汉(临安)、施从政(安宁)、李三乐(剑川)、许国良(石屏)、段文魁(云南县)、杨世达(大理)、马应乾(嶍峨)、潘龙(永平)、王恩民(临安)、吴大显(元江)、张仲仁(临安)、施继述(昆明)、冯文明(石屏)、张孚极(大理)、徐芳(浪穹)、蔡明弼(云南府)、张万化(太和)、刘子麒(保山)、段尚云(呈贡)、张翼先(太和)、常乾亨(云南县)、刘思忠(永昌)、黄勉学(澄江)、陈大立(云南府)、唐执中(云南府)、杨绍(通海)、王以善(临安)、张继芳(云南府)中举,是科云南40人中举。

——(清)阮元修,(清)王崧、李诚纂:《(道光)云南通志稿》卷138《选举制·举人(一)》,第46—47页

嘉靖四十四年(1565)乙丑科会试

龚廷璧(建水、3甲220名)、许镃(石屏、3甲83名)中进士,是科云南2人中进士。

——朱保炯、谢沛霖编:《明清进士题名碑录索引》,第2547—2550页

嘉靖四十四年(1565)议准:"举人入场,务要严加搜检,放入就舍。如有怀挟,及浼托人夹带文字入场埋藏抄誊,并越舍与人换写者,搜检得出,拏送兵马司究问,枷号一月,发回充吏,满日为民。不行觉察捉拏者,军调边卫,官罚俸一年。"

——(明)李东阳等撰,(明)申时行等重修:《大明会典》卷77《礼部志稿·贡举》,第18页

穆宗隆庆元年(1567),秋八月,乡试。通省生儒取王制等四十人。《志》:成进士者查伟、李选、尹廷俊、偰维贤、阮尚宾、罗星、铁篆、杨言。

——(清)倪蜕辑,李埏校点:《滇云历年传》卷8,第411页

隆庆元年(1567)丁卯科乡试

王制(昆明)、苏必达(太和)、查伟(鹤庆)、李选(大理)、李廷珍(永昌)、尹廷俊(蒙自)、王执中(蒙化)、丁时正(保山)、熊荩臣(云南府)、葛世科(永昌)、吴道东(临安)、陈愚见(临安)、赵德恭(大理)、柴为栋(临安)、偰为贤(姚州)、钏维城(大理)、钟伯节(曲靖)、李廷馨(呈贡)、戈一龙(永昌)、阮尚宾(大理)、刘臣(鹤庆)、戚邦伟(永昌)、罗星(剑川)、倪凤翔(曲靖)、马腾云(临安)、莫让仁(鹤庆)、徐景元(元江)、赵凤朝(大理)、鞠以正(楚雄)、李玉芳(大理)、杜克仁(浪穹)、铁篆(保山)、杨言(太和)、傅继孙(云南府)、吕桂(曲靖)、郑向阳(云南府)、陈一鹤(保山)、李傅(大理)、高藿(蒙化)、王国宾(蒙自)中举,是科云南40人中举。

——(清)阮元修,(清)王崧、李诚纂:《(道光)云南通志稿》卷139《选举制·举人(二)》,第1—2页

隆庆二年(1568)戊辰科会试

杨言(太和、3甲164名)、王恩民(临安、3甲206名)、偰惟贤(姚州、3甲306名)中进士,是科云南3人中进士。

——朱保炯、谢沛霖编:《明清进士题名碑录索引》,第2550—2553页

隆庆四年(1570),秋八月,乡试。通省生儒取王高选等四十人。《志》:成进士者陈彝典、向僎、石元麟。

——(清)倪蜕辑,李埏校点:《滇云历年传》卷8,第412页

隆庆四年(1570)庚午科乡试

王高选(临安)、董邦臣(临安)、黄立中(建水)、侯必恭(澄江)、滕垍(永昌)、严淮(大理)、孙佶(河阳)、张有光(阿迷)、董相(大理)、王陛(澄江)、翟时雨(临安)、赵瑜(临安)、陈邦谟(大理)、陈彝典(腾越)、袁惟庆

(永昌)、杨德全(太和)、戴任(保山)、傅顺孙(云南府)、徐世隆(昆明)、徐震(太和)、陈汝和(云南府)、王士元(嵩明)、辛联芳(云南府)、严思恭(云南府)、竺彩凤(临安)、庄用宾(太和)、王一鸣(晋宁)、张继荣(云南府)、孙继先(昆明)、李先庚(邓川)、李联芳(太和)、李居敬(浪穹)、王诤臣(太和)、缪守之(通海)、雷学尹(临安)、胡百顺(邓川)、危以平(蒙化)、向僎(临安)、仇国佐(通海)、石元麟(永昌)中举,是科云南 40 人中举。

——(清)阮元修,(清)王崧、李诚纂:《(道光)云南通志稿》卷 139《选举制 · 举人(二)》,第 2—3 页

隆庆五年(1571)辛未科会试

李选(太和、3 甲 12 名)、阮尚宾(太和、3 甲 65 名)、苏湖(太和、3 甲 76 名)、李东(太和、3 甲 140 名)、王来贤(临安、2 甲 16 名)、尹廷俊(蒙自、3 甲 124 名)、萧崇业(建永、3 甲 218 名)、铁篆(保山、3 甲 245 名)、陈彝典(腾越、3 甲 310 名)、罗星(剑川、3 甲 196 名)中进士,是科云南 10 人中进士。

——朱保炯、谢沛霖编:《明清进士题名碑录索引》,第 2554—2557 页

神宗万历元年(1573)癸酉,巡抚邹应龙、巡按许大亨请增解额五人,从之。……八月,乡试。通省生儒取朱道南等四十五人。《志》:成进士者朱道南、孙健、张宗载、叶祖尧、刘顺征、涂时相。

——(清)倪蜕辑,李埏校点:《滇云历年传》卷 8,第 414 页

万历元年(1573),令增云南解额五名。

——(清)龙云、卢汉修,周钟岳纂:《民国新纂云南通志》卷 16《历代贡举征辟表》,《中国地方志集成》,第 583 页

万历元年(1573)癸酉科乡试

朱道南(临安)、陈显良(元江)、杨峨(浪穹)、李闻馨(昆阳)、杨应科(剑川)、孙健(鹤庆)、蒋邦杰(云南府)、冯于逵(蒙化)、陈国章(太和)、张宗载(鹤庆)、姚九功(临安)、何惠(石屏)、任梓(临安)、毛如锦(邓川)、祝年丰(蒙化)、高承谦(临安)、陶希皋(姚安)、杨成性(浪穹)、李陶成(临安)、杨象乾(大理)、谢容(云南府)、张懋(通海)、邹瑞(临安)、严敷仁(昆明)、金印(赵州)、段正学(呈贡)、木从奇(保山)、姜思学(云南府)、李崧(大理)、杨明礼(太和)、杨际明(大理)、叶祖尧(临安)、刘顺徵(云南府)、孙纪(永昌)、沈森(嵩明)、李嘉言(大理)、赵循(大理)、傅崇德(昆明)、王遴(宁州)、吴良璧(蒙化)、涂时相(石屏)、张秉义(大理)、高岑(临安)、杨可贤(太和)、桑梓(赵州)中举,是科云南45人中举。

——(清)阮元修,(清)王崧、李诚纂:《(道光)云南通志稿》卷139《选举制 · 举人(二)》,第3—4页

万历二年(1574)甲戌科会试

赵以康(浪穹、2甲46名)、朱道南(临安、3甲159名)、石元麟(保山、2甲20名)、查伟(鹤庆、3甲54名)、孙健(鹤庆、3甲109名)中进士,是科云南5人中进士。

——朱保炯、谢沛霖编:《明清进士题名碑录索引》,第2557—2558页

万历四年(1576)议准,(乡会)场中编号,令监试提调官亲自掣签,一面登记号簿,一面楷书卷面,待其入坐,令军人各验看字号。如有不同,即时扶出。又委官间出不意,稽查一二。若有通同容隐者,士子即扶出。守号军人一并究治。誊录所官,须督责书手真正楷书,如有一字脱误,及遗落股数者,许对读所举送监试提调官究治(会试同)。

万历四年(1576),题准广西、云南、四川等处,凡改土为流州、县及土官地方建有学校者,令提学官严加查试,果系土著之人,方准考充附学,不许

各处士民冒籍滥入。

——(明)李东阳等撰,(明)申时行等重修:《大明会典》卷77《礼部志稿·贡举》,第13页

神宗万历四年(1576)丙子秋八月,乡试。通省生儒取杨应等四十五人。《志》:成进士者刘文征、孙愈贤、吴尧弼、史旗贤。按:文征,知绍兴。清廉第一,官至布政。

——(清)倪蜕辑,李埏校点:《滇云历年传》卷8,第415—416页

万历四年(1576)丙子科乡试

杨应兆(临安)、杨同春(云南府)、傅尔珍(临安)、刘文征(昆明)、吴璨(临安)、李维美(临安)、张薰(归化)、阮和咸(临安)、刘师周(蒙化)、孙愈贤(大理)、张邦教(腾越)、张元吉(鹤庆)、李璟(元江)、彭商英(临安)、张任教(临安)、刘熙载(嵩明)、沈滋桂(临安)、侯师皋(江川)、王国治(石屏)、缪文荐(昆明)、李承芳(新兴)、段必登(太和)、吴炎(临安)、杨敦叙(蒙化)、陈铭(石屏)、杨维清(昆明)、吴尧弼(鹤庆)、李友松(安宁)、李承庆(昆明)、缪文翠(昆明)、吴晓(云南府)、康阜(云南府)、蔡希儒(云南府)、杨时茂(大理)、钱绍谦(昆明)、范维贤(云南府)、陈静安(晋宁)、史旌贤(云南县)、童正蒙(云南府)、李嘉谟(大理)、冯运泰(临安)、胡森(昆明)、沈滋梧(临安)、李友梅(蒙自)、董歧风(石屏)中举,是科云南45人中举。

——(清)阮元修,(清)王崧、李诚纂:《(道光)云南通志稿》卷139《选举制·举人(二)》,第4—5页

万历五年(1577)丁丑科会试

何文极(太和、3甲188名)、向僎(临安卫、3甲198名)、叶祖尧(临安、3甲215名)、吴尧弼(鹤庆、3甲181名)中进士,是科云南4人中进士。

——朱保炯、谢沛霖编:《明清进士题名碑录索引》,第2559页

万历七年(1579),秋八月,乡试。通省生儒取王吉人等四十五人。《志》:成进士者朱运昌、包见捷、苏兆民、薛继茂。按:见捷,有事功,官至尚书。

——(清)倪蜕辑,李埏校点:《滇云历年传》卷8,第422页

万历七年(1579)己卯科乡试

王吉人(太和)、施朝恩(昆明)、李仲文(太和)、周礼(云南府)、魏烜文(临安)、李含锦(云南府)、安祚(楚雄)、施电(安宁)、张朝仪(云南府)、王希尧(昆明)、钱崐(大理)、阮钰(鹤庆)、樊维价(永昌)、程章(保山)、叶中彦(临安)、袁焕(永昌)、谭继统(临安)、朱运昌(云南府)、李嘉会(禄丰)、张大鹍(寻甸)、包见捷(临安)、徐继芳(建水)、张希良(晋宁)、马宗孟(蒙化)、张万春(临安)、杨令名(蒙化)、石元龙(保山)、李绍基(永昌)、徐大贤(临安)、李应霖(太和)、杨叶(大理)、张进(澄江)、苏兆民(大理)、王宠(临安)、郑登高(临安)、施溥(云南府)、谈三极(蒙自)、吴珏(临安)、孙思顺(石屏)、董三畏(嵋峨)、薛继茂(永昌)、孙启谟(永昌)、马明衡(临安)、刘东曦(永昌)、佴正(临安)中举,是科云南45人中举。

——(清)阮元修,(清)王崧、李诚纂:《(道光)云南通志稿》卷139《选举制·举人(二)》,第5—6页

万历八年(1580)庚辰科会试

刘顺征(右卫、3甲159名)、朱运昌(前卫、3甲191名)、孙愈贤(大理、3甲6名)、史旌贤(云南县、3甲178名)、涂时相(石屏、3甲7名)中进士,是科云南5人中进士。

——朱保炯、谢沛霖编:《明清进士题名碑录索引》,第2561—2563页

万历九年(1581)九月,丙戌,上御文华殿讲读。增云南武定府学生员廪、增各五名。武定于隆庆元年设学,人材骤盛。巡按御史刘维以寻甸事

例请,故有是命。

——《明实录·神宗实录》卷116,第5页,总第2196页

万历十年(1582)壬午……秋八月,乡试。通省生儒取邹祖孔等四十五人。《志》:成进士者顾绅、侯康。

——(清)倪蜕辑,李埏校点:《滇云历年传》卷8,第424—425页

万历十年(1582)壬午科乡试

邹祖孔(临安)、杨先春(大理)、张辅辰(安宁)、刘信征(云南府)、赵儒(赵州)、黄学皋(临安)、张良遇(临安)、郝维德(云南府)、赵瑄(临安)、张官(鹤庆)、闵宗圣(鹤庆)、马叶如(保山)、赵捷(鹤庆)、赵天民(保山)、杨如龙(腾越)、滕如蛟(保山)、罗万理(澄江)、李正芳(安宁)、郭维藩(云南府)、刘安仁(临安)、顾绅(鹤庆)、萧韶(通海)、胡向礼(河西)、汪桐(昆明)、段逵(安宁)、杨尧仁(安宁)、侯康(保山)、杨道明(元江)、赵端益(大理)、吴天祐(赵州)、马翰如(永昌)、罗大器(安宁)、何浑然(太和)、杨洲雁(邓川)、杨忠爱(石屏)、苏九河(晋宁)、李岐凤(新兴)、杨思谦(浪穹)、饶允泰(蒙化)、杨为楹(大理)、冯运吉(临安)、吴仁(大理)、禄有政(蒙自)、周作乐(昆明)、尹邵皋(蒙自)、朱万元(楚雄)中举,是科云南46人中举(《滇云历年传》载45人)。

——(清)阮元修,(清)王崧、李诚纂:《(道光)云南通志稿》卷139《选举制·举人(二)》,第6—8页

万历十一年(1583)癸未科会试

刘文征(右卫、3甲124名)、薛继茂(保山、3甲145名)、张宗载(鹤庆、3甲220名)中进士,是科云南3人中进士。

——朱保炯、谢沛霖编:《明清进士题名碑录索引》,第2564页

万历十三年(1585)题准,程序文字,就将士子中式试卷,纯正典实者,依制刊刻,不许主司代作。其后场果有学问该博,即前场稍未纯,亦许甄录。中间字句不甚妥当者,不妨稍为修饰。但不许增损过多,致掩本文。

万历十三年(1585)秋八月,乡试。通省生儒取莫与京等四十五人。《志》:成进士者莫与京、张弋、邵年齐。

——(清)倪蜕辑,李埏校点:《滇云历年传》卷9,第431页

万历十三年(1585)乙酉科乡试

莫与京(鹤庆)、罗大用(安宁)、李复宗(呈贡)、许登高(通海)、周应麒(平彝)、沈震龙(元江)、王宗鲁(河西)、杨德(大理)、张戈(云南府)、邵年齐(云南府)、陈用璟(临安)、杨应寀(剑川)、赵民悦(鹤庆)、江大鹍(楚雄)、朱远(宾川)、于文元(楚雄)、尹愉(蒙自)、张大美(沾益)、张儒象(通海)、马斯良(临安)、姚大受(永昌)、李健(石屏)、李珏(楚雄)、许汤聘(南安)、段复元(石屏)、许登瀛(通海)、任校(临安)、熊之徵(昆明)、李锡宠(晋宁)、王阶(云南府)、郭维屏(昆明)、田大年(宁州)、胡顺化(永昌)、余起龙(临安)、刘国英(腾越)、郭文盛(腾越)、刘之澜(嵋峨)、吴廉(石屏)、王元吉(临安)、王聘贤(宁州)、周嗣昌(永昌)、乔继科(曲靖)、段宜标(晋宁)、闪继迪(保山)、施所学(永昌)中举,是科云南45人中举。

——(清)阮元修,(清)王崧、李诚纂:《(道光)云南通志稿》卷139《选举制 · 举人(二)》,第8—9页

万历十四年(1586)丙戌科会试

张弋(左卫、3甲4名)、侯康(保山、3甲33名)、顾绅(鹤庆、3甲174名)中进士,是科云南3人中进士。

——朱保炯、谢沛霖编:《明清进士题名碑录索引》,第2567—2568页

万历十六年(1588),秋八月,乡试。通省生儒取朱思明等四十五人。《志》:成进士者朱思明、赵日亨、王元翰、朱化孚、王夔龙。

——(清)倪蜕辑,李埏校点:《滇云历年传》卷9,第436页

万历十六年(1588)戊子科乡试

朱思明(昆明)、赵日亨(安宁)、赵荩臣(鹤庆)、戴廷光(河西)、胡淑(保山)、苏一登(河西)、朱启贤(云南县)、杨韶(邓川)、杨瑞麒(蒙自)、高云凤(晋宁)、王元翰(宁州)、张维(河西)、孙光前(昆明)、谢文绶(腾越)、辛彦(保山)、冯运升(临安)、雷整(临安)、阮声和(永平)、朱化孚(安宁)、傅遇高(曲靖)、侯思龙(江川)、杨羡(楚雄)、张文蔚(鹤庆)、叶世孝(云南府)、杨宏章(鹤庆)、郑邦直(保山)、邵家齐(晋宁)、刘世选(昆明)、张思畏(蒙化)、徐学诗(嶍峨)、梅燮(永昌)、王夔龙(石屏)、管得雨(蒙化)、王之宰(昆明)、马允忠(大理)、李汝登(景东)、杨提(鹤庆)、方象成(云南府)、李应发(昆明)、滕如麒(永昌)、施泽民(曲靖)、李恒(澄江)、杨世华(鹤庆)、张统(鹤庆)、孙之锦(临安)中举,是科云南45人中举。

——(清)阮元修,(清)王崧、李诚纂:《(道光)云南通志稿》卷139《选举制·举人(二)》,第9—10页

万历十七年(1589)二月,甲申,祭三皇于景惠殿,遣礼部侍郎……刑部云南司主事饶仲上疏曰:"科目者,国家鼓舞天下之大柄。君不得私诸臣,父不得与诸子。自张居正二子连占科名,而辅臣遂成故事,然未有大通关节如黄洪宪者,以为一第不足重,则居然举首矣;势高者无子,则录其婿;利厚者非子,则及其孙矣!复试之日,尚多不能文者在,都御史吴时束不分可否?辄曰:'通得',朦胧拟请。大学士王锡爵辩疏字字剑戟,锡爵为相三年,忠臣贤士悉被斥远,佞夫险人躐跻显要,其势为居正之续。"

——《明实录·神宗实录》卷208,第3—4页,总第3889—3892页

万历十七年(1589)己丑科会试

邵年齐(晋宁、3甲62名)、朱思明(昆明、2甲62名)、包见捷(临安卫、2甲22名)、莫与京(鹤庆、3甲64名)中进士,是科云南4人中进士。

——朱保炯、谢沛霖编:《明清进士题名碑录索引》,第2570页

万历十九年(1591),八月,乡试。云南通省生儒取王致中等四十五人。《志》:成进士者王致中、杨应登、陶珽、佴祺、杨师程、孙学易。

——(清)倪蜕辑,李埏校点:《滇云历年传》卷9,第438页

万历十九年(1591)辛卯科乡试

王致中(太和)、徐籥(云南府)、刘起龙(邓川)、杨应登(阿迷)、洪霖(鹤庆)、陶珽(姚安)、黄嘉祚(镇南)、高如云(昆明)、佴祺(临安)、张鹤翼(安宁)、马逸(蒙化)、李文芳(保山)、柳之和(宜良)、李畅(楚雄县)、罗勋(剑川)、杨师程(安宁)、李冲(鹤庆)、朱尧时(永昌)、王三重(邓川)、王廷对(元江)、苏大同(邓川)、房有容(宾川)、孙学易(楚雄)、阿天麒(邓川)、段九章(剑川)、蓝士龙(武定)、卞尚衷(大理)、杨复英(云南府)、杨春枝(大理)、朱鸣时(蒙化)、高祺(临安)、李嗣善(大理)、官应宿(江川)、张文英(大理)、唐懋德(晋宁)、姬文华(云南县)、邹宗孔(北胜)、凌秋鹏(昆明)、吕克升(云南县)、罗一甲(景东)、万象(楚雄)、史纪栋(鹤庆)、杨仕汉(景东)、王岑(鹤庆)、刘养中(蒙化)、谢得申(曲靖)中举,是科云南46人中举(《滇云历年传》载45人)。

——(清)阮元修,(清)王崧、李诚纂:《(道光)云南通志稿》卷139《选举制·举人(二)》,第10—11页

万历二十年(1592)壬辰科会试

朱化孚(临安、3甲5名)、苏兆民(太和、3甲154名)、王夔龙(石屏、3

甲157名)、孙学易(楚雄、3甲231名)、谢得申(曲靖、3甲126名)中进士，是科云南5人中进士。

——朱保炯、谢沛霖编:《明清进士题名碑录索引》，第2573—2575页

万历二十二年(1594)甲午……秋八月，乡试。通省生儒取金本高等四十五人。《志》:成进士者金本高、陈龙光。

——(清)倪蜕辑，李埏校点:《滇云历年传》卷9，第441页

万历二十二年(1594)甲午科乡试

金本高(昆明)、李友梅(云南县)、刘汉东(昆明)、奚元绶(鹤庆)、杨廷幹(剑川)、杨栋(石屏)、李暹(大理)、张向宸(剑川)、张国法(保山)、陈龙光(石屏)、闪继达(保山)、闪继皋(保山)、杨凤(安宁)、孙学诗(楚雄)、王希舜(北胜)、董官(鹤庆)、蔡邦儒(澄江)、李惇(太和)、伍文秀(楚雄)、赵全璧(鹤庆)、张庚(太和)、孙继远(晋宁)、闪继才(保山)、汤立仁(云南县)、周懋桂(云南县)、林培(宜良)、杨诗(太和)、张鼐(安宁)、马化祥(广通)、苗嘉穀(宜良)、杨愈乔(通海)、姜来宾(曲靖)、徐日升(云南府)、段昌(剑川)、贾席珍(江川)、钱重义(安宁)、孙光前(宁州)、左重(蒙化)、单仲礼(腾越)、萧云龙(晋宁)、马永嗣(河西)、毛宗苌(鹤庆)、刘宪(安宁)、李光裕(鹤庆)、陆自新(永昌)中举，是科云南45人中举。

——(清)阮元修，(清)王崧、李诚纂:《(道光)云南通志稿》卷139《选举制·举人(二)》，第11—12页

万历二十三年(1595)乙未科会试

佴祺(临安、3甲86名)中进士，是科云南1人中进士。

——朱保炯、谢沛霖编:《明清进士题名碑录索引》，第2575页

万历二十五年(1597),八月,乡试。通省生儒取李中和等四十五人。《志》:成进士者朱世昌、杨若予、潘允中。

——(清)倪蜕辑,李埏校点:《滇云历年传》卷9,第444页

万历二十五年(1597)丁酉科乡试

李中和(石屏)、杨忠亮(石屏)、祝国泰(昆明)、李云举(昆明)、马章图(寻甸)、马千里(临安)、李逢亨(安宁)、严官(云南府)、马一豸(临安)、范立朝(昆明)、朱世昌(曲靖)、罗为黼(剑川)、李一沆(蒙自)、董养中(大理)、杨大升(大理)、杨永亨(云南府)、李一本(镇南)、杨若予(大理)、杨昆祚(太和)、邹希圣(腾越)、吴柄(鹤庆)、曾湛(临安)、陆瑞鹏(楚雄)、马三才(临安)、岳大光(腾越)、胡舜治(蒙化)、王纲(鹤庆)、张好仁(通海)、潘允中(保山)、韦必贤(永昌)、安节亨(保山)、张文焕(云南县)、王重巽(曲靖)、谭天相(临安)、苏榖(赵州)、陈大忠(邓川)、王景勋(云南府)、林宜春(马龙)、周德良(云南府)、徐一鸣(河西)、吴德光(永昌)、赵际昌(邓川)、严实(云南府)、戴士毅(罗次)、李谨(楚雄)中举,是科云南45人中举。

——(清)阮元修,(清)王崧、李诚纂:《(道光)云南通志稿》卷139《选举制 · 举人(二)》,第12—14页

万历二十六年(1598)戊戌科会试

杨师程(安宁、3甲60名)、王致中(太和、3甲143名)、杨应登(阿迷、3甲148名)中进士,是科云南3人中进士。

——朱保炯、谢沛霖编:《明清进士题名碑录索引》,第2578页

万历二十八年(1600),秋八月,乡试。通省生儒取苏鸿等四十五人。《志》:成进士者陈鑑、赵琦、潘一柱、石应嵩、宣大勋。

——(清)倪蜕辑,李埏校点:《滇云历年传》卷9,第457页

万历二十八年(1600)庚子科乡试

苏鸿(石屏)、洪文渊(元江)、杨春震(和曲)、艾自修(邓川)、刘文龙(昆明)、陈鑑(石屏)、刘以守(云南府)、王履祥(石屏)、卢扬辉(云南府)、丁进(楚雄)、伯承恩(罗平)、李华(南安)、邵纯谦(临安)、赵惟精(太和)、陆希尧(永昌)、张士选(永昌)、曹宸(鹤庆)、李自蕃(昆阳)、赵琦(宁州)、储养元(保山)、葛仲选(河西)、高祐(临安)、何天衢(云南府)、李虞行(太和)、马中骥(武定)、李为栋(昆阳)、徐朝纲(晋宁)、万邦乐(保山)、温如玉(临安)、李元初(河西)、朱万寿(陆良)、李执敬(晋宁)、李时亨(鹤庆)、潘一柱(永昌)、李志(鹤庆)、王廷选(鹤庆)、张克俭(镇南)、石应嵩(永昌)、王来仪(昆明)、段必选(昆明)、王天益(石屏)、杨大亨(大理)、尹沛(罗平)、陈汝善(保山)、宣大勋(蒙化)中举,是科云南45人中举。

——(清)阮元修,(清)王崧、李诚纂:《(道光)云南通志稿》卷139《选举制·举人(二)》,第14—15页

万历二十九年(1601)辛丑科会试,赵日亨(安宁、3甲91名)、王元翰(宁州、3甲66名)、潘允中(保山、3甲95名)、朱世昌(曲靖、3甲199名)中进士,是科云南4人中进士。

——朱保炯、谢沛霖编:《明清进士题名碑录索引》,第2580—2582页

万历三十一年(1603),秋八月,乡试。通省生儒取吴国谟等四十五人。《志》:成进士者段尚锦、李闻诗、张瓒。

——(清)倪蜕辑,李埏校点:《滇云历年传》卷9,第460页

万历三十一年(1603)癸卯科乡试

吴国谟(石屏)、陈于宸(蒙化)、王来举(鹤庆)、段伯炌(晋宁)、魏时政(临安)、梅忠诲(石屏)、段尚锦(临安)、赵选(赵州)、翟元肃(临安)、孙学书(楚雄)、段伯燧(晋宁)、左宸(蒙化)、沙南金(太和)、洪宣(昆明)、王国

治(保山)、郑邦彦(永昌)、王应昌(永昌)、施尧化(云南府)、谢联登(石屏)、苗裔昌(宜良)、唐山斗(临安)、李闻诗(鹤庆)、李凤苞(邓川)、许敦德(石屏)、张赞(通海)、黄拱斗(晋宁)、左壂(蒙化)、唐宗陶(临安)、缪思启(曲靖)、封锡类(昆明)、丁惟谨(楚雄)、姚光舜(元江)、杨廷光(安宁)、强有义(昆明)、郑大用(永昌)、施尧心(云南府)、吴道美(临安)、张炳象(临安)、张纯皋(河阳)、张兆曾(昆明)、周士凤(永昌)、朱应登(楚雄)、李士奇(临安)、杨起南(路南)、杨忠国(石屏)、王会图(保山)中举,是科云南46人中举(《滇云历年传》载45人)。

——(清)阮元修,(清)王崧、李诚纂:《(道光)云南通志稿》卷139《选举制·举人(二)》,第15—16页

万历三十二年(1604)甲辰科会试

施尧化(广南卫、3甲81名)、金本高(昆明题名碑录作云南前卫、3甲206名)、杨若予(太和、3甲155名)、陈龙光(石屏、3甲173名)、潘一柱(保山、3甲92名)中进士,是科云南5人中进士。

——朱保炯、谢沛霖编:《明清进士题名碑录索引》,第2583—2585页

万历三十四年(1606),秋八月,乡试。通省生儒取贺文明等四十五人。志:成进士者贺文明、张法孔、段高选、周良材、杨芳盛、陈爰諏、夏启昌、梁州彦、杨抡、曾高捷。按:此榜最盛,有一忠臣、四方伯。忠臣段高选,仕蜀,死奢寅之难,谥恭节。方伯为张法孔、胡廷表、朱家民、段师文。

——(清)倪蜕辑,李埏校点:《滇云历年传》卷9,第462页

万历三十四年(1606)丙午科乡试

贺文明(云南府)、吴俊明(昆明)、李希裕(临安)、胡平表(临安)、王大任(鹤庆)、张法孔(宁州)、杨可久(河西)、辛以忠(永昌)、曹忠载(临安)、耿进明(晋宁)、段高选(剑川)、曾高捷(宾川)、丁宇燧(永昌)、周良材(保

山)、潘张(鹤庆)、高甲撰(临安)、洪佐(太和)、赵寀(赵州)、杨芳盛(鹤庆)、陈爰诹(昆明)、黄佐明(宜良)、夏启昌(临安)、李知沂(太和)、梁州彦(鹤庆)、欧绍孔(易门)、朱家民(南宁)、庄自正(保山)、李克振(鹤庆)、张燮任(临安)、赵廷忠(云南府)、吴天民(禄丰)、杨凤朝(石屏)、施恩典(昆明)、段为相(嶍峨)、丁天曜(保山)、阮近贤(马龙)、董正泰(鹤庆)、雷烜(临安)、马文正(浪穹)、刘士龙(建水)、王嵲(鹤庆)、杨抡(鹤庆)、徐体正(姚安)、段斯文(嵩明)、马元中(蒙化)中举,是科云南45人中举。

——(清)阮元修,(清)王崧、李诚纂:《(道光)云南通志稿》卷139《选举制·举人(二)》,第16—17页

万历三十五年(1607)丁未科会试

段尚锦(建水、3甲5名)、陈鑑(石屏、2甲23名)、陈于宸(蒙化、3甲103名)中进士,是科云南3人中进士。

——朱保炯、谢沛霖编:《明清进士题名碑录索引》,第2585页

万历三十七年(1609)己酉……秋八月,乡试。通省生儒取马易从等四十五人。《志》:成进士者傅宗龙、罗杰、杨整纲、于发藻、杨栋朝。按:宗龙,官至总督,死难,谥忠壮。

——(清)倪蜕辑,李埏校点:《滇云历年传》卷9,第467页

万历三十七年(1609)己酉科乡试

马易从(蒙化)、魏文捷(罗次)、傅宗龙(云南府)、朱敬修(安宁)、刘鼎新(呈贡)、黄极(大理)、黄甲俊(蒙化)、任俶(临安)、张官(澄江)、徐以盛(保山)、黄道辰(晋宁)、赵启文(鹤庆)、陈秉智(大理)、李同然(石屏)、徐先荣(昆明)、杨春(临安)、马民从(蒙化)、周南(云南府)、刘浑(临安)、薛衍庆(晋宁)、汤得师(云南县)、吴鼎衡(临安)、杨崇忠(嵩明)、马梦箕(寻甸)、赛启高(石屏)、李见龙(江川)、赵屏始(鹤庆)、董邦昌(昆明)、杨周橙

(景东)、任天爵(元江)、罗杰(剑川)、杨整纲(江川)、王履泰(石屏)、杨学孔(河西)、陈宏济(石屏)、庄大化(南宁)、于发藻(澄江)、张三聘(石屏)、吴运昌(临安)、李肃(邓川)、赵文相(鹤庆)、鲁惟曾(永昌)、陈崇虞(呈贡)、杨秀芳(晋宁)、杨栋朝(剑川)中举,是科云南45人中举。

——(清)阮元修,(清)王崧、李诚纂:《(道光)云南通志稿》卷139《选举制·举人(二)》,第17—18页

万历三十八年(1610)庚戌科会试

陈爰諏(呈贡、3甲107名)、傅宗龙(昆明、3甲46名)、赵琦(宁州、2甲9名)、张法孔(宁州、2甲36名)、石应嵩(保山、3甲63名)、于发藻(河阳、3甲2名)、李闻诗(鹤庆、3甲139名)、陶珽(姚州、2甲48名)中进士,是科云南8人中进士。

——朱保炯、谢沛霖编:《明清进士题名碑录索引》,第2588—2589页

万历四十年(1612)七月,甲午,大学士叶向高言:“年来大小臣工,以去请者……。”乙未,礼部题加直隶、浙江等处解额。“皇上龙飞当四十之春,凤历适五旬之始。久道成化,薪槱宜弘,诸交浙江等九省各加五名,广西三名,云、贵各二名。南直生员七名,监生三名,北直生员六名,监生四名。”廷臣屡以为请,竟不得报。

——《明实录·神宗实录》卷497,第1—2页,总第9360—9361页

万历四十年(1612)壬子……秋八月,乡试。通省生儒取严惟寅等四十五人。《志》:成进士者徐天凤、杨应宿、周昌祚、张正道、李柱明。

——(清)倪蜕辑,李埏校点:《滇云历年传》卷9,第468页

万历四十年(1612)壬子科乡试

严惟寅(太和)、罗万钟(武定)、魏英(蒙自)、陈其道(云南府)、徐天凤(晋宁)、李自奇(江川)、姚大纯(石屏)、杨应宿(鹤庆)、杨为正(太和)、周昌祚(定远)、张正道(宁州)、刘伯甯(云南府)、严有光(大理)、黄建中(云南府)、李思份(临安)、雷徵一(云南县)、翟元懿(临安)、朱运新(昆明)、李柱明(阿迷)、杨宏声(鹤庆)、张应台(昆明)、朱葵(安宁)、张之珍(安宁)、杨森(临安)、段廷选(剑川)、李嗣淳(大理)、缪思周(曲靖)、田苏兆(鹤庆)、陈爰谋(昆明)、耿应烈(永昌)、安汝盘(武定)、任僎(临安)、李希卫(临安)、马璇(宜良)、吴之秀(通海)、杨文明(昆明)、莫嘉骏(鹤庆)、李天植(云南府)、谭经济(石屏)、杨邦英(邓川)、王端临(鹤庆)、杨廷儁(安宁)、张国维(鹤庆)、沈续科(临安)、叶宏绪(云南府)中举,是科云南45人中举。

——(清)阮元修,(清)王崧、李诚纂:《(道光)云南通志稿》卷139《选举制·举人(二)》,第18—20页

万历四十一年(1613)癸丑科会试

张正道(宁州、3甲2名)、张赞(通海、3甲223名)、宣大勋(蒙化、3甲249名)、杨抡(鹤庆、3甲121名)、梁州彦(鹤庆、3甲119名)、杨栋朝(剑川、3甲246名)中进士,是科云南6人中进士。

——朱保炯、谢沛霖编:《明清进士题名碑录索引》,第2590—2592页

万历四十三年(1615)乙卯……秋八月朔……乡试。通省生儒取赵璧烜等四十七人。《志》:自后增减不常,或增一名,或仍旧额,无定制也。是科成进士者萧运泰、吴宏业、王锡衮、何可及。按:锡衮,以尚书家居,后为沙贼所害。

——(清)倪蜕辑,李埏校点:《滇云历年传》卷9,第472—473页

万历四十三年(1615),(云南)增额二名。自后增减不常,或增一名,或仍旧额。

——(清)龙云、卢汉修,周钟岳纂:《民国新纂云南通志》卷16《历代贡举征辟表》,《中国地方志集成》,第583页

万历四十三年(1615)乙卯科乡试

赵璧烜(大理)、何鸣凤(浪穹)、马廷宠(广通)、阮嘉祥(北胜)、侯宏文(江川)、张大观(浪穹)、萧运泰(云南府)、周士麒(保山)、杨启昌(景东)、王肃(石屏)、辛嗣进(昆明)、谢士登(昆明)、龚正(武定)、马应圣(蒙化)、尹梦鳌(太和)、王爕元(寻甸)、孙光祐(石屏)、吴事心(云南府)、祈上合(临安)、张万象(临安)、傅兴高(安宁)、吴宏业(澄江)、李春富(鹤庆)、王锡衮(禄丰)、叶柱国(临安)、何可及(剑川)、刘熙(临安)、杨中立(浪穹)、吴士麒(顺宁)、居来宾(澄江)、孙光绪(石屏)、董思周(赵州)、杨世勋(河西)、杨葆和(太和)、吴世勋(石屏)、王来凤(云南府)、刘长统(宁州)、石应岷(永昌)、沈龙跃(楚雄)、李邦才(鹤庆)、白屋才(顺宁)、皮心洁(蒙化)、晋御黼(云南县)、王之珽(临安)、李乔(曲靖)、傅遇高(安宁)、胄岌(鹤庆)中举,是科云南47人中举。

——(清)阮元修,(清)王崧、李诚纂:《(道光)云南通志稿》卷139《选举制·举人(二)》,第20—21页

万历四十四年(1616)丙辰科会试

夏启昌(临安、3甲43名)、周良材(保山、3甲243名)、吴弘业(左卫、3甲54名)、杨方盛(鹤庆、3甲245名)、罗杰(剑川、3甲37名)中进士,是科云南5人中进士。

——朱保炯、谢沛霖编:《明清进士题名碑录索引》,第2593—2595页

万历四十六年(1618),秋八月,乡试。通省生儒取施尧中等四十七人。

《志》:成进士者廖大亨、戈允礼、赵奇猷、雷跃龙、李大受。

——(清)倪蜕辑,李埏校点:《滇云历年传》卷9,第473页

万历四十六年(1618)戊午科乡试

施尧中(昆明)、廖大亨(建水)、李敦信(蒙自)、张象贤(阿迷)、戈允礼(保山)、孔学书(云南县)、赵奇猷(剑川)、钱万钟(镇南)、高如陵(鹤庆)、雷耀龙(新兴)、杨铧(鹤庆)、苏灏(昆明)、李云衢(石屏)、张信(鹤庆)、张于宸(广西)、段成光(澄江)、吴麟徵(保山)、李宗奇(临安)、朱一鲸(永昌)、孙炳奎(鹤庆)、章呈锦(阿迷)、江起龙(鹤庆)、陈虞应(昆明)、陈我猷(楚雄)、李廷柱(鹤庆)、郭继英(昆明)、张联象(临安)、赵千里(保山)、李廷英(临安)、李大受(鹤庆)、田富民(鹤庆)、石应崑(永昌)、董杞(蒙自)、李鼎实(蒙自)、李宗望(临安)、范宗文(云南府)、王雋(晋宁)、张文达(保山)、高伟(通海)、马一荀(临安)、高寰英(鹤庆)、陈定(镇南)、朱一鳌(永昌)、杨日进(广西)、李玉辉(赵州)、张甲先(晋宁)、马之骅(临安)中举,是科云南47人中举。

——(清)阮元修,(清)王崧、李诚纂:《(道光)云南通志稿》卷139《选举制·举人(二)》,第21—22页

万历四十七年(1619)己未科会试

贺文明(左卫、3甲271名)、雷跃龙(新兴、3甲208名)、段高选(剑川、3甲57名)、何可及(剑川、3甲103名)中进士,是科云南4人中进士。

——朱保炯、谢沛霖编:《明清进士题名碑录索引》,第2596—2598页

熹宗天启元年(1621)六月,戊寅,荫原任大学士刘健嫡玄孙光普为中书舍人……云南道御史李日宣请行江西、湖广、河南、陕西、四川等省将所在宗室科举每二十名以上者加额中式一人。又请行山东曲阜等县将所在

孔氏后裔每科加额一二人贡之阙下,以光新政。章下所司。以两闱恩贡数多,加顺天府解额十五名,应天府五名。后不为例。

——《明实录·熹宗实录》卷 11,第 4—5 页,总第 550—551 页

天启元年(1621)辛酉,恩例加解额一名……秋八月,乡试。通省生儒取刘廷祚等四十八人。《志》:成进士者胡琏、万永康、阮元声、李希揆、李可栋、李思恂、闪仲俨。

——(清)倪蜕辑,李埏校点:《滇云历年传》卷 9,第 475 页

天启元年(1621)辛酉科乡试

刘廷祚(宁州)、胡琏(腾越)、张光宙(保山)、艾廷献(通海)、李天秩(建水)、夏元俟(临安)、谈所蕴(蒙自)、徐朝缙(楚雄)、胡会宾(云南府)、袁应兆(永昌)、熊润(云南县)、王晋(临安)、陶珙(姚安)、徐光大(昆明)、杨树声(澄江)、万永康(建水)、高近旸(临安)、周运泰(鹤庆)、杨师震(昆明)、杨德培(建水)、朱三才(嵩明)、杨国瑛(大理)、朱光时(永昌)、阮元声(马龙)、朱国柱(临安)、杨遇尧(鹤庆)、赵民献(赵州)、李希揆(曲靖)、闪仲杰(永昌)、杨起元(江川)、王孔生(新兴)、赵琪(大理)、叶自蕃(易门)、曾惟鲁(蒙自)、杨应桂(建水)、殷序(云南县)、郜仪(鹤庆)、邱元高(永昌)、李可栋(剑川)、姚载典(通海)、李思恂(河西)、李诤(云南府)、刘桂梯(建水)、闪仲俨(永昌)、李试(昆明)、杨本厚(鹤庆)、徐元卿(石屏)、杨兴南(路南)、业可继(宁州)、郑运隆(北胜)、周大鼎(定远)中举,是科云南 51 人中举(《滇云历年传》载 48 人)。

——(清)阮元修,(清)王崧、李诚纂:《(道光)云南通志稿》卷 139《选举制·举人(二)》,第 22—23 页

天启二年(1622)壬戌科会试

王锡衮(禄丰、3 甲 328 名)、徐天凤(晋宁、2 甲 53 名)、廖大亨(建水、3

甲221名)、李柱明(阿迷、2甲64名)、戈允礼(保山、3甲108名)、李希揆(南宁、3甲131名)、李大受(鹤庆、3甲258名)、杨应宿(鹤庆、2甲56名)、陈奇猷(剑川、3甲212名)中进士,是科云南9人中进士。

——朱保炯、谢沛霖编:《明清进士题名碑录索引》,第2598—2601页

天启四年(1624)甲子……八月,乡试。通省生儒取王适等四十七名。《志》:成进士者杨绳武、朱国昌、万民表、王凝命、龚彝、陶文彦。按:绳武有事功。

——(清)倪蜕辑,李埏校点:《滇云历年传》卷9,第483页

天启四年(1624)甲子科乡试

王适(河西)、李悉达(罗次)、杨绳武(弥勒)、李伯薇(安宁)、朱国昌(临安)、杨先声(太和)、刘芳(石屏)、盛朝臣(永昌)、莫可及(呈贡)、万民表(阿迷)、缪传胪(昆明)、陈时瑞(楚雄)、陈士誉(石屏)、钟大成(临安)、刘杰(昆明)、杨宁(鹤庆)、王凝命(昆明)、程之鹏(永昌)、耿廷箓(河西)、杨开泰(石屏)、孙光祚(石屏)、熊化(赵州)、李悦心(建水)、佘士泰(昆明)、陈其志(镇南)、丁继登(富民)、宋光祖(晋宁)、张元化(安宁)、张化枢(永平)、汪时济(云南府)、薛安唐(临安)、佘藩庆(曲靖)、杨兆衡(浪穹)、杨希魁(太和)、龚彝(顺宁)、吴光宸(保山)、孙节(南安)、李章铉(广西)、朱朝藩(陆凉)、金伟(昆明)、杨音(赵州)、向宸(云南府)、陶文彦(浪穹)、李叶然(鹤庆)、杨素修(赵州)、刘嘉应(腾越)、杨文施(澄江)、台汝砺(临安)中举,是科云南48人中举(《滇云历年传》载47人)。

——(清)阮元修,(清)王崧、李诚纂:《(道光)云南通志稿》卷139《选举制·举人(二)》,第23—25页

天启五年(1625)乙丑科会试

萧运泰(昆明、3甲133名)、万永康(建水、3甲105名)、闪仲俨(保山、

3甲15名)、周昌祚(定远、3甲166名)中进士,是科云南4人中进士。

——朱保炯、谢沛霖编:《明清进士题名碑录索引》,第2602—2603页

天启七年(1627)正月,己卯,孝恪皇后忌辰……云南巡按朱泰祯会同巡抚闵洪学题称:遐方人文日盛,应建学者云州、归化、三泊、南宁、河阳、元谋共六处,应增廪者顺宁、建水、新兴、云龙、路南、罗平、富民、罗次、易门、阳宗共十处,各就其廪之数以为贡之数。又各酌其廪与贡之数以为经费之数。至于钱粮规画,或取诸闲田,或取诸裁省,或取诸输助,又或彼此通融,互相裒益,不烦公家一物,未敛民间一毫。并请颁给新设一州、五县儒学各印记,改移蒙化、安宁、昆明各教官。下部议覆。

——《明实录·熹宗实录》卷80,第5页,总第3877—3878页

天启七年(1627)三月,壬申,上御文华殿讲读……礼部题:"差云南正考户部主事李日俨,副考行人汪邦柱;贵州正考刑部主事林曾,副考行人宋鸣梧。"邦柱、鸣梧以门户闲住,改命陪推行人李昌龄往云南,马懋才往贵州。

——《明实录·熹宗实录》卷82,第5—6页,总第3976—3978页

天启七年(1627)丁卯秋八月,乡试。通省生儒取闪仲侗等四十七人。《志》:成进士者王士章、马兆义。

——(清)倪蜕辑,李埏校点:《滇云历年传》卷9,第485页

天启七年(1627)丁卯科乡试

闪仲侗(永昌)、何官(大理)、闪仲仪(保山)、刘毓南(昆阳)、杨定国(大理)、傅台(安宁)、赵应鼎(太和)、卢调唱(新兴)、王化行(河西)、张经

(鹤庆)、朱纬(云南府)、陆万程(赵州)、马之骝(临安)、赵撰(昆明)、王士章(河西)、罗锐(澄江)、王建极(河西)、董明道(石屏)、李春鲲(定远)、皇甫信(罗平)、马元翰(大理)、李心严(云南府)、洪所猷(晋宁)、鲍荣简(楚雄)、陆大成(保山)、尹子禧(蒙自)、李元弼(鹤庆)、符天言(云南府)、丁继善(富民)、张纶(宁州)、卢声唱(新兴)、曹天锡(建水)、赵民保(通海)、马兆羲(楚雄)、王御乾(宾川)、周咨谋(宜良)、廖含宏(澄江)、祝惟崧(永昌)、邹良彦(赵州)、王文林(云南县)、唐绩光(晋宁)、胡承爵(蒙化)、刘惟馨(云南府)、李杨彬(晋宁)、张标(沾益)、张腾蛟(安宁)、梅极(罗次)中举,是科云南 47 人中举。

——(清)阮元修,(清)王崧、李诚纂:《(道光)云南通志稿》卷 139《选举制 · 举人(二)》,第 25—26 页

崇祯元年(1628)戊辰科会试

马兆羲(楚雄、3 甲 47 名)、龚彝(顺宁、3 甲 173 名)、胡琏(腾越、2 甲 15 名)、阮元声(曲靖卫、3 甲 29 名)中进士,是科云南 4 人中进士。

——朱保炯、谢沛霖编:《明清进士题名碑录索引》,第 2604—2606 页

崇祯三年(1630)庚午……八月,乡试。通省生儒取孙光烈等四十八人。《志》:是科增一名,成进士者陈玺。

——(清)倪蜕辑,李埏校点:《滇云历年传》卷 9,第 488 页

崇祯三年(1630)庚午科乡试

孙光烈(昆明)、杨佐明(大理)、胡璋(腾越)、王长春(昆明)、赵继茂(浪穹)、刘光祚(归化)、张士俊(永昌)、林得兰(马龙)、陈靖忠(元江)、马先春(广通)、沈嗣茂(永昌)、陈玺(安宁)、丁煌(嵩明)、傅秉健(昆明)、施德裕(鹤庆)、杜希元(浪穹)、张炜台(通海)、姚汝谐(楚雄)、许之曾(石屏)、陆兆奎(保山)、杨植纲(江川)、杨树烈(阳宗)、尹先觉(昆明)、杨兆雷

(昆明)、黄捷科(昆明)、李会通(临安)、杜如嵩(宾川)、罗铭鼎(三泊)、纪天祐(临安)、王宏祚(保山)、李开元(易门)、刘震元(鹤庆)、杨朝凤(鹤庆)、石朝柱(阿迷)、孙启祚(云南县)、钦斯民(云南府)、揭其要(嵋峨)、杨毓秀(云南府)、董熥(太和)、郑天衢(新兴)、杨寅旭(阿迷)、高榜(建水)、杨暾(大理)、马经部(蒙化)、杨应魁(武定)、丁德荫(临安)、常中恂(临安)、金君重(南宁)、王佐(河阳)中举,是科云南49人中举。

——(清)阮元修,(清)王崧、李诚纂:《(道光)云南通志稿》卷139《选举制·举人(二)》,第26—27页

崇祯四年(1631)辛未科会试

王凝命(呈贡、3甲21名)、陈玺(安宁、3甲131名)、王士章(河西、2甲36名)、李思恂(河西、3甲138名)、杨绳武(弥勒、3甲94名)中进士,是科云南5人中进士。

——朱保炯、谢沛霖编:《明清进士题名碑录索引》,第2607—2609页

崇祯六年(1633)癸酉……秋八月,乡试。通省生儒取梁甲壮等四十七人。《志》:成进士者陈我德、张宜(原作"张宣",据《(雍正)云南通志·选举志》改)。

——(清)倪蜕辑,李埏校点:《滇云历年传》卷9,第491页

崇祯六年(1633)癸酉科乡试

梁甲壮(鹤庆)、张应良(剑川)、彭梦鹤(马龙)、刘攡(云南府)、史司衡(曲靖)、陈际明(建水)、俞联映(楚雄)、杨士俊(浪穹)、赵官(鹤庆)、田启(保山)、施酬素(鹤庆)、闪继诗(保山)、谢翰臣(石屏)、卞文明(楚雄)、汪文灿(宜良)、史覲宸(石屏)、王士昌(宁州)、万度(临安)、叶可缜(通海)、夏继虞(罗次)、许文宏(通海)、张尧年(安宁)、梁之杰(鹤庆)、俞联辉(楚雄)、谢钦训(河阳)、刘嘉增(昆明)、车重殷(建水)、王祚盛(新兴)、陈我德

（楚雄）、宋希贤（邓川）、何御正（云南府）、宣廷试（蒙化）、张宜（河西）、陈昌裔（富民）、陈国训（晋宁）、谢琯（楚雄）、杨毓楫（宜良）、沈鲸（太和）、刘准（临安）、薛宏序（永昌）、徐炜（河西）、仇甯（楚雄）、钱经世（广西）、吴瑞徵（永昌）、朱扬光（保山）、马乾（昆明）、陈王谟（禄丰）中举，是科云南 47 人中举。

——（清）阮元修，（清）王崧、李诚纂：《（道光）云南通志稿》卷 139《选举制 · 举人（二）》，第 27—28 页

崇祯七年（1634）甲戌科会试

陶文彦（浪穹、3 甲 150 名）、朱国昌（建水、3 甲 132 名）、万民表（阿迷、3 甲 202 名）、陈我德（楚雄、3 甲 217 名）、李可栋（剑川、3 甲 242 名）、胡璇（腾越、3 甲 131 名）中进士，是科云南 6 人中进士。

——朱保炯、谢沛霖编：《明清进士题名碑录索引》，第 2610—2613 页

崇祯九年（1636）……八月，乡试。通省生儒取潘世澄等四十七人。《志》：成进士者张一甲、张垣、陈履中。

——（清）倪蜕辑，李埏校点：《滇云历年传》卷 9，第 493 页

崇祯九年（1636）丙子科乡试

潘世澄（保山）、陈孔泰（云南府）、李上新（楚雄）、丁运泰（永昌）、杨延嗣（广西）、张一甲（石屏）、许琔（河阳）、郁英（北胜）、谢士宪（昆明）、潘嗣魁（保山）、杨承淳（邓川）、林朝梓（马龙）、李煜（鹤庆）、刘佐（嵋峨）、何渼（镇南）、谢继跃（昆明）、杨文炫（通海）、张垣（通海）、徐进卿（邓川）、马廷对（河阳）、柳光礼（宜良）、何其烈（云南府）、叶杨蓁（昆明）、朱梦雷（沾益）、许登龙（通海）、何泰然（嵋峨）、周泽溥（宜良）、邱存忠（楚雄）、昌献忠（建水）、辛嗣顺（武定）、王猷（临安）、李之彦（石屏）、吴祥白（呈贡）、邹应启（临安）、张廷诏（楚雄）、张大亨（昆明）、段腾藻（晋宁）、张鹀（太和）、丁一麟（石屏）、段纬（安宁）、孔彰（云南县）、王士宏（河西）、施于身（云南

府)、伯世阀(沾益)、林之翰(曲靖)、陈履忠(云南府)、李昇(云南府)、萧琯(建水)中举,是科云南48人中举。

——(清)阮元修,(清)王崧、李诚纂:《(道光)云南通志稿》卷139《选举制·举人(二)》,第29—30页

崇祯十年(1637)丁丑科会试

陈履忠(昆明、3甲89名)、台汝砺(建水、3甲127名)、张垣(通海、2甲35名)中进士,是科云南3人中进士。

——朱保炯、谢沛霖编:《明清进士题名碑录索引》,第2614—2615页

崇祯十二年(1639)己卯秋八月,乡试。通省生儒取陈达道等四十七人。志:成进士者左廷皋、廖履亨、严似祖、龚鼎。

——(清)倪蜕辑,李埏校点:《滇云历年传》卷9,第493页

崇祯十二年(1639)己卯科乡试

陈达道(安宁)、左廷皋(蒙化)、万仁(临安)、任士茂(建水)、刘国正(建水)、廖履亨(建水)、朱奕文(宾川)、刘泽(石屏)、马鸣霆(广通)、吴泰昇(鹤庆)、沈应科(建水)、赵廷献(元江)、罗鼎(顺宁)、蒋尊(云南府)、马一豸(邓川)、张大昌(临安)、杨肇勋(鹤庆)、曹会正(临安)、段瑜(蒙自)、李甲魁(邓川)、王锡命(临安)、包宏策(广通)、严似祖(昆明)、童士勤(云南府)、刘愈隽(宾川)、王渼(邓川)、戴应昌(浪穹)、马轼(大理)、张震龙(寻甸)、台衡(通海)、高荣(鹤庆)、郝聚五(临安)、龚鼎(保山)、杨澜(云南府)、杜天祯(楚雄)、严忠培(云南府)、阚应祥(通海)、张瓒(石屏)、李凝铉(江川)、张其彩(河阳)、杨渼(云南府)、张霆(蒙化)、杨嗣震(沾益)、杨行健(剑川)、辛和国(保山)、张世彦(保山)、伍庭兰(阿迷)中举,是科云南47人中举。

——(清)阮元修,(清)王崧、李诚纂:《(道光)云南通志稿》卷139《选举制·举人(二)》,第30—31页

崇祯十三年(1640)庚辰科会试

严似祖(昆明、2甲35名)、曾高桓(宾川、3甲202名)、廖履亨(建水、3甲42名)、张一甲(石屏、2甲2名)、张宜(河西、3甲116名)、左廷皋(蒙化、3甲73名)中进士,是科云南6人中进士。

——朱保炯、谢沛霖编:《明清进士题名碑录索引》,第2616—2618页

崇祯十五年(1642)壬午,诏增解额七名……八月,乡试。通省生儒取俞联魁等五十四人。蜕按:明之乡试止于此科。先是,宜兴再诏请增解额七名,以市恩于士子,故遂有此数。然明年癸未尚有一科会试,而五十四人竟无一人成进士者,亦异于曩时之省试矣。

——(清)倪蜕辑,李埏校点:《滇云历年传》卷9,第493—494页

崇祯十五年(1642),(云南)增额七名,至五十四名。

——(清)龙云、卢汉修,周钟岳纂:《民国新纂云南通志》卷16《历代贡举征辟表》,《中国地方志集成》,第583页

崇祯十五年(1642)壬午科乡试

俞联魁(楚雄)、李之彦(昆明)、段伯美(晋宁)、王家麟(嶍峨)、张士龙(寻甸)、赵炳龙(剑川)、陈言兴(河阳)、吴履占(昆明)、赵应官(大理)、左逢源(顺宁)、袁锦(路南)、杨自任(南安)、陆与进(赵州)、马师孔(保山)、白王廷(临安)、杨洪谟(鹤庆)、陈经国(腾越)、尹天佐(赵州)、张拱宿(定远)、陈士恪(楚雄)、朱赋才(保山)、刘昌(临安)、保傅(昆明)、张嘉声(新兴)、李文治(云南县)、段汝修(石屏)、杨泰(安宁)、周肇孔(通海)、马达(建水)、孙庭兰(楚雄)、严渼(三泊)、李镇明(新兴)、杨嘉猷(鹤庆)、蒋嘉谟(鹤庆)、方逢圣(永昌)、矩从心(建水)、杨昌期(大理)、薛芳渼(云南

县)、李锦(石屏)、赵廷琯(禄劝)、缪传声(呈贡)、马膺捷(寻甸)、郑崇质(永平)、张钟岳(太和)、金世鼎(大姚)、李遇奇(永昌)、段仁(广西)、赵东璧(呈贡)、王懋修(永昌)、张如凤(镇南)、张甲撰(通海)、奚佳栋(鹤庆)、张世明(保山)、王承鼎(大理)中举,是科云南54人中举(李昇,题名碑录作崇祯十五年特科84名)。

——(清)阮元修,(清)王崧、李诚纂:《(道光)云南通志稿》卷139《选举制·举人(二)》,第31—32页

崇祯十六年(1643)癸未科会试

龚鼎(保山、3甲43名)、杨永言(昆明、3甲50名)中进士,是科云南2人中进士。

——朱保炯、谢沛霖编:《明清进士题名碑录索引》,第2621页

第二章　清朝云南科举文献编年

一、清朝科举政策

顺治元年(1644),定以子午卯酉年乡试,辰戌丑未年会试。乡试以八月,会试以二月。均初九日首场,十二日二场,十五日三场。殿试以三月。

——《清史稿》卷108《选举志(志83)》,中华书局1977年版,第3147—3148页

顺治二年(1645),颁《科场条例》。礼部议覆,给事中龚鼎孳疏言:"故明旧制,首场试时文七篇,二场论、表各一篇,判五条,三场策五道。应如各科臣请,减时文二篇,于论、表、判外增诗,去策改奏疏。"帝不允。命仍旧例。首场《四书》三题,《五经》各四题,士子各占一经。《四书》主朱子《集注》,《易》主程《传》、朱子《本义》,《书》主蔡《传》,《诗》主朱子《集传》,《春秋》主胡安国《传》,《礼记》主陈澔《集说》。其后《春秋》不用胡《传》,以《左传》本事为文,参用《公羊》、《穀梁》。二场论一道,判五道,诏、诰、表内科一道,三场经史时务策五道。乡、会试同。乾隆间,改会试三月,殿试四月,遂为永制。

——《清史稿》卷108《选举志(志83)》,第3148页

顺治二年(1645),定各省乡试解额,云南省中式五十四名。又定京省各经中额,云南《易经》十六名,《诗经》十八名,《书经》十一名,《春秋》五名,《礼记》四名,此内《春秋》、《礼记》二孤经人数若少或不足额,仍仿往

例，看某经卷多，则加某经。

——（清）龙云、卢汉修，周钟岳纂：《民国新纂云南通志》卷16《历代贡举征辟表》，《中国地方志集成》，第583页

二、清朝云南科举文献编年

顺治三年（1646）丙戌科会试

考官：内阁大学士范文程字宪斗，汉军镶黄旗人。内阁大学士刚林字公茂，满洲正蓝旗人，天聪八年举人。内阁大学士甯完我字万涵，汉军正红旗人。内阁大学士冯铨字伯衡，顺天涿州人，癸丑进士。

题“百姓足君”一节，“行而世为”一句，“王道之始”一句。

会元李奭棠字贰公，顺天大兴人。

状元傅以渐字于磐，山东聊城人。榜眼吕缵祖字修祉，直隶沧州人。探花李奭棠字贰公，顺天大兴人。

是科云南无人中进士。

——（清）法式善等撰，张伟点校：《清秘述闻三种》，中华书局1982年版，第5页

顺治四年（1647）丁亥科会试

考官：内阁大学士祁充格字□□，满洲镶白旗人。内阁大学士范文程字宪斗，汉军镶黄旗人。内阁大学士冯铨字伯衡，顺天涿州人，癸丑进士。内阁大学士刚林字公茂，满洲正蓝旗人，天聪八年举人。内阁大学士宋权字雨恭，河南商丘人，乙丑进士。内阁大学士甯完我字万涵，汉军正红旗人。

题“尧舜帅天”二句，“知者不惑”一节，“行天下之　由之”。

会元李人龙字震阳，直隶河间人。

状元吕宫字长音，江南武进人。榜眼程芳朝字其相，江南桐城人。探花蒋超字绥庵，江南金坛人。

是科云南无人中进士。

——(清)法式善等撰,张伟点校:《清秘述闻三种》,第 8 页

顺治六年(1649)己丑科会试

考官:内阁大学士祁充格字□□,满洲镶白旗人。内阁大学士范文程字宪斗,汉军镶黄旗人。内阁大学士刚林字公茂,满洲正蓝旗人,天聪八年举人。内阁大学士宁完我字万涵,汉军正红旗人。内阁大学士宋权字雨恭,河南商丘人,乙丑进士。内阁大学士洪承畴字亨九,福建南安人,丙辰进士。内阁学士王文奎字清远,浙江山阴人,崇德三年举人。

题"汤之盘铭"全章,"天下归仁"一句,"存其心养"一节。

会元左敬祖字虔孙,直隶河间人。

状元刘子壮字克猷,湖广黄冈人。榜眼熊伯龙字次侯,湖广汉阳人。探花张天植字处林,浙江秀水人。

是科云南无人中进士。

——(清)法式善等撰,张伟点校:《清秘述闻三种》,第 11—12 页

顺治九年(1652)议准:壬辰科会试分南、北、中卷取中,中卷取中十四名,云南为中卷。十二年议准:会试中额止须分南、北卷,云南归入北卷。

——(清)龙云、卢汉修,周钟岳纂:《民国新纂云南通志》卷 16《历代贡举征辟表》,《中国地方志集成》,第 581 页

顺治九年(1652)壬辰科会试

考官:内阁大学士希福字□□,满洲正黄旗人。内阁大学士额色黑字□□,满洲镶白旗人。礼部尚书陈泰字□□,满洲镶黄旗人。国史院学士刘清泰字□□,汉军正红旗人。弘文院学士成克巩字清坛,直隶大名人,癸未进士。秘书院学士胡统虞字此庵,湖广武陵人,癸未进士。

题“君子有大”二句,“参乎吾道”全章,“经正则庶”一句。

会元程可则字量周,广东南海人(磨勘除名)。

状元邹忠倚字于度,江南无锡人(己丑中式)。榜眼张永祺字尔成,顺天大兴人。探花沈荃字贞蕤,江南青浦人。

是科云南无人中进士。

——(清)法式善等撰,张伟点校:《清秘述闻三种》,第 15—16 页

顺治十二年(1655)乙未科会试

考官:内阁大学士额色黑字□□,满洲镶白旗人。内阁大学士金之俊字孝升,江南吴江人,己未进士。礼部侍郎恩国泰字□□,满洲□□旗人,天聪八年举人。掌院学士胡兆龙字予衮,顺天大兴人,丙戌进士。

题“诗可以兴”七句,“考诸三王”二句,“仁言不如”全章。

会元秦鉽赋字克绳,江南长洲人。

状元史大成字及超,浙江鄞县人。榜眼戴王纶字经碧,直隶沧州人。探花秦鉽字克绳,江南长洲人。

是科云南无人中进士。

——(清)法式善等撰,张伟点校:《清秘述闻三种》,第 19—20 页

顺治十五年(1658)戊戌科会试

考官:内阁大学士傅以渐字星岩,山东聊城人,丙戌进士。秘书院学士李霨字景霱,直隶高阳人,丙戌进士。

题“无为而治”全章,“天命之谓”全章,“君子所性”二节。

会元张贞生字干臣,江西庐陵人。

状元孙承恩字扶桑,江南常熟人。榜眼孙一致字止澜,江南盐城人。探花吴国对字玉随,江南全椒人。

是科云南无人中进士。

——(清)法式善等撰,张伟点校:《清秘述闻三种》,第 23—24 页

云南府学:额进二十名,廪生四十名、增生四十名,一年一贡。

昆明县学:额进二十名,新增三名,廪生二十名、增生二十名,二年一贡。

富民县学:额进十二名,廪生二十名、增生二十名,二年一贡。

宜良县学:额进二十名,廪生二十名、增生二十名,二年一贡。

罗次县学:额进十二名,廪生二十名、增生二十名,二年一贡。

晋宁州学:额进二十名,廪生三十名、增生三十名,三年两贡。

呈贡县学:额进十五名,廪生二十名、增生二十名,二年一贡。

安宁州学:额进二十名,廪生三十名、增生三十名,三年两贡。

禄丰县学:额进十二名,廪生二十名、增生二十名,二年一贡。

昆阳州学:额进十五名,廪生三十名、增生三十名,三年两贡。

易门县学:额进十二名,廪生二十名、增生二十名,二年一贡。

嵩明州学:额进十五名,廪生三十名、增生三十名,三年两贡。

大理府学:额进二十名,廪生四十名、增生四十名,一年一贡。

太和县学:额进二十名,廪生二十名、增生二十名,二年一贡。

赵州学:额进二十名,廪生三十名、增生三十名,三年两贡。

云南县学:额进十五名,廪生二十名、增生二十名,二年一贡。

邓川州学:额进二十名,廪生三十名、增生三十名,三年两贡。

浪穹县学:额进二十名,廪生二十名、增生二十名,二年一贡。

宾川州学:额进十五名,廪生三十名、增生三十名,三年两贡。

云龙州学:额进十二名,廪生三十名、增生三十名,三年两贡。

临安府学:额进二十名,廪生四十名、增生四十名,一年一贡。

建水县学:额进二十名,廪生二十名、增生二十名,二年一贡。

石屏州学:额进二十名,廪生二十名、增生二十名,两年一贡。

阿迷州学:额进十五名,廪生三十名、增生三十名,三年两贡。

宁州学:额进十五名,廪生三十名、增生三十名,三年两贡。

通海县学:额进二十名,廪生二十名、增生二十名,二年一贡。

河西县学:额进二十名,廪生二十名、增生二十名,二年一贡。

嶍峨县学:额进十二名,廪生二十名、增生二十名,二年一贡。

蒙自县学:额进十五名,廪生二十名、增生二十名,二年一贡。

楚雄府学:额进二十名,廪生四十名、增生四十名,一年一贡。

楚雄县学:额进二十名,廪生二十名、增生二十名,二年一贡。

镇南州学:额进十五名,廪生三十名、增生三十名,三年两贡。

南安州学:额进十二名,廪生三十名、增生三十名,三年两贡。

姚州学:额进二十名,廪生三十名、增生三十名,三年两贡。

大姚县学:额进二十名,廪生二十名、增生二十名,二年一贡。

广通县学:额进十二名,廪生二十名、增生二十名,二年一贡。

定远县学:额进十五名,廪生二十名、增生二十名,二年一贡。

澄江府学:额进二十名,廪生四十名、增生四十名,一年一贡。

河阳县学:额进二十名,廪生二十名、增生二十名,二年一贡。

江川县学:额进十二名,廪生二十名、增生二十名,二年一贡。

新兴州学:额进二十名,廪生三十名、增生三十名,三年两贡。

路南州学:额进十二名,廪生三十名、增生三十名,三年两贡。

广南府学:额进十五名,廪生三十名、增生三十名,三年两贡。

顺宁府学:额进十二名,廪生三十名、增生三十名,三年两贡。

顺宁县学:额进八名,廪生十名、增生十名,四年一贡。

云州学:额进十二名,廪生三十名、增生三十名,三年两贡。

曲靖府学:额进二十名,廪生四十名、增生四十名,一年一贡。

南宁县学:额进二十名,廪生二十名、增生二十名,二年一贡。

沾益州学:额进十五名,廪生三十名、增生三十名,三年两贡。

陆凉州学:额进十五名,廪生三十名、增生三十名,三年两贡。

马龙州学:额进十二名,廪生三十名、增生三十名,三年两贡。

罗平州学:额进十二名,廪生三十名、增生三十名,三年两贡。

寻甸州学:额进二十名,廪生三十名、增生三十名,三年两贡。

平彝县学:额进十二名,廪生二十名、增生二十名,二年一贡。

宣威州学:额进八名,廪生二十名、增生二十名,二年一贡。

丽江府学:额进八名,廪生二十名、增生二十名,二年一贡。

丽江县学:额进七名,廪生十名、增生十名,四年一贡。

鹤庆州学:额进二十名,廪生三十名、增生三十名,三年两贡。

剑川州学:额进二十名,廪生三十名、增生三十名,三年两贡。

普洱府学:额进十五名,廪生十二名、增生十二名,二年一贡。

永昌府学:额进二十名,廪生四十名、增生四十名,一年一贡。

保山县学:额进二十名,廪生二十名、增生二十名,二年一贡。

腾越州学:额进二十名,廪生三十名、增生三十名,三年两贡。

永平县学:额进十二名,廪生二十名、增生二十名,二年一贡。

开化府学:额进二十名,廪生四十名、增生四十名,一年一贡。

东川府学:额进十名,廪生八名、增生八名,四年一贡。

昭通府学:额进十名,廪生八名、增生八名,四年一贡。

镇雄州学:额进十名,廪生八名、增生八名,四年一贡。

永善县学:额进十名,廪生八名、增生八名,四年一贡。

景东厅学:额进二十名,廪生四十名、增生四十名,一年一贡。

蒙化厅学:额进二十名,廪生四十名、增生四十名,一年一贡。

永北厅学:额进二十名,廪生四十名、增生四十名,一年一贡。

广西州学:额进二十名[与五嶆厅童生合取],廪生三十名、增生三十名,三年两贡。

师宗县学:额进十二名,廪生二十名、增生二十名,二年一贡。

弥勒县学:额进十五名,廪生二十名、增生二十名,二年一贡。

武定州学:额进二十名,廪生三十名、增生三十名,三年两贡。

元谋县学:额进十二名,廪生二十名、增生二十名,二年一贡。

禄劝县学:额进十四名,廪生二十名、增生二十名,二年一贡。

元江州学:额进十五名,廪生三十名、增生三十名,三年两贡。

新平县学:额进八名,廪生二十名、增生二十名,二年一贡。

镇沅厅学:额进十六名,廪生十八名、增生十八名,四年一贡。

黑盐井学:额进八名,廪生八名、增生八名,四年一贡。

琅盐井学:额进八名,廪生八名、增生八名,四年一贡。

白盐井学：额进十二名，廪生八名、增生八名，四年一贡……

——（清）素尔讷等纂修，霍有明、郭海文校注：《钦定学政全书校注》卷60，武汉大学出版社2009年版，第227—228页

顺治十六年（1659）二月，庚午，谕礼部："云、贵新经内附，地方绥辑需人，见在候选各员尚不足用。应预为甄取，以备任使。著于今秋再行会试。尔部即通传谕遵行。"

——《清实录·世祖实录》卷123，中华书局1985年版，第11页，总第954页

顺治十六年（1659）己亥科会试

考官：内阁大学士卫周祚字闻石，山西曲沃人，丁丑进士。内阁大学士刘正宗字宪石，山东安邱人，戊辰进士。

题"欲修其身"六句，"道之以德"二句，"为人臣者　接也"。

会元朱锦字岵思，江南上海人。

状元徐元文字公肃，江南昆山人。榜眼华亦祥字缵长，江南无锡人。探花叶方霭字子吉，江南昆山人。

是科云南无人中进士。

——（清）法式善等撰，张伟点校：《清秘述闻三种》，第24页

顺治十七年（1660）庚子正月，命吴三桂为总管，移镇云南。文武官俱听奏除。设左右固山各一员，都统、副都统各一员，甲喇、牛录、章京四十八员，甲兵八千四百名，俱驻省城，其规制悉如各省驻镇，而此称藩。

——（清）倪蜕辑，李埏校点：《滇云历年传》卷10，第517页

顺治十七年（1660）六月，癸卯，礼部议复："云贵总督赵廷臣疏奏滇省贡院

未修,学臣未到,庚子科乡试应于十八年补行。"从之。甲辰,都察院……

——《清实录·世祖实录》卷 137,第 7 页,总第 1058 页

顺治十七年(1660),题准:各直省乡试照旧额减半,云南初定首举乡试,照旧额取中。又议准:滇省贡院未修,学臣未到,庚子科乡试于十八年补行。

——(清)龙云、卢汉修,周钟岳纂:《民国新纂云南通志》卷 16《历代贡举征辟表》,《中国地方志集成》,第 583 页

顺治十七年(1660)庚子科乡试,十八年(1661)辛丑年补行

云南考官:兵部员外郎刘紘字子远,陕西洛川人,己丑进士。内阁中书张灏字巨津,江南丹阳人,壬辰进士。

题:"子所雅言"一节,"万物育焉"一句,"仁者爱人"一句。

解元倪垣,南安人。

——(清)法式善等撰,张伟点校:《清秘述闻三种》,第 28 页

顺治十七年(1660)庚子科乡试,十八年(1661)辛丑年补行。是科,倪垣(南安)、杨主敬(蒙自)、刘体宸(寻甸)、赵英(通海)、王寿祚(晋宁)、陈于王(新兴)、马敬(建水)、张人龙(罗次)、王勉(赵州)、陈蒙俞(安宁)、余溥(寻甸)、何琼(昆明)、王肃(嶍峨)、金士敏(路南)、刘正(楚雄)、师古(河阳)、李启华(昆明)、陈瑞(安宁)、陈士骥(南安)、王哲(嶍峨)、万青选(太和)、杨懋选(楚雄)、尹嗣陟(通海)、陈时沛(蒙化)、苏似锦(邓川)、李攀龙(邓川)、丁爔南(云南府)、周祖羲(楚雄)、马化龙(河阳)、黄世春(临安)、冯德正(永昌)、杨湘(嶍峨)、张景春(通海)、常宪天(嶍峨)、罗天柱(南安)、鲍育鳞(楚雄)、夏允中(昆明)、张廷翰(剑川)、偰开远(姚安)、冯鹏运(楚雄)、徐达乾(楚雄)、陆调元(楚雄)、徐炜麒(路南)、杨应先(鹤

庆)、张法成(禄丰)、刘之龙(曲靖)、武靖(安宁)、李湜(嵩明)、杨汝骥(安宁)、许亨见(易门)、陈维藩(云南府)、何其义(镇南)、苏景汤(定远)、赵士麟(澄江)中举,云南 54 人中举。

——(清)王文韶修:《续云南通志稿·选举制》卷100,文海出版社 1966 年版,第 7 册,第 5381—5385 页

顺治十八年(1661)甲辰,二月,礼部题:"会试取士,原分南、北、中卷。后因云、贵等省未经平定,将中卷分入南、北卷内。今各处省分俱全,应仍将浙江、江西、福建、湖广、广东五省,江宁、苏、松、常、镇、徽、宁、池、太、淮、扬十一府,广德一州为南卷。直隶及山东、山西、河南、陕西四省,奉天等处为北卷。四川、广西、云南、贵州四省,庐、凤、安庆三府,徐、滁、和三州为中卷。其南、北、中卷中式额数,照赴试举人之数均派。"从之。

——《清实录·圣祖实录》卷 1,第 24 页,总第 50 页

顺治十八年(1661),三月,甲戌,户部题各省……礼部议复:"云南巡抚袁懋功疏言:'滇省土酋既准袭封,土官子弟,应令各学立课教诲,俾知礼义。地方官择文理稍通者开送入泮应试。'应如所请。"从之。

——《清实录·圣祖实录》卷 2,第 10 页,总第 57 页

顺治十八年(1661)题准:云南省土司应袭子弟,令各该学立课教训,俾知礼义,俟父兄谢事之日,回籍袭职。其余子弟并令课读。该地方官择文理稍通者开送提学,考取入学应试。

——(清)阮元修,(清)王崧、李诚纂:《(道光)云南通志稿》卷 81,第 3 页

顺治十八年(1661)辛丑科会试

考官:内阁大学士成克巩字子固,直隶大名人,癸未进士。内阁大学士卫周祚字闻石,山西曲沃人,丁丑进士。

题"知止而后"一句,"夫子之文"全章,"易其田畴"二节。

会元陈常夏字铁山,福建南靖人。

状元马世俊字章民,江南溧阳人。榜眼李仙根字予盘,四川遂宁人。探花吴光字长庚,浙江归安人。

是科云南无人中进士。

——(清)法式善等撰,张伟点校:《清秘述闻三种》,第 28—29 页

清圣祖康熙二年(1663)二月癸卯。礼部议复:“云南巡抚袁懋功疏言:‘滇省贡院见在起工重建,八月乡试之时,恐不能告竣,请展期于十月入闱。’应如所请。”从之。丙午。浙江道御史张吉午疏言:“三年考满之法,一二等称职者,即系荐举,应将督抚二年荐举一次之例,概行停止。”从之。

——《清实录·圣祖实录》卷 8,第 8 页,总第 135 页

康熙二年(1663)癸卯,八月,乡试。中式柳志沆等三十二人。是科成进士者杨燝、车文龙。

——(清)倪蜕辑,李埏校点:《滇云历年传》卷 10,第 524 页

康熙二年(1663)题准:云南乡试照例减半,中二十七名。旧《云南通志》:外加额五名。

——(清)龙云、卢汉修,周钟岳纂:《民国新纂云南通志》卷 16《历代贡举征辟表》,《中国地方志集成》,第 583 页

康熙二年(1663)癸卯科乡试

云南考官:兵部主事蔡驺字静宪,江西金溪人,拔贡。行人(行人司,礼部属下的一个机构)朱张铭字西渠,浙江嘉善人,乙未进士。

题:“乐道人之”一句,“修身也尊”三句,“则天下之　野矣”。

解元柳志沆，宜良人。

——(清)法式善等撰，张伟点校：《清秘述闻三种》，第32页

康熙二年(1663)癸卯科，柳志沆(宜良)、姚卜相(通海)、张慎余(安宁)、阚祯兆(通海)、马翰(昆明)、徐崇岳(保山)、张元弼(寻甸)、冯骏(保山)、张其绯(太和)、李崇阶(浪穹)、常宏谟(河西)、董旖馨(嶍峨)、朱瑞图(易门)、祁珏(通海)、李衍芳(鹤庆)、杨起雷(石屏)、张肫仁(楚雄)、李瑶(太和)、缪炎(昆明)、黄寅(晋宁)、李铭(建水)、苏若颋(河西)、王谋(嶍峨)、陈祚隆(剑川)、马迅(寻甸)、杨凤诏(寻甸)、张昌音(澄江)、杨熼(云南县)、车文龙(云南府)、杨中原(临安)、晏士登(云南府)、黄开唐(姚安)中举，是科云南32人中举。

——(清)王文韶修：《续云南通志稿·选举制》卷100，第7册，第5381—5384页

康熙三年(1664)甲辰科会试

考官：内阁大学士李霨字坦园，直隶高阳人，丙戌进士。户部尚书杜立德字纯一，顺天宝坻人，癸未进士。吏部侍郎郝惟讷字敏公，顺天霸州人，丁亥进士。内阁学士王清字思斋，山东海丰人，己丑进士。

题“修己以敬论”。

会元沈珩字昭子，浙江海宁人。

状元严我斯字存庵，浙江归安人(辛丑中式)。榜眼李元振字贞孟，河南柘城人(辛丑中式)。探花周弘字子重，江南无锡人。

是科云南1人中进士。

——(清)法式善等撰，张伟点校：《清秘述闻三种》，第33页

康熙三年(1664)甲辰科，云南赵士麟(河阳、3甲154名)1人中进士。

——江庆柏编著：《清朝进士题名录》，中华书局2007年版，第155页

康熙五年(1666),四月,戊辰,转吏部右侍郎罗敏为左侍郎,升内弘文院学士常额,为吏部右侍郎。己巳,裁云南省教职二十一缺。改广西府学训导为教授,罗平、建水、云龙、南安四州学训导为学正,禄丰、罗次等十二县学教谕为训导。通省共设府、卫学教授十八员,州学学正二十三员,县学教谕九员、训导十五员。

——《清实录·圣祖实录》卷19,第22页,总第268页

康熙五年(1666)丙午八月,举行乡试。中式杜道中等二十七人。是科成进士者魏殿元。是年,始开云南武科乡试,额中二十七名。

——(清)倪蜕辑,李埏校点:《滇云历年传》卷10,第525页

康熙五年(1666)丙午科乡试

云南考官:礼科给事中黏本盛字质公,福建晋江人,己卯举人。内阁中书沈一澄字雪龛,河南商城人,壬辰进士。

题:"臣事君以忠论"。

解元杜道中,邓川人。

——(清)法式善等撰,张伟点校:《清秘述闻三种》,第37—38页

康熙五年(1666)丙午科,杜道中(邓川)、王道大(宁州)、李孔惠(大理)、汪蕙(南宁)、黄世宪(临安)、储华绩(河西)、魏殿元(元江)、文化远(呈贡)、杨应佑(鹤庆)、周鼎元(呈贡)、缪以贞(曲靖)、窦若斗(宜良)、程万夏(云南府)、李士标(河阳)、李世文(大理)、王悦(陆凉)、杨尧杰(通海)、萧继芃(昆明)、赵震龙(赵州)、许伸(临安)、马维调(建水)、李垚(安宁)、张法僖(呈贡)、史紫宸(建水)、杨琼林(顺宁)、徐敏(定远)、赵龙伍(临安)中举,是科云南27人中举。

——(清)王文韶修:《续云南通志稿·选举制》卷100,第7册,第5381—5383页

康熙八年(1669)己酉正月,诏广解额三名。八月,举行乡试。中式李上品等三十人。是科无成进士者。十月,举武科。取二十七人。以后每举文必举武科,不具书。

——(清)倪蜕辑,李埏校点:《滇云历年传》卷11,第527页

康熙八年(1669),奉恩诏云南加中三名,内《易》《诗》各一名,《书》《春秋》《礼记》共一名。

——(清)龙云、卢汉修,周钟岳纂:《民国新纂云南通志》卷16《历代贡举征辟表》,《中国地方志集成》,第583页

康熙八年(1669)己酉科乡试

云南考官:编修邓开极字肇修,福建侯官人,辛丑进士。吏部员外郎宋文运字开之,直隶南宫人,己丑进士。

题:"固天纵之"一句,"修身以道"二句,"用下敬上"四句。

解元李上品,河阳人。

——(清)法式善等撰,张伟点校:《清秘述闻三种》,第42页

康熙八年(1669)己酉科,李上品(河阳)、马兆联(曲靖)、张瑞亮(蒙化)、沈秉正(通海)、王翊(剑川)、杨琼英(鹤庆)、熊兆镒(蒙化)、马参(蒙化)、杨兆昕(鹤庆)、张紫文(澄江)、周道治(临安)、丁运亨(曲靖)、李信(安宁)、仇元吉(楚雄)、柳志潜(宜良)、袁起龙(浪穹)、谢绳佑(新兴)、张腾虹(邓川)、许天章(易门)、李埏(剑川)、杨理(河阳)、赵瑞麟(晋宁)、马兆经(寻甸)、张肯构(澄江)、孙申之(石屏)、毛程远(鹤庆)、杨兆睽(鹤庆)、赵琎美(剑川)、车朝辅(剑川)、仇泰吉(楚雄)中举,是科云南30人中举。

——(清)王文韶修:《续云南通志稿·选举制》卷100,第7册,第5381—5384页

康熙九年(1670)庚戌科会试

考官:内阁大学士魏裔介字石生,直隶柏乡人,丙戌进士。礼部尚书龚鼎孳字孝升,江南合肥人,甲戌进士。刑部侍郎王清字冰壶,山东海丰人,己丑进士。国史院学士田逢吉,字凝只,山西高平人,乙未进士。

题"巍巍乎惟　名焉","凡为天下"一节,"有天爵者"二节。

会元宫梦仁字宗衮,江南泰州人。

状元蔡启僔字昆旸,浙江德清人。榜眼孙在丰字屺瞻,浙江德清人。探花徐乾学字原一,江南昆山人。

是科云南3人中进士。

——(清)法式善等撰,张伟点校:《清秘述闻三种》,第43页

康熙九年(1670)庚戌科会试,云南车文龙(昆明、3甲15名)、杨爆(云南县、3甲74名)、魏殿元(临安县、3甲202名)3人中进士。

——江庆柏编著:《清朝进士题名录》,第165—174页

康熙十一年(1672)议准:直省乡试仍取副榜照旧例外,增云南五名。

——(清)龙云、卢汉修,周钟岳纂:《民国新纂云南通志》卷16《历代贡举征辟表》,《中国地方志集成》,第583页

康熙十一年(1672)壬子……秋八月,举云南乡试。中式李春葵等二十七名。是科成进士者万肃、阚福兆。调江南巡抚朱国治为云南巡抚。

——(清)倪蜕辑,李埏校点:《滇云历年传》卷11,第529页

康熙十一年(1672)壬子科乡试

云南考官:编修董讷字兹重,山东平原人,丁未进士。兵部主事邵佳允字全儒,浙江富阳人,乙未进士。

题:“居之无倦”一句,“德为圣人”一句,“召太师曰　之乐”。

解元李春葵,昆明人。

——(清)法式善等撰,张伟点校:《清秘述闻三种》,第 47 页

康熙十一年(1672)壬子科,李春葵(昆明)、王寿运(晋宁)、熊正鼎(云南府)、李梦嘉(剑川)、张其翙(云南县)、苏龙门(河西)、胡鳌(寻甸)、万肃(石屏)、阚福兆(通海)、艾蔚(邓川)、刘之彦(云南府)、赵天秩(晋宁)、王佐才(赵州)、杨于鼎(蒙化)、杨光烈(蒙自)、杨金声(嵩明)、赵登良(通海)、魏元会(阿迷)、赵开先(云南府)、董引养(蒙化)、赵家玉(呈贡)、张喆(昆明)、朱籥(宾川)、陈茂隶(河阳)、马希上(弥勒)、李北有(蒙化)、廖理周(河西)中举,是科云南 27 人中举。

——(清)王文韶修:《续云南通志稿 · 选举制》卷100,第 7 册,第 5381—5383 页

康熙十二年(1673)癸丑科会试

考官:内阁大学士杜立德字纯一,顺天宝坻人,癸未进士。礼部尚书龚鼎孳字孝升,江南合肥人,甲戌进士。刑部侍郎姚文然字若侯,江南桐城人,癸未进士。掌院学士熊赐履字素九,湖广孝感人,戊戌进士。

题“所谓平天”一节,“樊迟问知”一章,“孟子曰尽其心”一节。

会元韩菼字元少,江南长洲人。

状元韩菼字元少,江南长洲人。榜眼王鸿绪字季友,江南娄县人。探花徐秉义字彦和,江南昆山人。

是科云南 3 人中进士。

——(清)法式善等撰,张伟点校:《清秘述闻三种》,第 47 页

康熙十二年(1673)癸丑科会试,云南万肃(石屏、3甲54名)、余达乾(楚雄、3甲106名)、阚福兆(通海、3甲62名)3人中进士。

——江庆柏编著:《清朝进士题名录》,第179—184页

康熙十五年(1676)议准:云南照顺治十二年例,暂归北卷。

——(清)龙云、卢汉修,周钟岳纂:《民国新纂云南通志》卷16《历代贡举征辟表》,《中国地方志集成》,第581页

康熙十五年(1676)丙辰科会试

考官:礼部尚书吴正治字当世,湖广江夏人,己丑进士。内阁大学士李霨字景裔,直隶高阳人,丙戌进士。吏部侍郎宋德宜字右之,江南长洲人,乙未进士。副都御史田六善字兼山,山西阳城人,丙戌进士。

题“子曰君子义以”一节,“诚者天之”一节,“人有恒言　在身”。

会元彭定求字勤止,江南长洲人。

状元彭定求字勤止,江南长洲人。榜眼胡会恩字孟纶,浙江德清人。探花翁叔元字宝林,江南常熟人。

是科云南无人中进士。

——(清)法式善等撰,张伟点校:《清秘述闻三种》,第50页

康熙十五年(1676)丙辰科,云南无人中进士。

——江庆柏编著:《清朝进士题名录》,第189页

康熙十八年(1679)己未科会试

考官:内阁大学士冯溥字孔博,山东益都人,丁亥进士,兵部尚书宋德宜字右之,江南长洲人,乙未进士。掌院学士叶方霭字子吉,江南昆山人,己亥进士。副都御史杨雍建字自西,浙江海宁人,乙未进士。

题“子曰视其”全章，“或生而知”一节，“孟子曰无为”一节。

会元马教思字临公，江南桐城人。

状元归允肃字孝仪，江南常熟人。榜眼孙卓字予立，江南宣城人。探花茆荐馨字楚畹，浙江长兴人。

是科云南无人中进士。

——（清）法式善等撰，张伟点校：《清秘述闻三种》，第54—55页

康熙十八年（1679）己未科，云南无人中进士。

——江庆柏编著：《清朝进士题名录》，第200页

康熙二十年（1681），奉恩诏加二十三年乡试中额，云南三名。

——（清）龙云、卢汉修，周钟岳纂：《民国新纂云南通志》卷16《历代贡举征辟表》，《中国地方志集成》，第583页

康熙二十年（1681）辛酉科乡试（后于二十二年补行）

云南考官：编修米汉雯字紫来，直隶安化人，已未鸿博。户部主事高琯字西白，汉军镶黄旗人，丙辰进士（癸亥年补）。

题：“子贡问政　之矣”，“修身则道”一句，“君子所以　心也”。

解元赵节，建水人。

——（清）法式善等撰，张伟点校：《清秘述闻三种》，第58—59页

康熙二十二年（1683）癸亥补行辛酉科（康熙二十年）乡试。赵节（建水）、潘祚虞（南宁）、徐之任（定远）、李斯德（通海）、周鼎（昆明）、徐端（楚雄）、俞卿（陆凉）、段绎祖（剑川）、马学易（新兴）、卢先觉（嶍峨）、段鹏翥（石屏）、杨炳耀（石屏）、段标麟（曲靖）、许贺来（石屏）、刘琔（河阳）、曾旭（临安）、徐之昌（河西）、徐自恺（路南）、高特（罗次）、台联甲（通海）、伍士

祺(阿迷)、王恭行(蒙自)、杨昇(保山)、张白生(河阳复姓谢)、刘熙贞(武定复姓钱)、王吕社(嶍峨)、马中骏(河阳)中举,是科云南27人中举。

——(清)王文韶修:《续云南通志稿·选举制》卷100,第7册,第5381—5383页

康熙二十二年(1683)癸亥。冬十一月,癸酉。先是,云南贵州总督蔡毓荣疏言,土司世相承袭、不由选举、罔识礼义。嗣后土官族属子弟内,有通晓经义,志图上进者,请就郡邑一体应试。至是,差往区画土司事宜侍郎库勒纳,疏请如蔡毓荣言。寻礼部议,云贵二省,应各录取土生二十五名。其土司隶贵州者,附贵阳等府学。隶云南者,附云南等府学。不准科举,亦不准补廪出贡。从之。

——《清实录·圣祖实录》卷113,第3—4页,总第162—163页

康熙二十三年(1684),甲子。四月,己酉……以翰林院编修王化鹤为云南乡试正考官。吏部员外郎李云会为副考官。翰林院编修黄与坚为贵州乡试正考官。户部郎中毛漪为副考官。庚戌,上御太和门视朝,文武升转各官谢恩。

——《清实录·圣祖实录》卷115,第4—5页,总第191—192页

康熙二十三年(1684)甲子诏:加解额三名……八月,举行乡试。中式吕从姬等三十人。是科成进士者谢俨……是年,定云南会试,仍属中卷。议准云南举人愿就教职者,就本省考试。解卷礼部阅,送吏部补授。

——(清)倪蜕辑,李埏校点:《滇云历年传》卷11,第537页

康熙二十一年(1682)壬戌科会试

考官:吏部尚书黄机字次辰,浙江钱塘人,丁亥进士。工部尚书朱之弼

字右若，顺天大兴人，丙戌进士。户部侍郎李天馥字湘北，河南永城人，戊戌进士。礼部侍郎陈廷敬字子端，山西泽州人，戊戌进士。

题"诗云瞻彼"一节，"子张问仁"一节，"圣人治天"四句。

会元金德嘉字会公，湖广广济人。

状元蔡升元字征元，浙江德清人。榜眼吴涵字容大，浙江石门人。探花彭宁求字文洽，江南长洲人。

是科云南无人中进士。

——(清)法式善等撰，张伟点校：《清秘述闻三种》，第59页

康熙二十一年(1682)，五月，辛亥，上回京。诣太皇太后皇太后宫，问安。以江西建昌府知府邹峄为云南按察使司副使、提调学政。

——《清实录·圣祖实录》卷102，第12页，总第118页

康熙二十一年(1682)壬戌科，云南无人中进士。

——江庆柏编著：《清朝进士题名录》，第207页

康熙二十二年(1683)癸亥辛酉科乡试

中式赵节等二十七人。是科成进士者许贺来。

——(清)倪蜕辑，李埏校点：《滇云历年传》卷11，第537页

康熙二十二年(1683)，补行云南省辛酉科乡试。总督蔡毓荣《请补行乡试疏》：窃照滇省地方初复，亟宜修举废坠，收拾人心，今两迤之庶民未尽复业，而士为民望，惟劝士乃可以得民，即一切修举之中有政体所当先，舆望所甚切者，莫如兴贤大典。我皇上诞敷文治，前此用兵之日，犹复雅意抡才，海内儒林争相鼓舞，独滇南久乱声教，士气郁而未抒，今既出之沉沦，重瞻天日，深山穷谷之士，莫不引领观光。昨岁辛酉宾兴，既格于会城未复，

若复需之下届甲子同各省一例举行，恐与目前收拾人心，修举废坠之意，殊有未协，当此普天同庆，而于遐荒新复之地，尤宜特沛殊恩，伏祈皇上俯念滇人士八载无闻，三科未举，准以明年癸亥八月特行乡试，仍照顺治十八年辛丑补庚子科之例，暂行广额，俾才智之伦竞赴功名之会，榛芜之境早开，棫朴之光于以黼黻，太平风示边徼，诚滇省今日之急务也。

——(清)龙云、卢汉修，周钟岳纂:《民国新纂云南通志》卷16《历代贡举征辟表》,《中国地方志集成》，第583页

康熙二十三年(1684)甲子科乡试

云南考官:编修王化鹤字六翰，河南武陟人，丙辰进士。吏部员外郎李云会字望越，江西丰城人，丙辰进士。

题:“大哉尧之”一句，“博学之审”二句，“善教德民”一句。

解元吴从姬字良才，石屏人。

——(清)法式善等撰，张伟点校:《清秘述闻三种》，第63页

康熙二十三年(1684)甲子科，吕从姬(石屏)、许鼎新(建水)、王家栋(保山)、曹中选(临安)、赵邦俊(建水)、刘敬公(石屏)、段缙(晋宁)、杨邠俊(安宁,《新纂云南通志》作段邠俊)、李长庚(永昌)、杨胆(鹤庆)、韩名伯(路南)、朱衮(沾益)、李镜(石屏)、王槐(路南)、谢朝聘(南安)、傅作舟(武定)、吕之相(晋宁)、饶于德(澄江)、李载膺(石屏)、施发甲(李发甲、澄江复姓李)、李纯嘏(广西)、蒲易藩(嵩明)、黄璋(石屏)、丁懋观(石屏)、杨正(石屏)、谢俨(河西)、欧阳方曜(赵州)、丁炽南(昆明)、赵邦彦(临安)、施樵(南安)中举，是科云南30人中举。

——(清)王文韶修:《续云南通志稿·选举制》卷100，第7册，第5386—5389页

康熙二十四年(1685)乙丑科会试

考官:刑部尚书张士甄字繍紫,顺天通州人,己丑进士。户部侍郎王鸿绪字季友,江南娄县人,癸丑进士。礼部侍郎董讷字兹重,山东平原人,丁未进士。掌院学士孙在丰字屺瞻,浙江德清人,庚戌进士。

题"颜渊问仁"一节,"仲尼祖述"全章,"圣人百世"一节。

会元陆肯堂字邃升,江南长洲人。

状元陆肯堂字邃升,江南长洲人。榜眼陈元龙字广陵,浙江海宁人。探花黄梦麟字砚芝,江南溧阳人。

是科云南1人中进士。

——(清)法式善等撰,张伟点校:《清秘述闻三种》,第64页

康熙二十四年(1685)乙丑科会试,云南许贺来(石屏、2甲30名)1人中进士。

——江庆柏编著:《清朝进士题名录》,第217—218页

康熙二十四年(1685)正月乙酉,礼部议复:"广西道御使刘超凡疏言:'会试中额,旧例定南、北、中三项。后因滇、黔、川、粤道路梗阻,赴试无人,因与江南庐、凤各府,分并南、北卷内,裁去中卷一项。今云、贵等四省已经再行乡试,请仍照旧例,复分南、北、中三项。'应如所请。"从之。

——《清实录·圣祖实录》卷119,第9页,总第248页

康熙二十五年(1686)丙寅春二月,巡抚王继文奏给云南会试举人盘费。奉旨照贵州事例行。疏:"请自二十六年(1687)为始,滇省文武举人会试、岁拔贡生廷试,应照何省事例支给盘费银若干两,行知遵守。"奉准

照黔支给。

——(清)倪蜕辑,李埏校点:《滇云历年传》卷11,云南大学出版社1992年版,第538—539页

康熙二十六年(1687)丁卯。夏四月,辛未。裁云南复设左右二卫及平彝杨林等卫,都司一员、守备八员、千总九员、经历七员、教授一员。

——《清实录·圣祖实录》卷130,第6页,总第394页

康熙二十六年(1687)丁卯八月,举行乡试。中式陈瓒等二十七人。是岁成进士者刘凌云、卢炳、王翰。翰以江南人冒籍宜良,中三十二名,成进士,选庶常。时,赵士麟以先达显贵。翰恃才慢侮士麟,具奏参革,发河南种地。

——(清)倪蜕辑,李埏校点:《滇云历年传》卷11,第540页

康熙二十六年(1687)丁卯科乡试

云南考官:检讨卢熙字诚斋,陕西凤翔人,己未进士。吏部主事张发辰字维雍,河南杞县人,庚戌进士。

题:“人能弘道”一句,“宽裕温柔”二句,“出于其类”二句。

解元陈瓒字卣臣昆明人。

——(清)法式善等撰,张伟点校:《清秘述闻三种》,第68—69页

康熙二十六年(1687)丁卯科,陈瓒(昆明)、黄肇曾(临安)、谢仪(河阳)、赵炜(鹤庆)、冯如京(建水)、段谕(剑川)、王玙(石屏)、胡肇祐(开化)、李舍合(鹤庆)、李天育(建水)、张凤鸣(临安)、尹文炽(开化)、刘凌云(安宁)、张纯一(澄江)、陈薪櫄(临安)、张鸿翀(大理)、卢炳(石屏)、黄钟(宜良)、张守仁(镇南)、马元恺(元江)、陈万言(呈贡)、王翰(宜良)、缪守仁(昆明)、卢先烈(通海)、马璠(姚安)、张义(呈贡)、杨瞰(定远)中举,是

科云南27人中举。

——(清)王文韶修:《续云南通志稿·选举制》卷100,第7册,第5386—5388页

康熙二十六年(1687)十月,壬戌,上谕大学士王熙等曰:“乡试为抡才大典,出题理宜详慎。今年乡试主考,朕未尽知,于开列中酌量分遣。今览各省所进题名录中,其题目多有未当。如福建三场策问台湾事宜……尔等将各省呈览题目及题名录详加检阅,若有悖谬最甚者,察出参奏。”于是察看福建、云南、河南三省第三场策问命题,词义多有未当,均属悖谬。部议将主考王连瑛等分别各降级调用。从之。

——《清实录·圣祖实录》卷131,第14—15页,总第412—413页

康熙二十七年(1688)戊辰科会试

考官:内阁大学士王熙字子雍,顺天宛平人,丁亥进士。左都御史徐乾学字原一,江南昆山人,庚戌进士。兵部侍郎成其范字愚昆,山东乐安人,辛丑进士。副都御史郑重字山公,福建建安人,戊戌进士。

题“樊迟问仁”三节,“子曰舜其大孝”二节,“天下之言”全章。

会元范光阳字国雯,浙江鄞县人。

状元沈廷文字元衡,浙江秀水人。榜眼查嗣韩字荆州,浙江海宁人,探花张豫章字寄庭,江南青浦人。

是科云南2人中进士。

——(清)法式善等撰,张伟点校:《清秘述闻三种》,第69页

康熙二十七年(1688)戊辰科会试,云南卢炳(石屏、3甲48名)、王翰(宜良、3甲71名)2人中进士。

——江庆柏编著:《清朝进士题名录》,第225—229页

康熙二十九年庚午(1690)八月,举行乡试。中式尹秦等二十七人。是科成进士者王孙熊、赵宸黼。

——(清)倪蜕辑,李埏校点:《滇云历年传》卷11,第547页

康熙二十九年(1690)庚午科乡试

云南考官:侍讲李澄中字渭清,山东诸城人,己未鸿博。刑部主事刘滋字霖生,直隶任邱人,辛丑进士。

题:"子贡曰诗"二节,"辟如天地"二句,"尧舜之知　务也"。

解元尹泰字麟峰,蒙自人。

——(清)法式善等撰,张伟点校:《清秘述闻三种》,第73页

康熙二十九年(1690)庚午科,尹泰(蒙自)、侯方夏(建水)、许昭来(石屏)、段铨璋(建水)、李天秩(楚雄)、王兆鳌(宁州)、曾学祖(宾川)、张缙(通海)、谢师锡(楚雄)、吴道一(永昌)、赵矿(赵州)、杨廷杰(通海)、曹拔(云龙)、杨世恩(鹤庆)、王孙熊(姚安)、陈弼(临安)、昌奇(呈贡)、段缥(石屏)、尹乐善(通海)、李瀚(南宁)、罗允怡(安宁)、赵宸黼(澄江)、王膺天(通海)、张士钥(通海)、张藻鑑(禄丰)、王鋗(新兴)、杨元捷(石屏)中举,是科云南27人中举。

——(清)王文韶修:《续云南通志稿·选举制》卷100,第7册,第5386—5388页

康熙三十年(1691)辛未科会试

考官:内阁大学士张玉书字素存,江南丹徒人,辛丑进士。工部尚书陈廷敬字子端,山西泽州人,戊戌进士。兵部侍郎李光地字晋卿,福建安溪人,庚戌进士。兵部督捕侍郎王士祯字贻上,山东新城人,戊戌进士。

题"颜渊季路"全章,"博厚所以"一节,"非其义也　诸人"。

会元张瑗字蘧若,江南祁门人。状元戴有祺字丙章,江南金山卫人(戊辰

中式)。榜眼吴昺字永年,江南全椒人。探花黄叔琳字弘献,顺天大兴人。

是科云南无人中进士。

——(清)法式善等撰,张伟点校:《清秘述闻三种》,第 73 页

康熙三十年(1691)辛未科,云南无人中进士。

——江庆柏编著:《清朝进士题名录》,第 232 页

康熙三十年(1691)覆准:定会试南、北、中卷,内再分左、右,列云南为中左。

——(清)龙云、卢汉修,周钟岳纂:《民国新纂云南通志》卷 16《历代贡举征辟表》,《中国地方志集成》,第 581 页

康熙三十年(1691)五月,庚戌,夏至,祭地于方泽。上亲诣行礼。辛亥,礼部等衙门遵旨会议:"御史江蘩条奏科场事宜。查会试之分南、北、中卷,原为因地取才起见,行之既久,其势不能均平。若不稍加变通,恐遐方士子,不能仰承皇上广兴文教,乐育人材至意。嗣后应于南、北、中卷内,再分江南、浙江为南左,江西、湖广、福建、广东为南右,直隶、山东为北左,河南、山西、陕西为北右,四川、云南为中左,广西、贵州为中右。仍照定例,各计卷数之多寡,凭文取中。既于科场条例并无更改,又于各省中额不致偏枯。至安、庐、凤三府,滁、和、徐三州,改归南卷,并仍行分经之处,俱照礼部原议。"从之。

——《清实录·圣祖实录》卷 151,第 15 页,总第 678 页

康熙三十一年(1692),议准呈贡县照中学例,取进童生十二名,其廪、增及出贡,照县学例。

——(清)昆冈等修:《清会典事例》卷 380《礼部(91)》,清光绪石印本,第 5 册,第 190 页

康熙三十一年(1692),议准宁州照中学例,取进童生十二名,其廪、增及出贡,照州学例。

——(清)昆冈等修:《清会典事例》卷380《礼部(91)》,第5册,第190页

康熙三十一年(1692),议准马龙州照中学例,取进童生十二名,其廪、增及出贡,照州学例。

——(清)昆冈等修:《清会典事例》卷380《礼部(91)》,第5册,第190页

康熙三十二年(1693)癸酉八月,甲戌。上诣皇太后宫问安。谕户部:"朕抚御寰宇,早夜孜孜,惟以实惠及民,俾登康阜为念。广西、四川、贵州、云南四省,俱属边地,土壤硗瘠,民生艰苦,与腹内舟车辐辏,得以广资生计者不同。朕时切轸怀,历岁以来,屡施恩恤。广西省康熙十六年通省钱粮,康熙十七年、十八年,民欠钱粮。贵州省,康熙二十二年秋冬及二十三年春夏地丁钱粮,又贵州、四川二省,康熙二十五年未完及二十六年应征钱粮,云南省康熙二十七年以前,屯地积欠钱粮,俱经次第蠲豁,兹念育民之道,无如宽赋。矧边省地方,非再沛优恤之恩则闾阎无由充裕,所有康熙三十三年,四省应征地丁银米,著通行蠲免。仍行文该督抚遍加晓谕,令人沾实泽,以称朕加惠远省民生至意。如有不肖有司,借端朦混,私自征收者,该督抚指名奏劾,从重治罪。尔部即遵谕行。"

——《清实录·圣祖实录》卷160,第1页,总第752页

康熙三十二年(1693)癸酉秋八月,举行乡试。中式谭璜等二十七人。是科成进士者管灏、段曦。

——(清)倪蜕辑,李埏校点:《滇云历年传》卷11,第549—550页

康熙三十二年(1693)癸酉科乡试

云南考官:检讨许嗣隆字山涛,江南如皋人,壬戌进士。吏部员外郎谈九乾字震方,浙江德清人,丙辰进士。

题:"孟武伯问"一章,"柔远人则　畏之","其为气也　与道"。

解元谭璜,建水人。

——(清)法式善等撰,张伟点校:《清秘述闻三种》,第77—78页

康熙三十二年(1693)癸酉科,谭黄(临安)、李朴(昆明)、池清(弥勒)、吴振鲁(赵州)、杨恺(云南县)、管灏(新兴)、张祚盛(河西)、涂会畿(临安)、张薇左(鹤庆)、高陞(石屏)、魏文鏕(宁州)、段曦(安宁)、徐琳(河西)、郭自汾(赵州)、靳暹(姚安)、刘讷(蒙化)、张黉李(建水)、吉惠吉(河西)、雷伟(云南县)、李南英(建水)、刘仁安(临安)、廖理清(石屏)、朱灿英(建水)、偰启祐(姚安)、张青选(澄江)、李俭(云龙)、李汝相(鹤庆)中举,是科云南27人中举。

——(清)王文韶修:《续云南通志稿·选举制》卷100,第7册,第5386—5388页

康熙三十三年(1694)甲戌科会试

考官:吏部尚书熊赐履字素九,湖广孝感人,戊戌进士。礼部尚书杜臻字肇余,浙江秀水人,戊戌进士。兵部侍郎王维珍字嵋谷,汉军镶蓝旗人,庚戌进士。工部侍郎徐潮字青来,浙江钱塘人,癸丑进士。

题"大哉尧之"全章,"天命之谓"一节,"孔子登东"全章。

会元裴之仙字又航,江南丹徒人。

状元胡任舆字孟行,江南上元人。榜眼顾图河字书宣,江南江都人。探花顾悦履字丹扆,浙江海宁人。

是科云南2人中进士。

——(清)法式善等撰,张伟点校:《清秘述闻三种》,第78页

康熙三十三年(1694)甲戌科会试,云南管灏(新兴、3甲70名)、刘凌云(安宁、3甲97名)2人中进士。

——江庆柏编著:《清朝进士题名录》,第239—244页

康熙三十四年(1695)乙亥十二月,巡抚石文晟请广云南文武乡试解额,照四川四十二名之例取中。许之。

——(清)倪蜕辑,李埏校点:《滇云历年传》卷11,第550—551页

康熙三十四年(1695)覆准:查会试现行例,《春秋》《礼记》十六名取中进士一名,但边省习孤经省少,人数恐有不足,嗣后四川、广西、云南、贵州四省,《春秋》《礼记》二孤经若应试人多,仍照现行之例,人少则合四省总算,二孤经照数分中,若人不足,则合二孤经择其文佳者取中一名。

——(清)龙云、卢汉修,周钟岳纂:《民国新纂云南通志》卷16《历代贡举征辟表》,《中国地方志集成》,第581页

康熙三十五年(1696)丙子秋八月,举行乡试。中式谢履忠等四十二人。是科成进士者谢履忠、段昕、曾昕、董玘。内段、曾二人同名,俱眇一目,又并有文名。

——(清)倪蜕辑,李埏校点:《滇云历年传》卷11,第551页

康熙三十五年(1696)议准:直省乡试广额,云南增中十五名,其副榜并分经取中之处,均照计算取中。巡抚石文晟《请广中式解额疏》:为遐方文教大开,盛代宾兴,宜广乞恩题增解额,以溥皇仁,以宏雅化事。该臣看得滇居天末,昔以士子甫离兵燹,不暇诗书,文教未盛,今蒙皇上右文,教养兼挚,云蒸豹变,实繁有徒,迩来入闱应试者,数至二千余人,及查中式不过二十七名而止,此系国家定制,臣何敢冒昧渎请。但查礼闱会试,卷分南、

北，而南、北卷中，又将云南、四川分为中左，四川取中四十二名，云南取中二十七名，同一中左，取额悬殊，故致生员王思训等之援情环吁也。随批司道会议，兹据布政使于三贤、提学道副使张倬等查覆前来，臣思人文之繁盛，实由圣治之休隆，况荷圣恩俞允前督府所请，添设学宫，增加童额，则子既已众多，中式亦应稍广相应，请照四川之额，每科遴取四十二名，以励边地人材。至文武并重，久荷皇上一体抡材，自宜并请洪恩一例广额者也。臣谨会同云贵督臣王继文合词具题，应否俯允，伏乞睿鑑，敕部议覆施行。

——（清）龙云、卢汉修，周钟岳纂：《民国新纂云南通志》卷16《历代贡举征辟表》，《中国地方志集成》，第583页

康熙三十五年（1696）丙子科乡试

云南考官：编修宋衡字嵩南，江南庐江人，乙丑进士。吏部员外郎董思凝字石帆，山东平原人，戊辰进士。

题："子曰兴于"一章，"溥博如天"一节，"今夫（辫）麦"一节。

解元谢履忠字卣臣，昆明人，癸未进士。

——（清）法式善等撰，张伟点校：《清秘述闻三种》，第82页

康熙三十五年（1696）丙子科，谢履忠（昆明）、任洵（嵩明）、杨述文（鹤庆）、李来仪（建水）、吴恪（安宁）、李恒晟（江川）、瞿昂（通海）、苏霖泓（赵州）、段昕（安宁）、金灏（云南府）、黄鹤（广通）、李嗣鍙（安宁）、李上发（罗次）、朱英（安宁）、侯倎（河阳）、王立宪（建水）、张敏（河阳）、郑敷（石屏）、李伯贞（开化）、朱龙御（南安）、高攀云（临安）、陈士修（镇南）、丁佩玉（昆明）、王璲（剑川）、杨喆（新平）、杨汇（安宁）、黄濬源（晋宁）、孙守之（石屏）、杨文徵（嵋峨）、李从纲（昆明）、仇文龙（通海）、刘清（顺宁）、许泰来（石屏）、李之公（江川）、江自岷（晋宁）、祁苏（建水）、曾昕（建水）、董玘（通海）、周屺（安宁）、萧大成（建水）、王杞（嵋峨）、袁品超（武定）中举，是

科云南 42 人中举。另张惠可(鹤庆)于顺天中式。

——(清)王文韶修:《续云南通志稿·选举制》卷 100,第 7 册,第 5386—5390 页

康熙三十六年(1697)丁丑科会试

考官:吏郎尚书熊赐履字素九,湖广孝感人,戊戌进士。礼部尚书张英字敦复,江南桐城人,丁未进士。左都御史吴琠字铜川,山西沁州人,己亥进士。刑部侍郎田雯字纶霞,山东德州人,甲辰进士。

题"参乎吾道"全章,"天之所覆　尊亲","禹闻善言"二段。

会元汪士鋐字文升,江南吴县人。

状元李蟠字仙李,江南徐州人。榜眼严虞惇字宝臣,江南华亭人。探花姜宸英字西溟,浙江慈溪人。

是科云南 3 人中进士。

——(清)法式善等撰,张伟点校:《清秘述闻三种》,第 83 页

康熙三十六年(1697)丁丑科会试,云南段曦(安宁、2 甲 27 名)、谢俨(河阳、3 甲 20 名)、赵宸龖(河阳、2 甲 37 名)3 人中进士。

——江庆柏编著:《清朝进士题名录》,第 247—249 页

康熙三十八年(1699)己卯,恭逢太和殿告成,诏加乡试解额三名。八月,举行乡试。中式郑荣等四十五人。是科成进士者王思训、陈时夏、郭纬。

——(清)倪蜕辑,李埏校点:《滇云历年传》卷 11,第 551—552 页

康熙三十八年(1699)十二月,乙酉,上幸南苑行围。九卿议复:"左副都御史梅销疏言:'会试定例分南、北、中卷,后又于南、北、中卷之内,各分左、右,以致阅卷者不尽衡文,只算卷数,以定中额。请仍照定例,止分南、北、中卷,概去左、右名色。'应如所请。并将江南庐州等府、滁州等州旧系

中卷者，俱归南卷。其云南、贵州、四川、广西四省，去其中卷名色，每科云南定为云字号，额中二名；四川定为川字号，额中二名；广西定为广字号，额中一名；贵州定为贵字号，额中一名。康熙三十九年会试恩诏加额，应将云南、四川各加中二名；广西、贵州各加中一名。"从之。

——《清实录·圣祖实录》卷196，第14—15页，总第1071—1072页

康熙三十八年(1699)议准：会试南北卷内，不必细分左右，将云南去中卷名色，每科定为云字号，额中三名。

——(清)龙云、卢汉修，周钟岳纂：《民国新纂云南通志》卷16《历代贡举征辟表》，《中国地方志集成》，第581页

康熙三十八年(1699)己卯科，太和殿告成，(云南)增额三名。

——(清)龙云、卢汉修，周钟岳纂：《民国新纂云南通志》卷16《历代贡举征辟表》，《中国地方志集成》，第583页

康熙三十八年(1699)己卯科乡试

云南考官：编修史申义字蕉饮，江南江都人，戊辰进士。吏部员外郎李钦式字傅庵，江南金坛人，癸丑进士。

题："樊迟请学"全章，"君臣也父"五句，"故观于海"一句。

解元郑荣字公泽，赵州人。

——(清)法式善等撰，张伟点校：《清秘述闻三种》，第87页

康熙三十八年(1699)己卯科，祁荣(赵州)、邢世瞻(建水)、张殿桂(蒙自)、廖辛圻(石屏)、何其伟(石屏)、许维新(开化)、唐士俊(楚雄)、苏云腾(河西)、李士奇(石屏)、孙有望(太和)、刘琨(太和)、袁馨(晋宁)、陈垓

(云南府)、王思训(昆明)、冯玉佩(广西)、潘录(石屏)、王孙澮(石屏)、李文彝(新兴)、汤茂如(蒙自)、华朱正(宁州)、胡士伟(建水)、朱照临(通海)、查奉璋(马龙)、许企观(石屏)、吴宾元(石屏)、任廷用(石屏)、刘鑑(楚雄)、萧翕蚤(广西州)、李义传(路南)、杨暄(赵州)、杨永斌(昆明)、谢蕃南(安宁)、洪运兴(昆阳)、戴益懋(安宁)、杨濬(云南府)、汤治政(澄江)、涂暾(石屏)、速秉植(路南)、魏重煋(宁州)、董芳(河西)、陈时夏(昆明)、杨盛烈(嶍峨)、官守仁(蒙自)、郭伟(新兴)、时亮功(赵州)中举,是科云南45人中举。

——(清)王文韶修:《续云南通志稿·选举制》卷100,第7册,第5386—5390页

康熙三十九年(1700)十一月,丙午,上驻跸遵化州东十里。升吏部右侍郎韩菼为礼部尚书,仍兼管翰林院掌院学士事,教习庶吉士。以正黄旗满洲副都统凯音布为礼部左侍郎。九卿等议复:"湖广总督郭琇等遵旨详议科场事宜四疏。嗣后直隶各省乡试,在京三品以上及大小京堂、翰詹、科道、吏、礼二部司官,在外督、抚、提、镇及藩、臬等官子弟,俱编入官字号,另入号房考试。各照定额,每十卷,民卷取中九卷,官卷取中一卷,不必分经。其副榜亦照此算取。若各省乡试官员子弟或止数人者,不必另编官字号。云南、贵州、四川、广西四省在监乡试,亦编入南监内,俱一体分别编官字号,照额取中。会试:满合字号、南北字号亦编官字号,每二十卷取一卷。云南等四省中额,仍照现例行,不另编官字号。各项监生有愿在监入场者,俱由国子监录取,责令祭酒等力行考课之法。考课不缺者,准其入场,照例分别南、北官、民卷。其愿在本地乡试者,与生员一体分别官、民卷取中。童生内有将经书、小学真能精熟及能成诵三经、五经者,该学臣酌量优录。论题,将性理中太极图说、通书、西铭、正蒙等书一并命题。"从之。

——《清实录·圣祖实录》卷202,第4—5页,总第61页

康熙三十九年(1700)遵旨议定:云南会试,官卷额少,不必另编官字号。又会试恩诏加云南中额二名。又议准:云南编列云字号,卷数甚少,易

察关节，嗣后编入南卷内，照现行例取中。

——(清)龙云、卢汉修，周钟岳纂:《民国新纂云南通志》卷16《历代贡举征辟表》，《中国地方志集成》，第581页

康熙三十九年(1700)庚辰科会试

考官:内阁大学士熊赐履字素九，湖广孝感人，戊戌进士。内阁大学士吴琠字铜川，山西沁州人，己亥进士。户部侍郎李柟字仲木，江南兴化人，癸丑进士。佥都御史王九龄字子武，江南娄县人，壬戌进士。

题"知者不惑"一节，"君子之道造　天地"，"圣人之于　子也"。

会元王露字天波，河南柘城人。

状元汪绎字玉轮，江南常熟人。榜眼季愈字退如，江南宝应人。探花王露字天波，河南柘城人。

是科云南4人中进士。

——(清)法式善等撰，张伟点校:《清秘述闻三种》，第87页。

康熙三十九年(1700)庚辰科会试，云南董玘(通海、3甲36名)、段昕(安宁、3甲141名)、王孙熊(石屏、3甲113名)、曾昕(开化、3甲210名)4人中进士。

——江庆柏编著:《清朝进士题名录》，第254—263页

康熙四十一年(1702)壬午秋八月，举行乡试。中式周于德等四十二名。是科成进士者马汝为、周彬。彬本籍湖广荆州府人，随父士元在滇应举，后为松茂道。入觐，奏准复还原籍。其父从戎到滇，由牙将历官至南澳镇总兵，有才名。

——(清)倪蜕辑，李埏校点:《滇云历年传》卷11，第552—553页

康熙四十一年(1702)壬午科乡试

云南考官:检讨阎锡爵,字荆州,河南固始人,辛未进士。编修黄龙眉,字公翔,浙江海宁人,甲戌进士。

题:“知者乐水”一节,“在下位不　友矣”,“存乎人者”全章。

解元周于德,保山人。

——(清)法式善等撰,张伟点校:《清秘述闻三种》,第 91 页

康熙四十一年(1702)壬午科,周于德(保山)、高慎(镇南)、段铨珍(建水)、雷僖(云南县)、万贞元(临安)、李灏(石屏)、杨德淳(建水)、尹晋(临安)、朱正色(新兴)、李大观(石屏)、杨戴星(赵州)、朱纮(新兴)、刘以义(禄丰)、彭世藩(禄丰)、邹峒(建水)、沈联元(临安)、赵河(通海)、蒋诏(宜良)、任偀(石屏)、宋日濂(定远)、王微(澄江)、叶元秀(宁州)、何见龙(弥勒)、叶遂(晋宁)、赵复普(大理)、张翼(蒙自)、杨殿元(晋宁)、许龙骧(石屏)、张伟俊(宁州)、马汝为(元江)、杨廷枢(蒙自)、周治(建水)、吕振雅(云南县)、李殿魁(建水)、黄廷相(云南府)、周彬(昆明)、窦连(昆明)、海安澜(通海)、邹崃(临安)、张敬义(嵩明)、孙瓒(石屏)、刘炎(临安)中举,是科云南 42 人中举。

——(清)王文韶修:《续云南通志稿·选举制》卷 100,第 7 册,第 5390—5394 页

康熙四十二年(1703),恩诏四十四年乡试,云南增中三名。

——(清)龙云、卢汉修,周钟岳纂:《民国新纂云南通志》卷 16《历代贡举征辟表》,《中国地方志集成》,第 583 页

康熙四十二年(1703)癸未科会试

考官:内阁大学士熊赐履字敬存,湖广孝感人,戊戌进士。吏部尚书陈

廷敬字子端，山西泽州人，戊戌进士。吏部侍郎吴涵字容大，浙江石门人，壬戌进士。礼部侍郎许汝霖字时菴，浙江海宁人，壬戌进士。

题"大学之道"一节，"子曰禹吾"一句，"原泉混混"一节。

会元王式丹字方若，江南宝应人。

状元王式丹字方若，江南宝应人。榜眼赵晋字昼山，福建闽县人。探花钱名世字亮工，江南武进人。

是科云南 2 人中进士。

——（清）法式善等撰，张伟点校：《清秘述闻三种》，第 92 页

康熙四十二年（1703）癸未科，云南谢履忠（昆明、3 甲 34 名）、马汝为（元江、3 甲 16 名）2 人中进士。

——江庆柏编著：《清朝进士题名录》，第 268—271 页

康熙四十四年（1705）乙酉诏：加云南解额三名，五经卷三名。秋八月，举行乡试。中式陈廷夏等四十八名。是科成进士者汤一中、张应绶、赵士英。

——（清）倪蜕辑，李埏校点：《滇云历年传》卷 11，第 554—555 页

康熙四十四年（1705）乙酉科乡试

云南考官：编修朱启昆字我裕，湖广汉阳人，丁丑进士。内阁中书博尔多字□□，满洲镶白旗人，壬午举人。

题："君子学道"一句，"必得其寿"一句，"菽粟如水"二句。

解元陈廷夏，呈贡人。

——（清）法式善等撰，张伟点校：《清秘述闻三种》，第 96 页

康熙四十四年(1705)乙酉科,陈廷夏(呈贡)、陈际熙(石屏)、罗著藻(云南府)、赵煻(鹤庆)、阚揆正(通海)、常文起(河西)、杨正笋(石屏)、毛伯凤(易门)、朱宏正(石屏)、赵世扬(太和)、陈峋(安宁)、瞿鹏佳(楚雄)、张以仁(云南县)、李长吉(保山)、黄启曾(建水)、赵士兰(昆明)、马汝明(元江)、饶克歧(广西州)、李文俊(鹤庆)、汤一中(呈贡)、孙国藩(开化)、刘凤诏(建水)、张应绥(河西)、何彩(曲靖)、周琯(通海)、熊必强(建水)、赵士英(昆明)、罗著黼(昆明)、段国锦(石屏)、任寿(石屏)、熊男良(昆明)、杨天成(安宁)、陈玉振(澄江)、唐联芳(禄丰)、管胪传(澄江)、雷升(云南县)、黄萃南(临安)、马汝翼(嶍峨)、苏因(新平)、涂暐(石屏)、杨仁育(师宗)、张问政(蒙化)、赵元祚(昆明)、彭殿扬(宜良)、杨敷荣(石屏)、王心翼(石屏)、许涵(石屏)、孙占魁(宁州)中举,是科云南48人中举。

——(清)王文韶修:《续云南通志稿·选举制》卷100,第7册,第5390—5395页

康熙四十四年(1705)十一月戊子,上驻跸迁安县杨家庄。吏部议复:"云南巡抚佟毓秀等疏言:'滇省广南、丽江二府百姓,久归版图,人民日繁,尚未设学。请均设教授、训导各一员,每府额取童生十五名。其滇省土人有愿考者,准以民籍应试。'应如所请。"从之。

——《清实录·圣祖实录》卷223,第6页,总第244页

康熙四十五年(1706)丙戌科会试

考官:吏部侍郎李录予字山公,顺天大兴人,庚戌进士。工部侍郎彭会淇字四如,江南溧阳人,丙辰进士。

题"子曰不知命"全章,"唯天下至　参矣","设为庠序"一节。

会元尚居易字坦然,陕西临潼人。

状元王云锦字海文,江南无锡人。榜眼吕葆中字无党,浙江石门人。探花贾国维字奠坤,江南高邮人。

是科云南 4 人中进士。

——(清)法式善等撰,张伟点校:《清秘述闻三种》,第 96—97 页

康熙四十五年(1706)丙戌科,云南赵士英(昆明、2 甲 9 名)、王思训(昆明、3 甲 55 名)、陈时夏(元谋、3 甲 10 名)、郭伟(新兴、3 甲 115 名)4 人中进士。

——江庆柏编著:《清朝进士题名录》,第 276—282 页

康熙四十七年(1708)戊子,巡抚郭瑮奏准云南乡试永增解额五名。秋八月,举行乡试。中式田国珍等五十人。是科成进士者合揆、赵成、张汉、张揆亮、谢履厚、陈守仁。内张汉,石屏人,工诗文。

——(清)倪蜕辑,李埏校点:《滇云历年传》卷 11,第 558 页

康熙四十七年(1708),覆准云南乡试于额中四十二名外加中五名。

——(清)龙云、卢汉修,周钟岳纂:《民国新纂云南通志》卷 16《历代贡举征辟表》,《中国地方志集成》,第 583 页

康熙四十七年(1708)戊子科乡试

云南考官:御史吕履恒字元素,河南新安人,甲戌进士。兵部主事宋聚业字嘉升,江南吴县人,丁丑进士。

题:"迩之事父"三句,"今天下车"一节,"充实之谓　谓大"。

解元田国珍,通海人,乙未进士。

——(清)法式善等撰,张伟点校:《清秘述闻三种》,第 101—102 页

康熙四十七年(1708)戊子科,田国珍(建水)、合揆(河西)、熊载(云南府)、赵诚(通海)、白尔惇(昆明)、简重(云南府)、陈镐(宜良)、傅为经(楚雄)、张汉(石屏)、李绰云(鹤庆)、杨睿(呈贡)、黄敷言(河阳)、刘瑛(元江)、孙鹏(昆明)、卢侯瓒(石屏)、王泷(建水)、朱绂(浪穹)、邢世观(建水)、张拨亮(广西州)、杨昭融(石屏)、杨重光(石屏)、罗毓华(顺宁)、白惟秀(石屏)、段世奕(太和)、金友兰(阿迷)、曹灏(通海)、王宪(平彝)、林云(昆明)、谢履厚(昆明)、杨焯(呈贡)、司瑞徵(弥勒)、陈守仁(石屏)、周思吕(云南府)、张缙(石屏)、朱希邑(蒙自)、曾曦(河西)、李焜(云南府)、钏自昭(蒙化)、任德(太和)、谢履宽(安宁)、杨敦德(石屏)、杜建渼(广西州)、管子传(新兴)、沈汝龙(云南府)、马睿(昆明)、李如玉(南宁)、房书(石屏)、何为英(建水)、许湜(石屏)、李瑗(安宁)中举,是科云南50人中举。

——(清)王文韶修:《续云南通志稿·选举制》卷100,第7册,第5390—5395页

康熙四十八年(1709)己丑科会试

考官:内阁大学士李光地字晋卿,福建安溪人,庚戌进士。吏部侍郎张廷枢字息园,陕西韩绒人,壬戌进士。

题“知者乐水”二节,“今夫天斯”一段,“孔子之谓”二节。

会元戴名世字田有,江南桐城人。

状元赵熊诏字侯赤,江南武进人。榜眼戴名世字田有,江南桐城人。探花缪沅字湘芷,江南泰州人。

是科云南4人中进士。

——(清)法式善等撰,张伟点校:《清秘述闻三种》,第102页

康熙四十八年(1709)己丑科,云南陈守仁(石屏、3甲159名)、谢履厚(昆明、3甲50名)、张应绶(河阳、3甲98名)、张揆亮(广西府、3甲225

名)4 人中进士。

——江庆柏编著:《清朝进士题名录》,第 289—299 页

康熙五十年(1711),遵旨议定:直省中额均于五分内加增一分,云南增中九名,其副榜并分经取中之处,均照名数计算,永为定例。是科广额三名,五经卷额一名。

——(清)龙云、卢汉修,周钟岳纂:《民国新纂云南通志》卷 16《历代贡举征辟表》,《中国地方志集成》,第 583 页

康熙五十年(1711)辛卯诏:增云南解额九名,永为定例。本年科场广额三名,加五经卷一名……秋八月,举行乡试。中式张旭等六十三人。是科成进士者张旭、邹启孟、王浩。

——(清)倪蜕辑,李埏校点:《滇云历年传》卷 11,第 559—560 页

康熙五十年(1711)辛卯科乡试

云南考官:检讨史贻直字儆弦,江南溧阳人,庚辰进士。户部主事黄叔琬字玉圃,顺天大兴人,己丑进士。

题:“贤者识其　之有”,“久则征征　悠远”,“尊德乐义”二句。

解元张旭,呈贡人,壬辰进士。

——(清)法式善等撰,张伟点校:《清秘述闻三种》,第 106 页

康熙五十年(1711)辛卯科,张旭(呈贡)、张旭(安宁)、罗资宸(保山)、李根大(石屏)、许方(建水)、费远(赵州)、常文质(河西)、李璋(楚雄)、何自超(河西)、邹启孟(河阳)、马之瑢(新兴)、蔡友松(姚安)、陈其怡(石屏)、许轼(石屏)、徐良臣(武定)、许世珍(云南府)、包曰亮(安宁)、李德盛

(呈贡)、苏沄(石屏)、丁珩(禄丰)、晏俊(嶍峨)、蓝祖孔(武定)、赵超(嶍峨)、谢尌(云南府)、李秉中(石屏)、王浩(蒙自)、程云路(通海)、周从濂(永昌)、杨恒生(镇南)、何濬(剑川)、王绂(河西)、孙应昌(石屏)、陈超(建水)、饶淳(赵州)、许渊(石屏)、杜诠(马龙)、葛文雄(武定)、杨上林(云南府)、孙昺(石屏)、苏霦(澄江)、徐衍中(晋宁)、朱掌珠(江川)、李彻(呈贡)、苗其珍(弥勒)、台�(河西)、杨阔生(楚雄)、赵珣(太和)、李瀛秀(嵩明)、张可柱(太和)、王清(云南府)、张鑑(江川)、杨浔(蒙化)、杨纶(云南府)、许涟(石屏)、龙廷标(石屏)、余元(昆明)、张五美(蒙化)、李芳(云南府)、宋上甲(罗平)、段一骙(安宁)、吴震翔(建水)、黄茂颖(建水)、刘俊(昆明)中举,是科云南 63 人中举。

——(清)王文韶修:《续云南通志稿·选举制》卷100,第7册,第5390—5396页

康熙五十一年(1712),量增云南会试中额一名。奉谕旨:"赵申乔题请云南、贵州、广西三省中额量增数目,今复试中式进士,可令赵申乔将所取三省备卷举人亦带来考试。"

——(清)龙云、卢汉修,周钟岳纂:《民国新纂云南通志》卷16《历代贡举征辟表》,《中国地方志集成》,第581—582页

康熙五十一年(1712)三月,辛丑,万寿节,停止行礼筵宴。癸卯,复试会试中式举人卜俊民等,及赵申乔所荐云南、贵州、广西三省备卷举人于畅春园。并谕九卿搜阅遗卷。礼部等衙门复都察院左都御史赵申乔请增云南、贵州、广西进士额数一疏。上曰:"朕先因此三省路远人少,每致脱科。念边陲穷士,跋涉山川,曾谕该部酌量增额,以示劝兴。故今三省文风日盛,士子俱各黾勉肄业,考试者渐多,但取中额数尚少,宜更加增,尔等会议具奏。再:此番复试不到者,作何区处?亦著议奏。试卷内有不通者,若革去进士不另行补取,则进士数缺矣。于某省革去者,即将某省未中卷内择

其佳者取补。”

——《清实录·圣祖实录》卷249，第14页，总第471页

康熙五十一年(1712)壬辰四月，奉明年开万寿恩科诏：二月乡试，八月会试。

——(清)倪蜕辑，李埏校点：《滇云历年传》卷11，第560页

康熙五十二年(1713)癸巳，万寿恩科中式孙士鹤等六十人。是科成进士者马瑛、杨薰、林鹤来。

——(清)倪蜕辑，李埏校点：《滇云历年传》卷11，第560页

康熙五十一年(1712)壬辰科会试

考官：左都御史赵申乔字松五，江南武进人，庚戌进士。内阁侍读学士徐元梦字善长，满洲正黄旗人，癸丑进士。

题“事父母能”二句，“溥博渊泉”二节，“由尧舜至”三节。

会元卜俊民字方嘉，江南武进人。

状元王世琛字宝传，江南长洲人。榜眼沈树本字厚余，浙江归安人。探花徐葆光字亮直，江南吴江人。

是科云南3人中进士。

——(清)法式善等撰，张伟点校：《清秘述闻三种》，第107页

康熙五十一年(1712)壬辰科会试，云南张旭(呈贡、3甲98名)、周彬(昆明、3甲3名)、邹启孟(河阳、3甲100名)3人中进士。

——江庆柏编著：《清朝进士题名录》，第301—306页

康熙五十二年(1713)奉谕旨:“近见直隶各省考取进士额数,或一省偏多,或一省偏少,皆因南北卷中未经分别省分,故取中人数甚属不均。今文教广敷,士子俱鼓励勤学,各省赴试之人倍多于昔,贫士自远方跋涉赴试至京,每限于额,多至遗漏,朕深为轸念。自今以后,考取进士额数,不必预定,俟天下会试之人齐集京师,著该部将各省应试到部举人实数查明,预行奏闻,朕计省之大小,人之多寡,按省酌定取中进士额数。考取之时,就本省卷内择其佳者,照所定之数取中。”

——(清)龙云、卢汉修,周钟岳纂:《民国新纂云南通志》卷16《历代贡举征辟表》,《中国地方志集成》,第582页

康熙五十二年(1713)开万寿恩科,额六十名。

——(清)龙云、卢汉修,周钟岳纂:《民国新纂云南通志》卷16《历代贡举征辟表》,《中国地方志集成》,第583—584页

康熙五十二年(1713)癸巳恩科乡试(二月举行,直省同)

云南考官:编修周彝字策铭,江西娄县人,丁丑进士。内阁中书查布扎纳字□□,满洲正蓝旗人,□□举人。

题:“春服既成”一节,“洋洋乎发”二节,“梓匠轮舆”一节。

解元孙士鹤,石屏人。

——(清)法式善等撰,张伟点校:《清秘述闻三种》,第110页

康熙五十二年(1713)癸巳恩科乡试,孙士鹤(石屏)、郗源(富民)、吴之铭(临安)、吴觐宸(河阳)、房伯鸾(姚安)、李如沆(昆明)、马英(新兴)、杨薰(广西州)、苏溥源(安宁)、司钧(昆明)、缪维垣(通海)、王巃(永北)、杨方炳(呈贡)、孔世英(永昌)、杨复震(嵩明)、杨大鹏(路南)、段一骧(安宁)、李广生(新兴)、邹继生(建水)、董继舒(通海)、谢继安(昆明)、段一麟

(云南府)、李节心(晋宁)、李治民(晋宁)、朱奎郎(云南县)、李倬(建水)、李秉乾(石屏)、顾琳(昆明)、杨士誉(蒙化)、郭王藩(平彝)、熊郢昌(禄劝)、郭宪汾(赵州)、戴瑄(呈贡)、赵国正(蒙化)、张诚(昆明)、林鹤来(建水)、张震(易门)、李仙瀛(石屏)、刘颜臣(通海)、业世基(宁州)、杨昌(石屏)、程正度(富民)、杨凤诏(蒙自)、袁师孔(临安)、赵霈(宁州)、黄光灿(易门)、陈允升(石屏)、杨沂(晋宁)、普中选(河阳)、夏观(云南府)、太宗望(昆明)、钱国宝(太和)、李居颐(河阳)、缪士明(曲靖)、黄春祉(石屏)、周祐(通海)、穆如清(昆明)、杨知默(云南府)、傅琳(临安)、孙元韬(太和)中举,是科云南 60 人中举。

——(清)王文韶修:《续云南通志稿·选举制》卷100,第 7 册,第 5390—5396 页

康熙五十二年(1713)癸巳恩科会试(八月举行)

考官:内阁大学士王掞字藻儒,江南太仓人,庚戌进士。工部尚书王顼龄字颛士,江南华亭人,己未鸿博。兵部侍郎李先复字子来,四川南部人,壬子举人。内阁学士沈涵字度汪,浙江归安人,丙辰进士。

题"敬事而信"二句,"博厚所以"二节,"我善养吾　与道"。

会元孙见龙字叶飞,浙江乌程人。

状元王敬铭字丹思,江南嘉定人。榜眼任兰枝字香谷,江南溧阳人。探花魏廷珍字君弼,直隶景州人。

是科云南 4 人中进士。

——(清)法式善等撰,张伟点校:《清秘述闻三种》,第 111 页

康熙五十二年(1713)癸巳恩科会试,云南张汉(石屏、3 甲 49 名)、林鹤来(建水、3 甲 69 名)、马瑛(新兴、3 甲 55 名)、汤一中(呈贡、3 甲 103 名)4 人中进士。

——江庆柏编著:《清朝进士题名录》,第 310—315 页

康熙五十三年(1714)甲午四月,奉诏:文武乡、会,士子准各互考一次。六月,钦颁《朱子全书》刊印通行。秋八月,举行乡试。中式萨纶锡等六十人。是科成进士者萨纶锡、薛天培、万咸熙、刘仁达、黄鹤鸣。

——(清)倪蜕辑,李埏校点:《滇云历年传》卷 11,第 561 页

康熙五十三年(1714)定(云南)会试额毕三场者,二十名内取一名。

——(清)龙云、卢汉修,周钟岳纂:《民国新纂云南通志》卷 16《历代贡举征辟表》,《中国地方志集成》,第 582 页

康熙五十三年(1714)谕:"文武虽分两途,但文内亦有练习武略者,武内亦有学问优长者,嗣后不拘成例,凡文生员、举人愿入武场,武生、武举愿入文场,俱准照乡会试例起送,中式者造入新册,不中者仍入文武原册,不准再考。"

——(清)龙云、卢汉修,周钟岳纂:《民国新纂云南通志》卷 16《历代贡举征辟表》,《中国地方志集成》,第 584 页

康熙五十三年(1714)甲午科乡试

云南考官:礼部郎中杨存理字天根,浙江海宁人,癸未进士。检讨赵泰临字敬亭,山东胶州人,癸未进士。

题:"躬自厚而"一节,"诗曰衣锦　著也","圣人既竭"二段。

解元萨纶锡字凤诏,楚雄人,乙未进士。

——(清)法式善等撰,张伟点校:《清秘述闻三种》,第 115 页

康熙五十三年(1714)甲午科,萨纶锡(楚雄)、吴应甲(临安)、许善国(昆明)、薛天培(临安)、丁流光(石屏)、万咸燕(石屏)、晋纬(呈贡)、杨蒸(广西州)、张大典(定远)、周汝材(楚雄)、张大昇(保山)、王本源(定远)、

陈无党(石屏)、赵世禄(太和)、李朝元(建水)、王珣(邓川)、李光宿(昆阳)、郑崑瑞(建水)、李澄(云南县)、常明(赵州)、张祖仲(路南)、萧世瑄(路南)、王恩来(石屏)、陈堉(宜良)、许岳(石屏)、张瀚(嵩明)、涂暐(石屏)、刘仁达(建水)、苏伯麟(河西)、董兆瀛(通海)、李之宝(石屏)、刘廷举(临安)、杨炽(通海)、赵宪清(建水)、关绳武(安宁)、罗一萃(昆明)、李德元(建水)、谢培德(河阳)、李璋(河阳)、董昌(楚雄)、邹解(建水)、黄钺(建水)、张缨(通海)、李瀚(太和)、台联捷(通海)、许懋爵(宁州)、李定祥(晋宁)、黄鹤鸣(建水)、聂敷贲(江川)、张士重(呈贡)、尹任(浪穹)、储文标(河西)、于大鹏(云南府)、谢岱(安宁)、唐爱曾(晋宁)、陈浩(通海)、马近道(开化)、马珩(建水)、陈峻德(安宁)、戎大靖(云南县)中举,是科云南60人中举。

——(清)王文韶修:《续云南通志稿 · 选举制》卷100,第7册,第5390—5396页

康熙五十四年(1715)乙未诏:乡试、会试,头场作《四书义》二篇,《经义》二篇,性理内《周、程、张、朱义》二篇;二场《孝经论》一篇,判改五言排律六韵。以五十六年(1717)乡试始。已而不果行。

——(清)倪蜕辑,李埏校点:《滇云历年传》卷11,第561页

康熙五十四年(1715)乙未科会试

考官:工部尚书王顼龄字颛士,江南华亭人,己未鸿博。左都御史刘谦字益侯,直隶武强人,丙辰进士。内阁学士蔡升元字方麓,浙江德清人,壬戌进士。内阁学士王之枢字恒麓,直隶定州人,乙丑进士。

题"仁者先难"二句,"知斯三者"二节,"口之于味　我口"。

会元李锦字絅文,江南长洲人。

状元徐陶璋字端揆,江南昆山人。榜眼缪曰藻字文子,江南吴县人。探花傅王露字阆林,浙江会稽人。

是科云南 4 人中进士。

——(清)法式善等撰,张伟点校:《清秘述闻三种》,第 116 页

康熙五十四年(1715)乙未科会试,云南萨纶锡(楚雄、3 甲 38 名)、赵城(通海、2 甲 28 名)、黄鹤鸣(建水、3 甲 48 名)、薛天培(建水、3 甲 62 名)4 人中进士。

——江庆柏编著:《清朝进士题名录》,第 319—322 页

康熙五十五年(1716)丙申,巡抚甘国璧请教官选补赴京,照会试举人例给与驿马。奉旨:"教员平常者多,以后免其引见。"

——(清)倪蜕辑,李埏校点:《滇云历年传》卷 11,第 561 页

康熙五十六年(1717)丁酉秋八月,举行乡试。中式夏冕等五十六人。是科成进士者夏冕、李尧畴、李根云、李符恭、杨胪赐、何朗、吴希陵。

——(清)倪蜕辑,李埏校点:《滇云历年传》卷 11,第 561—562 页

康熙五十六年(1717)丁酉科乡试

云南考官:侍讲学士李绂字巨来,江西临川人,己丑进士。编修张起麟字趾肇,江南华亭人,己丑进士。

题:"孔文子何"一节,"君子之所"二句,"由尧舜至"一节。

解元夏冕,昆明人,丁未进士。

——(清)法式善等撰,张伟点校:《清秘述闻三种》,第 120 页

康熙五十六年(1717)丁酉科,夏冕(云南府)、李善畴(弥勒)、田渼(永

昌)、苏通(赵州)、曹振(宁州)、李禹鳞(定远)、李根云(赵州)、李符恭(楚雄)、金秉乾(姚安)、王人杰(临安)、杨淮(寻甸)、李光学(昆阳)、汪琼(云南府)、王育仁(沾益)、金绳祖(昆明)、丁文灿(禄丰)、戴益高(安宁)、丁师端(楚雄)、罗文灿(云南县)、王纲振(云南府)、李汝霖(澄江)、陈宏谟(建水)、曾宗传(宾川)、陈诣(新兴)、李嘉祥(建水)、熊其郊(蒙自)、刘德璐(鹤庆)、张其德(沾益)、杨鲸(浪穹)、杨胪赐(石屏)、李元舒(呈贡)、何其宽(蒙化)、王汝贤(晋宁)、李瑾(澄江)、李会心(宜良)、尹治(沾益)、尹李玘(通海)、黄家正(云南府)、许潜(临安)、杨衣(太和)、王柷(嶍峨)、张仲熊(石屏)、何朗(石屏)、李旭(嵩明)、吴希陵(易门)、尹文灿(石屏)、刘景修(通海)、张相业(永昌)、武思稷(禄丰)、尹宗梁(蒙自)、陈瑞(昆明)、余鼎(昆明)、王宏曾(赵州)、张恒(曲靖)、马开纕(河阳)、善禄(楚雄)中举,是科云南 56 人中举。

——(清)王文韶修:《续云南通志稿 · 选举制》卷100,第 7 册,第 5396—5401 页

康熙五十七年(1718)戊戌科会试

考官:吏部尚书张鹏翮字运青,四川遂宁人,庚戌进士。户部尚书赵申乔字慎旃,江南武进人,庚戌进士。刑部侍郎李华之字秀实,山东诸城人,丙辰进士。工部侍郎王懿字巨峰,山东胶州人,戊辰进士。

题“君子无众”二段,“必得其位”四句,“昔者子贡 圣矣”。

会元杨尔德字升闻,浙江嘉善人。

状元汪应铨字杜林,江南常熟人。榜眼张廷璐字宝臣,江南桐城人。探花沈锡辂字南指,浙江仁和人。

是科云南 4 人中进士。

——(清)法式善等撰,张伟点校:《清秘述闻三种》,第 120—121 页

康熙五十七年(1718)戊戌科会试,云南李根云(赵州、3 甲 48 名)、李符恭(楚雄、3 甲 121 名)、刘仁达(建水、3 甲 107 名)、李尧畴(弥勒、3 甲

109 名)4 人中进士。

——江庆柏编著:《清朝进士题名录》,第 327—333 页

康熙五十九年(1720)庚子八月,举行乡试。中式朱瑛等五十六名。是科成进士者朱瑛、缪焕、许平、刘文焕、王嵩。

——(清)倪蜕辑,李埏校点:《滇云历年传》卷 11,第 566 页

康熙五十九年(1720)庚子科乡试

云南考官:编修李钟侨,字世份,福建安溪人,壬辰进士。吏部主事姜朝勋字广成,江南丹阳人,庚辰进士。

题:“有教无类”一句,“果能此道”一节,“令闻广誉”二句,

解元刘以礼,蒙自人。

——(清)法式善等撰,张伟点校:《清秘述闻三种》,第 124 页

康熙五十九年(1720)庚子科,刘以礼(蒙自)、华朱绂(通海)、朱煐(石屏)、伍鼎望(临安)、欧阳纯(南安)、牛有良(通海)、缪焕(昆明)、许平(石屏)、王兆会(石屏)、刘文炳(太和)、施蕃正(昆明)、胡应选(阿迷)、段士骝(云南府)、姬中敏(剑川)、何永清(镇南)、王运隆(蒙化)、李湘(赵州)、饶思明(蒙自)、魏仪(宁川)、许乾(宜良)、刘文焕(太和)、白湛(新平)、沈熹(通海)、萧拱壁(文山)、高执中(石屏)、张瑛(开化)、柳宪祖(宜良)、李文锦(石屏)、杨炳文(开化)、高怀峰(河西)、段世奇(石屏)、徐宗淮(蒙化)、万选(临安)、段化鹏(安宁)、杨言(云南府)、夏历(云南府)、李以文(河阳)、张迪诚(浪穹)、余汝成(赵州)、阙智临(昆明)、郭荃(开化)、张教(蒙自)、王崑(通海)、王宾远(河西)、姚梦麟(蒙自)、杨宪文(河阳)、王自寿(建水)、严重言(昆明)、孙峻(石屏)、王嵩(嵩明)、黄灏(宜良)、包钦宸(元江)、洪恩试(路南)、任国彦(大理)、李鹏举(广西)、李钦文(大理)中

举,是科云南 56 人中举。

——(清)王文韶修:《续云南通志稿 · 选举制》卷 100,第 7 册,第 5396—5401 页

康熙六十年(1721)辛丑科会试

考官:吏部尚书张鹏翮字运青,四川遂宁人,庚戌进士。户部尚书田从典字克五,山西阳城人,戊辰进士,户部侍郎张伯行字孝先,河南仪封人,乙丑进士。副都御史李绂字巨来,江西临川人,己丑进士。

题"据于德依"三句,"郊社之礼"四句,"自生民以"二句。

会元储大文字六雅,江南宜兴人。

状元邓钟岳字东长,山东东昌卫人。榜眼吴文焕字剑虹,福建长乐人。探花程元章字冠文,河南上蔡人。

是科云南 2 人中进士。

——(清)法式善等撰,张伟点校:《清秘述闻三种》,第 125 页

康熙六十年(1721)辛丑科会试,云南何朗(石屏、3 甲 60 名)、万咸燕(石屏、3 甲 105 名)2 人中进士。

——江庆柏编著:《清朝进士题名录》,第 335—340 页

康熙六十一年(1722)奏准,恭奉恩诏,于雍正元年特行乡试,并加中额,云南广额十名。

——(清)龙云、卢汉修,周钟岳纂:《民国新纂云南通志》卷 16《历代贡举征辟表》,《中国地方志集成》,第 584 页

世宗雍正元年(1723),按会试遗卷,云南钦取二名。

——(清)龙云、卢汉修,周钟岳纂:《民国新纂云南通志》卷16《历代贡举征辟表》,《中国地方志集成》,第582页

雍正元年(1723)奏准,云南省因广额多中副榜二名,将末二名裁汰。癸卯正科以甲辰二月补行。十年,加云南乡试额九名。光绪《续志》实加六名,旧志误。

——(清)龙云、卢汉修,周钟岳纂:《民国新纂云南通志》卷16《历代贡举征辟表》,《中国地方志集成》,第584页

雍正元年(1723)癸卯……御极覃恩开科,直省四月乡试,广云南解额十名。九月会试。夏四月,恩科乡试。中式许希孔等六十六名。是科成进士者陈奠让、陈沆、李庚映、窦容、李盛唐、王藩、罗凤彩、苏霖渤、徐毓桂、陈奠犹、杨如柏、段开元。

——(清)倪蜕辑,李埏校点:《滇云历年传》卷12,第569页

雍正元年(1723)癸卯恩科乡试(二月举行,直省同)

云南考官:检讨胡瀛字一山,四川宜宾人,戊戌进士。内务府员外郎鄂尔泰字毅庵,满洲镶蓝旗人,己卯举人。

题:"为人臣止"四句,"求尔何如　之撰","大舜有大　人同"。

解元许希孔字瞻鲁,昆明人,庚戌进士。

——(清)法式善等撰,张伟点校:《清秘述闻三种》,第129—130页

雍正元年(1723)癸卯恩科乡试,许希孔(昆明)、高晖(蒙化)、张文琳(建水)、陈奠犹(石屏)、赵绳武(建水)、刘岱(赵州)、祁秉衡(建水)、萧�

(建水)、刘腾鲲(阿迷)、李希舜(宜良)、杨瑶(晋宁)、徐鸣夔(河西)、王者宾(楚雄)、杜岳生(蒙自)、程正道(富民)、张珩(建水)、陈沆(石屏)、王润(开化)、李庚映(蒙化)、窦容(宜良)、刘曰从(河阳)、王峤(通海)、杨世昌(蒙自)、李盛唐(马龙)、旃文灿(河西)、万以敦(阿迷)、杨德沛(嶍峨)、杨兆鳌(蒙自)、张以仁(昆明)、王璐(广西州)、王藩(晋宁)、罗凤彩(石屏)、叶润(昆明)、郑居正(江川)、李士焕(蒙自)、喻易(石屏)、苏霖渤(赵州)、郭僓(新兴)、陈云龙(通海)、徐毓桂(楚雄)、陈萸狁(石屏)、杨如柏(昆明)、李经邦(蒙自)、姚慎徽(昆明)、马宗尧(宜良)、任龙张(石屏)、李联元(新平)、袁纲(赵州)、李士瑛(新平)、俞安(河西)、喻恒(路南)、赵继松(楚雄)、萧易奇(临安)、卫君藩(开化)、何天峻(建水)、李鏠(澄江)、胡绍舜(云南府)、潘灏(嵩明)、张悦(鹤庆)、刘士玉(临安)、李元(澄江)、段开化(建水)、刘峻(腾越)、金淳(保山)、杨之崑(开化)、高明(武定)中举,是科云南 66 人中举。

——(清)王文韶修:《续云南通志稿·选举制》卷100,第 7 册,第 5396—5402 页

雍正元年(1723)癸卯恩科会试

考官:吏部尚书朱轼字若瞻,江西高安人,甲戌进士。礼部尚书张廷玉字衡臣,江南桐城人,庚辰进士。

题"道之以德"一节,"齐庄中正"二句,"若禹皋陶"一句。

会元杨炳字蔚友,湖广钟祥人。

状元于振字鹤泉,江南金坛人。榜眼戴瀚字逢源,江南上元人。探花杨炳字蔚友,湖广钟祥人。

是科云南 7 人中进士。

——(清)法式善等撰,张伟点校:《清秘述闻三种》,第 130 页

雍正元年(1723)癸卯恩科会试,云南罗凤彩(石屏、3 甲 52 名)、王藩(晋宁、3 甲 33 名)、王噐(昆明、3 甲 167 名)、杨胪赐(石屏、3 甲 59 名)、窦

容(呈贡、3 甲 124 名)、苏霖渤(赵州、3 甲 113 名)、徐毓桂(楚雄、3 甲 131 名)7 人中进士。

——江庆柏编著:《清朝进士题名录》,第 343—350 页

雍正二年(1724)甲辰科乡试

云南考官:御史江芑字采伯,湖北汉阳人,庚辰进士。检讨任际虞字唐臣,江西上高人,戊戌进士。

题"诗书执礼"一句,"万物育焉"一句,"充实之谓"三节。

解元熊郢宣,石屏人,丙辰进士。

——(清)法式善等撰,张伟点校:《清秘述闻三种》,第 134 页

雍正二年(1724)甲辰年诏:补行癸卯(1723)科乡试。熊郢宣(昆明)、段方皋(广西州)、余其祥(寻甸)、陶以敬(陆凉)、吕赓雅(云南县)、杨天德(楚雄)、刘庶坛(保山)、杨国观(赵州)、王林(建水)、苏渭生(新平)、杨汝斌(嵩明)、朱炜(石屏)、王镗(晋宁)、张复(云南县)、金涵(云南县)、陈涵(安宁)、王奇(易门)、袁依仁(嵩明)、马中衍(云南府)、许维藩(石屏)、杨如松(永昌)、邹继芳(临安)、刀廷襄(澄江)、许国正(通海)、金作宾(赵州)、戴觐光(石屏)、谢廷绣(临安)、苏毓鹏(河阳)、邱仲晅(嵩明)、李遇亨(鹤庆)、陈铭(楚雄)、赵旭曦(嵩明)、吴新甲(元江)、王崇儒(蒙自)、卜定洛(楚雄)、戴国宪(安宁)、孔宗尧(呈贡)、赵淳(赵州)、张魁鳌(江川)、冯昆英(开化)、刘占魁(临安)、张上进(晋宁)、许鑑衡(河阳)、张梦熊(云南府)、段缜夏(新平)、杨昱(通海)、雷宏宇(澄江)、陈宗虞(武定)、向大载(河西)、高第(太和)、王道(临安)、李鸿业(呈贡)、赵和鼎(罗次)、郑瑞(江川)、王城(宁州)、张崇书(赵州)中举,是科云南 56 人中举。

——(清)王文韶修:《续云南通志稿 · 选举制》卷 100,第 7 册,第 5396—5401 页

雍正二年(1724)甲辰诏:补行癸卯(1723)科乡试。以二、八月为乡、会场……二月,举行乡试。中式熊郢宣等五十六名。是科成进士者吕赓雄、杨天德、张复、袁依仁、杨如松、金作宾、赵淳、高第、熊郢宣(据《(雍正)云南通志·选举志二,熊郢宣非进士)。

——(清)倪蜕辑,李埏校点:《滇云历年传》卷12,第573—575页

雍正二年(1724)甲辰科会试

考官:吏部尚书朱轼字若瞻,江西高安人,甲戌进士。内阁学士福敏字湘邻,满洲镶白旗人,丁丑进士。户部尚书张廷玉字衡臣,江南桐城人,庚辰进士。吏部侍郎史贻直字儆弦,江南溧阳人,庚辰进士。

题"子张问仁　敏惠","诚者自成"二句,"菽粟如水"二句。

会元王安国字书臣,江南高邮人。

状元陈惪华字云倬,直隶安州人。榜眼王安国字书臣,江南高邮人。探花汪德容字云尺,浙江钱塘人。

是科云南5人中进士。

——(清)法式善等撰,张伟点校:《清秘述闻三种》,第135页

雍正二年(1724)甲辰科会试,云南朱炳(石屏、2甲75名)、张复(云南县、3甲157名)、陈沆(石屏、3甲116名)、杨如松(保山、3甲155名)、吴希陵(易门、3甲156名)5人中进士。

——江庆柏编著:《清朝进士题名录》,第356—364页

雍正二年(1724),题准安宁州、晋宁州、昆明县、宜良县照府学额,各取进童生二十名。呈贡县改为大学十五名。

——(清)昆冈等修:《清会典事例》卷380《礼部(91)》,第5册,第190页

雍正二年(1724),题准赵州、邓川州、太和县、浪穹县照府学额,各取进童生二十名。宾川州、云南县改为大学各十五名。

——(清)昆冈等修:《清会典事例》卷380《礼部(91)》,第5册,第190页

雍正二年(1724),题准建水州、石屏州、通海县、河西县照府学额,各取进童生二十名。宁州、阿迷州、蒙自县改为大学各十五名。

——(清)昆冈等修:《清会典事例》卷380《礼部(91)》,第5册,第190页

雍正二年(1724),题准楚雄县照府学额,取进童生二十名。

——(清)昆冈等修:《清会典事例》卷380《礼部(91)》,第5册,第190页

雍正二年(1724),题准新兴州、河阳县照府学额,各取进童生二十名。

——(清)昆冈等修:《清会典事例》卷380《礼部(91)》,第5册,第190页

雍正二年(1724),题准寻甸州、南宁县照府学额,各取进童生二十名,陆凉州、沾益州改为大学各十五名。

——(清)昆冈等修:《清会典事例》卷380《礼部(91)》,第5册,第190页

雍正二年(1724),题准剑川州照府学额,进童生二十名。

——(清)昆冈等修:《清会典事例》卷380《礼部(91)》,第5册,第190页

雍正二年(1724),题准腾越州、保山县照府学额,各取进童生二十名。

——(清)昆冈等修:《清会典事例》卷380《礼部(91)》,第5册,第190页

雍正二年(1724),题准黑盐井另为设学,照小学额取进八名,四年一贡。

——(清)昆冈等修:《清会典事例》卷380《礼部(91)》,第5册,第190页

雍正二年(1724)六月,诏准黑、白、琅三井设学。各照小学例取进八名。设以定远县训导驻黑井,大姚县训导驻白井,姚州训导驻琅井。

——(清)倪蜕辑,李埏校点:《滇云历年传》卷12,第575页

雍正二年(1724)覆准:"五经会试,原无多人,分省既为未便,混合为一又恐南北去取偏枯,嗣后,五经卷照前分南、北、中之例,云南为中卷,临时将完场卷数奏请,钦定中额。"

——(清)龙云、卢汉修,周钟岳纂:《民国新纂云南通志》卷16《历代贡举征辟表》,《中国地方志集成》,第582页

雍正三年(1725),议准威远地方夷人子弟,令就元江府附考,于府学定额外加取二名。

——(清)昆冈等修:《清会典事例》卷380《礼部(91)》,第5册,第190页

雍正三年(1725)六月壬午,八旗都统……增云南省各学取进文童额数。安宁、晋宁、寻甸、建水、石屏、新兴、邓川、赵州、剑川、腾越等十州,昆明、宜良、南宁、通海、河西、河阳、太和、浪穹、保山、楚雄等十县,向系大学,准照府学例,各取进二十名。陆良、沾益、宁州、阿迷、宾川等五州,呈贡、蒙自、云南等三县,向系中学,升为大学,各取进十五名。和曲州向系小学,升为中学,取进十二名。添置黑井、白井、琅井三学为小学,各取进八名。移

定远县训导驻黑井，大姚县训导驻白井，姚州训导驻琅井。

——《清实录・世宗实录》卷33，第18页，总第505页

雍正三年（1725）乙巳正月诏：督抚：会试、乡试主考，拣选旧科举人，分别知县、教职衔，造册送部候铨。

——（清）倪蜕辑，李埏校点：《滇云历年传》卷12，第578页

雍正四年（1726）丙午正月，诏：加解额三名，永以为例……秋八月，举行乡试。中式柏守仁等。是科成进士者刘瓒、张坦、李赍、张荃、傅为訢、余应祥。

——（清）倪蜕辑，李埏校点：《滇云历年传》卷12，第580—582页

雍正四年（1726），议准东川府改归云南，应试人少，酌取进童生十名，其补廪出贡及加增学额，俟人文渐盛时再议。

——（清）昆冈等修：《清会典事例》卷380《礼部（91）》，第5册，第190页

雍正四年（1726）四月，戊子，谕吏部："云南、贵州……等省，地处边远，凡选授教职，每旷缺迟久，其作何补授之处，该部议奏。"寻议："远省教职，请将应选人员由部截定人数，照科分名次填写执照，给发各该抚，令其挨次具题选补，并将到任日期报部。"从之。

——《清实录・世宗实录》卷43，第23页，总第638页

雍正四年（1726）丙午科乡试

云南考官：侍讲学士张照字得天，江南娄县人，己丑进士。编修顾仔字子肩，江南安东人，戊戌进士。

题“博我以文　吾才”,“尚不愧于”一句,“公都子问”全章。

解元柏守仁,嶍峨人。

——(清)法式善等撰,张伟点校:《清秘述闻三种》,第 139 页

雍正四年(1726)丙午科,柏守仁(嶍峨)、汪东旭(昆明)、王鳞(开化)、阮珂(新兴)、黄元吉(石屏)、刘腾蛟(石屏)、金镳(楚雄)、杨知颖(云南县)、刘士宏(弥勒)、马钟河(开化)、许镇(石屏)、房伟(石屏)、朱莱(河阳)、夏肇忠(宜良)、张南英(姚安)、戴天昌(呈贡)、何维德(新兴)、杨振林(路南)、严正身(镇南)、刘瓒(建水)、杨洋(太和)、黄申循(晋宁)、戴圣书(云南府)、吴澂(云南府)、张大临(阿迷)、房联元(石屏)、杨元亨(太和)、尹作训(元江)、张坦(石屏)、王瑞(临安)、赵景逵(师宗)、杨洪生(定远)、张继韶(通海)、王元度(宜良)、刘瓒(新兴)、葛萃(河西)、郭廷选(宁州)、蒋祖培(鹤庆)、吴连(蒙化)、徐璐(石屏)、李维纯(楚雄)、芮琦(宜良)、李正(昆明)、尹麒(临安)、李賁(嶍峨)、戴扬(石屏)、杨绍祖(昆明)、张荃(昆明)、杨世运(安宁)、苏霖溥(赵州)、张显(昆明)、张兆麟(赵州)、傅为贮(建水)、沈致中(建水)、姜飞熊(嶍峨)、陈必元(临安)、许人龙(河阳)、余应祥(昆明)、张宗亮(澄江)中举,是科云南 59 人中举。

——(清)王文韶修:《续云南通志稿 · 选举制》卷 100,第 7 册,第 5396—5401 页

雍正五年(1727),议准东川府土童有能作文艺者,照湖广考取苗、徭(应为瑶)例另编字号考试,于东川府学额内酌量分拨一二名。

——(清)昆冈等修:《清会典事例》卷 380《礼部(91)》,第 5 册,第 190 页

雍正五年(1727)丁未科会试(三月举行)

考官:刑部尚书励廷仪字令式,直隶静海人,庚辰进士。工部侍郎史贻直字儆弦,江南溧阳人,庚辰进士。左都御史沈近思字位山,浙江钱塘人,

庚辰进士。

题“人能弘道”二句,“仲尼祖述”一节,“孔子圣之”一句。

会元彭启丰字翰文,江南长洲人。

状元彭启丰字翰文,江南长洲人。榜眼邓启元字幼季,福建德化人。探花马宏琦字景韩,江南通州人。

是科云南10人中进士。

——(清)法式善等撰,张伟点校:《清秘述闻三种》,第140页

雍正五年(1727)丁未科会试,云南缪焕(昆明、3甲6名)、夏冕(昆明、3甲31名)、赵淳(赵州、3甲48名)、许平(石屏、3甲89名)、陈容纕(石屏、3甲148名)、张坦(阿迷、3甲131名)、合揆(河西、3甲159名)、杨薰(广西府、3甲142名)、刘腾蛟(嵋峨、3甲132名)、金作宾(赵州、3甲161名)10人中进士。

——江庆柏编著:《清朝进士题名录》,第370—377页

雍正六年(1728)二月,壬寅,谕礼部:“考试冒籍之弊,向来习以为常,理当清查禁约。况今滇、黔、楚、粤等省,苗民向化,新增土司入学额数,为学臣者尤宜加意禁饬,毋使不肖士子冒其籍贯,阻土民读书上进之路。”

——《清实录·世宗实录》卷66,第21页,总第1013页

雍正六年(1728),议准乌蒙府、州、县取进童生各十名。

——(清)昆冈等修:《清会典事例》卷380《礼部(91)》,第5册,第190页

雍正七年(1729),议准普洱既改为府治,照小学例取进童生八名,俟人

文渐盛,再议加额。其从前附入元江府学各生,俱令拨入普洱府学。

——(清)昆冈等修:《清会典事例》卷380《礼部(91)》,第5册,第190页

雍正七年(1729)设普洱府学,以元江训导分训,取进童生八名。

——(清)倪蜕辑,李埏校点:《滇云历年传》卷12,第605页

雍正七年(1729)己酉秋八月,举行乡试。中式杨名扬等五十九名。是科成进士者扬名扬、李学周、樊仲琇、高扬、张绰、董良材、江征珉。

——(清)倪蜕辑,李埏校点:《滇云历年传》卷12,第603页

雍正七年(1729)己酉科乡试

云南考官:检讨沈文豪字再欧,浙江钱塘人,癸卯进士。兵部郎中林天木字毓子,广东潮阳人,癸卯进士。

题"天下归仁"一句,"忠信重禄"一句,"宰我曰以"一节。

解元杨名扬字燕山,石屏人,癸丑进士。

——(清)法式善等撰,张伟点校:《清秘述闻三种》,第144页

雍正七年(1729)己酉,杨名扬(石屏)、李学周(蒙自)、殷缃夏(新兴)、樊仲琇(姚州)、尹熙(蒙自)、赵正纪(易门)、陈士梅(楚雄)、宋佐臣(石屏)、刘灿藻(建水)、杨永仁(河西)、孙德修(石屏)、胡海(开化)、徐腾云(晋宁)、朱衣(嵩明)、叶召棠(元江)、杨向荣(通海)、高扬(通海)、刘敦仁(石屏)、苏暾(河西)、许鼎甲(石屏)、戴成宪(禄丰)、尹乐尧(蒙化)、郑淳(赵州)、张委贤(宁州)、楚文天(宁州)、王邃(云南县)、张琯(嶍峨)、王式和(姚安)、杨宏祚(建水)、黄用衮(楚雄)、靳汉文(赵州)、张绰(浪穹)、赛玙(石屏)、刘淮(曲靖)、瞿缉曾(楚雄)、李瑛(石屏)、朱魁鳌(开化)、时余

(赵州)、董正履(通海)、赵曦(呈贡)、王锡嘏(嶍峨)、赵廷璋(蒙自)、董良材(易门)、蒋廷献(赵州)、方文英(陆凉)、罗一丰(昆明)、张伯桂(路南)、喻冕(阿迷)、黄鹤翀(建水)、江徵岷(晋宁)、李晴(河西)、龙廷榍(石屏)、谢逮(楚雄)、王鑑(云南府)、彭天禧(河阳)、马敦(蒙化)、王兴宇(昆阳)、合鸣歧(河西)、杨正春(安宁)中举,是科云南59人中举。

——(清)王文韶修:《续云南通志稿·选举制》卷100,第7册,第5396—5401页

雍正八年(1730)庚戌科会试

考官:文华殿大学士蒋廷锡字扬孙,江南常熟人,癸未进士。礼部侍郎鄂尔奇字季正,满洲镶蓝旗人,壬辰进士。工部侍郎孙嘉淦字锡公,山西兴县人,癸巳进士。内阁学士任兰枝字香谷,江南溧阳人,癸巳进士。

题"志于道据"三句,"自诚明谓"全章,"见其礼而"一节。

会元沈昌宇字泰叔,浙江秀水人。

状元周澍字雨甘,浙江钱塘人。榜眼沈昌宇字泰叔,浙江秀水人。探花梁诗正字养仲,浙江钱塘人。

是科云南14人中进士。

——(清)法式善等撰,张伟点校:《清秘述闻三种》,第144—145页

雍正八年(1730)庚戌科会试,云南高第(太和、3甲37名)、许希孔(昆明、3甲93名)、高扬(通海、3甲132名)、李盛唐(马龙、3甲140名)、张绰(浪穹、3甲185名)、吕赓雅(云南县、3甲197名)、段开化(建水、3甲205名)、杨天德(楚雄、3甲214名)、董良材(易门、3甲224名)、刘瓒(建水、3甲233名)、樊仲琇(姚安、3甲267名)、张荃(昆明、3甲293名)、李学周(蒙自、3甲295名)、王浩(未殿试,蒙自、3甲219名)14人中进士(是科《清朝进士题名录》中只记载9人)。

——江庆柏编著:《清朝进士题名录》,第380—394页

雍正十年壬子(1732)秋八月,举行乡试。中式龚亮等六十五名。是科成进士者陈世烈、龚渤、苏霖润、徐昌祖。

——(清)倪蜕辑,李埏校点:《滇云历年传》卷12,第620页

雍正十年(1732)壬子科乡试

云南考官:修撰彭启丰字翰文,江南长洲人,丁未进士。编修赵大鲸字学川,浙江仁和人,甲辰进士。

题“君子学以”一句,“子庶民则”二句,“学则三代　伦也”。

解元龚亮,赵州人。

——(清)法式善等撰,张伟点校:《清秘述闻三种》,第149页

雍正十年(1732)壬子科,龚亮(赵州)、陈世烈(建水)、宋学平(楚雄)、蒋文祚(临安)、袁铉(宜良)、赵绳其(广南)、任天相(易门)、林国华(新兴)、刘翊治(镇南)、张玉(宁州)、姚源舜(新兴)、张伯禧(蒙化)、彭敬吉(赵州)、龚渤(赵州)、朱樸(通海)、蔡维祺(云南府)、饶仁美(建水)、李于蕃(安宁)、周之德(建水)、罗仲选(赵州)、杨鸣鹤(石屏)、杨挺(建水)、卫璜(建水)、李宏勋(元江)、李合(元谋)、杨楚枝(太和)、黄琼(澄江)、刘为章(临安)、王齐英(蒙自)、王嵩(姚安)、钱昭(云南府)、谢晋(蒙化)、孙似梅(呈贡)、何溱(蒙自)、冯泰(蒙自)、常仰天(河西)、谢炳(河阳)、刘一清(昆明)、解大敏(永昌)、苏灵润(赵州)、周颂(广西)、周于智(嶍峨)、施凤仪(蒙自)、刘名廷(蒙自)、徐毓椿(楚雄)、台萃(通海)、徐祖昌(路南)、朱佩(建水)、李先益(澄江)、詹天文(蒙化)、沈绳(太和)、周纶(建水)、吴兆(太和)、杨瓒洛(大理)、李官陶(大姚)、常瑛(河西)、李超(蒙自)、叶藻(建水)、裴有度(蒙自)、许龙飞(通海)、沈蛟(大理)、叶天泽(临安)、何解(石屏)、李濂(蒙白)、张以仁(宁州)中举,是科云南65人中举。

——(清)王文韶修:《续云南通志稿·选举制》卷100,第7册,第5402—5408页

雍正十年(1732),议准镇沅府及恩乐县新经改土归流,均照小学例取进童生八名,分定土著、寄籍各四名,其设立廪、增、出贡之处,俟人文充盛之日再议。

——(清)昆冈等修:《清会典事例》卷380《礼部(91)》,第5册,第190页

雍正十年(1732)十月,戊午,谕办理军机大臣……吏部议复:"云南巡抚张允随疏言:'镇沅府恩乐县系新经改流地方,请照小县例设立镇沅府教授一员,恩乐县教谕一员。……寄籍各四名;其廪、增、出贡,统俟人文日盛,再议增置。'应如所请。"从之。

——《清实录·世宗实录》卷124,第3页,总第626页

雍正十一年(1733)三月丙戌,谕内阁:"云南、贵州、广东、广西、四川、福建六省举人赴京会试,邮程遥远,非近省可比。朕意欲于落卷中择其文尚可观而人材可用者,添取数人,候旨录用,以昭朕格外加恩之意。著传谕主考官,于六省试卷遵旨取中外,其次等可取之卷,不拘数目,秉公选出,俟发榜后,朕另派大臣会同主考官验看人材,更加遴选。再:六省下第举子内,除愿与下科会试者不必报名外,若有情愿小就,以图即行录用者,著在礼部报名,一并交与派出之大臣主考官拣选,奏闻请旨。"

——《清实录·世宗实录》卷129,第4—5页,总第678—679页

雍正十一年(1733),按会试遗卷,云南钦取二名。又谕:"云南、贵州、广东、广西、四川、福建六省举人赴京会试,路途遥远,非近省可比,朕意欲于落卷中,择其文尚可观而人材可用者,添取数人,候旨录用,以昭朕格外加恩之意。著传谕主考官,于六省试卷遵旨取中外,其次等考取之卷,不拘数目,秉公选出,俟发榜后,朕另派大臣会同主考官,验看人材,再加遴选,奏闻请旨。再,六省落第举子,其愿于下科会试者不必报名外,若有情愿小

就以图即行录用者,著在礼部报名,一并交与派出之大臣、主考官拣选,奏闻请旨。该部豫行出示,晓谕六省举子知之。”又谕:“云南等六省选出之卷,著彭维新、莽鹄立、韩光基会同正、副主考官,将本生传齐,秉公验看,其中人、文二者俱属可取,或有一可取者,一一分别开写奏闻。再,六省落卷举子内,有情愿小就以图即行录用者,亦著会同验看,将人材可用者,秉公选出奏闻。钦此!”遵旨将云南等六省选出五十卷,分别奏闻。奉旨:“此内人、文俱属可取之时余等十名,准其一体殿试。其人可取,面、文稍次之赵纯其等,著于拣选六省举人时,一并奏闻。”又将云南等六省情愿小就之举人奏请,带领引见。奉旨:“今年朕加恩远省落第举子,特令大臣拣选引见,将其中人材可用者,交与吏部记名请旨,年老者以教职补用,此乃格外偶然举行一次之恩,后岂可以为例?恐各省年老举人本不欲会试者,见此次恩旨,于下次勉强赴试,希图得官,空多往还,著该部传旨,谕令知之。”

——(清)龙云、卢汉修,周钟岳纂:《民国新纂云南通志》卷16《历代贡举征辟表》,《中国地方志集成》第582页

雍正十一年(1733)癸丑科会试

考官:户部尚书鄂尔奇字季正,满洲镶蓝旗人,壬辰进士。吏部侍郎任兰枝字香谷,江南溧阳人,癸巳进士。兵部侍郎杨汝谷字令贻,江南怀宁人,庚辰进士。

题“为君难为”二句,“中也者天”一句,“禹恶旨酒”二节。

会元陈倓字定先,江南仪征人。

状元陈倓字定先,江南仪征人。榜眼田志勤字崇广,顺天大兴人。探花沈文镐字绍歧,江南崇明人。

是科云南13人中进士。

——(清)法式善等撰,张伟点校:《清秘述闻三种》,第149—150页

雍正十一年(1733)癸丑科会试,云南杨如柏(昆明、2甲76名)、陈莫

缥(石屏、3 甲 10 名)、袁依仁(嵩明、3 甲 40 名)、李蕡(嶍峨、3 甲 45 名)、杨名扬(石屏、3 甲 81 名)、傅为詝(元江、3 甲 155 名)、徐祖昌(路南、3 甲 160 名)、江濴岷(晋宁、3 甲 178 名)、刘文焕(太和、3 甲 183 名)、余应祥(昆明、3 甲 185 名)、时余(赵州、3 甲 200 名)、李庚映(蒙化、3 甲 209 名)、王浩(蒙自、3 甲 219 名)13 人中进士。

——江庆柏编著:《清朝进士题名录》,第 397—408 页

雍正十三年(1735)乙卯科乡试

云南考官:御史倪国连字紫珍,浙江仁和人,庚戌进士。检讨张鹏翀字天扉,江南嘉定人,丁未进士。

题"君子以文"一节,"大哉圣人　于天","盈科而后"四句。

解元彭侣字侪鹤,赵州人,己未进士。

——(清)法式善等撰,张伟点校:《清秘述闻三种》,第 153—154 页

雍正十三年(1735)乙卯科,彭侣(赵州)、王道任(元江)、陈封舜(镇南)、戴乾(呈贡)、汤相(丽江)、康锡(赵州)、徐鸿举(蒙化)、杨如柏(永昌)、杨璐(蒙自)、黄国模(南安)、陈锡公(新兴)、郑模(赵州)、苏瑀(路南)、王建邦(易门)、周绂(易门)、李敬(鹤庆)、刘宸赞(临安)、李兴让(新兴)、乐崇仁(楚雄)、杨普(嵩明)、杨锡禄(宁州)、金国彦(保山)、王显国(蒙化)、王肇兴(石屏)、王逵(大理)、张履正(太和)、陈泰南(广南)、许昂(河西)、刘宗尧(剑川)、许昭(昆明)、杨敬德(赵州)、黄申祜(晋宁)、李裕齐(河西)、杨继中(楚雄)、杨天恩(路南)、李崑(石屏)、段钦元(安宁)、李郁文(建水)、朱文郁(宜良)、王凤(安宁)、王式训(姚安)、张圣功(云南县)、杨朝栋(赵州)、冯汤聘(蒙化)、杨发(蒙化)、杨曦(宾川)、赵嗣式(宁州)、马廷辅(新兴)、杨世连(元江)、陈曦炳(晋宁)、孙敬(新兴)、舒伟才(澄江)、廖文萃(开化)、陈铭(临安)、董作锦(石屏)、沈萃(通海)、王瑛(石屏)、郑良才(石屏)、佴震山(建水)中举,是科

云南59人中举。

——(清)王文韶修:《续云南通志稿·选举制》卷100,第7册,第5402—5407页

雍正十三年(1735)十月,恩诏乡试广额,云南加十名。

——(清)龙云、卢汉修,周钟岳纂:《民国新纂云南通志》卷16《历代贡举征辟表》,《中国地方志集成》,第584页

雍正十三年(1735)乙卯秋八月,举行乡试。中式彭吕等五十九名。十月十二日,遗诏到滇,官民哭临于五华山。皇上御极。

——(清)倪蜕辑,李埏校点:《滇云历年传》卷12,第625页

乾隆元年(1736)谕:"云南、贵州、广东、广西、四川、福建六省举人赴京应试未经中试者,著照雍正十一年之例,拣选奏闻请旨。"

——(清)龙云、卢汉修,周钟岳纂:《民国新纂云南通志》卷16《历代贡举征辟表》,《中国地方志集成》,第582页

乾隆元年(1736)三月,戊申,上诣皇太后宫问安。礼部议复:"云南布政使陈宏谋疏称:'乡试缺少经书房官,请照旧例,先期聘邻省教职入闱。外场执事,州、县、同知、通判不敷,调取本省佐贰委用。'应如所请。"从之。

——《清实录·高宗实录》卷14,第28页,总第407页

乾隆元年(1736)三月,庚申,谕总理事务王大臣……命左都御史福敏、户部左侍郎李绂、署兵部右侍郎王士俊会同会试主考官拣选云南、贵州、广

东、广西、四川、福建六省会试未经中式举人。

——《清实录·高宗实录》卷15，第15—16页，总第416页

乾隆元年（1736）六月，戊辰，谕总理事务王大臣……又谕（总理事务王大臣）："各省学政俱已赏给养廉，资其用度。惟云南旧有文武新生馈送贽仪数金之例，足敷公署之用，相沿已久，是以未曾议及养廉。朕思新进寒士，即措办数金，仍属拮据，此项应行禁止。其学政养廉，著每年另赏银四千两，于司库铜息内照数支给。永著为例。"

——《清实录·高宗实录》卷20，第10—11页，总第491页

乾隆元年（1736）丙辰恩科乡试

云南考官：编修王峻字次山，江南常熟人，甲辰进士。御史钟衡字仲恒，浙江长兴人，庚戌进士。

题"譬如为山"全章，"人道敏政"二句，"睟然见于"二句。

解元刘静轩，河西人。

——（清）法式善等撰，张伟点校：《清秘述闻三种》，第158页

乾隆元年（1736）丙辰恩科乡试，刘静轩（河西）、刘英（通海）、张文炯（通海）、童之英（临安）、何国奇（蒙自）、杨倎（昆明）、侯楷（蒙自）、曾绾（建水）、保纬（晋宁）、陈禹伯（蒙化）、杨周冕（赵州）、李嵩（鹤庆）、陈旭（陆凉）、张圣治（蒙化）、郑玺（江川）、赵润（晋宁）、徐成功（嶍峨）、马挺峰（建水）、王在璋（云南县）、张露（白井）、杨樾（太和）、杨知恂（云南县）、熊煌（赵州）、孙似茗（呈贡）、邓宾王（呈贡）、王再旦（蒙自）、董甘霖（南宁）、杨遇时（太和）、孙卓（昆明）、沈祐（昆明）、李旼（昆明）、刘位廷（蒙自）、陈兴斋（赵州）、高旷（昆明）、贺举（新兴）、阮师范（临安）、车善本（云南府）、王思善（临安）、吴道南（宜良）、高曙（太和）、李九标（江川）、杨开元（蒙

自)、王涞(嶍峨)、吴奎翰(蒙化)、靳南英(江川)、王一中(建水)、李道立(新兴)、张琎、苗蔚馨(河阳)、朱沛(云南县)、沈咏(通海)、王式祐(建水)、马士伟(太和)、龙在天(建水)、马垣星(河阳)、房灿衡(临安)、郭智川(昆明)、贺天祥(蒙自)、王道洋(新兴)、贺乾元(安宁)、段壑(嵩明)、卢煇(阿迷)、何忭(武定)、杨怀枝(大理)、王元伟(石屏)、马秉乾(弥勒)、程楷(通海)、陈炯(建水)、时远(赵州)中举,是科云南 69 人中举。另是科云南尚有 3 人顺天中式:吴绍伯(弥勒)、刘慥(弥勒)、杨天德(赵州)。

——(清)王文韶修:《续云南通志稿·选举制》卷100,第 7 册,第 5402—5408 页

乾隆元年(1736)丙辰科会试

考官:内阁大学士鄂尔泰字毅庵,满洲镶蓝旗人,己卯举人。内阁大学士朱轼字若瞻,江西高安人,甲戌进士。吏部侍郎邵基字学址,浙江鄞县人,辛丑进士。工部侍郎张廷瑑字桓臣,江南桐城人,癸卯进士。

题“君子笃于”一节,“五者天下　一也”,“欲为君尽　已矣”。

会元赵青藜字然乙,江南泾县人。

状元金德瑛字汝白,浙江仁和人。榜眼黄孙懋字训昭,山东曲阜人。探花秦蕙田字树澧,江南金匮人。

是科云南 9 人中进士。

——(清)法式善等撰,张伟点校:《清秘述闻三种》,第 154 页

乾隆元年(1736)丙辰科会试,云南龚渤(丽江、3 甲 50 名)、张圣功(云南县、3 甲 104 名)、熊郢宣(昆明、3 甲 130 名)、王兆曾(石屏、3 甲 149 名)、卫璜(建水、3 甲 179 名)、杨普(嵩明、3 甲 190 名)、周绂(易门、3 甲 213 名)、吴琏(蒙化、3 甲 228 名)、舒伟才(新兴、3 甲 251 名)9 人中进士。

——江庆柏编著:《清朝进士题名录》,第 411—423 页

乾隆二年(1737 年)议准:“此次会试之后,遵照雍正五年之例,拣选下第举人文理明通者大省四十人、中省三十人、小省二十人引见钦定,令回本省以学政、教谕即用。”

——(清)龙云、卢汉修,周钟岳纂:《民国新纂云南通志》卷 16《历代贡举征辟表》,《中国地方志集成》,第 582 页

乾隆二年(1737)丁巳恩科会试

考官:内阁大学士张廷玉字衡臣,江南桐城人,庚辰进士。左都御史福敏字龙翰,满洲镶白旗人,丁丑进士。副都御史索柱字海峰,满洲正黄旗人,乙未进士。吏部侍郎姚三辰字舜扬,浙江仁和人,癸巳进士。

题“既庶矣又”二节,“君子之所见乎”,“人皆有不　政矣”。

会元何其睿字克思,江西赣州人。

状元于敏中字仲常,江南金坛人。榜眼林枝春字青圃,福建福清人。探花任端书字念斋,江南溧阳人。

是科云南 11 人中进士。

——(清)法式善等撰,张伟点校:《清秘述闻三种》,第 159 页

乾隆二年(1737)丁巳恩科会试,云南刘慥(永北、2 甲 52 名)、苏霖润(赵州、2 甲 62 名)、蒋文祚(建水、3 甲 29 名)、蒋祖培(鹤庆、3 甲 37 名)、陈世烈(建水、3 甲 58 名)、葛萃(河西、3 甲 138 名)、时远(赵州、3 甲 148 名)、彭敬吉(赵州、3 甲 208 名)、陈封舜(镇南、3 甲 213 名)、沈致中(建水、3 甲 216 名)、戴成宪(禄丰、3 甲 227 名)11 人中进士。

——江庆柏编著:《清朝进士题名录》,第 426—437 页

乾隆三年(1738),兵部侍郎舒赫德言:“科举之制,凭文而取,按格而官,已非良法。况积弊日深,侥幸日众。古人询事考言,其所言者,即其居

官所当为之职事也。时文徒空言,不适于用,墨卷房行,辗转抄袭,肤词诡说,蔓衍支离,苟可以取科第而止,士子各占一经,每经拟题,多者百馀,少者数十。古人毕生治之而不足,今则数月为之而有余。表、判可预拟而得,答策随题敷衍,无所发明。实不足以得人。应将考试条款改移更张,别思所以遴拔真才实学之道。”章下礼部,覆奏:“取士之法,三代以上出于学,汉以后出于郡县吏,魏、晋以后出于九品中正,隋、唐至今,出于科举。科举之法不同,自明至今,皆出于时艺。科举之弊,诗、赋祗尚浮华,而全无实用。明经徒事记诵,而文义不通。唐赵匡所谓‘习非所用,用非所习’是也。时艺之弊,今该侍郎所陈奏是也。圣人不能使立法之无弊,在因时而补救之。苏轼有言:‘得人之道,在于知人。知人之道,在于责实。’能责实,虽由今之道,而振作鼓舞,人才自可奋兴。若惟务徇名,虽高言复古,法立弊生,于造士终无所益。今谓时文、经义及表、判、策论皆空言剿袭而无用者,此正不责实之过。凡宣之于口,笔之于书,皆空言也,何独今之时艺为然?时艺所论,皆孔、孟之绪言,精微之奥旨。参之经史子集,以发其光华;范之规矩准绳,以密其法律。虽曰小技,而文武干济、英伟特达之才,未尝不出乎其中。不思力挽末流之失,而转咎作法之凉,不已过乎?即经义、表、判、论、策,苟求其实,亦岂易副?经文虽与《四书》并重,积习相沿,士子不专心学习。若著为令甲,非工不录。表、判、论、策,皆加覆核。必淹洽词章、通晓律令,而后可为表、判。有论古之识,断制之才,通达古今,明习时务,而后可为论、策。何一不可见之施为,切于实用?必变今之法,行古之制,将治宫室、养游士,百里之内,置官立师,讼狱听于是,军旅谋于是。又将简不率教者,屏之远方,终身不齿。毋乃纷扰而不可行?况人心不古,上以实求,下以名应。兴孝则有割股、庐墓以邀名者矣,兴廉则有恶衣菲食、敝车羸马以饰节者矣。相率为伪,借虚名以干进取。及莅官后,尽反所为,至庸人之不若。此尤近日所举孝廉方正中所可指数,又何益乎?司文衡职课士者,诚能仰体谕旨,循名责实,力除积习,杜绝侥幸,文风日盛,真才自出,无事更张定制为也。”遂寝其议。时大学士鄂尔泰当国,力持议驳,科举制义得以不废。

——《清史稿》卷108《选举志(志83)》,中华书局1977年版,第3150—3151页乾隆三年(1738)戊午,六月,癸未,上以天气亢旱……定各省主考官起程日期。谕向例外省主考官。闻命之日,即速就道。蒙皇考世宗宪皇帝,念其办理行装,未免忙迫,伊等既奉命典试,自知奉法惟谨,不必过于防范。特令稍宽起程之期,此体恤臣工之厚意也。近闻奉差诸臣,起身甚迟,有至十余日外者,殊非远嫌之意?著礼部酌定日期,著为定例。寻议云南、贵州、四川、广东、广西、福建、湖南七省,以十日为限。浙江、江西、湖北、陕西、江南五省,以七日为限。河南、山东、山西三省,以五日为限。逾期参奏。从之。

——《清实录·高宗实录》卷70,第5—6页,总第122—123页

乾隆三年(1738)七月,甲寅,户部议复:"云南总督庆复遵旨议奏:'滇省纳粟捐监事宜,请将纳捐谷石分贮各府、厅、州、县仓廒,以备赈粜之用。至滇省半属夷倮,若止令本省人捐纳,势必寥寥无几。请将在滇各官员子弟有愿报捐者,准一体收捐。'应如所请。"从之。

——《清实录·高宗实录》卷72,第3页,总第150页

乾隆三年(1738)七月,丙辰,免八旗兵丁借扣未完饷银。谕曰:"朕即位以来,为旗人生计,多方筹画,凡有裨益之事,无不举行。因屡有条奏,以为支借库银有益者,是以将饷银借支一年,续又借支半年……"又谕:"朕闻云南学政孙人龙自莅任以来,校阅精明,群情允服。近夷新设学校,尤能整饬士风,实心化导。朕思滇南离京遥远,往返维艰。孙人龙既能尽职,著再留三年,今冬不必更换。"

——《清实录·高宗实录》卷72,第4—5页,总第150—151页

乾隆三年(1738)戊午科乡试

云南考官:编修张湄字鹭州,浙江钱塘人,癸丑进士。礼部员外郎葛德润字述斋,山西安邑人,癸丑进士。

题“君子学道”一句,“力行近乎”一句,“有如时雨”一句。

解元徐联元。

——(清)法式善等撰,张伟点校:《清秘述闻三种》,第163页

乾隆三年(1738)戊午科,徐联元(澄江)、朱珣(弥勒)、邵其德(保山)、叶芳塘(晋宁)、周铥(石屏)、张凤书(通海)、段廷机(昆明)、唐文炳(晋宁)、周伯重(蒙化)、郭绣(赵州)、杨茂林(蒙自)、程嵩(云南府)、张田(昆明)、段矗(建水)、张嶂(蒙化)、武连(河阳)、郑焕文(武定)、束熨章(禄丰)、胡国琛(永北)、李蒲(河阳)、吴勋臣(蒙化)、孙钟衡(建水)、李文玉(晋宁)、刘兆鸿(阿迷)、李因培(晋宁)、王国典(河阳)、黄元秀(澄江)、王士玢(通海)、飞之冈(罗次)、甘茂(姚州)、杨原奇(云南府)、李文黼(江川)、陈树敏(临安)、胡养正(太和)、刘德瑗(蒙化)、攸巍(新兴)、李植(昆明)、周沛(通海)、孙兆凤(建水)、陈钦(昆明)、任右仁(石屏)、王厥宽(建水)、李鸿升(鹤庆)、李春茂(太和)、李盛玉(蒙化)、许嗣唐(河西)、邵际昌(建水)、张晋午(澄江)、甘美(姚州)、吴道中(建水)、张时(赵州)、杜侨(临安)、朱观(宾川)、陶琨(南宁)、杨继东(太和)、田溥(建水)、芮泰元(太和)、罗元琦(石屏)、张开第(建水)中举,是科云南59人中举。另是科云南尚有1人顺天中式:徐洲(楚雄)。

——(清)王文韶修:《续云南通志稿·选举制》卷100,第7册,第5402—5407页

乾隆三年(1738),十一月,乙卯。上幸田村。赐奠端慧皇太子。谕:“庆贺长至公主、福晋、格格、命妇、诣皇太后前行礼之处,著停止。”定给各省考官路费。谕曰:“每科主考差往各省,彼地督、抚有无馈送路费,向无定例,其数目之多寡,亦无成规。伊等回京时,有奏闻者,有不奏者,亦不画一。自应酌定一例,俾永远遵行,庶无轻重不均之事。今朕酌量道途之远近,分别路费之多寡:云南八百两……尔等可寄信各督、抚,遵照此数,不得以私意增减。主考等亦不得于此数之外,更有所受。将此永著

为例。”

——《清实录·高宗实录》卷80,第11—12页,总第258页

乾隆三年(1738)十一月,丙辰。上御乾清门听政。户部议覆:“仓场侍郎塞尔赫奏……查各仓现未开放,应令该侍郎等确查具题到日再议,得旨,著和亲王鄂善,前往查明具奏。”(户部)又议准云南巡抚张允随疏言:“滇省各府、州、县每年约共出贡五十名,酌议每贡一名,给坊扁银十二两。云、武二府,就近于司库给发。距省寫远之府、州、县,即于应征条编项下给领。”从之。

——《清实录·高宗实录》卷80,第12—13页,总第258—259页

乾隆四年(1739年),议准云州额进童生十二名,额廪三十名,向照县学之例,二年一贡。嗣后,照州学例,三年两贡。

——(清)昆冈等修:《清会典事例》卷380《礼部(91)》,第5册,第191页

乾隆四年(1739)二月,乙巳,遣官祭历代帝王庙。吏部议复:“湖广道御史张重光奏举人候选知县,既于奉文截取时,该督、抚分别验看,给咨赴部,其下科乡试先行验看之例,自应停止。除现在举人业经从前验看知县者仍准注册外;请于每科会试放榜后,云、贵、川、广、福建、湖南等省举人会试一科,直隶等近省举人会试三科者,在臣部具呈,公同拣选。择其年力精壮者以知县注册,年力就衰者以教职注册。倘有患病、丁忧事故,下科补行拣选。”从之。

——《清实录·高宗实录》卷87,第16页,总第357页

乾隆四年(1739)己未科会试

考官:内阁大学士赵国麟字仁圃,山东泰安人,己丑进士。户部侍郎留保字松裔,满洲镶黄旗人,辛丑进士。吏部尚书甘汝来字逊斋,江西奉新人,癸巳进士。兵部侍郎凌如焕字琢成,江南上海人,乙未进士。

题"生而知之"二句,"舜好问而"四句,"君子所性"二句。

会元轩辕诰字谋野,山东汶上人。

状元庄有恭字容可,广东番禺人。榜眼涂逢震字京百,江西南昌人。探花秦勇均字健资,江南金匮人。

是科云南8人中进士。

——(清)法式善等撰,张伟点校:《清秘述闻三种》,第164页

乾隆四年(1739)己未科会试,云南邵其德(保山、2甲71名)、张田(昆明、3甲75名)、甘美(姚州、3甲137明)、彭佀(赵州、3甲163名)、李先益(江川、3甲169名)、张圣治(蒙化、3甲195名)、金国彦(保山、3甲212名)、胡养正(太和、3甲230名)8人中进士。

——江庆柏编著:《清朝进士题名录》,第440—451页

乾隆四年(1739)五月,壬子,礼部议准云南学政孙人龙疏称:"滇省府、州、县学有未经开贡、开廪者。宣威一州,赴考生员约二百名,由威宁州拨归该学者一百四十名,内廪生二十一名,除实食廪饩十名外,余以事故开缺后,难于补实。请照县学例,额设廪、增各二十名,两年一贡,拔贡如之。又:云州岁科两试,额取童生十二名,廪生三十名,惟出贡仍照县学。请改为州学,三年两贡。又:威远土州,向附元江考试,额外取进童生二名,今威远改隶镇沅,请于镇沅额取八名外,仍准加取威远童生二名。又:姚州白井向系大姚县训导分驻,今户婚、田土、考试俱属姚州,请将大姚县训导回本

任,其白井一学,归姚州训导管理。”从之。

——《清实录·高宗实录》卷 92,第 8—9 页,总第 413 页

乾隆五年(1740)三月,己酉,清明节,遣官祭永陵……礼部议准刑科给事中罗凤彩疏称:“云南向来岁贡,必系实廪方准考选;其虚廪虽年深亦不准贡,与各省之例不符。嗣后应遵照定例,不论虚廪、实廪,挨年序贡。”从之。

——《清实录·高宗实录》卷 112,第 8—9 页,总第 651—652 页

乾隆六年(1741)三月,庚寅……大学士等议覆:“给事中卢秉纯奏请严核真才以重馆职,查新进士朝考,庶吉士散馆,向例巡绰已密,惟坐次按双单名编列,或可豫揣,应令监试王大臣临期酌派,诗韵不准自带,以武英殿本给发。”从之。吏部议复四川巡抚硕色奏称:“云、贵、四川等省教职缺出,题复考选,动辄悬缺一二年。请将拟选人员先行考试,一面具题,一面给照任事,俟题复后实授。吏部即以补授日注册,核俸升转,庶缺不久悬,论俸推升,亦得画一。通行云、贵、四川、福建、两广六省一体遵行。”从之。

——《清实录·高宗实录》卷 139,第 22 页,总第 1007—1008 页

乾隆六年(1741)辛酉科乡试

云南考官:编修观保字蕴玉,满洲正白旗人,丁巳进士。吏部员外郎吴联珠字珍兹,浙江归安人,丙辰进士。

题“不忮不求”二节,“行其礼奏”二句,“若孔子则　甚也”。

解元周飏渭。

——(清)法式善等撰,张伟点校:《清秘述闻三种》,第 169 页

乾隆六年(1741)辛酉科,周飏渭(赵州)、师问忠(赵州)、周汝栋(保山)、胡方晟(昆明)、王一祐(石屏)、田沇(建水)、郑文侯(蒙化)、孙承恩(南宁)、唐文蔚(晋宁)、刘恺(广西)、饶希圣(大理)、仇恂(建水)、吴伟柱(石屏)、郭良贵(新兴)、张九功(建水)、张维灿(楚雄)、李琦(石屏)、陈琳(宁州)、朱凤集(弥勒)、刘士琦(姚安)、张士奇(弥勒)、张盛兆(建水)、王建邦(开化)、徐硕士(嶍峨)、高于庠(南宁)、谈鹤徵(蒙自)、陈振齐(赵州)、周元忻(安宁)、钏懔(蒙化)、杨济(大理)、张应禄(永昌)、杨丕德(安宁)、郑伟(昆明)、刘辉(临安)、邵一诚(建水)、高方佑(石屏)、金德宾(赵州)、侯照(云南府)、刘炎(通海)、杨瑛(新兴)、李名儒(蒙自)、陈祖舜(大理)、杨淳典(建水)、杨曦亚(安宁)、李沛(蒙自)、袁人龙(赵州)、李涵苾(蒙自)、旃兆鹏(河西)、罗见龙(蒙自)、李培厚(昆明)、王敬(临安)、龚敏(赵州)、王道洽(新兴)、张琳(师宗)、贾天命(定远)、左淮(蒙化)、马孟侯(元江)、杜卓(阿迷)、赵之瑞(赵州)中举,是科云南59人中举。

——(清)王文韶修:《续云南通志稿·选举制》卷100,第7册,第5402—5407页

乾隆六年(1741)辛酉,十二月,辛亥。礼部议准江南道御史周祖荣条奏闱务:"一、至公堂监试御史、内帘监试御史,向各随带笔帖式二员,经部议至公堂监察御史所带笔帖式,并无委派之事,定例停止;而内帘监试御史,仍随带笔帖式入闱,应一并停止。一、会试五经卷,广东、四川、广西、云南、贵州五省,定为中卷;而顺天乡试,广东一省,独归南皿,不入中卷,应与会试画一。"从之。

——《清实录·高宗实录》卷157,第11页,总第1247页

乾隆七年(1742)议准:文武互试,原欲简拔全材,而日久弊生,文场则有夹带、传递、代做诸弊,武场则有换卷之弊,内帘但凭文取中,外帘又查察

维艰。嗣后，将文武乡会互试之处，永行停止。

——(清)龙云、卢汉修，周钟岳纂：《民国新纂云南通志》卷16《历代贡举征辟表》，《中国地方志集成》，第584页

乾隆七年(1742)壬戌科会试

考官：内阁大学士鄂尔泰字西林，满洲镶蓝旗人，己卯举人。刑部尚书刘吴龙字绍闻，江西南昌人，癸卯进士。兵部侍郎汪由敦字谨堂，浙江钱塘人，甲辰进士。副都御史仲永檀字乐园，山东济宁人，丙辰进士。

题"如保赤子　远矣"，"子击磬于"一节，"所遇者化"二句。

会元金甡字海柱，浙江仁和人。

状元金甡字海柱，浙江仁和人。榜眼杨述曾字企山，江南阳湖人。探花汤大绅字药冈，江南阳湖人。

是科云南10人中进士。

——(清)法式善等撰，张伟点校：《清秘述闻三种》，第169—170页

乾隆七年(1742)壬戌科会试，云南田沇(建水、3甲9名)、陈琳(宁州、3甲47名)、郭鏞(赵州、3甲84名)、陈旭(陆凉、3甲55名)、熊煌(赵州、3甲120名)、张盛兆(建水、3甲133名)、张凤书(通海、3甲151名)、周于智(嶍峨、3甲180名)、张九功(建水、3甲197名)、李立道(新兴、3甲230名)10人中进士。

——江庆柏编著：《清朝进士题名录》，第454—465页

乾隆九年(1744)，三月，丁未，(御史李清芳)又奏："大臣等保举应差主考人员共四十九人。各直省止十六人，满洲四人，余二十九人均系江、浙两省。如河南、四川、贵州、广西、云南五省，未见一人膺是选。可见保荐人者，皆平日往来相知之人，而所举之人，大抵饶于财而凭于势。至守正不阿

者，不肯伺候公卿之门；边隅之士，声气不通，交游不广，是以无人荐举。请将合例人员通行考试，庶得者不由奔竞，而边省亦无偏枯。”得旨：“李清芳所奏，似是而非。审如是，则朕所用之大臣等皆不可信矣！大臣不可信，将孰信之？明系伊未列保荐之中，激为是语。且所称多触大臣忌讳，似为骨骾。以朕观之，亦以彼无可惧之大臣耳。若有其人，李清芳断不敢为是语。当今之时，借触大臣进直言以为忠者，谁则不能？至所云所举之人饶于财而凭于势，声气相通之处，著伊列名指参，明白回奏。”

——《清实录·高宗实录》卷 213，第 18—19 页，总第 739—740 页

乾隆九年(1744)八月，乙卯，太祖高皇帝忌辰。遣官祭福陵。上诣奉先殿行礼。谕：“各省科场怀挟之弊，朕已降旨，令各该省监临提调，照京师今年之例，严行搜检，务使诸弊肃清，以襄大典。嗣后每科，有无怀挟若干人，俱著该督抚具摺奏闻。”兵部左侍郎舒赫德奏：“科场额中举人一名，向止录取科举三十名，嗣后增至六十名。近来部议增至百名，本为江、浙人文较盛，故宽以收之。至中边小省，固有不同，不得滥取以足额。请照百名之数，递加裁减。”得旨：“此奏是。大学士、九卿议奏。”寻议：“直隶、江南、浙江、江西、湖广、福建等六大省，每举人一名，录科八十名，山东、河南、山西、广东、陕西、四川等六中省，每举人一名，录科六十名。广西、云南、贵州等三小省，每举人一名，录科五十名。顺天中试满、合二字号共四十一名。奉天夹字号四名，宣化旦字号四名，长芦等处卤字号一名，南北皿字号七十八名。中皿字号每二十卷中一名；以上各字号现应试人数，虽属无多，亦应令该学臣及监臣等，严加考试，务取三场精通，方准录送。即应试人多，亦不过八十名之额。至满、合二字号，除已经科试录取，照册咨送外；其未经科试者，学臣凭文录遗，一并造册咨送礼部，转行兵部，考试马步箭。合式，方准一体入场。外省督、抚等衙门，亦不得复行大收。”从之。

——《清实录·高宗实录》卷 222，第 16—17 页，总第 867 页

乾隆九年(1744)议准:云南为小省,准其每举人一名,录送科举五十名。又遵旨议准:直省中额除零数不计外,于十分中酌减一分,云南额中五十九名,酌减五名。

——(清)龙云、卢汉修,周钟岳纂:《民国新纂云南通志》卷16《历代贡举征辟表》,《中国地方志集成》,第584页

乾隆九年(1744)甲子科乡试

云南考官:御史葛德润字述斋,山西安邑人,癸丑进士。编修朱荃字香南,浙江桐乡人,丁巳鸿博。

题"立则见其"二节,"可离非道"一句,"鸡鸣而起"全章。

解元熊于青,石屏人。

——(清)法式善等撰,张伟点校:《清秘述闻三种》,第174页

乾隆九年(1744)甲子科,熊于青(赵州)、龚锡鼎(赵州)、赵震(太和)、万以徵(阿迷)、李天骏(姚州)、杨周琬(赵州)、殷商荫(蒙化)、杨秉一(晋宁)、叶自渊(保山)、刘心传(石屏)、李秉元(蒙化)、刘芳智(赵州)、杨东昇(云南府)、熊堂(弥勒)、刘正国(南宁)、张文星(河西)、钱士云(昆明)、杨郁文(太和)、冯宗周(新兴)、刘于德(景东)、吕文俊(蒙化)、罗道达(姚安)、侯煦(易门)、张欲仁(云南府)、谢凤璋(建水)、师敬修(赵州)、郭焕(邓川)、张灏(晋宁)、段硕(晋宁)、姚遇泰(蒙化)、王凤仪(通海)、彭允升(马龙)、张合明(宁州)、王寅(定远)、苏起鲲(河西)、李珂(邓川)、赵廷献(弥勒)、陶尔昇(永昌)、邓文赞(太和)、林明(云南府)、魏正官(江川)、邓之圻(石屏)、杨玉京(蒙自)、武绳祖(临安)、万卜爵(蒙自)、杨又清(罗次)、杨海鳌(富民)、朱其轮(宾川)、卫宸黼(建水)、陈惔(石屏)、李汝楠(河阳)、杨文扬(宁州)、唐顺(建水)、朱帘(石屏)、刘钧国(南宁)、杨凤苞(临安)、王崇极(云南县)、周兴文(禄丰)、张养正(宾川)中举,是科云南59人中举。

——(清)王文韶修:《续云南通志稿·选举制》卷100,第7册,第5402—5407页

乾隆九年(1744)十一月,戊寅,上御太和殿……礼部等部议复:"云南总督兼管巡抚事务张允随疏称:'东川、昭通二府及镇雄州、永善县,自雍正五年改隶滇省以来,应试生童渐多。请于乾隆十年为始,每学设廪、增各八名,照例十二年后出贡。'应如所请。又称:'东、昭二府生童远赴曲靖应试,跋涉艰难,请于昭通府城添建考棚。'查滇省幅员最广,程途寫远,若添建考棚,学政按试,势难周遍。况二府改隶以来,即归曲靖考试,相安已久,应毋庸议。但既称该属生童岁科二次远途赴试维艰,应令学臣按试曲靖时,即将东川、昭通二府及镇雄州、永善县等学生童岁科接连考试。"从之。

——《清实录 · 高宗实录》卷 228,第 6 页,总第 947 页

乾隆十年(1745)五月,戊戌,谕:"各直省县丞、主簿、典史、巡检等微员革职解任,或告病身故,实系穷苦不能回籍者,曾降旨命该督、抚于存公项内酌量赏给还乡路费。其教官一项,各直省亦有照微员例赏给者。惟湖广、江西、四川、云南、广西等省,从无给过。朕思教职品级原与县丞相仿,虽籍隶本省,其中亦有相隔数百里至千里者,路途遥远,不无乏费之员。嗣后各省教官有相隔本地五百里以外,实系艰窘者,俱著照例赏给,以昭画一。"

——《清实录 · 高宗实录》卷 241,第 14—15 页,总第 107—108 页

乾隆十年(1745)乙丑科会试

考官:内阁大学士史贻直字儆弦,江南溧阳人,庚辰进士。吏部侍郎阿克敦字立轩,满洲正蓝旗人,己丑进士。兵部尚书彭维新字石源,湖南茶陵人,丙戌进士。刑部侍郎钱陈群字柘南,浙江嘉兴人,辛丑进士。

题"孰为夫子　而立","人皆曰予"四句,"于季桓子"三段。

会元蒋元益字希元,江南长洲人。

状元钱维城字稼轩,江南武进人。榜眼庄存与字方耕,江南武进人。探花王际华字秋瑞,浙江钱塘人。

是科云南10人中进士。

——(清)法式善等撰,张伟点校:《清秘述闻三种》,第174—175页

乾隆十年(1745)乙丑科会试,云南李因培(晋宁、2甲9名)、钱士云(昆明、2甲38名)、唐文蔚(晋宁、3甲78名)、杨天恩(路南、3甲48名)、杨文扬(宁州、3甲87名)、王善思(建水、3甲106名)、李天骏(姚州、3甲145名)、王在璋(云南县、3甲153名)、赵之瑞(赵州、3甲168名)、张维灿(楚雄、3甲182名)10人中进士。

——江庆柏编著:《清朝进士题名录》,第470—480页

乾隆十一年(1746)丙寅。二月,壬子,月食。……丙辰谕:"据御史薛澄奏称:'云南省向有供应学臣轿马、扛夫、日用、薪水等项,每一州、县费数十两至百余两不等。学臣即借端需索,多方周旋,认州、县为年谊世好,种种弊端,不可究诘。'复又奏称'历来积习相沿,非始于一人,非始于一时,未便指参。请敕下该省学政,自行禁止'等语。该省学政果有如此弊窦,薛澄既知其认为年谊世好,毋论前任、现任,俱可指参。乃既不实指其人,又复奏请敕令自行禁止,如此陈奏,是欲博敢言之名,而又示宽解之意,有此事君之道乎?夫言官风闻言事,如大小臣工等簠簋不饬之类,若实有确据,明目张胆,见之弹章,国家自有宪典,焉可如此信口讥弹,以一言污人名节,而又不足以示国家法度?在伊等不过有意取巧,殊非朝廷设立言官之意也。昨御史杨开鼎参奏白钟山一折内称请旨训饬,今薛澄又为此奏,与杨开鼎情事相同。此向来科道习气,今则连日见之,此风断不可长。特行降旨申饬。各科道务当各自省改,毋蹈前辙。薛澄此折,著交与云南总督张允随秉公确查,据实具奏。"……"予原任太傅大学士伯鄂尔泰,入祀云南省贤良祠。"

——《清实录·高宗实录》卷259,第13—14页,总第348页

乾隆十二年(1747)丁卯科乡试

云南考官:编修周煌字景垣,四川涪州人,丁巳进士。编修杨述曾字企山,江南阳湖人,壬戌进士。

题“祭如在祭”全章,“知远之近　下平”,“沧浪之水”四句。

解元谢宣。

——(清)法式善等撰,张伟点校:《清秘述闻三种》,第178—179页

乾隆十二年(1747)丁卯科,谢宣(楚雄)、石峰(赵州)、董源(广南)、杨瀛仙(石屏)、袁学皋(姚州)、黄桂(云龙)、刘楷(保山)、甘受和(剑川)、杜念曾(嶍峨)、梁和中(蒙化)、杨汝经(曲靖)、王超(昆明)、郭联奎(河阳)、张恂(赵州)、李云程(石屏)、张家驹(宁州)、周于礼(嶍峨)、林作栋(昆明)、杨永芳(昆明)、郑文禧(禄丰)、迟永祚(昆阳)、万成勋(蒙自)、袁煒(宁州)、李崙(河阳)、郑昂(通海)、丁溥昌(澄江)、艾馨(武定)、陈渤(赵州)、陈龙章(广南)、徐吉士(嶍峨)、陈纶(河阳)、刘安郡(邓川)、郑汝盐(宁州)、苏凯臣(弥勒)、杨瑶(石屏)、朱旼(石屏)、金涵(昆明)、马锦文(云龙)、段如川(通海)、熊于衮(赵州)、苗漪(弥勒)、王聚仁(石屏)、李问周(广西州)、李钟杰(太和)、蔡馨(晋宁)、王以法(南安)、傅相(昆明)、王装(临安)、赵谦(大理)、王锡昊(阿迷)、白华(石屏)、饶有亮(姚安)、张圣睿(云南县)、刀卫(河阳)中举,是科云南54人中举。另是科云南尚有饶光国(河阳)1人顺天中式。

——(清)王文韶修:《续云南通志稿·选举制》卷100,第7册,第5409—5414页

乾隆十三年(1748)谕:“科举定额,每举人一名,大省录取八十名,小省五十名,其途本宽,果系真才,自不复有遗珠之叹。但近来士子因科场剔除旧习,颇知自爱,有志读书,期以实应,又当稍展其额以示鼓舞作兴之意。前议但就正榜定额,尚有副榜未经议及,著再加恩每副榜一名,大省加取四

十名，中省加取三十名，小省加取二十名，令各学政于考试遗才时，不论生员贡监，亦不拘县分大小，但就文理明通者照数录送入场，此外不许滥送。”

——(清)龙云、卢汉修，周钟岳纂：《民国新纂云南通志》卷16《历代贡举征辟表》，《中国地方志集成》，第584页

乾隆十三年(1748)，议准镇沅府及恩乐县均设学已久，文风日盛，镇沅府学设廪、增各十名，恩乐县学设廪、增各八名，新设之廪生俟十二年后出贡。

——(清)昆冈等修：《清会典事例》卷380《礼部(91)》，第5册，第191页

乾隆十三年(1748)，议准普洱府设学已久，文风日盛，设廪、增各八名。新设之廪生，俟十二年后出贡。

——(清)昆冈等修：《清会典事例》卷380《礼部(91)》，第5册，第191页

乾隆十三年(1748)，议准白盐井设学已久，文风日盛，设廪、增各八名，新设之廪生俟十二年后出贡。

——(清)昆冈等修：《清会典事例》卷380《礼部(91)》，第5册，第191页

乾隆十三年(1748)戊辰科会试

考官：吏部尚书陈大受字占咸，湖南祁阳人，癸丑进士。兵部侍郎鄂容安字虚亭，满洲镶蓝旗人，癸丑进士。户部侍郎蒋溥字恒轩，江南常熟人，庚戌进士。礼部侍郎沈德潜字确士，江南长洲人，己未进士。

题“好人之所”一节，“子曰呜乎”二句，“鲁君之宋”二句。

会元郑忬字前村，江南靖江人。

状元梁国治字阶平，浙江会稽人。榜眼陈柟字沓斋，浙江仁和人。探花汪廷玙字持斋，江南镇洋人。

是科云南 8 人中进士。

——（清）法式善等撰，张伟点校：《清秘述闻三种》，第 179 页

乾隆十三年（1748）戊辰科会试，云南段廷机（昆明、3 甲 15 名）、邓又赞（太和、3 甲 76 名）、赵廷献（弥勒、3 甲 113 名）、高旷（昆明、3 甲 124 名）、龚锡鼎（赵州、3 甲 136 名）、刘正国（南宁、3 甲 138 名）、万成勋（蒙自、3 甲 155 名）、饶有亮（姚州、3 甲 177 名）8 人中进士。

——江庆柏编著：《清朝进士题名录》，第 484—493 页

乾隆十五年（1750）六月，壬午，上诣雍和宫行礼……甲申，礼部议准调任云南巡抚图尔炳阿疏称："滇省文闱乡试，从前应试士子不下五千数百余名，是以调取内、外帘官六十一员。自甲子科以后，共录科举二千九百名，人数较少，帘官自应酌减。请将内帘、易经、房考三员减一，诗经、房考三员减一。其外帘官、受卷所四员减二，弥封所二员减一，誊录所四员减二，对读所三员减一，收掌所二员减一。又：巡察等官共三十五员内裁十一员。"从之。

——《清实录·高宗实录》卷 366，第 15—16 页，总第 1046 页

乾隆十五年（1750）庚午科乡试

云南考官：礼部郎中高景蕃字崧占，浙江仁和人，甲辰进士。检讨陈浫洲字修堂，福建南安人，壬戌进士。

题"仰之弥高　以礼"，"舟车所至"二句，"曰其志嘐　者也"。

解元李宰，大理人。

——（清）法式善等撰，张伟点校：《清秘述闻三种》，第 183 页

乾隆十五年(1750)庚午科,李宰(大理)、马容(昆明)、薛铭恕(建水)、李廷柏(建水)、杨衍嗣(元江)、濮曜临(昆明)、赵联映(赵州)、张照南(云南县)、陆荃(永昌)、陈诏(楚雄)、水卫(保山)、张焜(临安)、蒋祖寿(鹤庆)、张位翼(河西)、金继起(赵州)、赵中世(师宗)、王极登(建水)、邬焜(建水)、余竑(呈贡)、申德(陆凉)、倪高甲(建水)、卫璋(石屏)、姜思敬(广西)、董兆沄(宁州)、李濬(阿迷)、李淳(河阳)、杨光俊(丽江)、朱国垣(永善)、黄治(晋宁)、刘芳韵(蒙化)、马继良(剑川)、刘恒(建水)、汤仲书(蒙自)、廖文豪(石屏)、范廷杰(通海)、赵殿钰(通海)、周溥(太和)、林芳(嵩明)、宁自超(蒙自)、杨瑞(永昌)、陈于殿(嵩明)、李联登(河阳)、杨坦(建水)、张鹏起(河阳)、景廷杰(昆明)、李馥(石屏)、高元明(临安)、王璪(石屏)、张世贞(云南府)、刘同(通海)、汤特诏(弥勒)、台宸辅(建水)、张可发(晋宁)、陈沅(江川)中举,是科云南54人中举。

——(清)王文韶修:《续云南通志稿·选举制》卷100,第7册,第5409—5414页

乾隆十六年(1751)辛未科会试

考官:内阁大学士刘统勋字延清,山东诸城人,甲辰进士。工部尚书孙嘉淦字懿斋,山西兴县人,癸巳进士。礼部侍郎介福字受兹,满洲镶黄旗人,癸丑进士。内阁学士董邦达字孚存,浙江富阳人,癸丑进士。

题"贤者辟世"四句,"上焉者虽"一段,"舜之居深"全章。

会元周澧字芑东,浙江嘉善人。

状元吴鸿字颉云,浙江仁和人。榜眼饶学曙字霁南,江西广昌人。探花周澧字芑东,浙江嘉善人。

是科云南9人中进士。

——(清)法式善等撰,张伟点校:《清秘述闻三种》,第184页

乾隆十六年(1751)辛未科会试,云南周于礼(嶍峨、2甲44名)、刘恒(建水、2甲65名)、叶自渊(保山、2甲67名)、刘心传(石屏、3甲84名)、

郭良贵(新兴、3甲91名)、蔡馨(晋宁、3甲111名)、刘位廷(蒙自、3甲129名)、梁和中(蒙化、3甲146名)、徐吉士(嶍峨、3甲167名)9人中进士。

——江庆柏编著:《清朝进士题名录》,第496—504页

乾隆十六年(1751),六月,丙午,谕:"前经降旨,今岁恭遇圣母皇太后万寿,于壬申年特开恩科。其直省乡试,因恐二月天寒,是以照会试例于三月举行。但思三月乡试,必至四月初旬揭晓,云、贵、川、广等省去会试之期,稍为匆迫。外省乡试,俱著于二月举行。京城二月天气尚寒,顺天乡试,仍以三月。"又谕曰:"巡抚马雄镇、道陈奇太、知府杨知详、同知高举等,虽先未经赏给世职,但伊等为国尽忠,全家遇难,情节甚属可悯,俱著赏给伊等七品世职袭替。"

——《清实录·高宗实录》卷392,第15—16页,总第153页

乾隆十六年(1751)十一月,甲子朔,遣官祭先医之神……大学士等议复:"各省乡试官卷中额,乾隆十五年准礼部议,民卷二十五名,取中官卷一名。江苏应取中二名,安徽一名,浙江、江西、福建各三名,其官生约在六七十人及三四十人以上;而直隶官卷仅十三四人,应取中三名;多寡参差。今以官卷多少,酌定中额。满洲、蒙古官生约五十人,原定取中六名,较满洲、蒙古民卷十余卷中一名,不过略优。汉军官生约十余人,原定取中一名,较汉军民卷二十卷中一名,不过加倍,应无庸再议。惟官生众多,各省中额应加扩充。今拟顺天贝字号、江苏、福建各四名,浙江六名,江西五名,河南、山东、山西各三名,南皿、安徽、湖南、湖北各二名。至广东、四川、陕西、云南原定各二名,北皿、广西、贵州各一名,官生数少,无庸加增。再:文员内吏、礼二部司员已不列官卷;其八旗武职,应自副都统以上方准编列。"得旨:"所议是。依议。"

——《清实录·高宗实录》卷402,第1—3页,总第284—285页

乾隆十七年(1752)壬申恩科乡试(三月举行)

云南考官:编修钮汝骐字驾仙,浙江桐乡人,己未进士。司业温敏字铁崖,满洲正蓝旗人,乙丑进士。

题"知者乐水"二句,"鲜能知味"一句,"非所以内"三句。

解元袁文佑,保山人。

——(清)法式善等撰,张伟点校:《清秘述闻三种》,第 188 页

乾隆十七年(1752)壬申恩科乡试,袁文佑(保山)、李准(蒙化)、傅于宁(昆明)、王宣(陆凉)、李素(昆明)、李绍曾(云南府)、杨甯扬(宁州)、袁文康(保山)、佴兆凤(建水)、时奉天(赵州)、李苏学(昆明)、杨澄(云南县)、张文晋(河西)、吴蒲(临安)、袁人文(赵州)、王宇谟(沾益)、赵瑗(昆阳)、陈瑞(宁州)、刘文澜(罗次)、张治(河西)、何现龙(永北)、黄恩锡(永北)、徐务本(路南)、黄灏(晋宁)、高理(石屏)、万友正(阿迷)、朱艳(临安)、乐安仁(楚雄)、张依仁(河西)、杨峄(顺宁)、倪尔健(建水)、彭廷显(白井)、黄绍魁(云龙)、路承尺(南宁)、缪维新(通海)、许昭(通海)、李暾(河西)、姚贺泰(蒙化)、夏文广(昭通)、江天一(罗次)、马敬(建水)、杨玱(弥勒)、王缵(赵州)、万方泰(晋宁)、吕祖望(南宁)、李立本(新兴)、杨士鹏(河西)、梁昇(昆明)、杨旸(赵州)、刘治传(石屏)、王明(姚州)、李敬仁(河西)、倪宪(楚雄)、施焕(弥勒)中举,是科云南 54 人中举。

——(清)王文韶修:《续云南通志稿·选举制》卷 100,第 7 册,第 5409—5414 页

乾隆十七年(1752)壬申恩科会试(八月举行)

考官:内阁大学士陈世倌,字莲宇,浙江海宁人,癸未进士。礼部侍郎嵩寿字茂承,满洲正黄旗人,癸卯进士。内阁学士邹一桂字小山,江南无锡人,丁未进士。

题"君子有三畏"一节,"果能此道"一节,"孟子之滕　瘦也"。

会元邵嗣宗字蔚田，江南太仓人。

状元秦大士字鲁一，江南江宁人。榜眼范棫士字思皇，江南华亭人。探花卢文弨字绍弓，浙江余姚人。

是科云南7人中进士。

——(清)法式善等撰，张伟点校：《清秘述闻三种》，第189页

乾隆十七年(1752)壬申恩科会试，云南赵瑗(昆阳、2甲55名)、杜念曾(嶍峨、3甲10名)、黄恩锡(永北、3甲39名)、万以徵(阿迷、3甲51名)、熊于兖(赵州、3甲55名)、谢奉璋(禄劝、3甲110)、马锦文(云龙、3甲107名)7人中进士。

——江庆柏编著：《清朝进士题名录》，第508—514页

乾隆十八年(1753)癸酉科乡试

云南考官：编修杨方立字默斋，江西瑞金人，戊辰进士。编修沈栻字钦伯，江南常熟人，辛未进士。

题"何器也曰"二句，"官盛任使"一句，"或远或近　已矣"。

解元杨中选字晴轩，宁州人，辛巳进士。

——(清)法式善等撰，张伟点校：《清秘述闻三种》，第193页

乾隆十八年(1753)癸酉科，杨中选(寻甸)、高凤翥(昆明)、杨文罴(太和)、杨鲲(阿迷)、吴昂(阿迷)、王尚贤(鹤庆)、刘銮(保山)、杨长绶(浪穹)、李敬跻(马龙)、李凤彩(建水)、邢浩清(建水)、金诏(建水)、杨上植(河西)、金英(路南)、李振淮(宁州)、杨启先(晋宁)、刘养裕(楚雄)、尹均(蒙自)、赵亮(昆明)、杨昱(广西)、王文龙(建水)、陈岱(云南府)、任怀(建水)、杨沣培(云南县)、李湛(蒙化)、赵鸿渐(鹤庆)、张志超(白井)、张圣俞(昆明)、景致中(昆阳)、杨霆(太和)、赵维翼(晋宁)、杨朝枚(顺宁)、

许怀仁(宜良)、陈文灿(楚雄)、杨重禄(太和)、殷其雷(河阳)、田浩(建水)、刘经传(石屏)、杨振藻(赵州)、卢淳(石屏)、袁有光(蒙自)、艾彭年(昆明)、梅于嵩(陆凉)、王节昭(白井)、王恭极(剑川)、杨溥(宜良)、司凯(昆明)、蹇忠(保山)、张书绅(临安)、胡甯(宾川)、张巘(赵州)、李烜(河阳)、冯翊汉(永昌)、谢清问(河阳)中举,是科云南54人中举。另是科云南尚有李淑世(开化)1人顺天中式。

——(清)王文韶修:《续云南通志稿·选举制》卷100,第7册,第5409—5414页

乾隆十九年(1754)甲戌科会试

考官:内阁大学士陈世倌字莲宇,浙江海宁人,癸未进士。礼部侍郎介福字景庵,满洲镶黄旗人,癸丑进士。内阁学士钱维城字稼轩,江南武进人,乙丑进士。

题"唐棣之华　思也","博厚配地"三节,"且夫枉尺　以利"。

会元胡绍鼎字牧亭,湖北孝感人。

状元庄培因字本淳,江南阳湖人。榜眼王鸣盛字凤喈,江南嘉定人。探花倪承宽字敬堂,浙江仁和人。

是科云南7人中进士。

——(清)法式善等撰,张伟点校:《清秘述闻三种》,第194页

云南倪高甲(建水、2甲9名)、刘銮(保山、2甲16名)、傅相(昆明、3甲39名)、李云程(石屏、3甲41名)、邓之圻(石屏、3甲48名)、尹均(蒙自、3甲91名)、赵震(太和、3甲134名)7人中进士。

——江庆柏编著:《清朝进士题名录》,第520—527页

乾隆二十年(1755),八月,辛未,云南学政葛峻起奏:"滇省士风,非贸

易他方,即潜游别郡;甚至潜入夷地,揽讼主谋,煽惑愚民,贻害非细。请嗣后各府、州、县将文武诸生开册稽查,不许私自出境。其不得已他出者,将情由呈明地方官,移知所往州、县稽查。倘有潜入夷地,滋事累民者,即详革究治。"得旨:"告知爱必达,不必另议条例,汝等实心稽查可也。"

——《清实录·高宗实录》卷495,第21—22页,总第223—224页

乾隆二十年(1755),钦奉恩诏,丙子年各省乡试广额,云南五名。

——(清)龙云、卢汉修,周钟岳纂:《民国新纂云南通志》卷16《历代贡举征辟表》,《中国地方志集成》,第584页

乾隆二十一年(1756)丙子科乡试

云南考官:编修戈涛字蘧园,直隶献县人,辛未进士。御史杨方立字默堂,江西瑞金人,戊辰进士。

题"樊迟请学"一节,"睨而视之　为远","君子平其　可也"。

解元俞汝夔。

——(清)法式善等撰,张伟点校:《清秘述闻三种》,第198页

乾隆二十一年(1756)丙子科,俞汝夔(建水)、何发祥(镇雄)、周得寿(通海)、袁文典(保山)、刘光远(建水)、张纬(永昌)、李东昇(顺宁)、叶湛露(临安)、蒋梦獐(鹤庆)、钱汝霖(昆明)、许登元(楚雄)、严秉政(澄江)、靳志高(江川)、李馨(通海)、王佩(丽江)、冯跃龙(昆明)、沈锠(赵州)、蒋安世(广南)、戴璇(永昌)、高焯(建水)、沈思敬(临安)、李尧元(广西)、赵安(鹤庆)、施培应(昆明)、谢钟鼎(昆明)、何汝甯(弥勒)、李树堂(邓川)、张元灏(南宁)、董正临(通海)、杨亿(南安)、刘寅廷(蒙自)、王善撰(临安)、严济泰(临安)、司端(昆明)、莫之先(石屏)、何勷(嵩明)、佴杰(建水)、周之献(镇南)、王堂(建水)、刘佐(楚雄)、张书敬(邓川)、罗道位(白井)、王景丹(昆阳)、

张洁(河西)、王梦简(弥勒)、苏光豸(石屏)、马君锡(宁州)、毕廷斌(昆明)、王尊士(大理)、马寅亮(建水)、陈国敕(保山)、张登鳌(宾川)、王育德(河西)、彭丕训(镇南)、戴曾(呈贡)、王时(宾川)、陆艺(罗次)、刘春芳(河西)、李可栋(太和)中举,是科云南59人中举。另是科云南尚有李翊(晋宁)1人顺天中式。刘裔彦(永北)或顺天中式或中式地不明。

——(清)王文韶修:《续云南通志稿·选举制》卷100,第7册,第5409—5414页

乾隆二十二年(1757)丁丑科会试

此是科奉旨乡、会试易表判为诗,永著为例。

考官:刑部尚书刘统勋字延清,山东诸城人,甲辰进士。礼部侍郎介福字受兹,满洲镶黄旗人,癸丑进士。礼部侍郎金德瑛字慕斋,浙江仁和人,丙辰进士。

题"臧文仲其"一句,"在上位不"二句,"一箪食一　加焉"。

赋得"循名责实"得"田"字。

会元蔡以台字季实,浙江嘉善人。

状元蔡以台字季实,浙江嘉善人。榜眼梅立本字秋竢,江南宣城人。探花邹奕孝字念乔,江南无锡人。

是科云南8人中进士。

——(清)法式善等撰,张伟点校:《清秘述闻三种》,第198—199页

乾隆二十二年(1757)丁丑科会试,云南李翊(晋宁、2甲10名)、施培应(昆明、2甲64名)、李敬跻(马龙、2甲60名)、赵维翼(晋宁、3甲15名)、谢清问(河阳、3甲56名)、梁昇(昆明、3甲86名)、杨霆(太和、3甲100名)、杨梿(太和、3甲132名)8人中进士。

——江庆柏编著:《清朝进士题名录》,第532—539页

乾隆二十三年(1758),三月,丙申,上幸南苑行围。大学士等议奏:“原任直隶学政庄存与条奏科场事宜,内称乡试官卷应酌减中额;又据协办大学士蒋溥奏裁官卷;均奉旨交议。旋又奉旨,分大、中、小省,定以二十名、十五名、十名取中一名,并令妥酌议奏。请嗣后直隶、江南、浙江、江西、湖广、福建等大省官生,二十名取中一名,三十一名取中二名。山东、河南、山西、广东、陕西、四川等中省,十五名取中一名,二十三名取中二名。广西、云南、贵州等小省,十名取中一名,十六名取中二名。顺天乡试,满洲、蒙古、汉军照小省取中,南北贡监照中省取中,不及额者归民卷。”……从之。

——《清实录·高宗实录》卷558,第11—12页,总第72—73页

乾隆二十四年(1759)五月,壬寅,孝恭仁皇后忌辰,遣官祭景陵……又谕(军机大臣等):“据叶观国奏考试情形一折。内称‘昭通府童生李芃、李璋暗地换卷;易门武童杨会川弥封姓名不符;新兴州童生陈上奇复试文理不符;饬各该提调审复。或称并无说合银钱;或称村童无知冒犯;或系钞写窗稿,并无枪雇之弊,照例发落’等语。看此情节,该府等所办,未免故为开脱。学政考试所至,该府与有提调之责,一切弊窦,理应协同稽察,方为实心整顿。乃既经该学政查出发审,并不据实根究,转以宽纵了事。姑息养奸,莫此为甚。学臣呼应不灵,诸弊何由肃清?且枪倩之弊,京师尚且有之,何况滇南远省?著将叶观国原折钞寄该督等,令其详细查明,将知府黄修忠、陈镳、李承邺据实参处。”

——《清实录·高宗实录》卷587,第16—20页,总第518—520页

乾隆二十四年(1759)九月,甲寅,上诣皇太后行幄问安,行围,赐扈从王公大臣并蒙古王公台吉等食……又谕:“据刘藻奏‘滇省乡试朱、墨卷,与新颁式样稍有不符,已咨明礼部,请今科暂就现办之纸制用,经部咨驳’等语。前因周人骥奏请更定卷式,部臣议准通行画一。但滇省奉文既迟,卷纸已经购备,则今科暂准仍前制用,又有何关系?且短狭不符,仅止分寸,

而该部并不揆情理，惟知一驳了事，似此胶柱鼓瑟，最为相沿陋习，屡经训饬，何以不知悛改？著礼部堂官明白回奏。”

——《清实录·高宗实录》卷596，第12—15页，总第641—643页

乾隆二十四年（1759）己卯科乡试

云南考官：编修蒋檙字伯钦，江南常熟人，辛未进士。工部郎中魏梦龙字卧厓，浙江仁和人，戊辰进士。

题："子路有闻"二句，"鸢飞戾天"一句，"为长者折　能也"。

赋得"行不由径"得"行"字。

解元李松龄，宁州人，辛巳进士。

——（清）法式善等撰，张伟点校：《清秘述闻三种》，第204页

乾隆二十四年（1759）己卯科，李松龄（赵州）、杨景山（赵州）、段廷赞（晋宁）、王肇曾（晋宁）、张文炯（安宁）、马启泰（昆明）、李凤翥（建水）、何绍濂（昆明）、申云鹏（新兴）、杨环（蒙自）、许翌（石屏）、饶湛（蒙化）、彭起鲲（昆明）、李文衮（江川）、牟澍（建水）、吴绳祖（元江）、黄瑄（阿迷）、周高甲（石屏）、文泰暹（昆明）、马秉健（寻甸）、魏藩（镇南）、谢三锡（蒙化）、张元臣（宜良）、王暹（太和）、李承恩（腾越）、夏兆侯（建水）、王綍（晋宁）、罗暹（新兴）、李坤育（陆凉）、戴晟（浪穹）、喻照临（广西）、张鑑堂（姚安）、欧阳春（建水）、陈藩嗣（蒙化）、陈瑁（景东）、杨治（丽江）、杨铭敬（建水）、周樽（昆明）、徐之燡（云南府）、胡云鹤（宁州）、杨应旭（鹤庆）、白歧（赵州）、张镇（建水）、梁友庚（南宁）、王懋昭（宾川）、杨秉谦（澄江）、左元会（蒙化）、杨维政（宣威）、张有本（河西）、李慎（浪穹）、杨廷机（白井）、赵贤（丽江）、夏又吉（宜良）、叶芳桐（晋宁）中举，是科云南54人中举。

——（清）王文韶修：《续云南通志稿·选举制》卷100，第7册，第5409—5414页

乾隆二十五年(1760),七月,甲辰。上诣畅春园、问皇太后安……礼部议复:"广西学政鞠恺奏称'广西童生应试,多因亲友影射,冒籍混考,竟有一学多至数十名者。不急为严禁,则土著进取为难,边地文风日坏'等语。应令该学政彻底清厘。除现在查确者即勒令归籍;其未经发觉者,于部文到日,勒限一年,令本生自首,由该学教官会同州、县结送学政,咨回原籍。逾限不首,发觉斥革。仍将不行详查之教官、州、县照例议处。再:本年现届乡试,其已经查确各生,应照例罚停乡试一科。仍行文云南、贵州、四川、广东等省,画一办理。"从之。

——《清实录·高宗实录》卷616,第2—5页,总第926—928页

乾隆二十五年(1760)庚辰恩科乡试

云南考官:侍读景福字介之,满洲镶白旗人,壬申进士。编修饶学曙字霁南,江南广昌人,辛未进士。

题"敏而好学　文也","远之则有"二句,"流水之为　不行"。

赋得"八月其获"得"成"字。

解元李根玉字仙蟠,鹤庆人。

——(清)法式善等撰,张伟点校:《清秘述闻三种》,第210页

乾隆二十五年(1760)庚辰恩科乡试,李根玉(临安)、朱镗(晋宁)、张赓飏(云南府)、李九茎(罗次)、朱明(永北)、段曾荫(河阳)、张联芳(澄江)、姚时泰(蒙化)、赵雄飞(河阳)、师联珠(赵州)、任体道(嵩明)、于有光(易门)、吴登桂(石屏)、汤伯书(蒙自)、黄槐(蒙化)、尹增(蒙自)、董训官(寻甸)、陈天润(广通)、曾道中(建水)、包晋(阿迷)、孙祚衍(蒙化)、孔兴一(通海)、杨本盛(鹤庆)、蔡廷望(富民)、王劬(易门)、杨名贵(宁州)、朱石宝(安宁)、段芯(蒙自)、杜东骆(云南府)、石方川(昆明)、张璟(蒙化)、赵之瑗(鹤庆)、邓国冕(澄江)、陈鹏腾(河西)、张大成(腾越)、李式玉(大理)、杨名馨(太和)、吴模(大姚)、陈铨(姚安)、王佐(蒙自)、赵魁(剑川)、陈

其勋(昆明)、李至(鹤庆)、马致和(昆明)、许德芳(江川)、王向极(剑川)、郭南英(澄江)、董暾(临安)、刘暾(禄丰)、邹毓瑸(昆明)、李云鳌(石屏)、徐大鹤(建水)、时畏天(赵州)、王时第(嶍峨)中举,是科云南54人中举。

——(清)王文韶修:《续云南通志稿·选举制》卷100,第7册,第5415—5419页

乾隆二十五年(1760),九月,丙午。上行围。山东道御史吴绶沼奏:"云南学政李中简奏准酌量童生考试格式一折。据称'滇省僻处边隅,文风浅陋,童生应试四书文两篇,日力既应接不暇,不能兼及诗篇经义。请裁去书文一篇,以一书、一经、一诗命题'等语。该学政所奏只就滇省而言,未经概行直省。查各省人文虽多寡优劣不等,但童生小试,不能皆拔萃之才。请嗣后各直省童生应试,悉照该学政奏准格式,以一书、一经、一诗命题。其经文既准书艺,务期发挥经旨,阐明传注,方准拔取。应请于试卷解部时,照四书文一例磨勘。"下部议行。

——《清实录·高宗实录》卷620,第6页,总第972页

乾隆二十五年(1760),十一月,甲辰。上诣畅春园,问皇太后安,幸圆明园。礼部议复:"云南学政李中简奏称:'滇省黑、白、琅三井并普洱、镇源、恩乐等府、县学取进文生,乾隆十三年部准设立廪、增,以考列优等者充补,俟十二年后起贡。现已届期,请照昭通、东川二府属出贡例办理。'查该省昭通、东川府属镇雄州、永善县每学设廪生八名,于乾隆二十三年题准四年一贡。今黑、白、琅三井,普洱、镇源、恩乐等学,廪数相符,其贡期应如该学政所请。"从之。

——《清实录·高宗实录》卷624,第4—5页,总第1009页

乾隆二十五年(1760)庚辰科会试

考官:内阁大学士蒋溥字质甫,江南常熟人,庚戌进士。刑部尚书秦蕙

田字味经，江南金匮人，丙辰进士。礼部侍郎介福字受兹，满洲镶黄旗人，癸丑进士。副都御史张泰开字有堂，江南金匮人，壬戌进士。

题“既而曰鄙已矣”，“愚而好自”三句，“诗云忧心　王也”。

赋得“王道荡荡”得“同”字。

会元王中孚字沐洲，山东诸城人。

状元毕沅字秋帆，江南镇洋人。榜眼诸重光字申之，浙江余姚人。探花王文治字禹卿，江南丹徒人。

是科云南 5 人中进士。

——（清）法式善等撰，张伟点校：《清秘述闻三种》，第 204—205 页

乾隆二十五年（1760）庚辰科会试，云南刘经傅（石屏、3 甲 19 名）、张登鳌（宁州、3 甲 70 名）、黄绍魁（云龙、3 甲 91 名）、杨景山（赵州、3 甲 98 名）、李松龄（宁州、3 甲 26 名）5 人中进士。

——江庆柏编著：《清朝进士题名录》，第 543—550 页

乾隆二十五年（1760）十一月辛亥，上诣皇太后宫问安。礼部议复：“云南布政使顾济美奏称：‘各省乡试印卷，办理互异。前在陕省系用提调道员关防，闽省系藩司首领官于接缝处用印，藩司于卷面用印。今滇省卷面及接缝处，则全用藩司印信，请通饬画一。’查乡试墨卷钤用印信，理宜详慎。除顺天乡试应仍用府尹印外，江南系上、下江巡抚轮流监临，率同派委道员办理闱务，两江布政使向不赴闱；应令各该督、抚于乡试年分，酌用印信，报部存案。其余各省试卷，无论正面、接缝，均用藩司印信。”从之。

——《清实录·高宗实录》卷 624，第 15—16 页，总第 1014—1015 页

乾隆二十六年（1761）六月。戊子，命礼部左侍郎兼管翰林院掌院事务介福、兵部尚书刘纶，教习庶吉士。己丑，云南学政李中简奏：“各府、州、县

育才之地,书院外有义学。书院之师,官为延请。至义学僻在乡村,地方官耳目不及,各听乡塾之便,以致学行未优者,亦得徇情延请。嗣后请责成该地方官,非文行兼优者,不得滥充;并将各处义学教习姓名、出身,咨呈学政。如有以监生、武生等混行充选者,听学臣记过,咨明督、抚存案。”得旨:“著照所请行。”

——《清实录·高宗实录》卷 639,第 5—6 页,总第 138—139 页

乾隆二十六年(1761)辛巳恩科会试

考官:吏部尚书刘统勋字延清,山东诸城人,甲辰进士。兵部侍郎观保字伯容,满洲正白旗人,丁巳进士。户部侍郎于敏中字重常,江南金坛人,丁巳进士。

题“红紫不以”二句,“旅酬下为”四句,“大夫曰何”一句。

赋得“贤不家食”得“同”字。

会元陈步瀛字勤斋,江南江宁人。

状元王杰字伟人,陕西韩城人。榜眼胡高望字希吕,浙江仁和人。探花赵翼字瓯北,江南阳湖人。

是科云南 5 人中进士。

——(清)法式善等撰,张伟点校:《清秘述闻三种》,第 210—211 页

乾隆二十六年(1761)辛巳恩科会试,云南卢镈(石屏、3 甲 64 名)、王熊兆(新兴、3 甲 69 名)、李廷柏(建水、3 甲 102 名)、杨中选(寻甸、3 甲 133 名)、余大鹤(建水、3 甲 146 名)5 人中进士。

——江庆柏编著:《清朝进士题名录》,第 552—559 页

乾隆二十六年(1761)十二月,辛巳,上诣皇太后宫问安……礼部议复:“云南学政李中简奏称:‘滇省各郡,向因入试童生不多,即以府属教授考试

送府。今人文渐盛,应试较增,关防自宜加密。'应如所请,将昭通、东川二府照开化、广南等府例,归府城二县考试。其广西、元江、鹤庆、顺宁、镇沅五府不与州、县同城,应于县试时,饬调所属最近州、县赴府考试。永北府童生归同城之同知考试。丽江府童生令不同城之同知、通判赴府考试,照州、县例造册送府。至景东、蒙化二府系以同知掌府印,无府佐、州、县可委,照直隶州例,令掌印同知考试,申送学臣,无庸调取别属。"从之。

——《清实录·高宗实录》卷651,第3—4页,总第290页

乾隆二十七年(1762)壬午科乡试

云南考官:编修王绍曾字衣闻,江南金山人,丁丑进士。检讨何曰佩字缙华,广东德庆人,丁丑进士。

题"有能一日　足者","戒慎乎其"一句,"入其疆土　有庆"。

赋得"山川出云"得"贤"字。

解元张履观,石屏人。

——(清)法式善等撰,张伟点校:《清秘述闻三种》,第217页

乾隆二十七年(1762)壬午科,张履观(建水)、李颐学(昆明)、张心中(云南县)、徐午中(晋宁)、李存直(安宁)、杨翘楚(云州)、尹壮图(蒙自)、杨湝(宾川)、赵登甲(蒙化)、朱龙藻(昆明)、赵暟(太和)、向忞(河西)、王玉音(石屏)、王廷桂(镇雄)、杨德容(晋宁)、陈士凤(河阳)、李一鹤(晋宁)、孙光祖(蒙化)、何永甯(临安)、杨嵘(永北)、杨玮(宁州)、陈家修(石屏)、董廷镇(石屏)、张见南(太和)、尹祥麟(通海)、马廷芝(建水)、涂跃龙(景东)、吴官(建水)、王教(建水)、李如珩(鹤庆)、杨维楷(曲靖)、陈云龙(禄丰)、王琇(弥勒)、李友桂(呈贡)、高上桂(邓川)、陈绪(河阳)、高城(临安)、李信(云南县)、蒋鸣鹿(鹤庆)、任佺(云南县)、柳文兰(宜良)、祁文焕(澄江)、全义(蒙自)、罗庆恩(石屏)、钱兆熊(河西)、熊耳槐(云南县)、苏闳魁(太和)、李卿云(赵州)、吴文选(云南县)、濮僎(昆明)、王世表

(宁州)、杨时楫(浪穹)、余萃文(昆明)、邵其禄(景东)中举,是科云南 54 人中举。

——(清)王文韶修:《续云南通志稿 · 选举制》卷 100,第 7 册,第 5415—5419 页

乾隆二十八年(1763)癸未科会试

考官:刑部尚书秦蕙田字树澧,江南金匮人,丙辰进士。礼部侍郎德保字仲容,满洲正白旗人,丁巳进士。兵部侍郎王际华字秋瑞,浙江钱塘人,乙丑进士。

题“子曰甯武”二句,“子曰无忧”一句,“淳于髡曰　去之”。

赋得“从善如登”得“难”字。

会元孙效曾字恂士,浙江仁和人。

状元秦大成字澄叙,江南嘉定人。榜眼沈初字云椒,浙江平湖人。探花韦谦恒字约轩,江南芜湖人。

是科云南 4 人中进士。

——(清)法式善等撰,张伟点校:《清秘述闻三种》,第 217—218 页

乾隆二十八年(1763)癸未科会试,云南高上桂(邓川、3 甲 58 名)、刘治传(石屏、3 甲 70 名)、蒋鸣鹿(鹤庆、3 甲 73 名)、陈士凤(河阳、3 甲 103 名)4 人中进士。

——江庆柏编著:《清朝进士题名录》,第 562—567 页

乾隆三十年(1765)乙酉科乡试

云南考官:洗马励守谦字自牧,直隶静海人,乙丑进士。工部主事邹梦皋字雨洲,江南无锡人,庚辰进士。

题“色取仁而　不疑”,“相在尔室”一句,“欲贵者人　贵也”。

赋得“万里共秋辉”得“清”字。

解元喻如圣,石屏人。

——(清)法式善等撰,张伟点校:《清秘述闻三种》,第 223 页

乾隆三十年(1765)乙酉科,喻如圣(石屏)、张金鑑(石屏)、唐文灼(晋宁)、杨天禄(河西)、谈去矜(蒙自)、郭棠(云南县)、罗云禧(景东)、马元龙(澄江)、杨其仁(邓川)、廖崑龄(河阳)、邹学瀛(赵州)、张从孔(建水)、郭凤彩(河阳)、杨复昌(蒙自)、夏元凯(白井)、徐时行(蒙化)、陈沆(昆明)、曾道传(建水)、田棨庭(建水)、卢锜(石屏)、杨燮(赵州)、韩锡章(赵州)、张鹏翀(河阳)、陈河图(嵩明)、杨一揆(临安)、窦鳞(新兴)、杜梦锡(浪穹)、孙训(昆明)、李昆山(晋宁)、陈时(大理)、李梦彩(石屏)、施浥培(元谋)、徐连(河阳)、李敦(河阳)、王晢(易门)、徐之璋(路南)、王之雄(云南县)、杨著(赵州)、王挺(建水)、宗文德(元江)、吴杰人(石屏)、钟大文(元江)、万倬(建水)、洪文标(元江)、李兆鹍(河阳)、孙昭(河西)、郭恒山(蒙化)、王睿生(广西州)、杨栩(大理)、潘藻(石屏)、季昌鲁(白井)、宋辉南(楚雄)、吴屿(鹤庆)、董汉贵(河西)中举,是科云南 54 人中举。

——(清)王文韶修:《续云南通志稿·选举制》卷 100,第 7 册,第 5415—5419 页

乾隆三十年(1765)十月,戊申。上诣畅春园、问皇太后安,幸圆明园……谕军机大臣等:“刘藻奏‘滇省五华书院山长张甄陶自主讲席以来,迄今五载,实能尽心训迪,著有成效。请令为黔省贵山书院山长。俟届满六年,抚臣就近考核,或照例奏请议叙,或送部引见示奖,临期再行酌办’等语。所奏甚是,已如议行矣。省会设立书院,所以乐育人材,前经降旨令督、抚等慎选山长;如果教术可观,六年之后,著有成效,奏请酌量议叙。原以山长为多士观摩,若徒视为具文,漫无考核,既无以为激劝之资,则日久因循,未免怠于训课,惟知恋栈优游,诸生或且习而生玩,恐于教学无裨。且在籍闲居之人,未尝无端谨绩学可主讲席者,若实心延访,使之及瓜更代,自必鼓舞振兴,共相淬励,方不负设馆育材之意。乃自降旨以来,各督、

抚并未见有遵旨具奏者。即如齐召南之在敷文书院,廖鸿章之在紫阳书院,岂止六年之久?何以从前未经办及?朕所知已有二人,恐各省似此者尚复不少。著各该督、抚将因何不行遵旨办理之处,查明具奏。嗣后均以六年为满,秉公考察,分别核办。庶于劝学程功,均有实济。著传谕各督、抚知之。"

——《清实录·高宗实录》卷746,第8—9页,总第210页

乾隆三十一年(1766)丙戌科会试

考官:内阁大学士尹继善字元长,满州镶黄旗人,癸卯进士。吏部侍郎裘曰修字叔度,江西新建人,己未进士。兵部侍郎陆宗楷字建先,浙江海宁人,癸卯进士。

题"君子周急　九百","诗云相在　而敬","诐辞知其"四句。

赋得"三复白圭"得"寒"字。

会元胡珊字佩绅,江南歙县人。

状元张书勋字在常,江南吴县人。榜眼姚颐字震初,江西泰和人。探花刘跃云字伏先,江南武进人。

是科云南5人中进士。

——(清)法式善等撰,张伟点校:《清秘述闻三种》,第223—224页

乾隆三十一年(1766)丙戌科会试,云南尹壮图(蒙自、2甲35名)、杨衍嗣(元江、3甲89名)、唐文灼(晋宁、3甲128名)、杨嵘(永北、3甲122名)、徐时行(蒙化、3甲136名)5人中进士。

——江庆柏编著:《清朝进士题名录》,第571—578页

乾隆三十三年(1768)戊子科乡试

云南考官:侍讲孙效曾字恂士,浙江仁和人,癸未进士。御史胡绍鼎字牧亭,湖北孝感人,甲戌进士。

题“见善如不”一节,“正己而不”一句,“附之以韩”二句。

赋得“天骥呈才”得“程”字。

解元窦晟,罗平人。

——(清)法式善等撰,张伟点校:《清秘述闻三种》,第 228—229 页

乾隆三十三年(1768)戊子科,窦晟(罗次)、戴王綍(安宁)、迟珂(河阳)、杨步青(南安)、罗文英(昆明)、张崇敏(通海)、李冲云(太和)、陈德纯(姚州)、贺倬(昆明)、方来诏(建水)、李时和(景东)、刘天瑞(嵩明)、周仆(广西)、周金熠(通海)、李东馨(顺宁)、朱秉仁(蒙自)、李继孟(路南)、刘光(建水)、张文佐(云南府)、孙熙(呈贡)、杨彦(寻甸)、吴联云(石屏)、张造(浪穹)、杨沧柱(路南)、陈廷对(通海)、张元勋(通海)、李珍(蒙化)、李舒乙(晋宁)、王仕(楚雄)、李杰(太和)、王重文(路南)、张伯桂(白井)、于宣(元江)、侯默(易门)、高履方(通海)、王辂(通海)、戴圣哲(赵州)、赵源(昆明)、俞梁(陆凉)、吴高林(临安)、李述武(路南)、张绅(太和)、钱沣(昆明)、刘浩(建水)、王如茂(易门)、李聚贤(大理)、杨睿(太和)、王现彩(石屏)、李沄(晋宁)、东为礼(新兴)、冯文晫(澄江)、杨皋飏(澄江)、张慎(蒙化)、罗会恩(石屏)中举,是科云南 54 人中举。

——(清)王文韶修:《续云南通志稿 · 选举制》卷 100,第 7 册,第 5415—5419 页

乾隆三十四年(1769)己丑科会试

考官:吏部尚书刘纶字宸翰,江南武进人,丙辰鸿博。吏部侍郎德保字仲容,满洲正白旗人,丁巳进士。

题“子在陈曰　狂简”,“天地之道　尽也”,“孟子曰人　疢疾”。

赋得“河海不择流”得“虚”字。

会元徐烺字昆衔,浙江钱塘人。

状元陈初哲字在初,江南元和人。榜眼徐天柱字擎士,浙江德清人。探花陈嗣龙字绍元,浙江平湖人。

是科云南1人中进士。

——(清)法式善等撰,张伟点校:《清秘述闻三种》,第229—230页

乾隆三十四年(1769)己丑科会试,云南李茂彩(石屏、3甲84名)1人中进士。

——江庆柏编著:《清朝进士题名录》,第581—586页

乾隆三十五年(1770)庚寅恩科乡试

云南考官:侍讲王大鹤字露仲,顺天通州人,丁丑进士。礼部主事沈世炜字南雷,浙江仁和人,丙戌进士。

题"巽与之言"三句,"辟如行远"二句,"梓匠轮舆　人巧"。

赋得"多文以为富"得"田"字。

解元李蔚,石屏人。

——(清)法式善等撰,张伟点校:《清秘述闻三种》,第234—235页

乾隆三十五年(1770)庚寅恩科乡试,李蔚(石屏)、李敬胜(晋宁)、刘大绅(宁州)、王绍仁(太和)、段之锴(晋宁)、彭翥(蒙化)、魏廷模(宁州)、王运昌(云南府)、王一本(鹤庆)、陈煌(宁州)、杨觐光(鹤庆)、蔡觐云(宁州)、李云汉(石屏)、张芹(禄丰)、罗万善(白井)、夏曾龄(河阳)、陈鐏(昆明)、路生云(蒙化)、唐锜(曲靖)、雷一道(新兴)、马图(寻甸)、杨皋亮(临安)、萧颖(晋宁)、袁惟清(赵州)、李宗黄(蒙自)、张新柳(广西)、林思诰(建水)、梁友奎(南宁)、陈韶(太和)、唐时勋(嵩明)、杨昭(安宁)、杨维斡(宣威)、赵屏国(曲靖)、孙梦琴(石屏)、豆尔达(宁州)、黄毓彩(澄江)、李培峘(阿迷)、杨鹤举(赵州)、夏万选(元江)、马兆甲(开化)、杨子周(弥勒)、何乃丰(建水)、王淳元(宣威)、窦欲丰(罗平)、马应奎(弥勒)、钟伟(临安)、朱士琪(石屏)、杨生云(大理)、良台弼(通海)、黄绍、袁桐(石

屏)、刘麟玉(禄丰)、杨安(寻甸)、赵本巽(宁州)中举,是科云南54人中举。

——(清)王文韶修:《续云南通志稿·选举制》卷100,第7册,第5415—5419页

乾隆三十六年(1771)二月,辛卯,上诣皇太后行宫问安。遣官祭历代帝王庙……礼部议复:“署云南巡抚诺穆亲奏称:‘乡、会试内、外帘所用蓝笔,质粗色黯,易滋洗改之弊。请嗣后内帘自房考、内监试、收掌官,外帘自监临、提调、监试及受卷、弥封、誊录、对读、收掌等官,均改用紫笔。其原用紫笔之对读生,改用赭黄笔。即于本年万寿恩科会试为始。’应如所请。并请敕各省均照顺天乡试及会试之例,题纸用墨刷印,卷尾戳记统用紫色。”从之。

——《清实录·高宗实录》卷879,第9—10页,总第770—771页

乾隆三十六年(1771)三月,庚午,谕军机大臣等,据钟音奏审拟偷卖私蔆客商许日观等一案……礼部等部议复:“署云贵总督彰宝疏称:‘裁定滇省改府为厅各文、武生学额。元江府原额文、武生各二十名,系与他郎通判合取;今改府为直隶州,他郎改归普洱府,应将元江文、武生改为各十五名。广西府原额文、武生各二十名,系与五嶆通判合取;今改府为直隶州,五嶆改归曲靖府,应将广西文、武生改为各十八名。元江、广西廪增改为各三十名,三年二贡。镇沅府原额文生十名,内有威远同知拨入二名;今改府为直隶州,威远改归普洱府,应将镇沅文生改为八名;其武生及廪、增、贡,毋庸议改。普洱府原额文、武生各八名,今并威远、他郎学额,应增为文生十五名,武生十三名,廪、增各增为十二名,二年一贡。武定府原额文、武生各二十名,系由和曲、禄劝二州及元谋县分拨;今改府为直隶州,同城之和曲州就裁,应将和曲州并拨府本额归入武定直隶州,定为文、武生各二十名,廪、增改为各三十名,三年二贡,禄劝改州为县,应将禄劝并拨府本额改为县学,文、武各十四名,廪、增改为各二十名,二年一贡。元谋并拨府本额应改为文、武生各十二名,廪、增、贡毋庸议改。姚安府已议就裁,应将府学原额仍

归原拨之姚州、大姚二县,文、武生俱各八名。白井文、武生各四名。姚州、大姚、白井廪、增、贡毋庸议改。鹤庆府原额文、武生各二十名,今改府为府属州。其原额文、武生各二十名应改武生为十五名,文生毋庸议改,廪、增改为各三十名,三年二贡。弥勒、师宗、建水均改州为县,应将原设廪、增均改为各二十名,二年一贡,文、武生毋庸议改。顺宁府原额文、武生各二十名,今新设附郭之顺宁县,应裁府学文、武生各八名为顺宁县学,府学廪、增改为各三十名,三年二贡。丽江府原额文、武生各十五名,今新设附郭之丽江县,应裁府学文、武生各七名为丽江县学,府学廪、增改为各二十名,二年一贡。顺宁、丽江二县,均由府拨廪、增各十名,四年一贡。各府、州所裁廪、增,应归现在所隶本籍为侯廪、侯增,各按考案新旧间补。'均应如所请。"从之。

——《清实录·高宗实录》卷 881,第 23—27 页,总第 805—807 页

乾隆三十六年(1771)辛卯科乡试

云南考官:侍读叶观国字家光,福建闽县人,辛未进士。刑部主事陈庭学字景鱼,顺天宛平人,己丑进士。

题"回也闻一"二句,"草木生之"一句,"大人者不"一句。

赋得"君子比德于玉"得"瑜"字。

解元瞿巩祚,阿迷人。

——(清)法式善等撰,张伟点校:《清秘述闻三种》,第 240—241 页

乾隆三十六年(1771)辛卯科,翟巩祚(阿迷)、杨德美(石屏)、邹文卓(河阳)、郭渼(赵州)、尹巩图(蒙自)、苏王襄(石屏)、施泽周(云龙)、傅应台(昆明)、谢凤书(昆明)、赛锡荣(曲靖)、陈履信(临安)、赵观图(南宁)、何恒(沾益)、王业广(临安)、李冠林(剑川)、王玥(临安)、杨州龙(蒙化)、邵凤鸣(临安)、蒋若兰(昆明)、胡敏(晋宁)、董晃(蒙自)、夏纬(晋宁)、刘庠(赵州)、李鲲见(广西)、赵昶(赵州)、王元勋(临安)、马炎(蒙自)、杨先岸(禄丰)、马国藩(弥勒)、杨昷(大理)、庄莅民(鹤庆)、刘超凡(阿迷)、刘

文焕(定远)、罗湛恩(石屏)、赵价(镇南)、杜国英(晋宁)、任揆采(石屏)、叶春生(开化)、王时敏(嶍峨)、李廷佐(蒙自)、董蒸霖(南宁)、诗昆(石屏)、李纬(赵州)、刘炳(广西州)、杨灿(临安)、赵佳士(寻甸)、钱汝嘉(昆明)、郭岱(新兴)、杨文林(寻甸)、张培(顺宁)、汤国侯(南宁)、饶文奎(临安)、赵文训(太和)、沈琦(昆明)中举,是科云南54人中举。

——(清)王文韶修:《续云南通志稿·选举制》卷100,第7册,第5415—5419页

乾隆三十六年(1771)辛卯恩科会试

考官:内阁大学士刘统勋字尔钝,山东诸城人,甲辰进士。左都御史观保字伯容,满洲正白旗人,丁巳进士。内阁学士庄存与字方耕,江南武进人,乙丑进士。

题“子曰若臧”四句,“明乎郊社”二句,“今日性善”二句。

赋得“下车泣罪”得“槧”字。

会元邵晋涵字二云,浙江余姚人。

状元黄轩字日驾,江南休宁人。榜眼王增字方川,浙江会稽人。探花范衷字士恒,浙江上虞人。

是科云南2人中进士。

——(清)法式善等撰,张伟点校:《清秘述闻三种》,第235—236页

乾隆三十六年(1771)辛卯恩科会试,云南钱沣(昆明、3甲11名)、杨淮(宾川、3甲68名)2人中进士。

——江庆柏编著:《清朝进士题名录》,第588—592页

乾隆三十六年(1771)十一月,癸亥,谕:“现在四川办理小金川事务,一切奏报邮函,均关紧要。”……礼部议准署云南巡抚诺穆亲奏称:“滇省现任同知、通判、知州、知县内,每年办运京铜,往返奉差在外者约二十四员。其余或

非科目出身,或文理荒疏,不敷选充同考官。请略为变通,遇乡试先尽科目出身州、县调取;如有不敷,请暂行委署正印科目出身候补人员,准令一体考充内帘。再:滇省同考八房内,书、诗各二房,而屡科《诗经》约有一千五六百卷,《书经》仅五百余卷,多寡迥别,请将《书经》裁去一房,《诗经》加增一房。”从之。

——《清实录·高宗实录》卷897,第46—47页,总第1076—1077页

乾隆三十六年(1771),议准建水州改为县,照原额取进文生二十名、武生十五名。原设廪、增各三十名,今改为各二十名,二年一贡。所裁廪、增,应归于现在所隶本籍,作候廪、候增,岁科两试,各按考案新旧间补。

——(清)昆冈等修:《清会典事例》卷380《礼部(91)》,第5册,第192页

乾隆三十六年(1771),议准姚安府原额文、武生各二十名,系拨姚州大姚县文生各八名,白井文生四名,拨姚州武生十一名、大姚武生九名。今该府既裁,所有府学原额酌归姚州、大姚县文生各八名、武生各八名,白井文生四名、武生四名。姚安府原设廪生,悉行裁汰。姚州、大姚、白井各原设廪、增及出贡年分,俱勿庸议。改姚安府所裁廪、增应归于现在所隶本籍,作候廪、候增,岁科两试,各按考案新旧间补。

——(清)昆冈等修:《清会典事例》卷380《礼部(91)》,第5册,第192页

乾隆三十六年(1771),议准顺宁府原额文、武生各二十名,今新设首县,将府学裁去文、武生各八名,作为顺宁县学。府学原设廪、增各四十名,今改为各三十名,三年两贡。顺宁县设廪、增各十名,四年一贡。府学所裁廪、增应归于现在所隶本籍,作候廪、候增,岁科两试,各按考案新旧间补。

——(清)昆冈等修:《清会典事例》卷380《礼部(91)》,第5册,第192页

乾隆三十六年(1771),议准鹤庆府原额文、武生各二十名,今改府为府属州,仍取进文生二十名,其武生二十名应改为十五名。原设廪、增各四十名,今改为各三十名,三年两贡。丽江府原额文、武生各十五名,今新设首县,应将府学裁去文生、武生各七名作为丽江县学。府学原额廪、增各三十名,今改为各二十名,二年一贡,丽江县设廪、增生各十名,四年一贡。各府所裁廪、增,应归于现在所隶本籍,作候廪、候增,岁科两试,各按考案新旧间补。

——(清)昆冈等修:《清会典事例》卷380《礼部(91)》,第5册,第192页

乾隆三十七年(1772)壬辰科会试

考官:内阁大学士刘纶字宸翰,江南武进人,丙辰鸿博。兵部侍郎觉罗奉宽字彰民,满洲正蓝旗人,壬戌进士。内阁学士汪廷玙字衡玉,江南镇洋人,戊辰进士。

题"子曰君子求"二句,"吾说夏礼"四句,"人能充无　而言"。

赋得"匠成翘秀"得"多"字。

会元孙辰东字枫培,浙江归安人。

状元金榜字蕊中,江南歙县人。榜眼孙辰东字枫培,浙江归安人。探花俞大猷字升于,顺天大兴人。

是科云南2人中进士。

——(清)法式善等撰,张伟点校:《清秘述闻三种》,第241页

乾隆三十七年(1772)壬辰科会试,云南刘大绅(宁州、2甲45名)、胡敏(宁州、3甲70名)2人中进士。

——江庆柏编著:《清朝进士题名录》,第596—600页

乾隆三十九年(1774)甲午科乡试

云南考官:御史唐淮字秦川,浙江秀水人,庚辰进士。编修查莹字韫

晖,山东海丰人,丙戌进士。

题“古者言之”一句,“子路问强”三句,“时子因陈　可也”。

赋得“鲲化为鹏”得“时”字。

解元谷际歧字西阿,赵州人,乙未进士。

——(清)法式善等撰,张伟点校:《清秘述闻三种》,第246—247页

乾隆三十九年(1774)甲午科,谷际歧(赵州)、师范(赵州)、张玘(河阳)、胡国镇(昆明)、陆艺(昆明)、卫宸垣(石屏)、刘炳南(赵州)、薛方段(罗次)、杨大椿(宁州)、刘达(蒙化)、段琦(河阳)、曹旭(临安)、杨兆麟(临安)、陈元芳(罗平)、余伯选(云南府)、简以仁(昆明)、赵士圻(鹤庆)、刘贤业(临安)、马景谟(建水)、刘宗凯(建水)、江皋(南宁)、李湘(鹤庆)、万恩承(阿迷)、黄朝表(阿迷)、邹毓环(云南府)、李圣堂(云南府)、熊士炎(建水)、谢清瑗(河阳)、薛绍清(昆明,改名翊清)、刘钟岳(楚雄)、王元祺(昆明)、顾正阳(昆明)、杨汝河(江川)、钱廷琛(昆明)、周之松(丽江)、任澍南(石屏)、张昱(赵州)、李兆荣(河阳)、姚近光(石屏)、李士扬(蒙化)、李印唐(临安)、尹德辉(太和)、龙鼎(石屏)、熊于衡(赵州)、张槐(弥勒)、段文盛(顺宁)、尹翔(通海)、胡为霖(蒙自)、卢侯琛(石屏)、何源(临安)、张维焯(楚雄)、师薪传(河西)、萧定基(通海)、杨履宽(太和)中举,是科云南54人中举。

——(清)王文韶修:《续云南通志稿·选举制》卷100,第7册,第5420—5425页

乾隆四十年(1775)乙未科会试

考官:兵部尚书嵇璜字尚佐,江南无锡人,庚戌进士。刑部侍郎王杰字伟人,陕西韩城人,辛巳进士。副都御史阿肃字敬之,满洲镶白旗人,甲戌进士。

题“苟日新日”三句,“仲叔圉治”三句,“敢问何谓　言也”。

赋得“灯右观书”得“风”字。

会元严福字景纯,江南吴县人。

状元吴锡龄字纯甫,江南休宁人。榜眼汪镛字东序,山东历城人。探

花沈清藻字鲁泉,浙江仁和人。

是科云南 2 人中进士。

——(清)法式善等撰,张伟点校:《清秘述闻三种》,第 247 页

乾隆四十年(1775)乙未科会试,云南谷际岐(赵州、3 甲 2 名)、张玘(河阳、3 甲 91 名)2 人中进士。

——江庆柏编著:《清朝进士题名录》,第 604—609 页

乾隆四十一年(1776)五月,丁酉,谕热河引见吏部月选等官,著仍照往年之例,派福隆安、一体带领引见。谕军机大臣曰:"孙嘉乐奏考试情形一折,据称:'岁考各属诸生,每多疵额之卷,不敢妄邀虚誉,严定等第。统计两迤劣等较前多至数十人。'等语。其说固是。但只可用之江、浙,不宜用之滇省,已于折内批示。滇、黔、粤西地处边陲,其人文原不及内地。学政按试各学,只须严切训谕,俾各生恪守卧碑,只遵功令,遇有唆讼滋事者,随时究治,至考试生童,惟当秉公甄拔,并严查枪冒撞骗之人,勿使滋弊,自足以昭劝惩而饬士习。其文风高下,只宜因地取材,量为培养。若必求全责备,去取从严,且欲经解、诗赋,事事淹通,此于江、浙等大省则然;边方士子,见闻浅陋,未必尽能领会,绳之太过,大率欲从末由,转不能使其心皆诚服。孙嘉乐锐意求精,未免过当,所谓知其一不知其二也。将此传谕该学政,并令广西、贵州学政知之。"

——《清实录·高宗实录》卷 1009,第 13—14 页,总第 552—553 页

乾隆四十二年(1777)九月,辛卯,孝敬宪皇后忌辰,遣官祭泰陵,恩赏新疆举子驰驿。谕:"向来云南、贵州举人进京会试,一路赏给驿马骑坐,所以体恤远方寒畯者至优极渥。本年陕西乡试中式第二名举人黄斌,即系新设迪化州阜康县人。可见关外人文渐盛,殊属可嘉。第念该处进京道里,

较云、贵等省更远，即每科新疆士子赴西安乡试，路亦不近。而新疆车马等项雇觅维艰，殊堪轸念。嗣后嘉峪关以外士子赴西安乡试及进京会试，并著加恩照云、贵之例，一体赏给驿马，以示优恤边陲寒士之至意。”

——《清实录·高宗实录》卷1041，第19—20页，总第945页

乾隆四十二年(1777)十月，庚申，又谕：“据曹学闵奏磨勘试卷诗内，间有平仄失粘，例应罚科；大抵北五省及云贵小省之人居多。请将一二字偶然失粘者，姑免置议一折。所见亦是。北省及边省士人语音，限于风土，试帖内平仄未能悉叶，自所不免。若因此即行停科，致伊等往返徒劳，情亦可悯。但试帖著于功令，且诗韵具在，士子如果留心学习，断无终于不能之理。曹学闵仅将本科免议，尚恐未能遽改，著从宽予以十科之限，令此等省分科举之人，于声韵加意讲求，以期通晓。俟十科后，仍有失粘者，照大省一体停科。计十科已阅三十年之久，如此宽其程限，若再不能改，则是伊等故违功令，终于不学，其处分实所自取，不能复为之原谅加恩矣。将此通谕知之。”

——《清实录·高宗实录》卷1043，第18页，总第972页

乾隆四十二年(1777)丁酉科乡试

云南考官：编修郑际唐字大章，福建侯官人，己丑进士。内阁中书王璸字昆霞，江南镇洋人，己丑进士。

题“辟如平地”一段，“凡有血气”二句，“求水火无　足矣”。

赋得“月影带河流”得“秋”字。

解元杨汝亮，大理人。

——(清)法式善等撰，张伟点校：《清秘述闻三种》，第252—253页

乾隆四十二年(1777)丁酉科，杨汝亮(大理)、芮蔡阳(云南县)、郭晋

(河阳)、赵襄(云南府)、卫宸亮(石屏)、李瑜(镇沅)、曹昶(蒙自)、苏荣坪(石屏)、钟瓒(通海)、孙炳文(太和)、董凤鸣(元江)、杨仲增(河阳)、郭樾(昆明)、杨汝翼(寻甸)、潘其奎(腾越)、徐文耀(楚雄)、刘承宠(陆凉)、李国章(昆明)、赵晋翼(赵州)、陆翥鸿(云南府)、周世瑞(赵州)、俞共济(河西)、张衢达(鹤庆)、李临春(元江)、徐树本(邓川)、杨德高(路南)、李云锦(河阳)、冯体元(新兴)、李谟(赵州)、杨揆(赵州)、李联甲(太和)、赵连(晋宁)、杨嘉材(昆明)、易维恒(楚雄)、陈熙(宁州)、韦成章(楚雄)、王立德(呈贡)、束兆鹏(禄丰)、尤英(楚雄)、向宗幽(河西)、字重龄(云龙)、尹振麟(通海)、张载镛(云南府)、李文光(通海)、章定一(太和)、樊锟(楚雄)、鲁德轩(河南)、张焕彩(元江)、杨树敏(宁州)、周深(嶍峨)、钟人杰(云南县)、杨履恭(太和)、李长庚(姚州)、夏白瑚(嶍峨)中举,是科云南54人中举。

——(清)王文韶修:《续云南通志稿·选举制》卷100,第7册,第5420—5425页

乾隆四十三年(1778)戊戌科会试

考官:内阁大学士于敏中字重常,江南金坛人,丁巳进士。吏部侍郎王杰字惺园,陕西韩城人,辛巳进士。内阁学士嵩贵字抚棠,蒙古正黄旗人,辛巳进士。

题“子曰其言”一节,“反古之道”一句,“且子食志　食志”。

赋得“春服既成”得“鲜”字。

会元缪祖培字敦川,江南泰州人。

状元戴衢亨字荷之,江西大庾人。榜眼蔡廷衡字咸一,浙江仁和人。探花孙希旦字绍周,浙江瑞安人。

是科云南2人中进士。

——(清)法式善等撰,张伟点校:《清秘述闻三种》,第253页

乾隆四十三年(1778)戊戌科会试,云南薛绍清(昆明、3甲70名)、江

皋(南宁、3 甲 78 名)2 人中进士。

——江庆柏编著:《清朝进士题名录》,第 613—617 页

乾隆四十四年(1779)己亥恩科乡试

云南考官:编修韦谦恒字慎占,江南芜湖人,癸未进士。御史孟生蕙字鹤亭,山西太谷人,癸未进士。

题"或问子产"一节,"子曰舜其"一句,"圣人百世"一句。

赋得"砥砺廉隅"得"儒"字。

解元尹瑞雁字来宾,蒙自人。

——(清)法式善等撰,张伟点校:《清秘述闻三种》,第 258 页

乾隆四十四年(1779)己亥恩科乡试,尹瑞雁(蒙自)、杨绂(蒙自)、金宝(河阳)、帖朝英(通海)、杜念典(嶍峨)、李继昌(路南)、向贻善(河西)、王锡庆(蒙化)、龚吕恂(建水)、牛昂(通海)、尹英图(蒙自)、蔡升(云南府)、闵君雋(蒙自)、杜蘅馨(昆明)、金伟(临安)、刘嘉宾(禄丰)、房昊(石屏)、车为翰(石屏)、房煦(石屏)、李坤成(罗次)、鲁灼文(罗次)、王以荣(镇雄)、李槐(昆明)、向宗崑(河西)、仇檏(建水)、王元楀(广南)、李廷俊(丽江)、李沅(新兴)、陈纲(楚雄)、赵正阳(大理)、赵自植(通海)、李慎(丽江)、蔡坤(昆明)、杨泌(宁州)、赵楫(南宁)、邹策(建水)、苏荣垣(石屏)、万钟达(昆明)、李敬简(晋宁)、向宗岱(河西)、李文昇(寻甸)、马抡官(楚雄)、周文英(昆明)、何暄(南宁)、杨巽(路南)、李英敏(宜良)、李枢(澄江)、李九成(河西)、庄馨(安宁)、郭中贤(大理)、戴春(昆明)、俞白瀛(陆凉)、纳佩(建水)、谢凤云(楚雄)中举,是科云南 54 人中举。

——(清)王文韶修:《续云南通志稿·选举制》卷 100,第 7 册,第 5420—5425 页

乾隆四十五年(1780)庚子科乡试

云南考官:编修戴联奎字静生,江南如皋人,乙未进士。礼部员外郎李翮字春麓,山东金乡人,壬辰进士。

题“菲饮食而”六句,“言前定则”一句,“公明仪曰　我哉”。

赋得“仁寿镜”得“光”字。

解元束本春,新兴人。

——(清)法式善等撰,张伟点校:《清秘述闻三种》,第 265 页

乾隆四十五年(1780)庚子科,束本春(新兴)、戴斯琯(太和)、马中骐(太和)、张辰照(蒙化)、陈履和(石屏)、周位中(宁州)、杨重禄(琅井)、洪铭(太和)、欧太和(安宁)、高以恒(太和)、阮万瑜(宜良)、朱一点(安宁)、周庶琦(楚雄)、李文煜(浪穹)、戴圣哲(禄劝)、王云鹏(河西)、赵杰士(鹤庆)、沙琛(太和)、李问礼(石屏)、赵自中(通海)、李本睿(安宁)、龚霈(宁州)、白超然(昆明)、杨澎(浪穹)、束本立(新兴)、刘烈(蒙自)、刘绘龙(陆凉)、刘照藜(陆凉)、叶渤(建水)、喻道味(石屏)、刘允魁(新兴)、许腾蛟(石屏)、马步青(通海)、阚天秩(通海)、胡发明(宁州)、王时(昆明)、张志韶(白井)、周兆凤(蒙化)、张浩(易门)、许树德(河南)、龙承恩(建水)、赵栻(南宁)、李朝阳(河西)、李作舟(昆明)、张克明(建水)、陈万里(石屏)、朱奕簪(石屏)、王超(太和)、彭彦圣(蒙化)、胡士达(石屏)、朱暄(普洱)、倪殿甲(建水)、倪端(昆明)、许宪(赵州)中举,是科云南 54 人中举。

——(清)王文韶修:《续云南通志稿·选举制》卷 100,第 7 册,第 5420—5425 页

乾隆四十五年(1780)庚子恩科会试

考官:礼部尚书德保字仲容,满洲正白旗人,丁巳进士。礼部尚书曹秀先字芝田,江西新建人,丙辰进士。工部尚书周煌字景垣,四川涪州人,丁巳进士。工部侍郎胡高望字希吕,浙江仁和人,辛巳进士。

题“则众物之”一句,“罔之生也”一句,“尽信书则”一句。

赋得“春日载阳”得“风”字。

会元汪如洋字润民,浙江秀水人。

状元汪如洋字润民,浙江秀水人。榜眼江德量字成嘉,江南仪征人。探花程昌期字阶平,江南歙县人。

是科云南 3 人中进士。

——(清)法式善等撰,张伟点校:《清秘述闻三种》,第 259 页

乾隆四十五年(1780)庚子恩科会试,云南段琦(河阳、3 甲 5 名)、王如茂(易门、3 甲 85 名)、杨嘉材(昆明、3 甲 81 名)3 人中进士。

——江庆柏编著:《清朝进士题名录》,第 620—625 页

乾隆四十五年(1780),四月,癸亥,月食,谕:“本日礼部开列考差各员,请点云、贵正副考官一本,单内并未将各员有无事故,及现点会试房考之处,详悉注明。若非朕细心核对,则会试分房之员,复得典试外省,邀恩未免过优。嗣后著该部于清点各省考官时,将点过会试房考各员于名下开注明晰,毋得再行牵混。著将此次办理不善之礼部堂官,传旨申饬。”

——《清实录·高宗实录》卷 1104,第 19 页,总第 783 页

乾隆四十五年(1780)十一月,辛卯。谕:“本年各直省乡试,据该督、抚等奏,应试士子内有年八十、九十以上者,三场完竣,榜发未经中式。念其踊跃观光,至老弗衰,宜沛渥恩,以广化泽。……云南省之钱兆基、周世德俱著加恩赏给举人,一体会试。俾皓首寒儒得偿夙愿,用昭嘉惠士林之至意。”

——《清实录·高宗实录》卷 1119,第 2 页,总第 942 页

乾隆四十六年(1781)辛丑科会试

考官:礼部尚书德保字仲容,满洲正白旗人,丁巳进士。吏部侍郎谢墉字昆城,浙江嘉善人,壬申进士。兵部侍郎沈初,字景初,浙江平湖人,癸未进士。副都御史吴玉纶字香亭,河南光州人,辛巳进士。

题"所藏乎身"一句,"子曰女奚"二句,"孟子曰待　民也"。

赋得"王良登车"得"行"字。

会元钱棨字湘舲,江南长洲人。

状元钱棨字湘龄,江南长洲人。榜眼陈万青字湘南,浙江石门人。探花汪学金字敬铭,江南镇洋人。

是科云南4人中进士。

——(清)法式善等撰,张伟点校:《清秘述闻三种》,第265—266页

乾隆四十六年(1781)辛丑科会试,云南杨仲增(河阳、3甲33名)、戴斯琯(太和、3甲78名)、马应奎(弥勒、3甲105名)、孙光祖(蒙化、3甲107名)4人中进士。

——江庆柏编著:《清朝进士题名录》,第628—634页

乾隆四十六年(1781)五月,丙子。谕曰:"云南鹤丽镇总兵罗江鳞,著赏银一百两,驰驿前往甘肃,交大学士公阿桂,差遣委用,事竣后,即回本任,不必来京请训。"授一甲一名进士钱棨为翰林院修撰,一甲二名陈万青、一甲三名汪学金为翰林院编修。丁丑,谕:"各省大挑举人,分发试用,原以疏通壅滞,俾得及锋自试。向例原以省分大小,酌定挑数。自乾隆三十七年壬辰大挑,部臣始以远省挑十之六,近省挑十之五,定例请旨,固为边远士子跋涉维艰,格外优恤起见,而未思及近省中式者本来人多,远省本来人少。兹朕阅本年各省大挑举人名单内,所挑近省举人,科分有远至三十五六年者,而远省科分最久,总不过二十余年。揆其所以,盖因直隶、浙江等

近省，系中式举人会试三科后始行拣选，而云、贵、川、广等远省，会试一科后即行拣选。是以远省科分略深者，业已挨班选用，其得官已较近省为优。今大挑举人，若再按五、六分挑取，则大省科分较深之举人，转多壅滞，于一视同仁之道，未为平允。除本年已经办毕，毋庸再议外，至乾隆五十二年丁未科，再加恩举行大挑时，无论省分远近，但就人数多寡均匀挑取。俾远近士子，均得乘时自效，以示朕加惠寒畯之至意。”

——《清实录·高宗实录》卷1130，第10—11页，总第105页

乾隆四十八年(1783)癸卯科乡试

云南考官：内阁侍读学士费南英字道峰，浙江乌程人，癸未进士。宗人府主事吴俊字奕千，江南吴县人，壬辰进士。

题“行夏之时”二句，“君子之道辟”一节，“召太师曰”二句。

赋得“彩云见”得“祥”字。

解元李翃字翼亭，晋宁人，己未进士。

——(清)法式善等撰，张伟点校：《清秘述闻三种》，第270—271页

乾隆四十八年(1783)癸卯，李翃(晋宁)、唐士龙(嵩明)、刘大奎(云南府)、戴三聘(邓川)、杨时翔(琅井)、周翙羽(蒙化)、邓相(腾越)、李时昌(永北)、赵棠(南宁)、张于恭(太和)、戴增(云南府)、卢昌(通海)、杨瑮(石屏)、杨旋吉(鹤庆)、杨中泽(蒙自)、高照(新兴)、王曦(昆明)、罗绪(河阳)、袁凤孙(石屏)、董健(通海)、丁俞嘉(楚雄)、马昌期(弥勒)、林春盛(昆明)、王天爵(临安)、杨洺(楚雄)、段以恭(丽江)、钱汝弼(昆明)、严纪(曲靖)、甘恪任(昆明)、张珊(路南)、刘汝楫(南宁)、陈其纲(景东)、刘淮(昆明)、赵九皋(通海)、李棠(河阳)、张周镛(元谋)、杨云官(蒙化)、刘云(赵州)、杨煓(石屏)、徐扬达(弥勒)、周秉焜(江川)、张飞鸿(建水)、倪思淳(建水)、纳清锡(临安)、尹思任(赵州)、赵廷俊(建水)、卢旌命(黑井)、余谦吉(昆明)、刘祖宽(腾越)、赵之卿(鹤庆)、杨元魁(临安)、顾清

(昭通)、王廷徵(陆凉)、刘承谟(陆凉)中举,是科云南 54 人中举。另云南是科李端蒙(赵州)1 人于顺天中式。

——(清)王文韶修:《续云南通志稿 · 选举制》卷100,第 7 册,第 5420—5425 页

乾隆四十九年(1784)甲辰科会试

考官:内阁大学士蔡新字次明,福建漳浦人,丙辰进士。礼部尚书德保字仲容,满洲正白旗人,丁巳进士。兵部侍郎纪昀字晓岚,直隶献县人,甲戌进士。工部侍郎胡高望字希吕,浙江仁和人,辛巳进士。

题“知止而后”一节,“不逆诈不　觉者”,“吾为之范　获十”。

赋得“摘藻为春”得“宾”字。

会元侯建融字翀庵,浙江归安人。

状元茹棻字稚葵,浙江会稽人。榜眼邵瑛字瑶圃,浙江余姚人。探花邵玉清字履洁,直隶天津人。

是科云南 1 人中进士。

——(清)法式善等撰,张伟点校:《清秘述闻三种》,第 271—272 页

乾隆四十九年(1784)甲辰科会试,云南倪思淳(建水、3 甲 3 名)1 人中进士。

——江庆柏编著:《清朝进士题名录》,第 636—637 页

乾隆五十一年(1786)丙午科乡试

云南考官:编修秦潮字步皋,江南无锡人,丙戌进士。宗人府主事章煦字曜青,浙江钱塘人,壬辰进士。

题“舜有天下”一段,“人力所通”一句,“士之仕也”四句。

赋得“指南车”得“周”字。

解元严烺字存吾,宜良人,丙辰进士。

——(清)法式善等撰,张伟点校:《清秘述闻三种》,第276—277页

乾隆五十一年(1786)丙午科,严烺(宜良)、丁春(师宗)、杨懋(路南)、苏伟生(蒙化)、李高魁(嵩明)、张鹏昇(晋宁)、文钟运(昆明)、简以义(昆明)、王新(宁州)、刘绍甲(嵩明)、杨澍(河西)、孙溙(呈贡)、江暭(蒙自)、孟肇纪(云南府)、杨时行(琅井)、卢日升(陆凉)、黄毓坤(保山)、冯文晋(新兴)、杨德培(石屏)、唐员(晋宁)、康士吉(昭通)、杨太元(太和)、张登瀛(蒙化)、丁丕谟(石屏,改名应銮)、王会岳(建水)、庄履和(蒙化)、杨标(安宁)、刘肇甲(嵩明)、周之鼎(南宁)、赵临干(剑川)、李曌(太和)、段起贤(安宁)、杨时亮(广通)、张依圣(陆凉)、刘世宗(楚雄)、汤铣(邓川)、万晟(昆明)、李唐炽(赵州)、陈于宁(大姚)、禹时玗(顺宁)、马名士(河西)、张爋(云南县)、张维翰(江川)、刘庆增(蒙化)、潘汝梅(平彝)、陈煜(广西)、马章垣(临安)、马琼标(寻甸)、师浴孔(陆凉)、温春荣(元江)、秦秉睿(河阳)、戴圣化(通海)、俞汝弼(陆凉)、寸式玉(永昌)中举,是科云南54人中举。另云南是科廖周荫(景东)1人于顺天中式。

——(清)王文韶修:《续云南通志稿·选举制》卷100,第7册,第5420—5425页

乾隆五十二年(1787)丁未科会试

考官:内阁大学士王杰字伟人,陕西韩城人,辛巳进士。刑部侍郎姜晟字光宇,江南元和人,丙戌进士。内阁学士瑞保字执桓,满洲镶黄旗人,乙未进士。

题"子路共之"二句,"故君子尊"三句,"孟子曰道"全章。

赋得"四时为柄"得"乾"字。

会元顾钰字式度,江南无锡人。

状元史致光字葆甫,浙江山阴人。榜眼孙星衍字渊如,江南阳湖人。探花董教增字益其,江南上元人。

是科云南2人中进士。

——(清)法式善等撰,张伟点校:《清秘述闻三种》,第277—278页

乾隆五十二年(1787)丁未科会试,云南尹英图(蒙自、3甲34名)、任澍南(石屏、3甲42名)2人中进士。

——江庆柏编著:《清朝进士题名录》,第641—644页

乾隆五十三年(1788)三月,乙酉,又谕:"乡、会试为抡才大典,士子读书明理,惟应奋志积学,各安义命,以端始进。考官等仰邀简用,尤应公慎自矢,杜绝干营,为国家遴拔真才,方为不负任使。近日士子趋向不端,每遇考试,辄百计钻营,夤缘关节,其舞弊伎俩,愈出愈巧。而考官等听受请托,暧昧营私,甘心骫法,无所不至。节经降旨训饬,不啻至再至三。前钱沣条奏科场事宜一折,请将顺天乡试毋庸分别南、北、中皿,会试亦无庸分别省分,概凭文艺取中,以防查认关节之弊。……因思科场条例,于一切防弊之法,本为详备。上年复经大学士、九卿等申严例禁,设法防闲,纤悉具备。其杜弊之方,几至等于穿窬窝劫,稍有人心者,亦应激发愧耻,争相砥砺,一洗从前卑鄙锢习。今钱沣奏请乡、会试不必分别南、北、中皿及省分中式一节,固为剔除关节积弊起见。但国家取士,博采旁求,于甄录文艺之中,原寓广收人才之意。且各省文风高下,互有不齐,若如钱沣所奏,势必至江、浙大省,取中人数居其大半,而边远小省,或竟至一名不中,殊非就地取才之意。钱沣系云南人,所奏尚无别故,若伊籍隶江、浙等省,则迹涉阿私,必至有干吏议矣。……士子等涵濡教泽,百有余年,不为不久。今作奸犯科之徒,荡检逾闲,罔知儆畏,朕既导之以德,尤不得不齐之以刑。嗣后乡、会试榜发后,朕当特派亲信大臣,于城内乾清宫、圆明园、正大光明殿复试。如有文理不通,笔迹不对,较取中原卷大相悬绝者,即立行斥革严究。倘有贿卖关节等弊,即将该生及主考房官立正典刑。如究出系枪倩传递者,亦分别从重治罪,决不稍贷。至各省学政,俱有衡文取士之责,近日风

气波靡,亦皆因生童应试时……所有钱沣、吴省钦条奏。除誊录对读入场,不准先给笔砚等物,及试卷添用藁纸,停止恩赏饭桌,仍照所请行外,余俱著毋庸重议,徒滋繁琐,将此通谕知之。"

——《清实录·高宗实录》卷1301,第24—27页,总第503—505页

乾隆五十三年(1788)五月,癸酉,礼部议准云南学政汪如洋奏称:"本年录遗,请暂用诗经文。俟五经轮试毕,照旧仍用策问。其己酉乡试系用易经之年,科试先尽易经。壬子乡试系用春秋之年,科试先尽春秋。将己酉会试应用之书经于庚戌岁试补试。庚戌会试应用之礼记于癸丑岁试补试。"从之。

——《清实录·高宗实录》卷1304,第13页,总第554页

乾隆五十三年(1788),八月,戊戌,太宗文皇帝忌辰,遣官祭昭陵,谕军机大臣曰……。己亥,谕:"据谭尚忠奏:'云南石屏州举人赛玙系雍正己酉科乡试中式,曾任四川知县,现年九十二岁。本年又届举行己酉科乡试之期,请重赴鹿鸣筵宴。'等语。赛玙系前己酉科中式举人,今重赴己酉科鹿鸣筵宴,洵属儒林盛事,允宜特沛殊恩,用彰升平人瑞。赛玙著加恩赏给进士。并著俟年届百岁时,该省督、抚再行奏闻,候朕另降恩旨,以示寿世作人,嘉惠耆龄至意。"

——《清实录·高宗实录》卷1310,第22—24页,总第669—670页

乾隆五十三年(1788)戊申恩科乡试

云南考官:编修翟槐字公树,江南泾县人,乙未进士。户部主事张德懋字介舟,直隶满城人,甲辰进士。

题"民之所好"二句,"多识于鸟"一句,"大匠诲人"二句。

赋得"影超群木外"得"花"字。

解元杨国棠，太和人。

——(清)法式善等撰，张伟点校：《清秘述闻三种》，第282—283页

乾隆五十三年(1788)戊申预行己酉科，杨国棠(太和)、向立功(河西)、杨暹(太和)、段同吉(安宁)、官殿诏(临安)、陈瑞图(嵩明)、张珍(楚雄)、杨炘(太和)、葛炜(澄江)、杨准(云南县)、杨本和(南宁)、李朝佐(太和)、万寅光(石屏)、许溱(武定)、赵九成(晋宁)、丁亦翼(弥勒)、朱暄(陆凉)、米国华(赵州)、向离(建水)、李谦(晋宁)、赵廷弼(阿迷)、李基(太和)、刘晖吉(建水)、陈毓兰(澄江)、陈侯卫(临安)、谷昇林(昆明)、杨本昌(南宁)、李洸(景东)、谢承光(建水)、刘京华(江川)、王以觐(陆凉)、常健运(河西)、陈达材(楚雄)、高程万(蒙化)、张圣诏(昆明)、梁洲(元江)、武祖坛(昆明)、李卓(邓川)、聂朝仪(昭通)、苏运午(太和)、姜绍熊(通海)、秦效忠(呈贡)、黄登桂(阿迷)、王观国(澄江)、杨鸣凤(丽江)、闫佩珂(弥勒)、李景阳(鹤庆)、王镌(顺宁)、初联魁(邓川)、车登云(南宁)、段汝霖(澄江)、张瑛(景东)、母维坤(鹤庆)、张中鲛(石屏)中举，是科云南54人中举。

——(清)王文韶修：《续云南通志稿·选举制》卷101，第7册，第5427—5433页

乾隆五十四年(1789)己酉恩科会试

考官：内阁大学士王杰字伟人，陕西韩城人，辛巳进士。礼部侍郎铁保字冶亭，满洲正黄旗人，壬辰进士。工部侍郎管干珍字阳复，江南阳湖人，丙戌进士。

题“点尔何如　之撰”，“溥博如天”二句，“苟为不熟”二句。

赋得“草色遥看近却无”得“夫”字。

会元钱楷字宗范，浙江嘉兴人。

状元胡长龄字西庚，江南通州人。榜眼汪廷珍字玉粲，江南山阳人。探花刘凤诰字丞牧，江西萍乡人。

是科云南1人中进士。

——(清)法式善等撰,张伟点校:《清秘述闻三种》,第283—284页

乾隆五十四年(1789)己酉科会试,云南杨昭(安宁、3甲46名)1人中进士。

——江庆柏编著:《清朝进士题名录》,第648—651页

乾隆五十四年(1789)己酉科乡试

云南考官:编修冯集梧字轩圃,浙江桐乡人,辛丑进士。内阁中书刘锡五字受兹,山西介休人,辛丑进士。

题"子曰我非"全章,"书同文"一句,"姓所同也"二句。

赋得"兰泽多芳草"得"心"字。

解元张藻,宁州人。

——(清)法式善等撰,张伟点校:《清秘述闻三种》,第288—289页

乾隆五十四年(1789)己酉恩科乡试,张藻(宁州)、赵联炳(宁州)、王藩(浪穹)、李文耕(昆阳)、严民钦(宜良)、孙荣基(曲靖)、段恒吉(琅井)、何冕(昆明)、吴世学(赵州)、徐孟珏(罗平)、马捷春(河阳)、马济川(建水)、杜宣(嶍峨)、孔龙章(赵州)、杨学淳(赵州)、盘浴德(阿迷)、张权(琅井)、陈葆光(临安)、尹佩绅(蒙自)、乐元芳(江川)、刘从龙(陆凉)、刘养正(赵州)、毛德辉(大姚)、董越(太和)、孙杰(呈贡)、张策(昆明)、吴毓宝(昆明)、仇克昌(临安)、杨景濂(弥勒)、徐兆晟(晋宁)、陈瑛(白盐井)、宋英(师宗)、卢逢源(曲靖)、高肇昕(邓川)、纪升秀(景东)、张志亮(白盐井)、李书敏(蒙自)、彭宣(楚雄)、饶文炳(邓川)、束本淳(新兴)、申文馨(晋宁)、郑梦兰(鹤庆)、贾文超(宜良)、张炽德(弥勒)、许邦寅(石屏)、郎景和(安宁)、施运培(昆明)、赵澜(弥勒)、苏汝霖(云南府)、杨忠(太和)、王廷刚(河阳)、董暲(富民)、朱石

渠(安宁)、徐南衍(楚雄)中举,是科云南54人中举。

——(清)王文韶修:《续云南通志稿·选举制》卷101,第7册,第5427—5433页

乾隆五十五(1790)年,正月,丙午,又谕(军机大臣等):"据富纲奏'准新任学政萧九成移称,亲子萧池于上年己酉科恭应顺天乡试,中式第六十名举人。嗣因简放云南学政,于九月十六日自京起程,将伊子带至任所,帮办家务,原拟不赴来年会试。到滇后接阅邸钞,始知顺天一榜举人,俱须按名复试,并于二月初一日以前取齐。云南距京遥远,势难如期赶到,应否送京补行复试之处,谨据情代奏'等语。上年因查出科场内仍有代倩联号等弊,是以降旨将顺天中式诸生定期严加复试;如有托故不到者,即予革除,以示惩儆。萧九成之子萧池,如于奉有复试谕旨之后,在京携带起程,明系意存规避,即当革去举人。今据奏该学政于九月十六日出京,而顺天复试谕旨,系十月初四日颁发,是其起身时,因未知有举行复试之事,尚无托故规避情节。所有该学政之子萧池,竟著于下科补行复试,此时不必再令送京。将此传谕富纲转谕萧九成知之。"

——《清实录·高宗实录》卷1347,第14—15页,总第24页

乾隆五十五年(1790)庚戌科会试

考官:内阁大学士王杰字伟人,陕西韩城人,辛巳进士。吏部侍郎朱珪字石君,顺天大兴人,戊辰进士。内阁学士邹奕孝字念乔,江南无锡人,丁丑进士。

题"皆自明也"一句,"君命召不"二句,"使数人要　于朝"。

赋得"老当益壮"得"方"字。

会元朱文翰字屏兹,江南歙县人。

状元石韫玉字执如,江南吴县人。榜眼洪亮吉字君直,江南阳湖人。探花王宗诚字中孚,江南青阳人。

是科云南 1 人中进士。

——(清)法式善等撰,张伟点校:《清秘述闻三种》,第 289 页

乾隆五十五年(1790)庚戌恩科会试,云南钱学彬(昆明、2 甲 8 名)1 人中进士。

——江庆柏编著:《清朝进士题名录》,第 653 页

乾隆五十七年(1792),十月,丁亥,谕曰:“富纲等奏‘云南省本年乡试,年老士子舒联元等四名,妥协完场,均未中式’等语。该生等均年逾八旬,踊跃观光,洵为艺林盛事。所有生员舒联元、熊文炳、向洙、黄元赞俱著赏给举人,准其一体会试,以示寿世作人至意。”谕军机大臣等:“造办处查核苏州织造五十六年分……”

——《清实录·高宗实录》卷 1415,第 12—13 页,总第 1034 页

乾隆五十七年(1792)壬子科乡试

云南考官:编修王宗诚字中孚,江南青阳人,庚戌进士。检讨张鹏展字从中,广西上林人,己酉进士。

题“礼云礼云”全章,“尊其位重”二句,“子产听郑”一句。

赋得“秋月如圭”得“秋”字。

解元梅雨,陆凉人。

——(清)法式善等撰,张伟点校:《清秘述闻三种》,第 294—295 页

乾隆五十七年(1792)壬子科,梅雨(陆凉)、刘汝讷(石屏)、彭仪(宜良)、魏定一(昭通)、梁舟彦(昆明)、杨复蔚(鹤庆)、倪思莲(建水)、陈嘉言(楚雄)、谭震(永北)、吴怡(保山)、李浩(建水)、张履程(建水)、杨桂森(石屏)、马煜(宜良)、王显相(昆明)、王锡藩(宾川)、李珀(呈贡)、李应元

(晋宁)、李正芳(蒙自)、谈有本(蒙自)、李继泌(建水)、杨怀诚(建水)、唐勋(建水)、赵凤诏(呈贡)、司昭(昆明)、曹鹤鸣(景东)、龚定国(昆明)、彭云骧(元江)、徐桀庭(罗平)、赵勦(建水)、黄思张(景东)、李德培(鹤庆)、李朝荣(临安)、周宗暄(云南府)、易成(楚雄)、吴协(保山)、陈蒸(弥勒)、李位(宁州)、陈天爵(晋宁)、程含章(景东)、沈煓(弥勒)、张汝源(广西)、晁景山(罗次)、濮昂临(昆明)、裴德宽(昆明)、阚荣祖(通海)、李致和(呈贡)、吕畅(石屏)、李雄飞(路南)、唐昌锡(定远)、杨光祖(浪穹)、来燕(昆明)、乐恒(弥勒)、田宗儒(赵州)中举,是科云南 54 人中举。

——(清)王文韶修:《续云南通志稿·选举制》卷101,第 7 册,第 5427—5433 页

乾隆五十八年(1793)癸丑科会试

考官:吏部尚书刘墉字崇如,山东诸城人,辛未进士。礼部侍郎铁保字冶亭,满洲正黄旗人,壬辰进士。工部侍郎吴省钦字冲之,江南南汇人,癸未进士。

题“古者民有”二句,“或生而知”三句,“孔子曰操”三句。

赋得“繁林翳荟”得“贤”字。

会元吴贻咏字惠连,江南桐城人。

状元潘世恩字槐堂,江南吴县人。榜眼陈云字起溶,顺天宛平人。探花陈希曾字集正,江西新城人。

是科云南 1 人中进士。

——(清)法式善等撰,张伟点校:《清秘述闻三种》,第 295 页

乾隆五十八年(1793)癸丑科会试,云南严烺(宜良、3 甲 76 名)1 人中进士。

——江庆柏编著:《清朝进士题名录》,第 658 页

乾隆五十九年(1794)甲寅恩科乡试

云南考官:刑部主事冯兆峋字湘岩,山西代州人,庚子进士。编修陈希曾字集正,江西新城人,癸丑进士。

题“躬自厚而”一句,“是以声名　中国”,“皆曰天下”一句。

赋得“五经无双”得“通”字。

解元那文凤,昆明人。

——(清)法式善等撰,张伟点校:《清秘述闻三种》,第300—301页

乾隆五十九年(1794)甲寅恩科乡试,那文凤(昆明)、郑丕钦(镇沅)、黄鹤龄(宾川)、朱士楷(东川)、马应清(太和)、张絅(鹤庆)、张凤音(寻甸)、许中清(澄江)、李舒寅(晋宁)、段润彩(河阳)、李维楷(呈贡)、张奏烈(宁州)、牛麟(东川)、马良标(寻甸)、王源(丽江)、何绍逊(石屏)、王衍畴(楚雄)、胡之铨(太和)、许树基(石屏)、孙子渤(景东)、杨朝镇(石屏)、王廷弼(宜良)、杨毓恒(太和)、施瑆宝(河阳)、刘桂元(阿迷)、赵恬(元江)、吴钟瑛(永北)、杨秀(云南府)、聂乃乂(澄江)、黄堂(昆明)、李植徕(路南)、张根培(安宁)、王连(建水)、吴朱鳞(元江)、马继贤(宜良)、夏培谟(宜良)、李华(宜良)、贺锡纶(石屏)、吴俊(河阳)、廖文扬(河阳)、马体健(晋宁)、罗荫恩(石屏)、戴奇(石屏)、赵毓玘(楚雄)、左开南(蒙化)、陈熙(弥勒)、高璠(建水)、段清(晋宁)、纳凤书(河西)、杨琅(石屏)、邹国华(云南府)、胡绍瑗(邓川)、史纪周(临安)、甘岳(白盐井)中举,是科云南54人中举。

——(清)王文韶修:《续云南通志稿·选举制》卷101,第7册,第5427—5433页

乾隆六十年(1795)乙卯恩科会试

考官:左都御史窦光鼐字元调,山东诸城人,壬戌进士。礼部侍郎刘跃云字伏先,江南武进人,丙戌进士。内阁学士瑚图礼字景南,满洲正白旗人,丁未进士。

题"民之所好"二句,"柴也愚参"四句,"齐人曰所　知也"。

赋得"闰月定四时"得"和"字。

会元王以铻字宝华,浙江归安人(辛酉殿试)。

状元王以衔字署冰,浙江归安人。榜眼莫晋字锡三,浙江会稽人。探花潘世璜字黼堂,江南吴县人。

是科云南2人中进士。

——(清)法式善等撰,张伟点校:《清秘述闻三种》,第301页

乾隆六十年(1795)乙卯恩科会试,云南董健(通海、3甲36名)、张鹏昇(晋宁、3甲39名)2人中进士。

——江庆柏编著:《清朝进士题名录》,第664—666页

乾隆六十年(1795)乙卯恩科乡试

云南考官:检讨张翽字叔举,山东平原人,甲辰进士。检讨万承风字卜东,江西宁州人,辛丑进士。

题"执御乎执"二句,"故君子之　庶民","是求有益"一句。

赋得"多文为富"得"文"字。

解元赵蘧,晋宁人,壬戌进士。

——(清)法式善等撰,张伟点校:《清秘述闻三种》,第306—307页

乾隆六十年(1795)乙卯恩科乡试,赵蘧(晋宁)、刘玉湛(蒙化)、何钟泰(晋宁)、周瑛(石屏)、车为藩(石屏)、袁瑞(昆明)、朱文彩(蒙化)、方学周(晋宁)、张云龙(大姚)、万起魁(文山)、王露(建水)、徐步珊(楚雄)、赵恂(元江)、余登龙(鹤庆)、余崇训(呈贡)、赵文荪(腾越)、刘椿(昆明)、汤楹(南宁)、林调元(临安)、谢天培(镇沅)、黄云书(云龙)、赵宗范(鹤庆)、宋薇(昆明)、王际泰(石屏)、张圣愉(昆明)、刘澍(蒙自)、何兆元(晋宁)、

杨君植(剑川)、蒋爙(建水)、段镳(赵州)、李文藻(嶍峨)、段宾王(邓川)、王际昌(昆明)、平志(昆明)、孙凤(河阳)、李根心(建水)、刘大观(宁州)、雷汝霖(曲靖)、苏沂(太和)、张敦朴(白盐井)、何融(南宁)、杜湘(赵州)、李振声(路南)、杨时发(广通)、苏益清(晋宁)、施学夔(河阳)、马呈霄(蒙化)、夏元会(白盐井)、魏宗曾(新兴)、杨奋甲(鹤庆)、乐珖(弥勒)、王绍南(新兴)、冯国兴(曲靖)、夏文蔚(昆明)中举,是科云南54人中举。

——(清)王文韶修:《续云南通志稿·选举制》卷101,第7册,第5427—5433页

嘉庆元年(1796),恩诏乡试云南加额十名。

——(清)龙云、卢汉修,周钟岳纂:《民国新纂云南通志》卷16《历代贡举征辟表》,《中国地方志集成》,第584页

嘉庆元年(1796)丙辰恩科会试

考官:礼部尚书纪昀字晓岚,直隶献县人,甲戌进士。左都御史金士松字亭立,江南吴江人,庚辰进士。兵部侍郎李潢字又璜,湖北钟祥人,辛卯进士。

题“虽曰未学”二句,“莫见乎隐”二句,“不愆不忘”二句。

赋得“春雨如膏”得“稀”字。

会元袁樾字斗槐,浙江德清人。

状元赵文楷字介山,江南太湖人。榜眼汪守和字巽泉,江西乐平人。探花帅承瀛字仙舟,湖北黄梅人。

是科云南2人中进士。

——(清)法式善等撰,张伟点校:《清秘述闻三种》,第307页

嘉庆元年(1796)丙辰科会试,云南刘玉湛(蒙化、3甲72名)、夏文蔚

(昆明、3甲93名)2人中进士。

——江庆柏编著:《清朝进士题名录》,第671—676页

嘉庆三年(1798)戊午科乡试

云南考官:侍读学士钱棨字振威,江南长洲人,辛丑进士。刑部主事陈廷桂字梦湖,江南和州人,乙卯进士。

题“子曰民可”二句,“舟车所至”一句,“五谷者种　不熟”。

赋得“化被草木”得“方”字。

解元吴联珠,元江人。

——(清)法式善等撰,张伟点校:《清秘述闻三种》,第312—313页

嘉庆三年(1798)戊午科,吴联珠(元江)、周锡章(楚雄)、王懿(普洱)、施铣(昆明)、马云鳌(陆凉)、杨春辉(建水)、李椿龄(晋宁)、刘翔鹤(蒙化)、赵景濂(昆明)、唐建中(晋宁)、张鹏程(建水)、胡之鈐(太和)、王梅(云南府)、李毓蓁(景东)、侯膺章(易门)、陈曙(蒙化)、熊祖成(大姚)、王廷楠(赵州)、段联锋(晋宁)、王孟楞(云南府)、叶先张(南宁)、杨熏(石屏)、徐飞冈(蒙化)、王文炳(楚雄)、高琯(建水)、王维新(晋宁)、邱琼(太和)、杨于漕(南安)、李德润(建水)、庆廷瑛(昆明)、张含英(建水)、杨荟文(普洱)、杨芝(太和)、赵凝禧(建水)、王建中(云南府)、陈毓章(河阳)、白玉焜(石屏)、杨翻(大理)、吴土伟(易门)、孙湘(云南府)、张昙(白盐井)、羊拱辰(镇沅)、萧韶(剑川)、刘书勋(宁州)、胡之杠(蒙化)、吴国治(建水)、张文道(澄江)、王周翰(澄江)、罗以源(景东)、汪绍源(永北)、钱懋龄(昆明)、张如鑑(顺宁)、宗儒传(邓川)、胡尊礼(宾川)、赵廷相(路南)、李茂林(平彝)、杨荫楫(昆明)、李景昌(晋宁)、路凌云(南宁)、李大有(云南县)、董曰义(赵州)、刘陶(楚雄)、宋佐(昆阳)、龚懋(临安)中举,是科云南64人中举。

——(清)王文韶修:《续云南通志稿·选举制》卷101,第7册,第5427—5433页

嘉庆四年(1799)己未科会试

考官:吏部尚书朱珪字石君,顺天大兴人,戊辰进士。左都御史刘权之字德舆,湖南长沙人,庚辰进士。户部侍郎阮元字梁伯,江南仪征人,己酉进士。内阁学士文干字蔚其,满洲正红旗人,甲辰进士。

题"是故君子　失之","曾子曰慎　厚矣","孟子曰尽　天矣"。

赋得"鸣鸠拂其羽"得"鸣"字。

会元史致俨字望之,江苏江都人。

状元姚文田字秋农,浙江归安人。榜眼苏兆登字朴园,山东沾化人。探花王引之字伯申,江苏高邮人。

是科云南7人中进士。

——(清)法式善等撰,张伟点校:《清秘述闻三种》,第313页

嘉庆四年(1799)己未科会试,云南李翃(晋宁、2甲9名)、刘陶(楚雄、3甲2名)、周锡章(楚雄、3甲25名)、王藩(浪穹、3甲38名)、杨本昌(南宁、3甲53名)、杨桂森(石屏、3甲78名,《清朝进士题名录》作杨汝达)、何钟泰(晋宁、3甲89名)7人中进士。

——江庆柏编著:《清朝进士题名录》,第678—684页

嘉庆五年(1800)庚申恩科乡试

云南考官:编修苏兆登字晏林,山东沾化人,己未进士。内阁中书蔡炯字云桥,江西德化人,丙辰进士。

题"不忮不求"二句,"时使薄敛"二句,"其居使之"二句。

赋得"鹤鸣九皋"得"皋"字。

解元苏鳌,晋宁人,甲戌进士。

——(清)法式善等撰,张伟点校:《清秘述闻三种》,第530页

嘉庆五年(1800)庚申恩科乡试,苏鏊(晋宁)、李长龄(云南府)、石良玉(保山)、胡芳兰(建水)、刘钰(昆明)、邢藻(建水)、杨澍洲(路南)、莫蔚起(呈贡)、杨正阳(江川)、李廷璧(晋宁)、樊如杞(楚雄)、李钟景(宾川)、赵卿云(昆阳)、尚灿廷(澄江)、戴廷魁(浪穹)、杨承武(浪穹)、杨元升(易门)、李丰(安宁)、王锡麒(白盐井)、常济元(河西)、李观(剑川)、胡溶(石屏)、苏其材(新兴)、王瑞(楚雄)、赵瑜(太和)、徐云笈(嶍峨)、叶雨青(阿迷)、杨健芳(安宁)、李洋(丽江)、张在芳(江川)、毕仁宝(云南府)、周永清(临安)、姚凤鸣(蒙化)、欧仲和(安宁)、董策新(大理)、黄肇冀(昆明)、李钟璧(太和)、张注我(昆明)、尹佩棻(蒙自)、旃易旌(石屏)、万永福(蒙自)、缪彤(宣威)、鲁成天(河阳)、李景旭(晋宁)、王维清(河阳)、陈钰(楚雄)、卜光煜(昆明)、周丕显(宜良)、刘平骄(建水)、胡之鋘(太和)、田翰庭(临安)、艾濂(邓川)、倪琇(昆明)、杜薇之(昆明)中举,是科云南54人中举。

——(清)王文韶修:《续云南通志稿·选举制》卷101,第7册,第5433—5438页

嘉庆六年(1801),正月,庚子,孝圣宪皇后忌辰,遣官祭泰东陵。……谕内阁:"达椿等奏复勘嘉庆五年四川、广东、广西、云南、贵州等省中式试卷一折,已交该部照例办理矣。至附片奏'各省试卷内有填用卦画及书写古篆者,缘磨勘条例向无议处明文,是以未经签出'等语。乡、会试卷文字,引用经传语句,本有取裁。其隐僻子书等项,即不应滥行摭拾。若似此书写卦画及古篆字样,尤非应试文体,且易启记认关节之弊。除此次中式各卷,因向无例禁,姑免置议外;嗣后乡、会试场,著礼部通行知照知贡举、监临出示晓谕。如试卷内有书写卦画及篆体者,即照违式例贴出。其有违例中式者,将本生罚停一科,考官及应贴不贴之外帘各官分别议处,以示惩儆。并著礼部载入科场条例遵行。"

——《清实录·仁宗实录》卷78,第18—19页,总第9—10页

嘉庆六年(1801)辛酉科乡试

云南考官:御史叶绍楏字振湘,浙江归安人,癸丑进士。□部主事郑光圻字书南,江苏仪征人,庚戌进士。

题“子钓而不”二句,“宪章文武”一句,“圣人治天”四句。

赋得“英词润金石”得“英”字。

解元张维寉,鹤庆人。

——(清)法式善等撰,张伟点校:《清秘述闻三种》,第 536 页

嘉庆六年(1801)辛酉恩科会试

考官:礼部尚书达椿字香圃,满洲镶白旗人,庚辰进士。工部尚书彭元瑞字掌仍,江西南昌人,丁丑进士。兵部侍郎平恕字宽夫,浙江山阴人,壬辰进士。工部侍郎蒋曰纶字雯园,河南睢州人,庚辰进士。

题“尧舜帅天”二句,“百姓足君”四句,“民之为道”一节。

赋得“天临海镜”得“天”字。

会元马有章字倬亭,江苏通州人。

状元顾皋字晴芬,江苏金匮人。榜眼刘彬士字筠圃,湖北黄陂人。探花邹家燮字理堂,江西乐平人。

是科云南 10 人中进士。

——(清)法式善等撰,张伟点校:《清秘述闻三种》,第 530—531 页

嘉庆六年(1801)辛酉恩科会试,云南倪琇(昆明、2 甲 26 名)、樊如杞(楚雄、2 甲 31 名)、吴毓宝(昆明、2 甲 55 名)、李钟景(宾川、2 甲 72 名)、何兆元(晋宁、2 甲 98 名)、胡溶(石屏、3 甲 54 名)、胡尊礼(宾川、3 甲 31 名)、王瑞(楚雄、3 甲 59 名)、杜宣(嶍峨、3 甲 66 名)、赵棠(南宁、3 甲 172 名)10 人中进士。

——江庆柏编著:《清朝进士题名录》,第 688—697 页

嘉庆六年(1801)辛酉科,张维崨(鹤庆)、陈昂(河西)、左章照(蒙化)、杨文(普洱)、杨成性(昆明)、饶彰(永昌)、杨敬廷(云南府)、段克莹(鹤庆)、黄大宾(昆明)、赵维垣(弥勒)、武次韶(建水)、水其沂(保山)、王会清(蒙自)、王万钟(景东)、赵瑄(大理)、陈毓琦(澄江)、彭志奭(普洱)、李蟠根(太和)、刘钟瑞(大理)、樊如同(楚雄)、陆芝(昆明)、龙绍渤(昆明)、曹代何(云南府)、卜丕绪(楚雄)、周水安(广西州)、江承训(琅盐井)、王澄(云南府)、陈于宁(晋宁)、冯晋锡(鹤庆)、戴名沅(安宁)、董俨(易门)、张河书(昆明)、李尚恭(阿迷)、邹炳(昭通)、杨臣俊(蒙化)、夏瑚(鹤庆)、王德健(易门)、陈宗鲁(剑川)、黄凤彩(澄江)、赵邦柱(太和)、陈思问(蒙化)、许作霖(石屏)、蔡觐廷(晋宁)、朱维曾(昆明)、谢复(云南府)、江舻(腾越)、邹文富(河阳)、倪玢(昆明)、王蕙(云南府)、孙炘(楚雄)、樊如枟(楚雄)、杨凤集(云南府)、庄咸民(鹤庆)、杨兆兰(丽江)中举,是科云南54人中举。

——(清)王文韶修:《续云南通志稿·选举制》卷101,第7册,第5433—5438页

嘉庆七年(1802)壬戌科会试

考官:礼部尚书纪昀字晓岚,直隶献县人,甲戌进士。左都御史熊枚字谦山,江西铅山人,辛卯进士。内阁学士戴均元字可亭,江西大庾人,乙未进士。内阁学士玉麟字振之,满洲正黄旗人,乙卯进士。

题"为人君止"四句,"道之以德"一节,"居天下之"三句。

赋得"山辉川媚"得"藏"字。

会元吴廷琛字震南,江苏元和人。

状元吴廷琛字震南,江苏元和人。榜眼李宗昉字芝龄,江苏山阳人。探花朱士彦字郁文,江苏宝应人。

是科云南10人中进士。

——(清)法式善等撰,张伟点校:《清秘述闻三种》,第536—537页

嘉庆七年(1802)壬戌科会试,云南李钟璧(太和、2甲41名)、赵蘧(晋宁、2甲46名)、李蟠根(太和、3甲94名)、戴名沅(安宁、3甲102名)、万永福(蒙自、3甲114名)、尹佩绅(蒙自、3甲136明)、左章照(蒙化、3甲150名)、李文耕(昆明、3甲147名)、叶雨青(阿迷、3甲152名)、郑丕钦(镇沅、3甲156名)10人中进士。

——江庆柏编著:《清朝进士题名录》,第704—712页

嘉庆九年(1804)三月,丁未,上诣安佑宫行礼。礼部议:"准四川总督勒保咨称,雅州府属番民呈请援例捐监。应责成各该土司查明身家清白,取具族邻甘结,加具土司印结,申送附近所属州、县再行加结,由该督汇齐送部查核,以昭慎重而杜冒滥。至所请乡试之年,与汉民生、监一并凭文去取,卷面不必分别汉、番,取额不必加增之处,均应如该督所咨办理。惟查番民子弟读书,既准其捐监乡试,其愿应童试者,并请照雍正八年议准之例,准其于附近州、县报名,地方官查明,其卷面亦不必分别汉、番,仍照原额取中。如汉民有肆行阻挠者,照例办理。再:查湖广之苗、傜,广东之黎、峒,广西之土官、土目子弟,云南威远之夷人,四川茂州之羌民等,向俱准应童试。如有情愿捐监者,照番民例办理。"从之。

——《清实录·仁宗实录》卷127,第19页,总第718页

嘉庆九年(1804)甲子科乡试

云南考官:编修黄焜望字耀寰,顺天大兴人,丙辰进士。检讨李鸿宾字象三,江西德化人,辛酉进士。

题"其在宗庙"节,"柔远人则　畏之","不违农时"二句。

赋得。

解元丁杰,保山人,己巳进士。

——(清)法式善等撰,张伟点校:《清秘述闻三种》,第542页

嘉庆九年(1804)甲子科,丁杰(保山)、陈黄(楚雄)、赵廷俊(太和)、韩诗(建水)、许高骞(宜良)、金棠(普洱)、胡之铣(太和)、罗曰璧(景东)、尹佩珩(蒙自)、萧露湛(建水)、刘士珍(建水)、张鸣盛(沾益)、杨本濬(南宁)、董豫(赵州)、尹益图(蒙自)、余辅勋(昆明)、谈锡福(蒙自)、秦致中(建水)、严煸(宜良)、王玉华(云南府)、李芬(昆明)、段鸿墀(宜良)、陈其璋(宜良)、李藻(晋宁)、乐韶(晋宁)、张复中(宁川)、吴泰来(易门)、王应禄(景东)、施昂(河阳)、杨汝刚(邓川)、张序(大理)、庆廷瑃(昆明)、董齐圣(云南县)、杨国樑(嵩明)、燕汝昌(建水)、李荫枢(呈贡)、杨士炜(石屏)、赵大镛(云南府)、李之梓(河阳)、李传馨(晋宁)、张泰交(普洱)、何运泰(晋宁)、杨学周(蒙自)、赵铭彝(晋宁)、刘廷楷(太和)、戴融春(石屏)、何文星(宁州)、王黉(云龙)、段铸(晋宁)、孙元斌(云南府)、许昂(通海)、王观政(沾益)、周师(陆凉)、李春和(河西)中举,是科云南54人中举。是科云南刘荣黼(大姚)、寇伦(昆明)2人于顺天中式。

——(清)王文韶修:《续云南通志稿·选举制》卷101,第7册,第5433—5439页

嘉庆十年(1805)乙丑科会试

考官:内阁大学士朱珪字石君,顺天大兴人,戊辰进士。户部尚书戴衢亨字荷之,江西大庾人,戊戌进士。吏部侍郎恩普字梦符,蒙古镶蓝旗人,庚戌进士。户部侍郎英和字树琴,满洲正白旗人,癸丑进士。

题"子曰老者"三句,"喜怒哀乐　之中","夫志至焉"四句。

赋得"我泽如春"得"春"字。

会元胡敬字以庄,浙江仁和人。

状元彭浚字宝臣,湖南衡山人。榜眼徐颋字直卿,江苏长洲人。探花何凌汉字仙槎,湖南道州人。

是科云南11人中进士。

——(清)法式善等撰,张伟点校:《清秘述闻三种》,第542—543页

嘉庆十年(1805)乙丑科会试,云南倪思莲(建水、2甲44名)、冯晋锡(鹤庆、3甲16名)、李荫枢(呈贡、3甲18名)、平志(昆明、3甲50名)、陈毓璋(河阳、3甲63名)、万起魁(文山、3甲70名)、段克莹(鹤庆、3甲81名)、严煵(宜良、3甲97名)、尹佩棻(蒙自、3甲128名)、胡之铣(太和、3甲132名)、赵廷俊(太和、3甲134名)11人中进士。

——江庆柏编著:《清朝进士题名录》,第715—723页

嘉庆十二年(1807)丁卯科乡试

云南考官:编修王泽字润生,安徽芜湖人,辛酉进士。编修方振字叶文,江西南昌人,辛酉进士。

题"子路曾晳"一节,"博学之审"一节,"今夫(辫)麦　熟矣"。

赋得"下笔如有神"得"如"字。

解元万华,江川人,己巳进士。

——(清)法式善等撰,张伟点校:《清秘述闻三种》,第548页

嘉庆十二年(1807)丁卯科,万华(江川)、李时(大理)、刘光仪(云南府)、谢长清(楚雄)、薛绍濂(建水)、田杰(建水)、段崇先(晋宁)、高士桂(鹤庆)、苏其祥(新兴)、李乐尧(晋宁)、尹德炳(太和)、杜允智(剑川)、李发春(太和)、杨师立(蒙化)、段文濬(鹤庆)、李先德(临安)、龚朝佐(昆明)、刘广运(永北)、凌濬(昆明)、马汝霖(临安)、束本敦(新兴)、蒋长庚(昆明)、任廷璋(石屏)、廖敦行(建水)、方秉钧(建水)、刘玉漳(蒙化)、傅师中(昆明)、洪铨(顺宁)、李宗弼(云南府)、王上选(嵩明)、郑兰(晋宁)、张旋(建水)、杨淇(蒙化)、辛徵(永昌)、牛焯(丽江)、杨昌(丽江)、李毓秀(宜良)、李钟台(太和)、郭嘉绩(昆明)、赵容恭(保山)、吴体乾(易门)、高燮(石屏)、李铭(河阳)、张琼(昆明)、王西堉(临安)、赵允和(东川)、金一洪(浪穹)、汤徇齐(邓川)、阚自勤(通海)、王宝(晋宁)、杨廷俊(阿迷)、陈翺(临安)、杨英(曲靖)、廖杏龄(石屏)中举,是科云南54人中举。是科云

南郭际清(河阳)1人于顺天中式。

——(清)王文韶修:《续云南通志稿·选举制》卷101,第7册,第5433—5439页

嘉庆十三年(1808),二月,戊寅,谕内阁:"国家设官分职,首重得人,其人果能殚心厥职,视国事如己事,兴利除害,则庶政修举。"……湖南巡抚景安等奏:"苗疆凤凰、永绥、保靖两厅一县,至今尚未开科。查凤凰、乾州、永绥三厅岁科两试,各额进苗童二名,保靖苗童亦附入民籍应试。近科乡试之士亦多,而未能与通省人材较艺获售,转恐阻其向上之心。请将该四厅、县苗生照台湾府,另编至字号之例,另编田字号,仍照云南等省顺天乡试另编中皿字号之例,于十五名内额外取中一名。如不足十五名,仍附通省取中。"下部议行。

——《清实录·仁宗实录》卷192,第16—17页,总第539—540页

嘉庆十三年(1808)戊辰恩科乡试

云南考官:编修陆以庄字溦康,浙江萧山人,丙辰进士。内阁中书李振祜字锡民,安徽太湖人,辛酉进士。

题"千乘之国"二句,"一卷石之"二句,"昔者有馈"一句。

赋得"垂露在手"得"垂"字。

解元汤集义,南宁人。

——(清)法式善等撰,张伟点校:《清秘述闻三种》,第554页

嘉庆十三年(1808)戊辰科会试

考官:内阁大学士董诰字雅伦,浙江富阳人,癸未进士。吏部尚书邹炳泰字晓屏,江苏无锡人,壬辰进士。礼部侍郎秀堃字琪原,满洲正蓝旗人,辛酉进士。内阁学士顾德庆字筠岩,山西阳曲人,己酉进士。

题"德者本也"二句,"如有博施　仁乎","人伦明于"二句。

赋得“立中生正”得“精”字。

会元刘嗣绾字醇甫，江苏阳湖人。

状元吴信中字霭人，江苏吴县人。榜眼谢阶树字子玉，江西宜黄人。探花石承藻字黼廷，湖南湘潭人。

是科云南12人中进士。

——(清)法式善等撰，张伟点校：《清秘述闻三种》，第548—549页

嘉庆十三年(1808)戊辰科会试

云南刘荣黼(大姚、2甲63名)、廖敦行(建水、2甲第107名)、龚定国(昆明、3甲3名)、杨本濬(南宁、3甲7名)、孙凤(河阳、3甲39名)、王会清(蒙自、3甲61名)、胡之鋘(太和、3甲105名)、陈钰(楚雄、3甲114名)、张云龙(大姚、3甲124名)、艾濂(邓川、3甲127名)、甘岳(白盐井、3甲138名)、杜湘(赵州、3甲141名)12人中进士。

——江庆柏编著：《清朝进士题名录》，第727—736页

嘉庆十三年(1808)戊辰恩科乡试

汤集义(南宁)、李衢(晋宁)、保先烈(昆明)、杨名飏(云龙)、段嵩(剑川)、唐际昌(晋宁)、凌光斗(永善)、揭光祖(河西)、周作丰(鹤庆)、唐麟(晋宁)、龚绶(昆明)、丁载周(石屏)、蔡宗俭(阿迷)、苏攀龙(云南府)、段龙章(鹤庆)、尹奠图(蒙自)、李上桃(昆明)、张钟伟(昆明)、杨彩汉(大理)、阮复旦(鹤庆)、张芝(临安)、汤联荣(蒙自)、武应衡(临安)、杨燕棠(宜良)、杨凤然(易门)、张孝诗(石屏)、杨社(石屏)、王安世(普洱)、施彦品(浪穹)、李端尹(蒙自)、唐守僎(南宁)、卢蕙芳(临安)、赵毓丹(鹤庆)、谢本中(河阳)、董宪(嶍峨)、张廷楷(永北)、钟秉彝(蒙自)、尹丕(赵州)、丁钟斗(新兴)、李汝铨(晋宁)、杨步瀛(武定)、郑子实(临安)、石腾基(罗次)、李时升(河西)、王访范(宁州)、宴曙东(曲靖)、王培木(蒙自)、刘筑厳(昆明)、王长卿(昆明)、蒋九锡(鹤庆)、谢琼(昆明)、施文衮(路南)、李巩

堂(蒙自)、王垲(宜良)中举,是科云南54人中举。

——(清)王文韶修:《续云南通志稿·选举制》卷101,第7册,第5433—5438页

嘉庆十四年(1809)己巳恩科会试

考官:内阁大学士费淳字筠浦,浙江钱塘人,癸未进士。礼部尚书王懿修字勖嘉,安徽青阳人,丙戌进士。吏部侍郎英和字树琴,满洲正白旗人,癸丑进士。内阁学士贵庆字月三,满洲镶白旗人,己未进士。

题"君子喻于"二句,"思知人不　知天","得天下有"六句。

赋得"一意同欲"得"同"字。

会元孔传纶字言如,浙江钱塘人。

状元洪莹字宾华,安徽歙县人。榜眼廖金城字钰夫,福建侯官人。探花张岳崧字子骏,广东定安人。

是科云南11人中进士。

——(清)法式善等撰,张伟点校:《清秘述闻三种》,第554—555页

嘉庆十四年(1809)己巳恩科会试,云南谈有本(蒙自、2甲82名)、武次韶(建水、2甲88名)、张孝诗(石屏、3甲8名)、杜薇之(昆明、3甲10名)、丁杰(保山、3甲41名)、李芬(昆明、3甲46名)、李上桃(昆明、3甲52名)、保先烈(昆明、3甲97名)、万华(江川、3甲106名)、倪玢(昆明、3甲112名)、陆芝(昆明、3甲137名)11人中进士。

——江庆柏编著:《清朝进士题名录》,第740—748页

嘉庆十五年(1810),议准蒙自县向例额进文童十五名、武童十二名,查云南省历科乡试题名录,该县中式人数较多,文风较盛,应准其加额取进文生三名、武生一名。

——(清)昆冈等修:《清会典事例》卷380《礼部(91)》,第5册,第193页

嘉庆十五年(1810)庚午科乡试

云南考官:编修陈中孚字允臣,湖北武昌人,辛酉进士。编修朱方增字寿川,浙江海盐人,辛酉进士。

题"足食足兵"二句,"行而世为"二句,"天之高也"二句。

赋得"广厦搆众材"得"材"字。

解元刘翻,蒙自人。

——(清)法式善等撰,张伟点校:《清秘述闻三种》,第561页

嘉庆十五年(1810)庚午科,刘翻(昆明)、郑元昕(太和)、王六德(云南府)、邹焯(昭通)、李西美(昭通)、王毓麟(云南府)、王瀛(昆明)、马良臣(通海)、李文浩(晋宁)、余福谦(太和)、余寅宾(昆明)、范皑(河西)、李重发(鹤庆)、刘伟文(昆明)、唐焘(太和)、马良五(昆明)、丁运泰(石屏)、杨沣(太和)、王时行(白盐井)、王廷辅(昆明)、杨宣(丽江)、何贞元(云南府)、蔡廷璋(晋宁)、孙进卿(镇雄)、李重轮(鹤庆)、孔兴东(呈贡)、左章昺(蒙化)、陈毓珊(河阳)、施文瑞(路南)、傅绶(昆明)、万本晋(昆明)、周顺年(石屏)、胡天培(广通)、张锡龄(定远)、蒋士兰(昆明)、倪慎枢(昆明)、马章藻(建水)、邹联中(河阳)、司河(昆明)、奚肖元(太和)、苏得坡(景东)、罗以昕(景东)、杨应时(石屏)、钱沛若(石屏)、胡霖苍(建水)、许应藻(石屏)、杨思荣(江川)、马春藻(建水)、谢遇(楚雄)、戴安礼(镇沅)、唐守诚(南临)、邓源洋(蒙自)、张灿斗(浪穹)、林恂(东川)中举,是科云南54人中举。

——(清)王文韶修:《续云南通志稿·选举制》卷101,第7册,第5433—5438页

嘉庆十六年(1811)辛未科会试

考官:内阁大学士董诰字雅伦,浙江富阳人,癸未进士。户部尚书曹振镛字怿嘉,安徽歙县人,辛丑进士。兵部侍郎胡长龄字西庚,江苏通州人,己酉进士。内阁学士文干字芝崖,满洲正红旗人,甲辰进士。

题“子曰中庸”二句，“知斯三者”二句，“存其心养”一节。

赋得“虚堂悬镜”得“情”字。

会元朱壬林字小云，浙江平湖人。

状元蒋立镛字笙陔，湖北天门人。榜眼吴毓英字鞠人，江苏吴县人。探花吴廷珍字叔琪，江苏吴县人。

是科云南10人中进士。

——(清)法式善等撰，张伟点校：《清秘述闻三种》，第561—562页

嘉庆十六年(1811)辛未科会试，云南丁运泰(石屏、2甲72名)、汤景和(邓川、3甲124名)、杨思荣(江川、2甲79名)、陈蒸(弥勒、3甲36名)、尹佩珩(蒙自、3甲11名)、谈锡福(蒙自、3甲136名)、龚绶(昆明、3甲81名)、司河(昆明、2甲92名)、马良臣(通海、3甲105名)、马章藻(建水、3甲103名)10人中进士。

——江庆柏编著：《清朝进士题名录》，第752—759页

嘉庆十八年(1813)癸酉科乡试

云南考官：编修吴廷珍字士儒，江苏吴县人，辛未进士。内阁中书戴鼎恒字春羲，浙江乌程人，己巳进士。

题“子谓韶尽”三句，“朝聘以时”二句，“学问之道”二句。

赋得“辟雍海流”得“流”字。

解元杨峻，太和人，己卯进士。

——(清)法式善等撰，张伟点校：《清秘述闻三种》，第566—567页

嘉庆十八年(1813)癸酉科，杨俊(太和)、杨昱(邓川)、朱䐢(石屏)、杨戴清(鹤庆)、尹尚濂(云南府)、朱嶟(通海)、麦祥(楚雄)、刘圭(永北)、樊肇封(宣威)、罗桂林(临安)、饶绶(昭通)、蔡宗崑(阿迷)、朱溎(云南县)、

戴沛(蒙化)、沈崇(昆明)、李来雝(石屏)、倪德馨(楚雄)、高德明(广通)、张信圭(弥勒)、张其纶(临安)、张湛(云南府)、马锐(宜良)、段联修(晋宁)、张国正(赵州)、赵宗睿(广西州)、钱汝楠(河阳)、孙承彦(昆明)、任珏(云南县)、杨友桐(云南县)、梅占春(宁州)、李煌(昆明)、施化理(浪穹)、孔继尹(通海)、何炳元(弥勒)、杨炜(河西)、赵翎(南宁)、王寿昌(永北)、李自薰(太和)、张春诚(临安)、万春华(河阳)、杨灼(阿迷)、鞠养粹(楚雄)、段荣恩(安宁)、李友华(建水)、徐文光(楚雄)、向克昌(河西)、杨开泰(云南县)、甘时治(白盐井)、饶澍畛(广西州)、江应瑞(琅井)、范仕义(保山)、戴光国(云南府)、王德馨(石屏)、杨本初(蒙自)中举,是科云南54人中举。

——(清)王文韶修:《续云南通志稿·选举制》卷101,第7册,第5441—5449页

嘉庆十九年(1814)甲戌科会试

考官:吏部尚书章煦字曜青,浙江钱塘人,壬辰进士。工部尚书周兆基字廉堂,江苏吴江人,甲辰进士。礼部侍郎王宗诚字中孚,安徽青阳人,庚戌进士。礼部侍郎宝兴字献山,满洲镶黄旗人,乙丑进士。

题“生之者众”四句,“子曰德之”一节,“行有不得”一节。

赋得“受中定命”得“中”字。

会元瞿溶字丽江,江苏武进人。

状元龙汝言字子嘉,安徽桐城人。榜眼祝庆蕃字蘅畦,河南固始人(辛未中式)。探花伍长华字实生,江苏上元人。

是科云南9人中进士。

——(清)法式善等撰,张伟点校:《清秘述闻三种》,第567—568页

嘉庆十九年(1814)甲戌科会试,云南李浩(晋宁、2甲75名)、傅绶(安宁、2甲81名)、李之梓(河阳、3甲91名)、周师(陆凉、3甲36名)、李重发(鹤庆、2甲99名)、孔继尹(通海、3甲54名)、左章昞(蒙化、3甲31名)、

苏鳌(晋宁、3 甲 117 名)、范仕义(保山、2 甲 91 名)9 人中进士。

——江庆柏编著:《清朝进士题名录》,第 766—774 页

嘉庆二十一年(1816)丙子科乡试

云南考官:编修郭尚先字元开,福建莆田人,己巳进士。内阁中书闻人熙字春台,浙江会稽人,己巳进士。

题“请益曰无”一节,“齐明盛服”三句,“善教得民”一句。

赋得“民生在勤”得“生”字。

解元陈时昌,楚雄人。

——(清)法式善等撰,张伟点校:《清秘述闻三种》,第 572—573 页

嘉庆二十一年(1816)丙子科,陈时昌(楚雄)、刘嘉绶(禄丰)、李庆孙(阿迷)、闻世春(安宁)、侯锡理(邓川)、张官(昆明)、许湘(江川)、刘德新(元江)、赵辉璧(浪穹)、苏伸(石屏)、戴清(广南)、罗嘉言(云南府)、郭其观(河阳)、刘嘉绩(禄丰)、朱光鼎(曲靖)、杨凝阳(江川)、李绶(鹤庆)、李济(太和)、张理(河西)、李本芳(新兴)、杨以恕(太和)、李蕴生(太和)、陈毓华(河阳)、李綎(邓川)、华凤藻(河阳)、杨文源(昆明)、郑翊周(宾川)、孙铭(新兴)、李增福(昆明)、万云(江川)、赵廷谟(太和)、白映庚(太和)、赵光鼎(云南府)、钟国安(云南府)、罗翰文(呈贡)、李本恒(宁州)、杨会朝(邓川)、姚清(楚雄)、宋大寅(江川)、许士彦(宜良)、吴仕鲁(易门)、谭有燿(建水)、戴家政(景东)、杨晟(路南)、夏丕彰(镇南)、温世泽(元江)、陈文治(昆明)、杨绍(太和)、罗上蒸(石屏)、陈渊淳(云南府)、寇俨(昆明)、韩树宗(建水)、包汝渊(建水)、万翊清(阿迷)中举,是科云南 54 人中举。

——(清)王文韶修:《续云南通志稿·选举制》卷 101,第 7 册,第 5441—5446 页

嘉庆二十二年(1817)丁丑科会试

考官:内阁大学士曹振镛字怿嘉,安徽歙县人,辛丑进士。协办大学士、吏部尚书戴均元字可亭,江西大庾人,乙未进士。户部侍郎姚文田字秋农,浙江归安人,己未进士。刑部侍郎秀堃字琪原,满洲正蓝旗人,辛酉进士。

题"子曰为政"一句。"君子而时"一句,"仁人之安"二句。

赋得"桐生茂豫"得"桐"字。

会元庞大奎字星斋,江苏常熟人。

状元吴其濬字瀹斋,河南固始人。榜眼凌泰封字东园,安徽定远人。探花吴清鹏字西谷,浙江钱塘人。

是科云南12人中进士。

——(清)法式善等撰,张伟点校:《清秘述闻三种》,第573—574页

嘉庆二十二年(1817)丁丑科会试,云南李煌(昆明、2甲30名)、杨凝扬(江川、3甲66名)、陈宗鲁(剑川、3甲69名)、江舻(腾越、3甲82名)、段联锋(晋宁、3甲89名)、倪植(昆明、3甲103名)、罗士蒸(石屏、3甲136名)、许湘(江川、3甲112名)、李时升(河西、3甲138名)、董宪(嶍峨、3甲141名)、段联修(晋宁、3甲146名)、王长卿(昆明、3甲151名)12人中进士。

——江庆柏编著:《清朝进士题名录》,第778—787页

嘉庆二十三(1818)年,九月,壬戌,孝慈高皇后忌辰,遣官祭福陵。谕内阁:"伯麟等奏东川府应试生童,请改附省棚考试一折。云南东川府属生童,向附曲靖府棚考试。兹据伯麟等奏,该处道途险峻,兼有江水阻滞,应考生童跋涉维艰。加恩著照所请,准其将东川府属文、武生童改附省棚。仍遵照旧例,岁科接连考试,以顺舆情。其会泽县每年征收公件项下,应解经费银两,即行拨归昆明县应用。"

——《清实录·仁宗实录》卷347,第15—16页,总第590—591页

嘉庆二十三年(1818)戊寅恩科乡试

云南考官:编修熊常錞字声谷,江西铅山人,己巳进士。编修王统仁字公弼,山东乐陵人,甲戌进士。

题"绥之斯来"二句,"诚身有道"三句,"汤执中立"二句。

赋得"士先器识"得"先"字。

解元何辰朗,南宁人。

——(清)法式善等撰,张伟点校:《清秘述闻三种》,第578—579页

嘉庆二十三年(1818)戊寅恩科乡试,何辰朗(南宁)、杨翙(太和)、陆荫奎(昆明)、谢丰(楚雄)、张心培(河阳)、赵峤(澄江)、常带河(河西)、张步瀛(云南府)、戴级兰(昆明)、王处礼(剑川)、洪开业(临安)、张效渠(永川)、赵义章(鹤庆)、赵履云(宁州)、王肇新(宾川)、罗士菁(石屏)、赵观(昆明)、罗从极(白盐井)、许汉骞(石屏)、杨逢春(昆明)、赵琇(太和)、王玠(东川)、程旬(昆明)、张渐(广西州)、车灿章(昆明)、傅作檀(开化)、苏应麟(昆明)、王烈(昆明)、宋伟图(昆明)、杨文兴(昆阳)、杨綍(太和)、魏应祥(昆明)、赵嵩(晋宁)、汪楫(安宁)、杨珍林(宁州)、张履吉(剑川)、孙玉树(弥勒)、徐嘉璠(新平)、龚信(云南府)、卢曦(建水)、杨家麟(楚雄)、张景说(河西)、赵泽远(新平)、徐开元(景东)、段维藩(晋宁)、姜德树(昆明)、辛联炜(昭通)、毕荣章(昆明)、田锡汝(永昌)、赵暹(昆明)、李芳肇(澄江)、朱凤韶(昆明)、张廷机(昆明)、范宇翘(宣威)中举,是科云南54人中举。是科云南杨席珍(鹤庆)1人于顺天中式。

——(清)王文韶修:《续云南通志稿·选举制》卷101,第7册,第5441—5447页

嘉庆二十四年(1819)己卯科乡试

云南考官:编修林则徐字石麟,福建侯官人,辛未进士。编修吴慈鹤字均皋,江苏吴县人,己巳进士。

题“汤之盘铭”一句,“诵诗三百”一句,“其事则齐”一句。

赋得“四面山如碧玉城”得“城”字。

解元李士林,□□人。

——(清)法式善等撰,张伟点校:《清秘述闻三种》,第 584—585 页

嘉庆二十四年(1819)己卯恩科会试

考官:协办大学士、吏部尚书戴均元字可亭,江西大庾人,乙未进士。兵部尚书戴联奎字紫垣,江苏如皋人,乙未进士。礼部侍郎王引之字伯申,江苏高邮人,己未进士。詹事那彦成字绎堂,满洲正白旗人,己酉进士。

题“曰修己以”一句,“人之为道”二句,“诚身有道”三句。

赋得“敦俗劝农桑”得“敦”字。

会元费庚吉字耕庭,江苏武进人。

状元陈沆字秋舫,湖北蕲水人。榜眼杨九畹字余田,浙江慈溪人。探花胡达源字云阁,湖南益阳人。

是科云南 9 人中进士。

——(清)法式善等撰,张伟点校:《清秘述闻三种》,第 579—580 页

嘉庆二十四年(1819)己卯恩科会试,云南杨峻(太和、2 甲 9 名)、朱嶟(通海、3 甲 10 名)、赵琇(太和、3 甲 15 名)、陆荫奎(昆明、2 甲 17 名)、宋大寅(江川、2 甲 21 名)、李衢(晋宁、2 甲 91 名)、麦祥(楚雄、2 甲 83 名)、侯锡理(邓川、3 甲 54 名)、王肇新(宾川、3 甲 115 名)9 人中进士。

——江庆柏编著:《清朝进士题名录》,第 792—800 页

嘉庆二十四年(1819)己卯科,李士林(通海)、尹睿图(临安)、杨均(太和)、谢长年(楚雄)、赵贻荪(永昌)、张晋熙(昆明)、黄初(永北)、毕光荣(昆明)、江自修(通海)、赵金门(晋宁)、孙钟(呈贡)、曹鹏昇(河阳)、谭精

品(永北)、黄琮(昆明)、李嗣莲、孙焕章(邓川)、顾嘉行(澄江)、李霦(阿迷)、陈图(云南府)、杨际泰(昆明)、戴絅孙(昆明)、张于淳(浪穹)、杨琼(浪穹)、池生春(楚雄)、赵义(永平)、喻元升(南宁)、耿寿荣(昆明)、吕林(普洱)、刘徵纪(临安)、李兆三(云南府)、李樾(丽江)、聂乃梅(新兴)、姚福昌(琅井)、杨聚五(昆明)、奚品端(鹤庆)、欧阳垣(剑川)、戴圣培(建水)、简文朝(昆明)、张景旸(云南府)、涂禹奠(太和)、何勋(云南府)、杨国翰(云州)、谈锡畴(蒙自)、周朝俊(开化)、刘丕英(景东)、张相侯(邓川)、任观国(晋宁)、何简(晋宁)、韩槃(赵州)、段志(剑川)、李其馨(晋宁)、梁之儒(昆明)、钱履和(云南府)、赵宗晋(蒙自)中举,是科云南54人中举。是科云南胡煃(宾川)、蔡琼(晋宁)2人于顺天中式。

——(清)王文韶修:《续云南通志稿·选举制》卷101,第7册,第5441—5447页

嘉庆二十五年(1820)庚辰科会试

考官:户部尚书卢荫溥字南石,山东德州人,辛丑进士。礼部尚书黄钺字左田,安徽当涂人,庚戌进士。刑部侍郎吴芳培字云樵,安徽泾县人,甲辰进士。工部侍郎善庆字乐斋,满州正蓝旗人,壬戌进士。

题"仁者先难"一句,"成己仁也"三句,"以善服人"四句。

赋得"惠泽成丰岁"得"成"字。

会元陈继昌字莲史,广西临桂人。

状元陈继昌字莲史,广西临桂人。榜眼许乃普字滇生,浙江钱塘人。探花陈銮字玉生,湖北江夏人。

是科云南12人中进士。

——(清)法式善等撰,张伟点校:《清秘述闻三种》,第585—586页

嘉庆二十五年(1820)庚辰科会试,云南赵光(昆明、2甲32名)、李重轮(鹤庆、3甲29名)、杨席珍(鹤庆、3甲134名)、李增福(昆明、2甲97名)、谢长年(楚雄、3甲66名)、许应藻(石屏、2甲11名)、罗士菁(石屏、2甲6名)、

李本芳(新兴、2甲91名)、寇宁(昆明、3甲46名)、梁之儒(昆明、3甲79名)、杨国翰(顺宁、3甲35名)、杨开泰(云南县、3甲68名)12人中进士。

——江庆柏编著:《清朝进士题名录》,第803—811页。

道光元年(1821),恩诏乡试云南加额十名。

——(清)龙云、卢汉修,周钟岳纂:《民国新纂云南通志》卷16《历代贡举征辟表》,《中国地方志集成》,第584页

道光元年(1821)辛巳恩科乡试(九月举行)

云南考官:编修吴敬恒字菱亭,安徽泾县人,丁丑进士。御史宋其沅字湘帆,山西汾阳人,己未进士。

题“君子之于　与比”,“修道之谓”一句,“夫仁亦在　已矣”。

赋得“天香云外飘”得“香”字。

解元董维城,通海人。

——(清)法式善等撰,张伟点校:《清秘述闻三种》,第592页

道光元年(1821)辛巳恩科乡试,董维城(通海)、杨时雍(太和)、王汝弼(大理)、刘静(昭通)、汪銮(楚雄)、窦怡曾(罗平)、闵胡(蒙自)、郑汝兰(云南府)、杨绍霆(太和)、汤辂(云南府)、王镛(剑川)、王在公(广南)、陈昌运(开化)、张佩铭(晋宁)、李人骥(河西)、张金贡(太和)、饶子恭(邓川)、黄诏(昆明)、孙抡甲(昭通)、钱宓(师宗)、杨霖(太和)、钱藻(昆明)、杨埻(南宁)、刘徵桂(临安)、陈维桢(石屏)、胡廷槐(晋宁)、晋维藩(呈贡)、王春藻(丽江)、秦福兴(呈贡)、卜滨(楚雄)、孙绍吕(曲靖)、张永丰(昆明)、李彤(晋宁)、黄廷英(蒙自)、窦埜(云南府)、王佩玮(广南)、李澍(云南府)、陈毓椿(河阳)、万凤楷(河阳)、杨煦(大理)、华日来(云南府)、唐晟(昆明)、陈永年(昆明)、张毓鹏(琅盐井)、钱炘和(昆明)、周传鲁(通

海)、马照(昆明)、徐金声(景东)、赵之璞(蒙化)、段国才(云南县)、杨懋本(宜良)、武勳(黑盐井)、陈士杰(蒙自)、高杰(临安)、李繁禧(禄丰)、尹佩苍(蒙自)、赵钦元(大理)、高誉(云南府)、高若旭(沾益)、乐思融(弥勒)、赵翰元(太和)、李维章(呈贡)、朱金点(安宁)、杨林楚(顺宁)中举,是科云南 64 人中举。是科云南秦福照(呈贡)、朱淳(石屏)2 人于顺天中式。

——(清)王文韶修:《续云南通志稿 · 选举制》卷 101,第 7 册,第 5441—5447 页

道光二年(1822)壬午科乡试

云南考官:编修周祖培字芝台,河南商城人,己卯进士。工部主事朱壬林字小云,浙江平湖人,辛未进士。

题“舜有臣五”一节,“书同文”一句,“心之所同　然耳”。

赋得“八月其获”得“秋”字。

解元卢文选,太和人。

——(清)法式善等撰,张伟点校:《清秘述闻三种》,第 598 页

道光二年(1822)壬午恩科会试

考官:户部尚书英和字树琴,满洲正白旗人,癸丑进士。礼部尚书汪廷珍字瑟庵,江苏山阳人,己酉进士。户部侍郎汤金钊字敦甫,浙江萧山人,己未进士。礼部侍郎李宗昉字芝龄,江苏山阳人,壬戌进士。

题“子曰学如”一节,“诗云鸢飞”一节,“子贡曰见　其政”。

赋得“春风风人”得“风”字。

会元吕龙光字慕津,广东归善人。

状元戴兰芬字湘浦,安徽天长人。榜眼郑秉恬字云壑,江西上高人。探花罗文俊字萝村,广东南海人。

是科云南 9 人中进士。

——(清)法式善等撰,张伟点校:《清秘述闻三种》,第 592—593 页

道光二年(1822)壬午恩科会试,云南李士林(通海、2甲35名)、胡霖苍(石屏、2甲61名)、黄初(永北、2甲88名)、高乃听(沾益、3甲28名)、杨时雍(太和、3甲2名)、杨绍霆(太和、3甲53名)、毕光荣(昆明、3甲56名)、施化理(浪穹、3甲58名)、张相侯(邓川、3甲62名)9人中进士。

——江庆柏编著:《清朝进士题名录》,第817—823页

道光二年(1822)壬午科乡试,卢文选(太和)、李恒芳(平彝)、潘起南(开化)、王朝卿(昆明)、李含英(腾越)、王安庭(姚州)、张铣(蒙化)、周鲲(广通)、保肇基(昆明)、戴春和(宁州)、赵恒春(普洱)、程德裕(镇雄)、杨朝柱(鹤庆)、曹士桂(开化)、陈文芳(东川)、王炤(云南府)、戴潢(呈贡)、寸健(鹤庆)、陈汝南(云南府)、胡庆元(广南)、罗中恒(云南府)、周稻生(昆明)、何晋昌(建水)、李书升(河西)、孔继吕(通海)、聂乃琦(新兴)、杨曦(路南)、李景春(建水)、邹炤(昭通)、张琴(安宁)、邓学先(蒙自)、胡福(寻甸)、阿元善(邓川)、李黄中(晋宁)、刘钟英(易门)、杨学礼(顺宁)、庄心敬(赵州)、马焞(通海)、方鸣銮(保山)、段钟祥(禄丰)、黄本(晋宁)、梁之英(云南府)、牛兆甲(通海)、杨晶(云南府)、陈有光(云南府)、陆应縠(蒙自)、陈永年(广西州)、魏宣(云南府)、杨载旌(弥勒)、王秩教(蒙自)、徐晟(安宁)、杨景初(太和)、孙贻燕(景东)、谢坤(楚雄)中举,是科云南54人中举。是科云南张培裔(江川)、陈师鲁(剑川)2人于顺天中式。

——(清)王文韶修:《续云南通志稿·选举制》卷101,第7册,第5441—5447页

道光三年(1823)癸未科会试

考官:内阁大学士曹振镛字俪笙,安徽歙县人,辛丑进士。礼部尚书汪廷珍字瑟庵,江苏山阳人,己酉进士。吏部侍郎王引之字伯申,江苏高邮人,己未进士。户部侍郎穆彰阿字鹤舫,满洲镶蓝旗人,乙丑进士。

题“切问而近”二句,“知远之近”四句,“入则孝出”三句。

赋得“云随波影动”得“波”字。

会元杜受田字锡之,山东滨州人。

状元林召棠字芾南,广东吴川人。榜眼王广荫字蓤堂,江苏通州人。探花周开麒字石生,江苏江宁人。

是科云南10人中进士。

——(清)法式善等撰,张伟点校:《清秘述闻三种》,第598—599页

道光三年(1823)癸未科会试,云南张晋熙(昆明、2甲4名)、池生春(楚雄、2甲15名)、张琴(安宁、2甲20名)、保肇基(昆明、2甲37名)、秦福照(呈贡、2甲54名)、余福谦(太和、2甲75名)、陈师鲁(剑川、2甲68名)、张于淳(浪穹、2甲70名)、刘筑岩(昆明、3甲107名)、黄云书(云龙、3甲127名)10人中进士。

——江庆柏编著:《清朝进士题名录》,第828—836页

道光五年(1825)乙酉科乡试

云南考官:编修邵甲名字丹畦,顺天大兴人,己卯进士。内阁中书端木坦字履之,江苏江宁人,辛未进士。

题“君子欲讷 于行”,“犹以为远”一句,“昏暮叩人 与者”。

赋得“红蓼花疏水国秋”得“红”字。

解元窦埒,罗平人,己丑进士。

——(清)法式善等撰,张伟点校:《清秘述闻三种》,第604页

道光五年(1825)乙酉科乡试,窦埒(罗平)、陆凝(保山)、唐际中(晋宁)、张其仁(太和)、马椿龄(新兴)、刘勷(蒙自)、罗士中(景东)、党鲈(安宁)、徐丕源(东川)、徐薇(嶍峨)、谢遇清(景东)、苏腾龙(景东)、张暄(云

南府)、张世昌(弥勒)、李如珠(广东)、乔楒(楚雄)、丁希端(楚雄)、邹学静(赵州)、王源(石屏)、张汝渠(曲靖)、尹诗选(邓川)、傅士珍(昆明)、李杰(昆明)、王家彦(建水)、蓝宣(太和)、李延福(开化)、王履恒(东川)、赵冕(昆明)、汤秉义(南宁)、赵叔豫(太和)、欧辅清(楚雄)、杨迎阳(江川)、李培基(云南府)、雷万钦(广南)、郑其治(新兴)、王恩泰(弥勒)、马为龙(蒙化)、徐璜(楚雄)、杨文治(云南府)、杨进禄(大理)、杨兆兰(太和)、黄师韩(景东)、袁泰(昆明)、韩锡(昆明)、赵虞乡(永昌)、胡尔能(蒙自)、潘安国(蒙化)、乐凤翔(云南府)、许金奏(安宁)、刘秉清(昆明)、王健(东川)、杨廷华(宾川)、黎彦昇(云南府)、缪晟(宁州)中举,是科云南54人中举。

——(清)王文韶修:《续云南通志稿·选举制》卷101,第7册,第5449—5454页

道光六年(1826)丙戌科会试

考官:内阁大学士蒋攸铦字砺堂,汉军镶蓝旗人,甲辰进士。工部尚书陆以庄字平泉,浙江萧山人,丙辰进士。户部侍郎王鼎字定九,陕西蒲城人,丙辰进士。礼部侍郎汤金钊字敦甫,浙江萧山人,己未进士。

题"人之有技　好之","无求备于"一句,"是集义所　馁矣"。

赋得"莺声细雨中"得"声"字。

会元王庆元字毅庵,直隶盐山人。

状元朱昌颐字朵山,浙江海盐人。榜眼贾桢字筠堂,山东黄县人。探花帅方蔚字子文,江西奉新人。

是科云南11人中进士。

——(清)法式善等撰,张伟点校:《清秘述闻三种》,第604—605页

道光六年(1826)丙戌科会试,云南谭精品(永北、2甲65名)、赵辉璧(浪穹、2甲83名)、黄琮(昆明、2甲94名)、段荣恩(安宁、3甲8名)、李蕴生(太和、3甲43名)、辛联玮(恩安、3甲19名)、胡庆元(广南、3甲23名)、张其仁(太和、3甲38名)、杨际泰(昆明、3甲106名)、杨师立(蒙化、3

甲128名)、郭其观(河阳、3甲20名)11人中进士。

——江庆柏编著:《清朝进士题名录》,第841—849页

道光八年(1828)戊子科乡试

云南考官:司业胡达源字芸阁,湖南益阳人,己卯进士。刑部主事瞿溶字丽江,江苏武进人,甲戌进士。

题"子所雅言"一节,"尊贤则不"一句,"若太公望"二句。

赋得"鸿毛遇顺风"得"风"字。

解元郭履端,河阳人。

——(清)法式善等撰,张伟点校:《清秘述闻三种》,第610页

道光八年(1828)戊子科乡试,郭履端(河阳)、冯应煜(曲靖)、刘体舒(景东)、戴志(嵩明)、张荣黼(普洱)、陈秉钧(广南)、彭一真(曲靖)、张问明(浪穹)、秦世英(澄江)、向自蔚(河西)、何俊(太和)、龚思醇(广南)、苏大生(新兴)、杨炜(大理)、尹开文(腾越)、张椿(建水)、史尚忠(元江)、张学愚(太和)、刘峤(云南府)、段琇(丽江)、陈莲(弥勒)、刘飞鸾(建水)、罗道济(河西)、徐清(宜良)、辛联英(昭通)、萧远扬(顺宁)、黄庭璠(昆明)、朱家学(石屏)、刘墀(永北)、陈元佐(大理)、王士勤(嶍峨)、熊兆飞(罗平)、孙德耀(昆明)、朱双庆(通海)、陶恂(永昌)、王锡麟(太和)、邱以德(富民)、李九标(云南府)、何渭珍(师宗)、唐绂(南宁)、杨嘉祯(琅盐井)、胡尔达(蒙自)、杨沛(赵州)、张耀(昆明)、李春华(景东)、丁希陶(楚雄)、朱宗洛(石屏)、余思诏(云南府)、余文炳(石屏)、刘炳青(蒙化)、李熊(浪穹)、张行忠(南宁)、郝渟(云南府)、沈清瑞(易门)中举,是科云南54人中举。是科云南许文藻(石屏)1人于顺天中式。

——(清)王文韶修:《续云南通志稿·选举制》卷101,第7册,第5449—5454页

道光九年(1829)己丑科会试

考官:内阁大学士曹振镛字俪笙,安徽歙县人,辛丑进士。兵部尚书玉麟字振之,满洲正黄旗人,乙卯进士。户部侍郎李宗昉字芝龄,江苏山阳人,壬戌进士。兵部侍郎朱士彦字郁文,江苏宝应人,壬戌进士。光禄寺卿吴椿字退旃,安徽歙县人,壬戌进士。

题"欲速则不"二句,"或生而知　一也","夏曰校殷　于下"。

赋得"春色先从草际归"得"归"字。

会元刘有庆字芸轩,直隶南皮人。

状元李振钧字海初,安徽太湖人。榜眼钱福昌字辰田,浙江平湖人。探花朱兰字久香,浙江余姚人。

是科云南8人中进士。

——(清)法式善等撰,张伟点校:《清秘述闻三种》,第610—611页

道光九年(1829)己丑科会试,云南朱淳(石屏、2甲1名)、朱家学(石屏、3甲66名)、戴䌹孙(昆明、3甲26名)、杨鸿渐(太和、3甲100名)、何浚(太和、3甲106名)、朱艧(石屏、3甲53名)、窦垿(罗平、3甲56名)、王春藻(丽江、3甲39名)8人中进士。

——江庆柏编著:《清朝进士题名录》,第854—861页

道光十年(1830)七月,甲申,谕:"内阁、工部奏查核富俊前在盛京将军任内,承办工程,未逾保固期限,仍应照例著赔一折。"……谕军机大臣等:"据户部奏,查广西、云南巡抚复奏,该二省捐纳职衔,部文均无漏取身家清白册结字样,惟未将贡、监两项声叙。著苏成额、伊里布即行查明,该二省自嘉庆二十一年起,户部行知报捐贡、监生文书,如有漏取身家清白册结者,迅速送部核对。将此各谕令知之。"

——《清实录·宣宗实录》卷171,第38—40页,总第665—666页

道光十一年(1831)辛卯恩科乡试

云南考官:编修李品芳字春皋,浙江东阳人,癸未进士。礼部主事王藻字菽原,江苏通州人,壬午进士。

题"近者说远"二句,"宜民宜人"二句,"孔子登东　天下"。

赋得"山月照弹琴"得"琴"字。

解元李钟泰,昭通人。

——(清)法式善等撰,张伟点校:《清秘述闻三种》,第 616 页

道光十一年(1831)辛卯恩科乡试,李钟泰(昭通)、许昌龄(石屏)、郭锡恩(河西)、钟庆云(通海)、倪应谦(云南府)、何联封(晋宁)、杨振宗(邓川)、谷清(昆明)、杜桂(昆明)、周清河(临安)、何桂清(云南府)、余次勋(云南府)、李浩(景东)、许昌言(广东)、刘昉(楚雄)、张日华(宁州)、李因泰(昭通)、杨立道(云南府)、张凤书(景东)、吴翊清(广西州)、杨雨湛(易门)、王廷珍(昭通)、窦玺(罗平)、施介曾(河阳)、李镇圭(邓川)、杨董(路南)、卜继中(楚雄)、王芝庭(姚州)、钟兰(昆明)、张凤鸣(云州)、周耀鸾(蒙自)、丁启昌(建水)、李耀南(蒙自)、王佩钰(广南)、张汾(嶍峨)、欧阳丰(剑川)、刘大智(宁州)、许伦(江川)、吴士瀛(东川)、李彬(晋宁)、许炳垣(临安)、马继眉(宜良)、王瀚(石屏)、李伟(太和)、康汝尹(蒙自)、许汉章(石屏)、马云程(赵州)、俞应诏(曲靖)、杨传心(安宁)、王琼林(嵩明)、马裕川(河阳)、刘勷扬(景东)、施寿椿(浪穹)、董正官(太和)中举,是科云南 54 人中举。是科云南丁宝纶(石屏)1 人于顺天中式。

——(清)王文韶修:《续云南通志稿・选举制》卷 101,第 7 册,第 5449—5454 页

道光十二年(1832)壬辰科乡试

云南考官:编修费开绶字小瓯,江苏武进人,庚辰进士。编修杜受田字芝农,山东滨州人,癸未进士。

题"昔者偃也"一节,"自诚明谓　之性","禹稷颜子"二句。

赋得"搜岩采干"得"贤"字。

解元萧文蔚,浪穹人。

——(清)法式善等撰,张伟点校:《清秘述闻三种》,第 623 页

道光十二年(1832)壬辰科乡试,萧文蔚(浪穹)、刘琨(景东)、杨喆士(剑川)、汪元华(楚雄)、和勋(丽江)、陈金堂(昆明)、李国俊(宾川)、张永锟(镇雄)、马逢皋(太和)、吴嗣伯(永昌)、唐毓俊(定远)、黄培(晋宁)、杨汇川(太和)、倪应观(昆明)、张钟理(云南府)、翁国俊(昆明)、杨恩和(鹤庆)、曹杏芳(呈贡)、卢云林(昆明)、段人英(普洱)、陈伟勋(剑川)、田森(永平)、周暹(云南府)、卜沣(楚雄)、许章藻(石屏)、陈三纲(通海)、张汉鹏(嵩明)、李之华(鹤庆)、刘丕铭(景东)、袁襄武(临安)、朱国宾(大姚)、杨松磬(浪穹)、徐浩(景东)、段文澜(昭通)、赵泷(蒙化)、赵名彦(太和)、杨国琛(浪穹)、周锡绂(楚雄)、朱焜(楚雄)、史炳文(昆明)、李肇修(晋宁)、封长青(普洱)、李崇典(丽江)、雷鲲(云南县)、苏复(晋宁)、杜中彩(蒙自)、王琼(石屏)、孙嗣云(蒙自)、赵为英(弥勒)、解宾王(腾越)、徐世昌(临安)、张璠(安宁)、窦绍曾(曲靖)、章凤文(罗平)中举,是科云南 54 人中举。是科云南陈琨(河阳)1 人于顺天中式。

——(清)王文韶修:《续云南通志稿·选举制》卷 101,第 7 册,第 5449—5454 页

道光十二年(1832)壬辰恩科会试

考官:吏部尚书潘世恩字芝轩,江苏吴县人,癸丑进士。刑部尚书戴敦元字金溪,浙江开化人,癸丑进士。工部尚书穆彰阿字鹤舫,满洲镶蓝旗人,乙丑进士。工部尚书朱士彦字咏斋,江苏宝应人,壬戌进士。

题"君使臣以"一句,"施诸己而"二句,"乐天者保"二句。

赋得"循名责实"得"诚"字。

会元马学易字吉人,江苏长洲人。

状元吴锺骏字崧甫，江苏吴县人。榜眼朱凤标字建霞，浙江萧山人。探花季芝昌字仙九，江苏江阴人。

是科云南7人中进士。

——（清）法式善等撰，张伟点校：《清秘述闻三种》，第616—617页

道光十二年（1832）壬辰恩科会试，云南陈秉钧（广南、2甲54名）、郭锡恩（河阳、2甲95名）、陆应穀（蒙自、2甲98名）、汪自修（通海、3甲51名）、刘炳青（蒙化、3甲63名）、邱以德（富民、3甲66名）、欧阳丰（剑川、3甲72名）7人中进士。

——江庆柏编著：《清朝进士题名录》，第864—870页

道光十二年（1832）四月，乙巳，以翰林院编修陆建瀛为云南乡试正考官，杜受田为副考官。检讨林士傅为贵州乡试正考官，户部主事何其兴为副考官。丙午，谕内阁："三载宾兴，为抡才大典。各直省主试经朕特加简任，宜何如涤虑洗心，认真校阅，务求为国得人。顺天同考官及会试同考官俱系翰、詹、科道部属，该员等甲第本高，又经朕亲加校试，尚无荒谬之人充选，所以得人较盛。各直省同考官则年老举人居多，势不能振作精神，悉心阅卷。即有近科进士，亦不免经手簿书、钱谷，文理日就荒芜。各省督、抚虽照例考试帘官，仍恐视为具文，全恃主试搜阅落卷，庶可严去取而拔真才。士子握椠怀铅，三年大比，一经屈抑，又须三年考试，或竟有终身沦弃者，岂不可惜？该主试俱系科甲出身，试回思未第之先，芸窗诵读，与多士何异？若只就荐卷照常挑选，而于落卷漠不关情，设身处地，于心何忍？嗣后各直省督、抚务将帘官认真考校，不得以年考荒谬之员滥行充数。其典试各员，必须将闱中试卷全行校阅，不得仅就荐卷取中，方为不负委任。现届简放云南、贵州考官之时，剀切详明，特申诰诫。傥各省正、副考官草率从事，一经朕别有访闻，即将该主试严惩不贷。将此通谕知之。"

——《清实录·宣宗实录》卷210，第26—27页，总第96页

道光十三年(1833)癸巳科会试

考官:内阁大学士曹振镛字俪笙,安徽歙县人,辛丑进士。协办大学士、云贵总督阮元字芸台,江苏仪征人,己酉进士。兵部尚书那清安字竹汀,满洲正白旗人,乙丑进士。工部侍郎恩铭字兰士,满洲正红旗人,戊辰进士。

题"古之愚也"二句,"载华岳而"三句,"权然后知　为甚"。

赋得"以礼制心"得"诚"字。

会元许楣字辛木,浙江海宁人。

状元汪鸣相字朗渠,江西彭泽人。榜眼曹履泰字树珊,江西都昌人。探花蒋元溥字誉侯,湖北天门人。

是科云南9人中进士。

——(清)法式善等撰,张伟点校:《清秘述闻三种》,第623—624页

道光十三年(1833)补行壬辰正科会试,云南董正官(太和、3甲82名)、黄廷璠(昆明、3甲34名)、施寿椿(浪穹、3甲103名)、施介曾(河阳、2甲50名)、刘体舒(景东、2甲65名)、李樾(丽江、3甲16名)、杨松磐(浪穹、3甲44名)、徐清(宜良、3甲60名)、马逢皋(太和、3甲68名)9人中进士。

——江庆柏编著:《清朝进士题名录》,第875—882页

道光十四年(1834)甲午科乡试

云南考官:编修李嘉端字铁梅,顺天大兴人,己丑进士。编修汪振基字艮山,安徽颍上人,壬辰进士。

题"施于有政"二句,"天地位焉"一句,"奋乎百世　者乎"。

赋得"月华临静夜"得"秋"字。

解元赵庆龄,广南人。

——(清)法式善等撰,张伟点校:《清秘述闻三种》,第629页

道光十四年(1834)甲午科乡试,赵庆龄(广南)、尹佩琨(蒙自)、丁希侨(楚雄)、杨天柱(寻甸)、缪元勋(昆明)、王炜(宾川)、李廷璜(楚雄)、张政(赵州)、杨景程(邓川)、李焕春(保山)、何其仁(云南府)、庄执穀(鹤庆)、陈绩(昆明)、姚念曾(通海)、谷沅(昆明)、李上清(景东)、谷昭(大理)、罗之邦(景东)、丁梦松(云南府)、张立诚(浪穹)、李上馨(永平)、陈文达(保山)、尹艺(腾越)、杨德新(丽江)、陈学林(景东)、吴宗邦(澄江)、曾百福(建水)、曾思濬(通海)、杨蔚林(浪穹)、陈典(大姚)、杨时宪(剑川)、李名传(云南府)、何桂珍(师宗)、周德纯(楚雄)、刘必传(景东)、崔耀奎(南宁)、王绍科(剑川)、李钟华(景东)、杨镜海(石屏)、倪锦新(普洱)、明师训(永善)、吕鸣和(云南县)、黄瑞图(昆明)、陈毓桂(广南)、李锴(广南)、徐桐(晋宁)、刘元绩(保山)、李儒恭(广西州)、张为纬(石屏)、李珣(临安)、李调元(蒙自)、张晖吉(剑川)、木淳(丽江)、万象春(蒙自)中举,是科云南54人中举。是科云南杨本程(丽江)1人于顺天中式。

——(清)王文韶修:《续云南通志稿 · 选举制》卷101,第7册,第5449—5454页

道光十五年(1835)乙未恩科乡试

云南考官:庶子花沙纳字松岑,蒙古正黄旗人,壬辰进士。编修朱其镇字九山,浙江嘉兴人,己丑进士。

题"子曰当仁"一节,"忠信重禄　姓也","养心莫善"一句。

赋得"鹭立卢花秋水明"得"秋"字。

解元赛仪,永昌人。

——(清)法式善等撰,张伟点校:《清秘述闻三种》,第635页

道光十五年(1835)乙未恩科乡试,赛仪(永昌)、刘家达(宁州)、杨渤(南安)、罗宪章(白盐井)、范守恒(蒙化)、浚桂章(永善)、谭启瑚(永善)、张曙(昆明)、高本仁(云南府)、黄金钺(南安)、侯允钦(邓川)、陈西美(楚雄)、王丹书(嵩明)、喻怀仁(南宁)、向庆槐(河西)、梁卓清(昆明)、邓福崇(弥勒)、金泽(腾越)、李正东(昆明)、李奠川(师宗)、耿端(云南府)、杨家楷(弥勒)、熊万年(大理)、钱佩铭(昆明)、许登甲(陆凉)、杨应选(云南县)、刘莹(景东)、苏万青(云南府)、程延俊(平彝)、李福增(新兴)、刘恬(浪穹)、丁丕文(楚雄)、杜若香(嶍峨)、喻怀恭(南宁)、韦永寿(楚雄)、杜增荣(澄江)、旅泽民(南宁)、祁占春(通海)、李堃午(云南府)、吴士昂(平彝)、谢煌(楚雄)、李沛乙(腾越)、夏长年(定远)、陈世春(云南府)、苏南英(河西)、杨逢源(保山)、宣麟图(鹤庆)、李正功(景东)、沈福培(弥勒)、李兆鳌(建水)、尹耕(永昌)、赵鸿(太和)、杨应运(广西州)、徐谦(太和)中举,是科云南54人中举。

——(清)王文韶修:《续云南通志稿·选举制》卷101,第7册,第5449—5454页

道光十五年(1835)乙未科会试

考官:协办大学士、吏部尚书穆彰阿字鹤舫,满洲镶蓝旗人,乙丑进士。工部尚书何凌汉字仙槎,湖南道州人,乙丑进士。吏部侍郎文庆字孔修,满洲镶红旗人,壬午进士。吏部侍郎张鳞字小轩,浙江长兴人,己未进士。

题"大德不踰"一句,"夫孝者善"一节,"吾身不能　弃也"。

赋得"王道平平"得"偏"字。

会元张景星字灿亭,浙江嵊县人。

状元刘绎字詹岩,江西永丰人。榜眼曹联桂字馨心,江西新建人。探花乔晋芳字心农,山西闻喜人。

是科云南11人中进士。

——(清)法式善等撰,张伟点校:《清秘述闻三种》,第629—630页

道光十五年(1835)乙未科会试,云南丁宝纶(石屏、2甲38名)、何桂清(昆明、2甲49名)、陈绩(昆明、2甲61名)、李钟泰(恩安、2甲86名)、倪应观(昆明、3甲18名)、张耀(昆明、3甲34名)、钱炘和(昆明、3甲37名)、李浩(景东、3甲65名)、胡廷槐(晋宁、3甲93名)、李景椿(建水、3甲115名)、马照(昆明、3甲146名)11人中进士。

——江庆柏编著:《清朝进士题名录》,第887—896页

道光十六年(1836)丙申恩科会试

考官:内阁大学士潘世恩字芝轩,江苏吴县人,癸丑进士。协办大学士、户部尚书王鼎字定九,陕西蒲城人,丙辰进士。工部侍郎吴杰字梅梁,浙江会稽人,甲戌进士。内阁学士王植字晓林,直隶清苑人,丁丑进士。

题“小人闲居　其善”,“子钓而不”二句,“天下有达　德一”。

赋得“布德行惠”得“时”字。

会元夏子龄字祝三,江苏江阴人。

状元林鸿年字勿村,福建侯官人。榜眼何冠英字杰夫,福建闽县人。探花苏敬衡字樵林,山东沾化人。

是科云南6人中进士。

——(清)法式善等撰,张伟点校:《清秘述闻三种》,第636页

道光十六年(1836)丙申恩科会试,云南徐方杰(会泽、3甲4名)、杨天柱(寻甸、3甲28名)、许晖藻(石屏、3甲30名)、李延福(文山、3甲34名)、余思诏(昆明、3甲59名)、喻怀仁(南宁、3甲62名)6人中进士。

——江庆柏编著:《清朝进士题名录》,第900—905页

道光十七年(1837)丁酉科乡试

云南考官:编修何裕承字小笠,河南祥符人,乙未进士。编修张云藻字

劢庵,江苏仪征人,乙未进士。

题“其事上也”二句,“好学近乎”一句,“孔子曰为　懿德”。

赋得“雨添山翠重”得“山”字。

解元周爱堂,晋宁人。

——(清)法式善等撰,张伟点校:《清秘述闻三种》,第 641 页

道光十七年(1837)丁酉科乡试,周爱棠(晋宁)、吕清(昭通)、牛昌图(东川)、钱济元(昆明)、黄元吉(永善)、石体信(云南县)、张樾(晋宁)、李杰(浪穹)、张昶(宾川)、涂构基(石屏)、吴玉瓒(石屏)、岳相尧(昆明)、吴之锡(鹤庆)、张辉煌(晋宁)、沙晴(太和)、周镇南(东川)、徐奠南(晋宁)、张凤翔(蒙化)、周荣昌(云南府)、赵国金(宾川)、李时昌(晋宁)、杨永清(剑川)、马云鹤(蒙化)、杨柄锃(邓川)、王锡桐(丽江)、陈维恺(昆明)、马履泰(昆明)、何庚郎(南宁)、吴镕(宁州)、杨硕臣(丽江)、田均(建水)、杨孚惠(太和)、盛绩芳(赵州)、张明(呈贡)、杨致中(丽江)、贺元煇(弥勒)、佴永苞(临安)、倪泽(昆明)、金廷英(云南府)、段腾光(富民)、王体仁(宜良)、甘守先(白盐井)、盛毓华(保山)、刘士纯(昆明)、王锡祜(鹤庆)、戴律(呈贡)、曹国瑞(楚雄)、陆德培(昆明)、邹泽(昆明)、严廷槐(太和)、何永贞(昆明)、木永清(嵩明)、李正奎(景东)、李焕林(云南县)中举,是科云南 54 人中举。

——(清)王文韶修:《续云南通志稿 · 选举制》卷 101,第 7 册,第 5454—5459 页

道光十八年(1838)戊戌科会试

考官:内阁大学士穆彰阿字鹤舫,满洲镶蓝旗人,乙丑进士。兵部尚书朱士彦字咏斋,江苏宝应人,壬戌进士。礼部侍郎吴文镕字新语,江苏仪征人,己卯进士。工部侍郎廖鸿荃字钰夫,福建侯官人,己巳进士。

题“言必信行”二句,“万物并育　相悖”,“颂其诗读　友也”。

赋得“泉细寒声生夜壑”得“声”字。

会元王振纲字重三,直隶新城人。

状元钮福保字松泉,浙江乌程人。榜眼金国均字可亭,湖北黄陂人。探花江国霖字小帆,四川大竹人。

是科云南6人中进士。

——(清)法式善等撰,张伟点校:《清秘述闻三种》,第642页

道光十八年(1838)戊戌科会试,云南丁希陶(楚雄、2甲30名)、何桂珍(师宗、2甲52名)、杨柄锃(邓川、3甲53名)、丁希侨(楚雄、3甲58名)、马春龄(新兴、3甲73名)、马云鹤(蒙化、3甲107名)6人中进士。

——江庆柏编著:《清朝进士题名录》,第908—915页

道光十九年(1839)九月甲午,谕内阁伊里布等奏,汉回互斗,致毙多命……又谕(内阁):"伊里布等奏议复御史焦友麟广敷教化一折。据称'教官、生员访有习教等事,准其据实首报,由地方官查办'等语。教官、生员向不准干预地方公事,若假以事权,转滋烦扰。该督等所奏,著毋庸议。所有编查保甲、朔望宣讲之处,仍责成该地方官遵照旧章,实力奉行,以符定制。"

——《清实录·宣宗实录》卷326,第1—2页,总第1113页

道光十九年(1839)己亥科乡试

云南考官:待读宗室和淳字兰庄,镶蓝旗人,丙申进士。编修沈兆霖字子菉,浙江钱塘人,丙申进士。

题"质直而好"一句,"礼仪三百"二句,"古之人所　已矣"。

赋得"一片冰心在玉壶"得"心"字。

解元萧培英,昆明人,壬子进士(更名培元)。

——(清)法式善等撰,张伟点校:《清秘述闻三种》,第647页

道光十九年(1839)己亥科乡试,萧培元(昆明)、张观河(昆明)、李擎西(石屏)、张象乾(保山)、何杓朗(南宁)、王绍恒(景东)、王绅(昆明)、尹绂(剑川)、吴嗣仲(保山)、完肇兴(云南府)、龚发元(武定)、曹源(昆明)、钱新之(云南府)、戴联甲(定远)、姜士扬(广西州)、段纪(剑川)、张鼎(昆明)、张淮(云南府)、罗廷梁(云南府)、杨逵(太和)、孔达(永昌)、刘体中(昆明)、倪应复(昆明)、谢锦(昆明)、张其义(大理)、倪应颐(昆明)、张曾(赵州)、李仪(呈贡)、庆桂森(昆明)、韦允信(昆明)、张人镜(广南)、雷澍膏(南宁)、李耀宗(元江)、李维著(昆明)、甘渠(白盐井)、揭治模(大理)、王维桓(禄丰)、马宝奎(昆明)、曾思沂(通海)、刘宪(宾川)、李大生(师宗)、杨荫堂(昆明)、李湛(昆明)、赵明善(宾川)、徐芝(嶍峨)、孙源(楚雄)、孙昌烈(蒙化,改名杰)、王丕钦(通海)、苏绍先(河西)、杨鹤年(云南府)、段中恕(嵩明)、朱秉谞(安宁)、杨文瑄(石屏)、龚念撰(阿迷)中举,是科云南54人中举。

——(清)王文韶修:《续云南通志稿·选举制》卷101,第7册,第5454—5459页

道光二十年(1840)庚子科会试

考官:内阁大学士潘世恩字芝轩,江苏吴县人,癸丑进士。礼部尚书龚守正字季思,浙江仁和人,壬戌进士。户部尚书隆文字云章,满洲正红旗人,戊辰进士。户部侍郎王玮庆字藕塘,山东诸城人,甲戌进士。

题“如琢如磨　修也”,“盖均无贫”二句,“用下敬上”四句。

赋得“慎修思永”得“谟”字。

会元吴敬羲字薇客,浙江钱塘人。

状元李承霖字雨人,江苏丹徒人。榜眼冯桂芬字林一,江苏吴县人。探花张百揆字吟舫,浙江萧山人。

是科云南6人中进士。

——(清)法式善等撰,张伟点校:《清秘述闻三种》,第648页

道光二十年(1840)庚子科会试,云南甘守先(白盐井、2 甲 34 名)、周镇南(会泽、2 甲 64 名)、倪应复(昆明、2 甲 74 名)、何其仁(昆明、3 甲 1 名)、许伦(江川、3 甲 18 名)、何杓朗(南宁、3 甲 37 名)6 人中进士。

——江庆柏编著:《清朝进士题名录》,第 918—922 页

道光二十年(1840)庚子恩科乡试

云南考官:编修叶觐仪字棣如,江苏六合人,癸巳进士。户部郎中庆勋字子猷,汉军正白旗人,己丑进士。

题"子曰骥不"一节,"行而世为"二句,"诗云雨我"二句。

赋得"雕鹗在秋天"得"秋"字。

解元杨诚,宜良人。

——(清)法式善等撰,张伟点校:《清秘述闻三种》,第 654 页

道光二十年(1840)庚子恩科乡试,杨诚(宜良)、杨溯濂(云龙)、吴存诗(通海)、池融春(楚雄)、张耀甲(通海)、向于宇(保山)、杜嘉乐(云甫府)、杨时澍(鹤庆)、缪志鲁(昆明)、魏森(云南府)、戴传经(石屏)、王肇基(蒙自)、王思恭(元江)、陈俊(云南府)、王裕贤(丽江)、黄龙符(蒙化)、朱大渠(永昌)、杨以中(太和)、杨煜东(昆明)、沈凤章(通海)、方塝(永昌)、杨际昌(寻甸)、吴宗鲁(楚雄)、周荣生(云南府)、曹桂森(呈贡)、何荣烇(赵州)、杨肇昌(云南府)、谢池春(昆明)、徐士琦(路南)、胡文洋(太和)、李含瑞(永昌)、王履桓(景东)、曾希孔(姚州)、孟光学(东川)、李培仁(昆明)、丁信(保山)、沈德奎(安宁)、鲁日礼(云南府)、陈如蕃(大理)、陆逵(楚雄)、张鉶(镇南)、杨镜熙(石屏)、袁有章(呈贡)、李祖杰(云南府)、刘崇本(蒙自)、周士俊(太和)、陈宗蓥(弥勒)、施銮(云南府)、何颐龄(师宗)、罗嘉燕(云南府)、胡大年(路南)、张自中(琅盐井)、刘溱(师宗)、杨勋(昆明)中举,是科云南 54 人中举。

——(清)王文韶修:《续云南通志稿 · 选举制》卷 101,第 7 册,第 5454—5459 页

道光二十一年(1841),议准普洱府文学额进十八名、武学额进十七名、廪生二十名、增生二十名,二年一贡。

——(清)昆冈等修:《清会典事例》卷380《礼部(91)》,第5册,第193页

道光二十一年(1841)辛丑恩科会试

云南曹源(昆明、2甲11名)、刘崐(景东、2甲16名)、高本仁(昆明、2甲44名)、张樾(晋宁、2甲78名)、王维桓(禄丰、3甲5名)、孙德耀(昆明、3甲45名)、刘家达(宁州、3甲101名)7人中进士。

——江庆柏编著:《清朝进士题名录》,第927—934页

道光二十三年(1843)癸卯科乡试

云南考官:编修龚宝莲字静轩,顺天大兴人,辛丑进士。编修段大章字果山,四川巴县人,戊戌进士。

题"抑为之不"二句,"庸德之行　敢尽","耕着九一"一句。

赋得"政如农功"得"功"字。

解元戈尚志,保山人,丙辰进士。

——(清)法式善等撰,张伟点校:《清秘述闻三种》,第660页

道光二十三年(1843)癸卯科,戈靖(保山)、杨正观(太和)、马恩溥(太和)、郎应宿(呈贡)、林璋(禄丰)、张峥(邓川)、艾因材(景东)、李咸(太和)、冯拱辰(昆明)、何彤云(晋宁)、王际泰(蒙化)、倪应端(云南府)、张致高(太和)、赵开元(昭通)、王玉书(新兴)、孙敏兰(楚雄)、王汝舟(云南府)、熊应宣(昆明)、刘用中(云南府)、孙承惠(普洱)、段登云(大理)、李锡金(昆阳)、台新(宁州)、王秀士(弥勒)、杨复旦(剑川)、梁煃午(云南府)、李人镜(河阳)、张润(昆明)、李承莲(蒙自)、杨本厚(昆明)、喇鸣扬(嵩明)、张晋(呈贡)、张庆麟(云南府)、赵廷枢(通海)、杨汝和(罗平)、马象奎

(云南府)、陈锐(昆明)、彭大宾(平彝)、杨宲(丽江府)、许怀纶(石屏)、赵方矩(昆明)、李秉坤(通海)、罗群才(白盐井)、施恒(永平)、许汉芳(石屏)、刘贞元(呈贡)、张沄卿(太和)、钮式金(晋宁)、程琯(通海)、陈翽(石屏)、李士熊(通海)、于仁(顺宁)、王国选(建水)、舒藻(昆明)中举,是科云南54人中举。

——(清)王文韶修:《续云南通志稿·选举制》卷101,第7册,第5454—5459页

道光二十四年(1844)甲辰恩科乡试

云南考官:编修晏端书字彤甫,江苏仪征人,戊戌进士。户部员外郎朱昌颐字朵山,浙江海盐人,丙戌进士。

题"信则民任"二句,"仁者人也"二句,"以友天下"二句。

赋得"晴天养片云"得"晴"字。

解元孙钧,昆明人。

——(清)法式善等撰,张伟点校:《清秘述闻三种》,第666页

道光二十四年(1844)甲辰恩科乡试,孙钧(昆明)、华嵘(昆明)、杨怀忠(路南)、范廷忠(水善)、邵宗尧(云南府)、华亮(昆明)、张渠诚(白盐井)、赵壎(易门)、萧培源(昆明)、张灿斗(昆明)、邹德润(昭通)、唐赓(昆明)、马炳垣(云南府)、武濬(昆明)、姚行知(通海)、李如松(晋宁)、孙清元(呈贡)、吴树声(永昌)、朱光谦(昆明)、颜敏(东川)、盛毓芝(保山)、蔡绍先(晋宁)、李滮(赵州)、杨艎(安宁)、黄澍(云南府)、陈有源(昆明)、侯继夔(蒙自)、陈以忠(镇南)、王培基(云南府)、李栊(丽江)、李朴林(通海)、王大懋(景东)、杨浦(昆明)、李培祜(云南府)、汤箴卫(蒙自)、董闻(嶍峨)、欧讱(易明)、赵瀚(昆明)、曹联荣(南宁)、李殿申(白盐井)、陈介生(昆明)、杨于塘(曲靖)、马培元(蒙自)、余嘉选(昆明)、杨福豫(丽江)、李振林(太和)、赖钟俊(昆明)、张永龄(呈贡)、郝东阳(呈贡)、黄晟(宾川)、尹泗(昆明)、徐彦(路南)、俞应聘(陆凉)、田维丰(建水)中举,

是科云南54人中举。

——(清)王文韶修:《续云南通志稿·选举制》卷101,第7册,第5454—5459页

道光二十四年(1844)甲辰科会试

考官:工部尚书陈宫俊字伟堂,山东潍县人,戊辰进士。左都御史文庆字孔修,满洲镶红旗人,壬午进士。工部侍郎徐士芬字辛庵,浙江平湖人,己卯进士。

题"下学而上　天乎","有所不足"二句,"以为未尝"二句。

赋得"白驹空谷"得"人"字。

会元焦春宇字锦江,安徽太平人。

状元孙毓溎字梧江,山东济宁人。榜眼周学濬字缦云,浙江乌程人。探花冯培元字小亭,浙江仁和人。

是科云南7人中进士。

——(清)法式善等撰,张伟点校:《清秘述闻三种》,第660—661页。

道光二十四年(1844)甲辰科会试,云南何彤云(晋宁、2甲23名)、徐士琦(路南、3甲50名)、陈金堂(昆明、3甲59名)、孙源(楚雄、3甲71名)、李焕春(保山、3甲78名)、罗宪章(白盐井、3甲87名)、杨肇昌(昆明,《清朝进士题名录》无此人,《云南通志》载此人未殿试)6人中进士。

——江庆柏编著:《清朝进士题名录》,第937—944页

道光二十五年(1845)乙巳恩科会试

考官:内阁大学士穆彰阿字鹤舫,满洲镶蓝旗人,乙丑进士。兵部尚书许乃普字滇生,浙江钱塘人,庚辰进士。户部侍郎贾桢字筠堂,山东黄县人,丙戌进士。工部侍郎周祖培字芝台,河南商城人,己卯进士。

题“人焉瘦哉”二句,“诗曰妻子”一节,“至于治国　玉哉”。

赋得“凡百敬有位”得“贤”字。

会元蒋超伯字叔起,江苏江都人。

状元萧锦忠字史楼,湖南茶陵人。榜眼金鹤清字翰皋,浙江桐乡人。探花吴福年字竹岩,浙江钱塘人。

是科云南 8 人中进士。

——(清)法式善等撰,张伟点校:《清秘述闻三种》,第 666—667 页

道光二十五年(1845)乙巳恩科会试,云南张灿斗(昆明、2 甲 98 名)、李维著(昆明、3 甲 22 名)、郎应宿(呈贡、3 甲 36 名)、杨本厚(昆明、3 甲 52 名)、朱国宾(大姚、3 甲 57 名)、李珣(蒙自、3 甲 58 名)、王汝舟(晋宁、3 甲 74 名)、刘体中(昆明、3 甲 88 名)8 人中进士。

——江庆柏编著:《清朝进士题名录》,第 947—953 页

道光二十六年(1846)丙午科乡试

云南考官:编修潘曾莹字星斋,江苏吴县人,辛丑进士。编修张炜字晒堂,山西朔州人,辛丑进士。

题“敏于事而”二句,“君子之所”二句,“有大人者”一节。

赋得“风泉满清听”得“清”字。

解元涂修政,昆明人。

——(清)法式善等撰,张伟点校:《清秘述闻三种》,第 672 页

道光二十六年(1846)丙午科乡试,涂修政(昆明,改归江西原籍)、王之翰(太和)、谢宝煃(楚雄)、聂裕中(云南府)、张淑麟(大理)、王绮中(石屏)、李楚(景东)、杨时澍(昆明)、严铣(太和)、李玉藻(保山)、杨应枚(广南)、蔡晋华(建水)、罗廷权(昆明)、杨鸿儒(赵州)、杨之义(鹤庆)、许式珍

(石屏)、甘时清(白盐井)、车桂(云南府)、杨纪元(蒙化)、孙大中(易门)、萧荣生(云南府)、王运新(云南府)、朱为忠(通海)、韩浩(澄江)、杨墀(邓川)、张必腾(新兴)、陈世昌(镇雄)、杨钠(太和)、陈全书(新兴)、郑文修(普洱)、张如翚(姚州)、陈徵用(蒙化)、黄大章(路南)、罗景谦(河阳)、胡沛霖(昆明)、封允湛(普洱)、李时乾(昆明)、汤肇元(昆阳)、牛锡坤(马龙)、刘煜(昆阳)、杨子惠(景东)、张世贤(广西)、杨甡(昆明)、黄椿(丘北)、史尚德(元江)、王炤(开化)、司汝弼(云南府)、张汝弼(剑川)、杜祐(昆明)、段继兴(丽江)、李登夔(东川)、樊振藻(曲靖)、吴遇坤(景东)、杨昪(晋宁)中举,是科云南 54 人中举。是科云南喻怀信(南宁)1 人于顺天中式。

——(清)王文韶修:《续云南通志稿·选举制》卷 101,第 7 册,第 5454—5459 页

道光二十七年(1847)丁未科会试

考官:内阁大学士潘世恩字芝轩,江苏吴县人,癸丑进士。工部尚书杜受田字芝农,山东滨州人,癸未进士。吏部侍郎福济字元修,满洲镶白旗人,癸巳进士。兵部侍郎朱凤标字桐轩,浙江萧山人,壬辰进士。

题"君子贤其"一句,"盖有之矣"二句,"孟子曰予　已也"。

赋得"天心水面"得"知"字。

会元许彭寿字仁山,浙江钱塘人。

状元张之万字子青,直隶南皮人。榜眼袁绩懋字厚庵,顺天宛平人。探花庞锺璐字宝生,江苏常熟人。

是科云南 8 人中进士。

——(清)法式善等撰,张伟点校:《清秘述闻三种》,第 672—673 页

道光二十七年(1847)丁未科会试,云南李培祜(昆明、2 甲 22 名)、尹泗(昆明、2 甲 29 名)、喻怀恭(南宁、2 甲 47 名)、黄瑞图(昆明、2 甲 51 名)、张汝弼(剑川、3 甲 35 名)、张晋(呈贡、3 甲 63 名)、赵开元(恩安、3 甲

66名)、马象奎(昆明、3甲108名)8人中进士。

——江庆柏编著:《清朝进士题名录》,第957—965页

道光二十九年(1849)己酉科乡试

云南考官:编修陈庆松字青丈,顺天大兴人,辛丑进士。礼部主事刘廷检字子恭,顺天通州人,乙未进士(原放方濬颐,丁忧,改简陈庆松)。

题"曰焉知贤　所知","舟车所至"二句,"君子之于　弗亲"。

赋得"月傍九霄多"得"秋"字。

解元石虎臣,昆明人,壬子进士。

——(清)法式善等撰,张伟点校:《清秘述闻三种》,第678页

道光二十九年(1849)己酉科乡试,石虎臣(昆明)、王若金(昆明)、唐大章(鹤庆)、钟秀(昆明)、杨述祖(太和)、车学富(南宁)、杨焕章(普洱)、郭湘(晋宁)、胡钟(昆明)、李昌祺(昆明)、蔡希元(剑川)、张煜(富民)、刘兴南(景东)、苏广生(剑川)、南宫进(云南府)、宴湘(南宁)、龚嘉侨(云南府)、丁坊(临安)、丁辉南(邓川)、钟绶(云南府)、杨恩锡(晋宁)、施鑑明(昆明)、毕应宸(云南府)、黄汝和(平彝)、段桢龄(昆明)、革焕章(腾越)、黄鹤龄(镇沅)、宋来宾(云南府)、周西渼(呈贡)、周纪贤(蒙自)、李本芳(晋宁)、艾毓成(镇沅)、王树毂(临安)、罗群书(白盐井)、刘钟璟(镇南)、高本义(昆明)、刘德清(昭通)、邹峄(永善)、王有道(晋宁)、马长春(昆明)、杨璟(昆明)、汪世泽(昆明)、鲁宗孔(嵋峨)、王伟(建水)、张钟瑛(昆明)、向丹纶(开化)、何生春(太和)、陈保和(澄江)、施泽坤(路南)、杨凤书(大理)、赵炳(晋宁)、麦露生(楚雄)、刘绍濂(昆明)、傅国卿(云南府)中举,是科云南54人中举。

——(清)王文韶修:《续云南通志稿·选举制》卷101,第7册,第5460—5464页

道光三十年(1850)庚戌科会试

考官:内阁大学士卓秉恬字海帆,四川华阳人,壬戌进士。吏部尚书贾桢字筠堂,山东黄县人,丙戌进士。左都御史花沙纳字松岑,蒙古正黄旗人,壬辰进士。兵部侍郎孙葆元字莲塘,直隶盐山人,己丑进士。

题"所谓诚其"二句,"子曰泰伯"一节,"五十而慕"二句。

赋得"取人以身"得"贤"字。

会元邹石麟字翼生,山东聊城人。

状元陆增祥字星晨,江苏太仓人。榜眼许其光字涑文,广东番禺人。探花谢增字梦渔,江苏仪征人。

是科云南7人中进士。

——(清)法式善等撰,张伟点校:《清秘述闻三种》,第678—679页

道光三十年(1850)庚戌科会试,云南毕应辰(昆明、2甲18名)、钟琇(昆明、2甲72名)、尹佩玱(蒙自、3甲52名)、李人镜(河阳、3甲58名)、晏湘(南宁、3甲59名)、宋来宾(昆明、3甲61名)、刘钟璟(镇南、3甲62名)7人中进士。

——江庆柏编著:《清朝进士题名录》,第968—974页

咸丰元年,恩诏乡试云南加额十名。

——(清)龙云、卢汉修,周钟岳纂:《民国新纂云南通志》卷16《历代贡举征辟表》,《中国地方志集成》,第584页

咸丰元年(1851)辛亥恩科乡试

云南考官:编修呼延振字立夫,陕西长安人,甲辰进士。户部主事蔡赓飏字云士,浙江德清人,壬午进士。

题“宗族称孝”二句“人道敏政”一节,“孔子圣之　大成”。

赋得“飞泉漱鸣玉”得“鸣”字。

解元伊建中,昆明人。

——(清)法式善等撰,张伟点校:《清秘述闻三种》,第684—685页

咸丰元年(1851)辛亥恩科乡试,尹建中(赵州)、印文裴(景东)、袁畟(顺宁)、陈右之(安宁)、赵子端(云南府)、马裕(昆明)、陈建勋(楚雄)、凌凤来(永善)、陈鸣玉(宜良)、刘士清(昆明)、罗炳图(路南)、王景昌(昆明)、张士铨(大理)、李鼎(晋宁)、吴鑑(云南府)、赵拱辰(呈贡)、李光煦(临安)、赵治隆(邓川)、冯联桂(永昌)、谢铨(云南府)、汤选伊(蒙自)、刘凤章(建水)、段元福(景东)、陈玉堂(昆明)、李菖(寻甸)、张道渊(太和)、段文鸿(剑川)、罗宙(昆明)、严昉(宜良)、赵履安(鹤庆)、程嗣伊(保山)、王椿(昆明)、王庭棻(白盐井)、王廷辉(楚雄)、马超扬(普洱)、杨炜(琅井)、李景春(丽江)、尹开先(广通)、张从绳(通海)、寇浚(剑川)、苏佩芸(蒙化)、杨福鼎(丽江)、张景星(景东)、郑履端(太和)、张云逵(师宗)、卜履泰(楚雄)、王炳绅(宾川)、康毓华(宝宁)、段瑞光(河阳)、李思颜(昆明)、毛云鸿(大姚)、张信邻(河阳)、张清洋(石屏)、张为崧(镇雄)、尹湟(昆明)、彭子超(白盐井)、杨应聘(广南)、刘上达(云南府)、杨懋(蒙化)、李如椿(丽江)、朱在勤(石屏)、李子佳(蒙自)、赵锡昌(太和)、沙兰(太和)中举,是科云南64人中举。是科云南袁谨(顺宁)1人于顺天中式。

——(清)王文韶修:《续云南通志稿·选举制》卷101,第7册,第5460—5465页

咸丰二年(1852)壬子科乡试

云南考官:编修赵畇字岵存,安徽太湖人,辛丑进士。编修黄经字纬斋,广东顺德人,甲辰进士。

题“或曰雍也　用佞”,“在下位不　援上”,“好善足乎”三句。

赋得“千崖秋气高”得“多”字。

解元阿中立，浪穹人。

——(清)法式善等撰，张伟点校：《清秘述闻三种》，第690页

咸丰二年(1852)壬子恩科会试

考官：刑部尚书周祖培字芝台，河南商城人，己卯进士。户部侍郎何桂清字根云，云南昆明人，乙未进士。兵部侍郎杜翻字云巢，山东滨州人，乙未进士。内阁学士宗室载龄字鹤峰，正蓝旗人，辛丑进士。

题“柴也愚参”二句，“楚国无以”二句，“诗云昼尔　百谷”。

赋得“东壁图书府”得“心”字。

会元孙庆咸字珊麓，浙江山阴人。

状元章鋆字采南，浙江鄞县人。榜眼杨泗孙字滨石，江苏常熟人。探花潘祖荫字伯寅，江苏吴县人。

是科云南10人中进士。

——(清)法式善等撰，张伟点校：《清秘述闻三种》，第685—686页

咸丰二年(1852)壬子恩科会试，云南萧培元(昆明、2甲4名)、张沄卿(太和、2甲73名)、李焜(太和、3甲4名)、李松(丽江、3甲28名)、陈鸣玉(宜良、3甲35名)、王錡绅(宾川、3甲89名)、李昌祺(昆明、3甲103名)、彭大宾(平彝、3甲112名)、石虎臣(昆明、3甲122名)、倪应颐(昆明、3甲125名)10人中进士。

——江庆柏编著：《清朝进士题名录》，第977—985页

咸丰二年(1852)壬子科乡试，阿中立(浪穹)、郭源(晋宁)、龚联辉(昆明)、刘琫(景东)、周光序(云南府)、田世禄(云南府)、刘学中(蒙自)、解佩文(开化)、唐绅(南宁)、黄逢源(宜良)、陈庆生(定远)、黄锟(昆明)、纪动箴(景东)、张璈(镇雄)、王运开(大姚)、郑益清(永善)、张云和(蒙化)、赵

嗣鼎(楚雄)、纪肇修(镇南)、简宗杰(云南府)、李振家(昆明)、郭光荣(昆明)、朱斗南(腾越)、何嘉绩(云南府)、王抡才(景东)、吴鸿钧(云南府)、缪思晋(曲靖)、陈维周(镇雄)、王鸣歧(建水)、王汝砺(云南府)、杨敬修(石屏)、唐秀钟(广西州)、海鳌(晋宁)、王培仁(云南府)、孙清臣(罗平)、王抡元(保山)、陈天柱(昆明)、吏尚直(元江)、段保顺(安宁)、何曜云(晋宁)、李廷琛(昆阳)、萧清华(广西州)、郑鹏图(蒙化)、白墉(昆明)、张道经(永善)、张自超(琅井)、和铭(丽江)、朱辉萼(云南府)、朵士元(昆明)、杨元溥(大理)、李浩(云龙)、杜若清(临安)、杨柱铨(邓川)、雷东煌(镇沅)中举,是科云南 54 人中举。

——(清)王文韶修:《续云南通志稿 · 选举制》卷101,第 7 册,第 5460—5464 页

咸丰三年(1853)癸丑科会试

考官:礼部尚书徐泽醇字梅桥,汉军正蓝旗人,庚辰进士。吏部侍郎邵灿字又村,浙江余姚人,壬辰进士。内阁学士潘曾莹字星斋,江苏吴县人,辛丑进士。

题“子曰听讼　讼乎”,“君子义以”一句,“孟子道性”二句。

赋得“自喜轩窗无俗韵”得“森”字。

会元吴凤藻字蓉圃,浙江钱塘人。

状元孙如仅字松坪,山东济宁人。榜眼吴凤藻字蓉圃,浙江钱塘人。探花吕朝瑞字九霞,安徽旌德人。

是科云南 11 人中进士。

——(清)法式善等撰,张伟点校:《清秘述闻三种》,第 690—691 页

咸丰三年(1853)癸丑科会试,云南谷暄(赵州、2 甲 89 名)、马恩溥(太和、2 甲 103 名)、汪世泽(昆明、3 甲 12 名)、李咸(太和、3 甲 33 名)、吴鸿钧(昆明、3 甲 59 名)、杨元溥(太和、3 甲 62 名)、傅国卿(昆明、3 甲 73 名)、曾思沂(通海、3 甲 79 名)、杨福豫(丽江、3 甲 80 名)、孙杰(蒙化、3 甲

89 名）、陈玉堂（昆明、3 甲 97 名）11 人中进士。

——江庆柏编著：《清朝进士题名录》，第 988—995 页

咸丰四年（1854）六月己巳，云南学政杨式谷奏迤西岁试完竣情形。得旨："何文学甚详，武学甚略？未免习气太重，以后力戒之。"

——《清实录·文宗实录》卷 132，第 10—11 页，总第 348 页

咸丰五年（1855），云南加额二名。

——（清）龙云、卢汉修，周钟岳纂：《民国新纂云南通志》卷 16《历代贡举征辟表》，《中国地方志集成》，第 584 页

咸丰五年（1855）乙卯科乡试

云南考官：侍讲吴存义字和甫，江苏泰兴人，戊戌进士。编修张守岱字星农，山东海丰人，乙巳进士。

题"举善而教"一句，"言而世为"一句，"人性之善"四句。

赋得"桂枝生自直"得"秋"字。

解元曾彬，建水人。

——（清）法式善等撰，张伟点校：《清秘述闻三种》，第 693—694 页

咸丰五年（1855）乙卯科乡试，曾彬（建水）、张兆凤（昆明）、黄鹤群（昆明）、赵莲（元江）、陈祚（昆明）、王开先（白盐井）、陈星聚（陆凉）、李鸿宝（呈贡）、李嘉树（昆明）、花沛（楚雄）、何金声（晋宁）、杨行端（昆明）、尹萧怡（大理）、李天培（寻甸）、木近仁（丽江）、何煓（永善）、卫荣熙（石屏）、余清（昆明）、张敬（晋宁）、李祖植（昆明）、杨春富（楚雄）、段位（太和）、金毓珍（云南府）、武骧云（石屏）、杨士林（呈贡）、赵映春（保山）、张师颜（大

理)、马钧(保山)、束灿南(昆明)、田开英(景东)、高文凤(石屏)、钱济南(南宁)、陈中鹄(河阳)、刘照青(腾越)、康元(云南府)、唐平章(鹤庆)、鲁曰仁(昆明)、黄汝洋(临安)、高起(蒙化)、欧阳秉彝(顺宁)、杨丕昌(蒙化)、李占春(宜良)、桂通燕(昆明)、赵时俊(浪穹)、杨金和(昆明)、曾景福(镇雄)、钱增鋈(昆明)、许攀龙(顺宁)、盛毓芳(保山)、温以诚(元江)、方德元(镇雄)、钱来商(昆明)、杨名儒(大理)、金灿庚(昆明)、苏毓元(晋宁)、杨光远(丽江)中举,是科云南56人中举。

——(清)王文韶修:《续云南通志稿·选举制》卷101,第7册,第5460—5464页

咸丰六年(1856)丙辰科会试

考官:工部尚书彭蕴章字咏莪,江苏长洲人,乙未进士。工部尚书全庆字小汀,满洲正白旗人,己丑进士。左都御史许乃普字滇生,浙江钱塘人,庚辰进士。内阁学士刘琨字韫斋,云南景东人,辛丑进士。

题"告诸往而"一句,"洋洋乎发"一节,"莫如为仁"一句。

赋得"游鳞萃灵沼"得"灵"字。

会元马元瑞字符斋,山东临清人。

状元翁同龢字叔平,江苏常熟人。榜眼孙毓汶字莱山,山东济宁人。探花洪昌燕字章伯,浙江钱塘人。

是科云南7人中进士。

——(清)法式善等撰,张伟点校:《清秘述闻三种》,第694页

咸丰六年(1856)丙辰科会试,云南龚嘉侨(昆明、2甲20名)、李鼎(晋宁、2甲44名)、严昉(宜良、2甲49名)、王汝砺(昆明、3甲14名)、戈尚志(保山、3甲44名)、李祖植(昆明、3甲63名)、黄金钺(南安、3甲72名)7人中进士。

——江庆柏编著:《清朝进士题名录》,第999—1005页

咸丰八年(1858)四月,庚戌,云贵总督吴振棫奏:"云南军务未竣,请停本年乡试,并入下科举行。"从之。

——《清实录·文宗实录》卷250,第20—21页,总第869页

咸丰八年(1858)戊午科乡试

江南、江西、福建、广东、广西、云南、贵州停科。

——(清)法式善等撰,张伟点校:《清秘述闻三种》,第695页

咸丰九年(1859),四月,壬子,又谕(内阁):"徐之铭奏请展缓举行恩科乡试一折。云南省现在军务未竣,各属士子多有办理团练防守事宜,未能赴试,本年乡试难以如期举行。所有云南省己未恩科乡试,著准其展缓,俟辛酉科后,再为举行。"

——《清实录·文宗实录》卷280,第25页,总第115页

咸丰九年(1859)己未科会试

考官:内阁大学士贾桢字筠堂,山东黄县人,丙戌进士。刑部尚书赵光字蓉舫,云南昆明人,庚辰进士。户部侍郎沈兆霖字朗亭,浙江钱塘人,丙申进士。工部侍郎成琦字魏卿,满洲正黄旗人,庚戌进士。

题"色难有事"四字,"今夫天"一句,"焉能使予"一句。

赋得"高车高椢"得"从"字。

会元马传煦字春旸,浙江会稽人。

状元孙家鼐字燮臣,安徽寿州人。榜眼孙念祖字莘农,浙江会稽人。探花李文田字仲约,广东顺德人。

是科云南4人中进士。

——(清)法式善等撰,张伟点校:《清秘述闻三种》,第698—699页

咸丰九年(1859)己未科会试,云南李振家(昆明、2 甲 64 名)、王绮珍(石屏、2 甲 68 名)、王若金(昆明、3 甲 33 名)、黄晸(宾川、3 甲 82 名)4 人中进士。

——江庆柏编著:《清朝进士题名录》,第 1010—1016 页

咸丰十年(1860)庚申恩科会试

考官:内阁大学士周祖培字芝台,河南商城人,己卯进士。吏部尚书全庆字小汀,满洲正白旗人,己丑进士。礼部尚书朱嶟字樾堂,云南通海人,己卯进士。吏部侍郎杜翰字寄园,山东滨州人,甲辰进士。

题“大学之道”一句,“植其杖而”二句,“定于一”一句。

赋得“聚米为山”得“波”字。

会元徐致祥字季和,江苏嘉定人。

状元钟骏声字雨辰,浙江仁和人。榜眼林彭年字朝三,广东南海人。探花欧阳保极字用甫,湖北江夏人。

是科云南 4 人中进士。

——(清)法式善等撰,张伟点校:《清秘述闻三种》,第 703 页

云南钱来商(昆明、2 甲 32 名)、毕亮(昆明、3 甲 37 名)、曾思濬(通海、3 甲 41 名)、车学富(南宁、3 甲 105 名)4 人中进士。

——江庆柏编著:《清朝进士题名录》,第 1021—1028 页

咸丰十年(1860),九月,丁未,谕:“内阁、锡霖等奏,遵旨按款,查讯分别定拟。”……谕军机大臣等:“本日据云南学政张锡嵘驰递封奏,并将山西候选教职祁元辅所著《破敌纪闻》钞录呈览。朕详加披阅,现在避炮之方,亟宜讲求,所陈各条虽未必尽合机宜,然亦不无可取。著胜保详细体察,采

择备用。原片著发给阅看。将此谕令知之。”

——《清实录·文宗实录》卷331,第2页,总第925页

咸丰十一年(1861)辛酉科乡试

江南、江西、浙江、福建、湖北、湖南、河南、山东、四川、云南、贵州停科。

——(清)法式善等撰,张伟点校:《清秘述闻三种》,第703页

同治元年(1862),恩诏乡试云南加额十名。光绪《续志》:同治元年,云南未曾举行乡试,嗣于光绪元年乙亥恩科带补壬戌,其广额十名。于同治六年奏准,截归顺天乡试,丁卯取中六名,庚午取中四名。

——(清)龙云、卢汉修,周钟岳纂:《民国新纂云南通志》卷16《历代贡举征辟表》,《中国地方志集成》,第584页

同治元年(1862),四月,乙亥,谕内阁:“云南学政张锡嵘奏请宗祀文宗显皇帝以备典礼一折,并附陈《宗祀辨疑条说》。著王大臣、大学士、六部、九卿、翰、詹、科道敬谨会同妥议具奏。”……云南巡抚徐之铭奏:“军务未平,请将本年恩科乡试展缓举行。”从之。

——《清实录·穆宗实录》卷26,第6—10页,总第695—697页

同治元年(1862),七月,辛丑,谕内阁:“前因给事中孙楫奏参云南学政张锡嵘条陈宗祀典礼,语多谬妄。当经降旨交原议王大臣等会同详悉议奏。……翰林院编修张锡嵘著交部照例议处。”寻议:“张锡嵘降一级调用,无庸查级纪议抵。”从之。

——《清实录·穆宗实录》卷34,第37—38页,总第925页

同治元年(1862)壬戌恩科乡试

江南、浙江、陕西、四川、云南、贵州停科。

——(清)法式善等撰,张伟点校:《清秘述闻三种》,第 707 页

同治元年(1862),十月,辛丑,谕内阁:"御史刘庆奏,请重诏令以振纲维一摺……"又谕(内阁):"翰林院侍读学士颜宗仪,前蒙文宗显皇帝简放云南学政,旋即告病规避。本年简放湖北正考官差竣时,复命为云南学政,并明降谕旨,令其即赴新任,毋庸来京请训。乃本日忽据该员到京呈递谢恩折片,据称'绕道北上,途次未接部文,亦未接督、抚知会,到京始见邸钞'等语。阅其所递折内恭录谕旨,将即赴新任,毋庸来京请训字样,全行节去。该员既称到京得见邸钞,何以又不谕旨全录?总系因到京递折之举,显与谕旨相背,是以工于掩饰,意存含混。此等巧于尝试之风,断不可长。颜宗仪著降为编修,限于五日内即行起程赴云南学政之任,不准迟延。"

——《清实录·穆宗实求》卷 47,第 7—8 页,总第 1269 页

同治元年(1862)壬戌科会试

考官:协办大学士、工部尚书倭仁字艮峰,蒙古正红旗人,己丑进士。兵部尚书万青藜字藕舲,江西德化人,庚子进士。署户部侍郎、大理寺卿郑敦谨字小山,湖南长沙人,乙未进士。户部侍郎熙麟字挹云,满洲正红旗人,戊戌进士。

题"此谓唯仁"三句,"子曰谁能"一章,"乐民之乐"六句。

赋得"千门万户皆春声"得"莺"字。

会元李庆沅字雪樵,顺天通州人。

状元徐郙字颂阁,江苏嘉定人。榜眼何金寿字铁生,湖北江夏人。探花温忠翰字味秋,山西太谷人。

是科云南7人中进士。

——(清)法式善等撰,张伟点校:《清秘述闻三种》,第705—706页

同治元年(1862)壬戌科会试,云南尹绍甫(赵州、2甲47名)、赵子端(昆明、2甲58名)、简宗杰(昆明、3甲21名)、陈维周(镇雄、3甲29名)、苏毓元(晋宁、3甲32名)、张士铨(太和、3甲88名)、郑履端(太和、3甲100名)7人中进士。

——江庆柏编著:《清朝进士题名录》,第1031—1037页

同治二年(1863)癸亥恩科会试

考官:工部尚书李棠阶字文园,河南河内人,壬午进士。左都御史单懋谦字地山,湖北襄阳人,壬辰进士。左都御史宗室载龄字鹤峰,镶蓝旗人,辛丑进士。户部侍郎沈桂芬字经笙,顺天宛平人,丁未进士。

题"大畏民志"二句,"其养民也"二句,"于是始兴　之乐"。

赋得"譬海出明珠"得"材"字。

会元黄体芳字漱兰,浙江瑞安人。

状元翁曾源字仲渊,江苏常熟人。榜眼龚承钧字湘浦,湖南湘潭人。探花张之洞字孝达,直隶南皮人。

是科云南4人中进士。

——(清)法式善等撰,张伟点校《清秘述闻三种》,第710—711页

同治二年(1863)癸亥恩科会试,云南李时乾(昆明、2甲69名)、张道渊(太和、3甲25名)、杨正观(太和、3甲67名)、王培仁(昆明、3甲68名)4人中进士。

——江庆柏编著:《清朝进士题名录》,第1041—1046页

同治四年(1865)乙丑科会试

考官:内阁大学士贾桢字筠堂,山东黄县人,丙戌进士。户部尚书宝鋆字佩珩,满洲镶白旗人,戊戌进士。刑部侍郎谭廷襄字竹崖,浙江山阴人,癸巳进士。内阁学士桑春荣字百斋,顺天宛平人,壬辰进士。

题"孝慈则忠"二句,"必得其寿"一句,"不违农时"二句。

赋得"芦笋生时柳絮飞"得"生"字。

会元廖鹤年字云鹭,广东番禺人。

状元崇绮字文山,蒙古正蓝旗人。榜眼于建章字殿侯,广西临桂人。探花杨霁字子和,汉军正红旗人。

是科云南6人中进士。

——(清)法式善等撰,张伟点校:《清秘述闻三种》,第715页

同治四年(1865)乙丑科会试,云南张端卿(太和、2甲31名)、王廷辉(楚雄、2甲58名)、张道经(永善、3甲88名)、陈维恺(昆明、3甲100名)、尹开先(广通、3甲117名)、丁镇西(邓川、3甲120名)6人中进士。

——江庆柏编著:《清朝进士题名录》,第1052—1060页

同治六年(1867)丁卯科乡试

云南无开科,是科云南吕衮(云南县)、李素(保山)、陶清安(昆明)、黄翊(昆明)、高蔚光(昆明)、李瑞裕(昆明)6人于顺天中式。

——(清)龙云、卢汉修,周钟岳纂:《民国新纂云南通志》卷16《历代贡举征辟表》,《中国地方志集成》,第627页

同治七年(1868)戊辰科会试

考官:吏部尚书朱凤标字桐轩,浙江萧山人,壬辰进士。兵部尚书董恂

字韫卿,江苏甘泉人,庚子进士。工部尚书文祥字博川,满洲正红旗人,乙巳进士。副都御史继格字述堂,满洲正白旗人,壬子进士。

题"畏大人畏"二句,"君子未有"二句,"以予观于"二句。

赋得"千林嫩叶始藏莺"得"藏"字。

会元蔡以瑺字季珪,浙江萧山人。

状元洪钧字文卿,江苏吴县人。榜眼黄自元字觐虞,湖南安化人。探花王文在字念堂,山西稷山人。

是科云南4人中进士。

——(清)法式善等撰,张伟点校:《清秘述闻三种》,第721页

同治七年(1868)戊辰科会试,云南李瑞裕(昆明、2甲51名)、黄翊(昆明、2甲75名)、杨春富(楚雄、2甲125名)、高蔚光(昆明、3甲82名)4人中进士。

——江庆柏编著:《清朝进士题名录》,第1066—1073页

同治九年(1870),奏准湖北试用知县曹继书输银六万两,准加昆明县永远文、武学额各三名。

——(清)昆冈等修:《清会典事例》卷380《礼部(91)》,第5册,第194页

同治九年(1870)庚午科乡试

云南考官:编修汪叙畴字蓉洲,四川长寿人,乙丑进士。编修王先谦字益吾,湖南长沙人,乙丑进士(带补戊午、己未两科)。

题"君子义以　为上","远之则有"二句,"凡有四端"六句。

赋得"海色澄清映南极"得"清"字。

解元杨德高,太和人。

——(清)法式善等撰,张伟点校:《清秘述闻三种》,第727页

同治九年(1870)庚午科,同治庚午带补戊午科、己未恩科乡试,杨高德(太和)、许映芳(临安)、速中清(新兴)、洪锡思(云南府)、周辅宸(师宗)、孙佩金(呈贡)、倪金和(邓川)、倪藩(云南府)、张涛(云南府)、王阶泰(蒙化)、沈鸿猷(通海)、杨炽昌(昆明)、陈矩(云南府)、罗其佩(白盐井)、程光祖(陆凉)、何贤书(东川)、陈昌龄(开化)、赵桂(云南府)、杨耀奎(昭通)、王光煦(永善)、梁嘉增(黑盐井)、印文耀(永善)、陈章美(楚雄)、张自存(江川)、蔡发祥(晋宁)、李壬澜(蒙自)、吴绍伯(云南府)、唐润平(南宁)、尹南宫(东川)、孙清士(呈贡)、周材芳(楚雄)、张玉绶(晋宁)、董镇南(新兴)、赵延龄(永善)、陆浩然(广南)、王壬珂(蒙自)、张庆春(南宁)、李崇汉(罗平)、刘本复(阿迷)、萧湘(云南府)、李肇南(镇雄)、卫家珍(临安)、卢湝涟(临安)、张其政(武定)、张宸(石屏)、刘锟(东川)、杨自超(昆明)、罗瑞图(河阳)、赵力仁(云南府)、罗群芳(白盐井)、张文端(沾益)、冯锡章(昆明)、陈保(宜良)、孙发元(昭通)、庄致和(昆明)、韩作宾(罗平)、刘家兴(临安)、董宪章(南宁)、方慎箴(昆明)、汤国相(蒙自)、窦耀(罗平)、于斯盛(云南府)、张景清(琅盐井)、司城(昆明)、甘潮(白盐井)、木晋奎(丽江)、田澍畛(昆明)、俞荫熊(陆凉)、王瑞霖(弥勒)、陈见图(昆明)、李书元(云南府)、张鸿勋(丽江)、田以砚(云南府)、缪迪庆(宣威)、王京诏(昆明)、孙家藩(宣威)、陶鸿宾(昆明)、钱尊德(云南府)、刘守先(平彝)、李景贤(沾益)、龚品金(云南府)、马开科(罗平)、周相(昆明)、吕应律(云南县)、杨凤朝(宝宁)、李上珍(河西)、许汝霖(昆明)、王沂渊(建水)、李毓铣(宣威)、陆万鼎(通海)、张乐(陆凉)、朵如正(云南府)、刘际唐(镇南)、魏廷锡(云南府)、陈清(云南府)、严有叙(澄江)、谢生春(东川)、马开文(罗平)、郭勋(丽江)、吴荣光(云南府)、俞赓唐(陆凉)、何煦之(寻甸)、王图麟(蒙自)、王善量(河西)、刘凤骞(嵩明)、杨世芳(昆明)、何养恒(楚雄)、黄谦(蒙自)、郭联镛(昆明)、凌邦靖(永善)、李熙文(开化)、任兆观(昆明)、孙念曾(南宁)、郭洪恩(河阳)、季鋆(昆明)、金大章(昆明)、杨椿(曲靖)、晏云会(曲靖)、缪嘉言(云南府)、吴焜(宁州)、杨茂(昆明)、黄大中(昆明)、吕嘉纶(镇南)、高克远(广西州)、陆钟玮(东川)、陈询(丽江)、孙凤芝(云南府)、李联甲(鹤庆)、王言昌(昆明)、秦锡龄(呈贡)、张凤锦(保山)、赵锡光(丽江)、郭步瀛(建水)、罗毓椿(昆明)、杨文健(新兴)、王宝仁(昆明)、王者香(新兴)、钟尔敏(云南府)、张执中(富民)、杨兆泰(楚雄)、杜坤生(赵州)、陈有泰(南宁)、胡光诏(昆明)、窦儒珍(南宁)、倪懋礼(楚雄)、夏成宪(昭通)、李玉湛(丽江)、汤铨(东川)、杨凤友(丽江)、李重芳(东川)、于钟德(云南府)、杨邦卫(丽江)、高日华(昆明)、徐嘉绅(师宗)、张毓兰(云南府)、段荣勋(云南府)、周联云(广南)、张凤昌(昆明)、黄鋆(寻甸)、周嗣镐(南宁)、张灿庚(昆明)、李伯昌(蒙自)中举,是科云南162人中举。是科云南李日跻(易门)、吴烔(保山)、傅培基(昆明)、陆葆德(蒙自)4人于顺天中式(光绪《续志》案;同治元年,恩诏加额十名,奏准于丁酉科北闱取中,因人数不符,取中六名,此次补足中额)。

——(清)王文韶修:《续云南通志稿·选举制》卷101,第7册,第5460—5474页

同治十年(1871)辛未科会试

考官:内阁大学士朱凤标字桐轩,浙江萧山人,壬辰进士。工部尚书毛昶熙字旭初,河南武陟人,乙巳进士。吏部侍郎阜保字吟舫,满洲镶黄旗人,乙巳进士。内阁学士常恩字润伯,满洲镶黄旗人,庚戌进士。

题"有子曰信"一节,"人一能之"五句,"天下之善"二句。

赋得"移花便得莺"得"莺"字。

会元李联珠字琇实,直隶景州人。

状元梁耀枢字斗南,广东顺德人。榜眼高岳崧字峻峰,陕西长安人。探花郁昆字漱山,浙江萧山人。

是科云南12人中进士。

——(清)法式善等撰,张伟点校:《清秘述闻三种》,第727—728页

同治十年(1871)辛未科会试,云南赵时俊(浪穹、2甲5名)、李肇南(镇雄、2甲98名)、何养恒(楚雄、3甲34名)、于钟德(昆明、3甲41名)、萧湘(昆明、3甲42名)、季鋆(昆明、3甲120名)、孙清士(呈贡、3甲125

名)、王宝仁(昆明、3 甲 126 名)、王鸣歧(建水、3 甲 159 名)、杨邦卫(丽江、3 甲 167 名)、郭源(晋宁、3 甲 175 名)11 人中进士。

——江庆柏编著:《清朝进士题名录》,第 1080—1090 页

同治十二年(1873),(皇上)大婚礼成,恩诏乡试云南加额十名。

——(清)龙云、卢汉修,周钟岳纂:《民国新纂云南通志》卷 16《历代贡举征辟表》,《中国地方志集成》,第 584 页

同治十二年(1873)癸酉科乡试

云南考官:庶子宗室昆冈字筱峰,正蓝旗人,壬戌进士。编修王文在字念堂,山西稷山人,戊辰进士(带补辛酉科)。

题"孔子曰才　为盛","所求乎子"二段,"无为其所　已矣"。赋得"兵气销为日月光"得"光"字。

解元汤炳堃,邓川人。

——(清)法式善等撰,张伟点校:《清秘述闻三种》,第 733 页

同治十二年(1873)癸酉科,同治癸酉科,带补辛酉科。汤炳堃(邓川)、尹仲杰(蒙自)、纪长清(景东)、李开仁(昭通)、林绍清(云南府)、彭启商(东川)、张鑑(永善)、孙丽金(呈贡)、赵宗灿(蒙化)、赵永昌(新兴)、陈正典(东川)、李培谦(云南府)、杨凤翔(昆明)、王永靖(通海)、杨国樑(姚州)、董家传(南宁)、王肇昌(晋宁)、马元俊(通海)、汤述禹(东川)、张英堂(东川)、罗桂馨(陆凉)、马安礼(师宗)、孟岱昌(东川)、汤增美(南宁)、陈其宽(云南府)、王宝书(云南府)、何秉钧(云南府)、徐元华(昆明)、朱耀天(陆凉)、范克家(太和)、杨开荫(赵州)、陈殿图(罗平)、甘孟贤(姚州)、杨友兰(太和)、冯兴猷(永善)、李元衡(广南)、李子霖(太和)、王嶙(嶍峨)、凌邦铨(永善)、张棠荫(安宁)、徐济川(昭通)、姚茂林(昆明)、刘翽(嶍

峨)、张榕(南宁)、祁桂林(建水)、李运新(昆明)、孙品金(呈贡)、卢丛林(东川)、孙福(云南府)、刘中鹤(开化)、金汉青(昆明)、李竹孙(晋宁)、张从禹(通海)、彭绍先(白盐井)、王鸿诰(蒙自)、杨辉甲(云龙)、张文渊(寻甸)、龚倬(昆明)、赵纶(广南)、范克承(太和)、叶灿松(曲靖)、孙锡(南宁)、张世忠(宾川)、王永业(广西州)、李承郧(宁州)、张其忠(通海)、倪惟钦(昆明)、尹锡东(邓川)、苏昕(昆明)、姚名扬(江川)、段韵兰(剑川)、喻嘉行(南宁)、王光玺(昆明)、王铨(保山)、杨壎(昆明)、刘纶(鹤庆)、茅茹芝(东川)、林崧生(东川)、豆钧(宁州)、陈相思(楚雄)、寇时俊(昆明)、林慧选(东川)、李重华(东川)、徐佩绅(路南)、汤曙(昆阳)、吴星辉(弥勒)、杨纪鑫(蒙自)、王凤和(云南府)、陈廷用(蒙自)、李人俊(陆凉)、李步瀛(东川)、李承祜(晋宁)、谢君纶(云南府)、张纯仁(通海)、周之彝(大理)、徐润(昆明)、冯仰仁(曲靖)、谢焕章(楚雄)、胡大章(永善)、陈九龄(呈贡)、龚家幹(昆明)、陈文蔚(宜良)、安克敏(楚雄)、冯朝荣(南宁)、黄凤集(弥勒)、尹齐汤(邓川)、林作舟(保山)、吴清(昆明)、关峻(元江)、常绍先(河西)、罗以礼(昆明)、章录(永昌)、段承霖(呈贡)、李清华(河西)、钱文骥(云南府)、寇璜(剑川)、杨增龄(蒙自)、张琼(云南府)中举,是科云南118 人中举。是科云南李润均(太和)1 人于顺天中举。

——(清)王文韶修:《续云南通志稿·选举制》卷101,第 7 册,第 5474—5485 页

同治十三年(1874)甲戌科会试

考官:礼部尚书万青藜字藕舲,江西德化人,庚子进士。刑部尚书崇实字朴山,满洲镶黄旗人,庚戌进士。工部尚书李鸿藻字兰生,直隶高阳人,壬子进士。吏部侍郎魁龄字华峰,满洲正红旗人,壬子进士。

题“子曰君子坦”一句,“自诚明谓　之性”,“孟子曰君　不义”。

赋得“无逸图”得“勤”字。

会元秦应逵字鸿轩,湖北孝感人。

状元陆润庠字凤石,江苏元和人。榜眼谭宗浚字叔裕,广东南海人。探花黄贻楫字济川,福建晋江人。

是科云南10人中进士。

——(清)法式善等撰,张伟点校:《清秘述闻三种》,第733—734页

同治十三年(1874)甲戌科会试,云南李熙文(文山、2甲28名)、孙佩金(呈贡、2甲59名)、陆葆德(蒙自、2甲106名)、傅培基(昆明、2甲109名)、张玉绶(晋宁、3甲49名)、倪惟钦(昆明、3甲59名)、杨炽昌(昆明、3甲145名)、孙念曾(南宁、3甲185名)、高日华(昆明、3甲193名)、黄大中(昆明、3甲201名)10人中进士。

——江庆柏编著:《清朝进士题名录》,第1096—1108页

德宗光绪元年(1875),十一月,戊戌,又谕:"前据岑毓英奏请加云南文、武乡试,永远中额各十名,当经部议与新章不符,改为加广一次文、武乡试中额各二十名。兹复据该抚奏称'云南自军兴以来,绅民竭力捐输,十有余年,核计捐银一千零七十余万两,从未请加中额,与他省已加永远中额者不同。仍恳加云南文、武乡试永远中额'等语。加恩著照所请,云南文、武乡试各加永远中额十名,以示嘉惠士林之意。"

——《清实录·德宗实录》卷21,第7页,总第327页

光绪元年(1875)乙亥恩科乡试

云南考官:编修张楷字仲模,湖北蕲水人,辛未进士。编修王荣琯字玉文,山东乐陵人,庚申进士(带补壬戌科)。

题"夫子之得　斯和","诚之者择"二句,"易其田畴"一节。

赋得"满山寒叶雨来声"得"声"字。

解元王家轼,建水人。

——(清)法式善等撰,张伟点校:《清秘述闻三种》,第740页

光绪元年(1875)乙亥恩科乡试,带补壬戌恩科。王家轼(建水)、朱锟(昆明)、保大泉(昆明)、赵藩(剑川)、姜含英(广西)、孟儒昌(东川)、杨殿元(保山)、陈安(南宁)、张书绅(昆明)、汤钰(东川)、胡宗虞(东川)、董汝明(嶍峨)、钱越(昆明)、王世羲(永善)、吴式钊(保山)、张中孚(江川)、祁徵祥(通海)、温培兰(宜良)、孙允端(昆明)、杨蔚文(弥勒)、谢文翘(昭通)、解安澜(南宁)、彭其仁(昆明)、张嘉瑞(云南府)、喻桢龄(罗平)、周崇儒(云南府)、林楚(云南府)、缪介臣(云南府)、甘浦(白盐井)、刘鼎元(云南府)、王郁华(楚雄)、寸衡纪(保山)、王永年(临安)、董汝翼(嶍峨)、张申巽(蒙自)、刘杰(昆明)、邵钟勋(定远)、尹彤襄(昆明)、张思敬(石屏)、赵荣庆(弥勒)、高玮(石屏)、杨育之(丽江)、周允徽(蒙自)、戴光煦(安宁)、宋培厚(晋宁)、刘子仲(云龙)、孙茂(蒙化)、杨明吉(昭通)、何绍堂(云南府)、施道治(路南)、田耕云(昆明)、陈配虞(平彝)、何秉贤(建水)、张兆麟(昆明)、刘宗炜(平彝)、康彊(云南府)、李荫祖(云南府)、牛登瀛(东川)、司汝桐(云南府)、俞宝奎(陆凉)、王宾(云南府)、徐士德(弥勒)、王士贤(通海)、杨曙州(昆明)、张庚吉(昆明)、李嘉瑞(昭通)、梅应鼎(禄劝)、王家辙(建水)、李弼功(昆阳)、吴灼(保山)、姜增莹(广西)、谢垌(楚雄)、徐玉山(嶍峨)、李德徵(太和)、张顺安(富民)、孔宪钦(云南府)、朱桂庆(石屏)、邵以诚(陆凉)、张保歧(元江)、黄道新(曲靖)、侯渭珍(蒙自)、王如纶(昆明)、杜思伯(云南府)、王思诚(云南府)、司宴林(云南府)、王德元(罗平)、郑芳兰(晋宁)、何嘉植(云南府)、王世德(嶍峨)、杨葆(浪穹)、刘藜光(云南府)、倪惟寅(昆明)、杨春和(昭通)、吴开泰(广西州)、封汝弼(普洱)、张惟聪(通海)、胡本姚(蒙自)、徐廷璋(昭通)、陈鹏(昆明)、张士彬(太和)、王履崇(蒙化)、马汝昭(宜良)、杨炳星(澄江)、孙桨森(沾益)、刘昭銮(东川)、陈克俭(云南府)、田开华(云南府)、赵景温(太和)、李翔鹤(河西)、萧国儒(建水)、李炘(大姚)、宗学孔(建水)、牛广元(东川)、董汉章(南宁)、宋荫培(石屏)、杨鸿年(云南府)、钱正圜(临安)、徐鳌(宣威)、张再谨(剑川)、侯寿珍(蒙自)、旃锟(石屏)、刘葆真(罗平)、裴履谦(云南府)、黎升鼎(南宁)、王宇春(永北)、卢芳林(东川)、石润芷(赵州)、宋廷梁(晋宁)中举,是科云南128人中举。是科云南吴焘(保山)、倪恩龄(昆明)

2 人于顺天中式。

——(清)王文韶修:《续云南通志稿·选举制》卷101,第7册,第5474—5485页

光绪元年(1875)上谕:“为政以得人为首务,我朝列圣御极建元,均于三年大比之外,特开乡会恩科,广罗俊彦。朕缵承大统,宜遵成式,嘉惠士林,著于光绪元年举行乡试恩科,二年举行会试恩科,副朕作育贤才至意。钦此!”

——(清)龙云、卢汉修,周钟岳纂:《民国新纂云南通志》卷16《历代贡举征辟表》,《中国地方志集成》,第582页

光绪元年(1875),恩诏乡试云南加额十名,本年正月,兼署云贵总督巡抚岑毓英奏请,将云南绅民捐输加永远中额十名。十八日奉旨:“该部会议。”经户部、礼部议定,改为“加广一次,中额廿名。惟《捐输章程》内开乡试广额,不得过恩诏广额之数。查云南省,恩诏广额系十名,今所加廿名中额,应于乙亥恩科乡试取中十名,丙子科乡试取中十名”。奉旨:“依议。钦此!”兼署云贵总督、巡抚岑毓英《为滇省绅民历年捐输,请分别广额、设学,恭折仰祈圣鑑事》:窃云南军务,因饷绌兵单,前经奏明,调派各属团练、乡勇协同防剿,所需粮饷,按地方之大小,收成之丰歉,酌捐银两,抽收厘谷,由绅民自行支发,报官查核,俟军务肃清,汇请广额。蒙敕部核明覆奏,于同治八年二月十七日,钦奉谕旨,照准在案。本年十一月,臣具奏军需报销,又陈明绅民捐输俟汇齐数目,另行奏恳恩施,兹据善后总局、司道、布政使潘鼎新、按察使仓景愉、署理粮储道崔尊彝、盐法道沈寿榕等详细查明,自咸丰六年力理军务起,截至同治十二年底止,通省各属绅民捐输原报数目甚巨,叠经详奉核实删减外,实计捐团练、乡勇经费银八百零二万三千四百四十九两二钱四分,又捐厘谷折米二百七十二万六千四百七十四石,照部价每石作银一两,合银二百七十二万六千四百七十四两,二共合银一千零七十四万九千九百廿三两二钱四分,均系合地方官绅随时禀报,前后任

督抚臣暨司道核明实在支用之项数目,历历可查。至《捐输广额章程》,查咸丰三年准部咨:一省捐银十万两,加文、武乡试中额各一名,一厅、州、县捐银二千两,加文、武学额各一名;一省捐银三十万两,加文、武乡试永远定额各一名,一厅、州、县捐银一万两,加文、武学永远定额各一名。又同治七年奏改《章程》,各省请加学额银数应照旧章加倍,凡一厅、州、县捐银四千两,准加一次学额一名,银捐二万两,准加永远定额一名。又同治九年奏改《章程》,捐输各案,只准加一次文、武学额;银数改为一属捐银一万两,准加一次文、武学额一名,大学每届不得超过七名,中学每届不得超过五名,小学每届不得超过三名,以示限制;如有取进余誊之额,分次递广;其此次奏改《章程》以前,到部各案仍按旧章办理等因。滇省所属地方,连分防同知、通判共计八十七厅、州、县及黑、白、琅盐井三处,内除云南府分防南关同知、临安府分防双水塘同知、大理府分防弥渡通判,其地方均系分隶附近州、县,所有捐输学额均附入各州、县汇报。又琅盐井提举现经移设石膏井,仍留原设学额已另案具奏外,其余各属内有安平、文山、宝宁、巧家、会泽、恩安、大关、鲁甸、思茅、威远、他郎、宁洱、中甸、维西、龙陵、缅宁等十六厅、县从前或因户口稀少,或因缺系新增,未设学额。至咸丰年间,生齿日繁,读书之人渐多,每以无处应考,纷纷禀呈。前司道正拟次第核办,旋值办理军务,未及举行,今各属捐输均分别广额,该十六厅、县同系竭力输将,若因原无学额竟令其向隅,殊不足以昭公允。且该厅、县多系地居边隅,民俗强悍,值此军务甫竣,正宜振兴文教,以化梗顽。该司道公同酌议,此案通省绅民捐输共银一千零七十四万九千九百廿三两二钱四分内,拟请以三百万两加广云南文、武乡试永远定额各十名;又以二百三十万两照同治七年奏定《章程》分别加广原有学额之昆明等七十厅、州、县、盐井永远文、武学额一百十五名;又二百二十万两请增设永远文、武学额各一百一十名,分隶安平等十六厅、县,以作士气,该厅、县除他郎厅原有训导外,其余俱教职,今增设学额,必须教职随时训迪。查富民、罗次、禄丰、易门、路南、江川、嶍峨、罗平、平彝、南安、禄劝、元谋、丽江、云龙、云州等州、县,俱设教谕、训导共二员,该州、县原系小学,事务较少,拟将训导十五员移设安平等十五厅、县,庶免添设之烦。计通省捐输,除广额设学共开除银七百五十万两外，尚余银三百二十四万九千九百二十三两二钱四分，拟作为该绅民等报效，不敢再邀奖叙。惟请广永远学额，与同治九年新章稍有不符，但此项捐输系自咸丰六年起，即按年捐派，从前因军务吃紧，不能照各省随时奏请广额，现在汇数办理到部，虽在新章之后，而核计自咸丰六年至同治九年捐数，已有八百余万两，今请广额设学仅七百五十万两，捐项既系九年以前，数目亦有盈无绌，请免驳查等情，并将各属捐输数目，请广额、设学及移设教职廪增额数，分别开单，详请具奏前来。臣伏查，云南僻处荒陬，地瘠民贫，自逆匪倡乱以来，三迤叠遭蹂躏，百姓愈形困苦，仰蒙圣主轸念边陲，历次拨饷接济，如无各省不能照数筹解，度支万分为难，幸各属绅民受朝廷教养有素，无不志切同仇，毁家纾难，故自军兴后，或捐资团练，保卫地方，或奉调随征，沙场效命，嗣后抽收厘米，派捐乡勇饷银，均各照数输将，与将士戮力同心，平此大难，兹历年捐项各合银一千零七十四万九千九百二十三两二钱四分，臣已督同司道，逐款稽核，再四删减，毫无浮冒。所请以三百万两加广文、武乡试永远定额各十名，又以二百三十万两加广昆明等七十厅、州、县及盐井永远文、武学额各一百一十五名，又以二百二十万两请增设安平等十六厅、县永定文、武学额各一百一十名，均系遵照部定广额银数。虽请加永远文、武学额与同治九年新章不符，而查其银数仍系九年以前捐项，具滇省军兴十八年从未加广中额学额，与各省情形不同，谨缮清单二件，恭呈御览，仰恳天恩，饬部分别核议照准。至设学额、改移各教职，并请饬部查照清单，分别颁发学记，以昭信守。其修建学署及未尽事宜，容次第办理，随时咨部查核。所有滇省绅民捐输，请广额设学缘由，谨会同云南学政臣李端棻，恭折具陈，伏乞皇上圣鑑训示。再，云贵总督系臣兼署，毋庸会衔，合并呈明，谨奏。十一月，奉上谕："前据岑毓英奏请加云南文、武乡试永远中额各十名，当经部议与新章不符，改为加广一次，文、武乡试中额各二十名。兹复据该抚奏称，云南自军兴以来，绅民竭力捐输十有余年，核计捐银一千零七十余万两，从未请加中额，与他省已加永远中额者不同，仍恳加云南文、武乡试永远中额等语。加恩著照所请，云南文、武乡试各加永远中额十名，以示加惠士林之意，该部知道。钦此！"兼署云贵总督、巡抚岑毓英《为据情吁恳天恩，仍加云南乡试永远中额，以广皇仁而作士气，恭折仰祈圣鑑事》：窃臣接准部咨核议："滇省绅民历年捐输，请加文、武乡试永远中额各十名，并加永远文、武学额及增设学额，均与新定章程不符，碍难照准，应改为加广一次文、武乡试中额各二十名，其各属学额亦暂广一次等因，开单覆奏。"奉旨："依议。钦此！"钦遵咨行到滇，当经恭录转行去后，兹据在籍绅士翰林院编修尹萧怡，庶吉士赵时俊、孙佩金，分省补用道李钫华暨通省绅耆等联名恭呈，以云南省自咸丰六年办理军务，因饷绌名单，调派各属团练、乡勇协同助剿，并筹捐经费、抽收厘谷，支发粮饷，历时十有八年，核计数目甚巨，前经汇报，叠奉删减，实准销银一千零七十四万九千九百余两，奏请加永远中额、学额，推广朝廷德惠，士林同深感戴。今部议与新章不符，改为暂广一次，亟应遵照办理，惟思滇省乃地瘠民贫之区，承平时额征钱粮每年不过二十余万，自军兴后，三遖叠经蹂躏，百姓益形困穷，而历年捐输犹有千余万，数倍于正供，皆绅民毁家纾难，仰报圣朝教养之恩。溯查各省军务捐输广额，如四川一省，咸丰年间已加永远中额十名，同治八年又以该省津贴请加永额十名，江苏、广东两省于捐输加广外，又以所收厘金数目请加江苏永额八名，广东永额四名，俱奉特旨允准。其余各省，或十名，或数名，无不共荷恩施。滇省军务捐输，与各省事同一律，而困苦艰难较各省为尤甚，乃以军务吃紧奏报，在后竟不获同邀异数，殊觉向隅。查部议停止加广永远中额，盖以业经加额之省不准再行滥邀，原为慎重名器，滇省自军兴以来，永远中额从未加广一名，虽叠遭兵燹，士子仍诵读不辍，故历届乡试带补一二科，均取中如额，此后地方平靖，应试人数更多，断不至有冒滥之弊。奖叙所以昭激劝，文教所以化梗顽，滇省僻处边隅，当此寇乱初平，亟宜振兴学校，以示观感而励群材。绅等公同商酌，惟有沥情呈请，吁恳天恩一视同仁俯准，仍加云南文、武乡试永远中额，并请照四川、江苏、广东各省之案，特沛恩施，免交部议，庶边陲士共沐圣化等情由，布政使潘鼎新，会同善后局司道核议，具详前来。臣覆查，云南绅民捐输，系同治八年奏明，俟军务告竣请广额，钦奉谕旨，饬部核议覆准，与现在新章未经部议核准概不能加永远定额之案原有区别，况军兴十八年，奉拨各省协饷皆不能照数筹解，屡值事机危迫，悉赖绅民竭尽脂膏，同心戮力，共挽狂澜，实属可嘉可悯。前次总计历年捐输，核减后共准销银一千零七十四万九千余两,除请广学额并将余项作为报效外,以三百万两请加通省文、武乡试永远中额各十名,嗣部议不符新章,改为加广一次,中额二十名,于乙亥、丙子两科分次中取。咨行到滇,正值举行本年恩科乡试,遵照取中十名。兹该绅耆等公呈,吁恳覆奏各情,系为培植人材起见,所引四川、江苏、广东广额各案,虽不敢援以为例,但各省既蒙叠沛殊恩,臣不能不为滇民请命,可否仰恳鸿慈,俯如该绅等所请,特旨加广云南文、武乡试永远中额,如蒙俞允,其准加名数出自圣恩,不敢擅行定拟。所据情吁请广额缘由,谨会同云南学政臣李端棻恭折具奏,伏乞皇太后皇上圣鑑训示。再云贵总督系臣兼署,毋庸会衔,合并陈明,谨奏。八年,议准云南文、武乡试加额一名。七年,贵州巡抚林肇元奏请,将原籍云南,前署贵州黎平府知府马树清管带各营欠发银四十三万九千一百三十九两,请加云南文、武乡试中额各一名,奉准于八年取中。

——(清)龙云、卢汉修,周钟岳纂:《民国新纂云南通志》卷16《历代贡举征辟表》,《中国地方志集成》,第584—585页

光绪二年(1876)丙子科乡试

云南考官:编修龙湛霖字芝生,湖南攸县人,壬戌进士。编修胡乔年字鲁生,湖北天门人,戊辰进士(带补甲子科)。

题"殷因于夏"六句,"知耻近乎"一句,"孟子居邹　储子"。

赋得"山路秋晴松柏香"得"晴"字。

解元施有奎,昆明人。

——(清)法式善等撰,张伟点校:《清秘述闻三种》,第746—747页

光绪二年(1876)丙子科乡试,带补甲子科。施有奎(昆明)、杨恩锡(富民)、胡澄(昆明)、乐观韶(江川)、王德环(东川)、简执中(云南府)、杨汝为(晋宁)、窦矩曾(罗平)、侯增福(江川)、谭显廷(宣威)、赵子庄(昆明)、郑德彬(新平)、王丕昭(昭通)、朱文藻(浪穹)、刘有光(宁州)、李文焕

(保山)、余自芬(河西)、赵运煌(弥勒)、李东璧(云南府)、张星源(昆明)、祁良骏(通海)、张维勋(石屏)、李勤培(昭通)、吴绩恭(昭通)、钟汝能(通海)、傅国彦(昆明)、孙文彬(曲靖)、王荃(石屏)、吴德昭(永善)、张寅旦(宣威)、张春(昆明)、施维善(黑盐井)、寇从仁(昆明)、胡寿彭(云南府)、李含英(宁州)、王光辉(永善)、杨墀(昆明)、董之俊(平彝)、王友义(通海)、陈洛书(昆明)、华炳(永善)、康士和(新兴)、尹文光(云南府)、雷之声(东川)、徐引清(通海)、李宗贤(琅盐井)、李相(澄江)、谢洪诏(东川)、张恒恭(太和)、张炳(昆明)、陈保仁(河阳)、董绍美(嶍峨)、熊光谦(昆明)、黄道清(昭通)、段献增(安宁)、张舜琴(石屏)、郑遇夔(石屏)、赵光璧(呈贡)、容辑钦(东川)、李士俊(赵州)、郭曦(河阳)、孙愚(呈贡)、陈偀(宜良)、孟鑫昌(东川)、刘国清(昆明)、河其英(元江)、罗群宿(云南府)、刘家祥(建水)、陈鸿图(东川)、杨振先(丽江)、解尚(鹤庆)、张兆祥(云南府)、李沾泽(腾越)、胡景贤(云南府)、尹政达(昆明)、陈兆庆(通海)、吴存庆(昆明)、傅联元(云南府)、邱炳(云南府)、冯桂芳(昆明)、段铭(建水)、余效衡(太和)、旃蒙(石屏)、杜子才(蒙自)、尹陈谟(云龙)、孙启昌(昭通)、许万才(南宁)、李宝奎(东川)、吴绩敏(昭通)、陶鸿钧(云南府)、孙宪曾(南宁)、甘仲贤(姚州)、李承祜(晋宁)、汤永豫(东川)、邓元善(赵州)、黄乾元(腾越)、何廷俊(昆明)、宋秉谦(石屏)、业正兴(宁州)、杨嘉栋(宾川)、蔡芳春(大理)、杨景修(赵州)、王秉正(陆凉)、李熙臣(开化)、唐肇基(镇雄)、孙承恩(陆凉)、周孝植(云南府)、朱绣(大理)、杨振光(云南府)、缪嘉王(昆明)、郭光兴(昆明)、桂良材(昆明)、朱昭垣(保山)、吴昌南(阿迷)、何允中(安宁)、杨荣榜(云龙)、窦辰祥(罗平)、张再洛(剑川)中举,是科云南118人中举。

——(清)王文韶修:《续云南通志稿·选举制》卷101,第7册,第5474—5484页

光绪二年(1876)丙子恩科会试

考官:户部尚书董恂字韫卿.江苏甘泉人,庚子进士。刑部尚书桑春荣字百斋,顺天宛平人,壬辰进士。吏部侍郎崇绮字文山,满洲镶黄旗人,乙

丑进士。礼部侍郎黄倬字昶皆,湖南善化人,庚子进士。

题“康诰曰克”二节,“施于有政”二句,“惟义所在”一句。

赋得“南山晓翠若浮来”得“来”字。

会元陆殿鹏字剑秋,江苏兴化人。

状元曹鸿勋字竹铭,山东潍县人。榜眼王赓荣字向甫,山西朔州人。探花冯文蔚字莲塘,浙江乌程人。

是科云南15人中进士。

——(清)法式善等撰,张伟点校:《清秘述闻三种》,第741页

光绪二年(1876)丙子恩科会试,云南倪恩龄(昆明、2甲10名)、周材芳(楚雄、2甲31名)、王鸿诰(蒙自、2甲89名)、陈思相(楚雄、2甲107名)、吴焘(保山、2甲109名)、段荣勋(昆明、2甲129名)、陶清安(昆明、2甲138名)、钱文骥(昆明、3甲14名)、朶如正(昆明、3甲34名)、刘藜光(昆明、3甲42名)、杨凤朝(宝宁、3甲54名)、李日跻(易门、3甲72名)、王宝书(昆明、3甲77名)、徐玉山(嶍峨、3甲119名)、封汝弼(思茅、3甲128名)15人中进士。

——江庆柏编著:《清朝进士题名录》,第1118—1128页

光绪三年(1877)丁丑科会试

考官:内阁大学士宝鋆字佩珩,满洲镶白旗人,戊戌进士。吏部尚书毛昶熙字旭初,河南武陟人,乙巳进士。刑部侍郎钱宝廉字湘吟,浙江嘉善人,庚戌进士。内阁学士宗室昆冈字筱峰,正蓝旗人,壬戌进士。

题“修己以安百　百姓”,“言而世为”一句,“见贤焉然　用之”。

赋得“露苗烟蕊满山春”得“烟”字。

会元刘秉哲字鑑堂,直隶邢台人。

状元王仁堪字可庄,福建闽县人。榜眼余联沅字搢珊,湖北孝感人。探花朱赓飏字景莽,江苏华亭人。

是科云南 11 人中进士。

——(清)法式善等撰,张伟点校:《清秘述闻三种》,第 747 页

光绪三年(1877)丁丑科会试,云南董汝翼(嶍峨、2 甲 130 名)、杨凤翔(昆明、3 甲 42 名)、罗瑞图(河阳、3 甲 43 名)、李嘉瑞(恩安、3 甲 61 名)、乐观韶(江川、3 甲 108 名)、陈兆庆(通海、3 甲 120 名)、宋廷樑(晋宁、3 甲 132 名)、桂梁材(昆明、3 甲 143 名)、凌邦靖(永善、3 甲 168 名)、龚锡枢(昆明、3 甲 172 名)、邓元善(赵州、3 甲 189 名)11 人中进士。

——江庆柏编著:《清朝进士题名录》,第 1136—1147 页

光绪五年(1879),三月,乙丑,云南巡抚杜瑞联奏:"遵复安平等十六厅、县拟分别添设学额。"下部议。寻议:"减开平府学六名,拨四名(疑是二名)归安平,并添设二名,定为安平厅学额四名;拨四名归文山,并添设四名,定为文山县学额八名。减广南府学五名,拨归宝宁,并添设三名,定为宝宁县学额八名。减东川府学五名,拨二名归巧家厅,并添设二名,定为巧家厅学额四名;拨三名归会泽,并添设五名,定为会泽县学额八名。思茅、宁洱除原拨府学十名外,各设立学额三名。他郎除原拨府学五名,威远除原拨府学三名外,各设立学额二名。至恩安等厅、县均系初次设学,恩安暂设三名,大关、鲁甸、缅宁、中甸、维西各暂设二名。龙陵向附考保山,酌减保山学额二名,拨归龙陵,并添设二名,定为龙陵厅学额四名。"从之。

——《清实录·德宗实录》卷 90,第 8—9 页,总第 355—356 页

光绪五年(1879)己卯科乡试

云南考官:编修李郁华字果仙,湖南新化人,戊辰进士。编修黄卓元字吉裳,贵州安顺人,甲戌进士。

题“子曰参乎”一节，“悠久所以”一句，“孟子曰非　弗为”。

赋得“万壑度尽松风声”得“声”字。

解元刘永祚，元江人。

——(清)法式善等撰，张伟点校：《清秘述闻三种》，第753页

光绪五年(1879)己卯科，带补丁卯科乡试。刘承祚(元江)、李光文(昆明)、刘乾元(元江)、陆桂清(广南)、刘震岳(镇南)、陈汝昌(昆明)、董澄(嶍峨)、李中煌(广南)、凌邦玺(永善)、李翰香(鹤庆)、张体和(昭通)、赵端礼(腾越)、段镈(建水)、段书田(大理)、孙士贤(昆明)、万允廉(保山)、王家彦(浪穹)、高永和(建水)、饶起孝(昭通)、段树藩(广西州)、许澍(云南府)、杜子学(蒙自)、刘煜(昭通)、高尽善(河西)、朱治和(建水)、张维源(江川)、姜耀齐(剑川)、华世熙(昆明)、张兆松(安宁)、杨润根(云龙)、杨怀情(罗平)、杨超樾(太和)、李绍祖(太和)、马秉乾(浪穹)、沈元临(通海)、张学铭(永善)、朱家宝(宁州)、姚成之(云南府)、李家凤(石屏)、张连浦(开化)、李芳春(鹤庆)、孔广垚(通海)、沈锟(太和)、李森麟(大理)、缪相泰(曲清)、江映奎(昆明)、杨树声(嵩明)、陆振河(保山)、刘翊运(东川)、周景昌(东川)、钱鸿翰(昆明)、束尔愉(昆明)、施汝霖(浪穹)、罗其璋(白盐井)、吴树棫(开化)、李鸿棻(剑川)、苏保国(建水)、杨学敏(昆明)、刘光永(东川)、吴宗周(昆明)、陈东生(蒙化)、张士铎(太和)、梁恩明(广南)、张运昌(开化)、陈箴(昆明)、彭坤年(鹤庆)、张典礼(昆明)、杨沛(新兴)、杨燮南(大理)、周钦(东川)、杨金和(鹤庆)、张子俊(云南府)、方坤(蒙化)、杨超鳌(宁州)、范宗莹(太和)、张尚志(顺宁)、寸性安(腾越)、王佩璜(建水)、张成濂(永昌)、丁逢庚(石屏)、吴树鹄(昆明)、孔宪谟(通海)、由从礼(姚州)、李汝泽(蒙自)、李学钧(大理)、阿肇南(邓川)、王相(东川)、王兆槐(蒙化)、王诚中(马龙)、王宝奎(云南府)、覃宝珩(呈贡)、罗其泽(白盐井)、谢家树(东川)、于斯礼(昆明)、赵宗鱻(通海)、徐铮(云南府)、范燡(云南府)、张继曾(太和)、叶本义(昆明)、李沛泽(广西州)、叶兆丰(建水)、程梧(保山)、吴濬(昆明)、孙清选(呈贡)、张家柱(罗平)、杨

文郁(保山)、王佩玱(建水)、王朝贤(大理)、李鸿謇(寻甸)、张士鑣(太和)、张士锃(大理)、许承训(石屏)、华国魁(永善)、华灿辰(云南府)、罗问仁(赵州)、赵成(弥勒)、汤自新(蒙自)、李文治(大理)中举,是科云南118人中举。是科1云南人杨自鼎(蒙自)于顺天中式。

——(清)王文韶修:《续云南通志稿·选举制》卷101,第7册,第5474—5485页

光绪六年(1880)庚辰科会试

考官:户部尚书景廉字秋坪,满洲正黄旗人,壬子进士。工部尚书翁同龢字叔平,江苏常熟人,丙辰进士。吏部侍郎宗室麟书字芝肩,正黄旗人,癸丑进士。兵部侍郎许应骙字筠庵,广东番禺人,庚戌进士。

题"子曰吾舆"一节,"柔远人则　畏之","又尚论古　世也"。

赋得"静对琴书百虑清"得"清"字。

会元吴树棻字栘香,山东历城人。

状元黄思永字慎之,江苏江宁人。榜眼曹贻孙字梓牟,湖南茶陵人。探花谭鑫振字丽生,湖南衡山人。

是科云南14人中进士。

——(清)法式善等撰,张伟点校:《清秘述闻三种》,第753—754页

光绪六年(1880)庚辰科会试,云南陈其宽(昆明、2甲99名)、宋秉谦(石屏、2甲130名)、段树藩(广西州、3甲6名)、宋荫培(石屏、3甲8名)、谢文翘(恩安、3甲27名)、张士彬(太和、3甲29名)、冯桂芳(昆明、3甲34名)、张士鑣(太和、3甲41名)、祁徵详(通海、3甲74名)、张士锃(太和、3甲121名)、赵永昌(新兴、3甲159名)、余效衡(太和、3甲161名)、赵宗灿(登科录作赵钟灿,蒙化、3甲163名)、张炳(昆明、3甲189名)14人中进士。

——江庆柏编著:《清朝进士题名录》,第1154—1165页

光绪六年(1880),奏准思安县新设文学三名、武学二名,大关厅新设文、武学额各二名,鲁甸厅新设文、武学额各二名,廪、增、贡俟考试五届后核办。

——(清)昆冈等修:《清会典事例》卷380《礼部(91)》,第5册,第193页

光绪六年(1880),奏准东川府原额文、武学各十五名,今新设会泽县、巧家厅学,应裁去东川府文学五名、武学四名,以文学三名、武学二名拨归会泽县,以文学二名、武学二名拨归巧家厅。又奏准会泽县设文学额八名、武学额六名,巧家厅设文、武学额各四名,廪、增、贡俟考试五届后核办。

——(清)昆冈等修:《清会典事例》卷380《礼部(91)》,第5册,第193页

光绪六年(1880),奏准保山县原额文学二十名、武学十五名,今设龙陵厅学,应裁去保山县文、武学各二名,拨归龙陵厅学。又奏准龙陵厅设文、武学各四名,廪、增、贡俟考试五届后核办。

——(清)昆冈等修:《清会典事例》卷380《礼部(91)》,第5册,第193页

光绪六年(1880),奏准开化府原额文、武学各二十名,今新设安平厅、文山县学额,应裁去开化府文学五名,以文、武学各二名拨归安平厅学,以文学四名、武学三名拨归文山县学。又奏准安平厅设文、武学额各四名、文山县设文学额八名、武学额六名。廪、增、贡俟考试五届后核办。

——(清)昆冈等修:《清会典事例》卷380《礼部(91)》,第5册,第193页

光绪六年(1880),奏准宁洱县学原拨取府学五名,今新设三名,共八名;思茅厅学原拨取府学五名,今新设三名,共八名;他郎厅学原拨取府学

五名,今新设二名,共七名;威远厅学原拨取府学三名,今新设二名,共五名。廪、增、贡俟考试五届后核办。

——(清)昆冈等修:《清会典事例》卷380《礼部(91)》,第5册,第193页

光绪六年(1880),奏准中甸厅新设文、武学额各二名,维西厅新设文、武学额各二名,廪、增、贡俟考试五届后核办。

——(清)昆冈等修:《清会典事例》卷380《礼部(91)》,第5册,第193页

光绪六年(1880),奏准缅宁厅新设文、武学额各二名,廪、增、贡俟考试五届后核办。

——(清)昆冈等修:《清会典事例》卷380《礼部(91)》,第5册,第193页

光绪六年(1880),奏准广南府原额文、武学各十五名,今新设宝宁县学,应裁去广南府文学五名、武学四名,拨归宝宁县学。又奏准宝宁县设文学额八名、武学额六名,廪、增、贡俟考试五届后核办。

——(清)昆冈等修:《清会典事例》卷380《礼部(91)》,第5册,第193页

光绪七年(1881)礼部议准:云南巡抚杜联瑞等奏安平等十六厅、县恳设学额及教官,并建文庙,增设考棚、学署等因一摺。于光绪七年十一月初二日具奏,本日奉旨:"依议。钦此!"

——(清)龙云、卢汉修,周钟岳纂:《民国新纂云南通志》卷16《历代贡举征辟表》,《中国地方志集成》,第582页

光绪八年(1882)四月二十二日,军机大臣奉旨:"著照所请,该部知道。

钦此!”

——(清)龙云、卢汉修,周钟岳纂:《民国新纂云南通志》卷16《历代贡举征辟表》,《中国地方志集成》,第582页

光绪八年(1882)壬午科乡试

云南考官:编修张英麟字振卿,山东历城人,乙丑进士。编修冯金鑑字心兰,浙江桐乡人,丙子进士。

题“立则见其”一节,“今天下车 同轨”,“取诸人以”二句。

赋得“双溪夜月鸣寒玉”得“鸣”字。

解元陈荣昌,昆明人,癸未进士。

——(清)法式善等撰,张伟点校:《清秘述闻三种》,第759页

光绪八年(1882)壬午科乡试,陈荣昌(昆明)、刘宗鑑(永昌)、王泽(大理)、陈玉相(蒙自)、叶春芳(石屏)、谢崇基(昭通)、潘廷灼(晋宁)、丁世英(景东)、明钟锜(腾越)、杨蔚云(昆明)、黎恩炜(广南)、凌邦柄(永善)、张灿奎(昆明)、牛拱辰(南宁)、董维塮(宾川)、戴荣恩(昆明)、刘盛堂(东川)、刘式衡(景东)、刘式通(景东)、王之翰(云南府)、汤曜(昆明)、黄恩瀚(云南府)、邵钟霍(定远)、张维宗(昭通)、黄玉书(赵州)、李龙元(蒙自)、李纯(鹤庆)、王人文(太和)、林槐(晋宁)、康克明(昆明)、崔寿仁(宜良)、李玉田(浪穹)、吕思清(永善)、甘季贤(姚州)、陈国谟(石屏)、旃炜(石屏)、赵霖椿(保山)、段荣诏(昆明)、张铭勋(昆明)、黄廷魁(通海)、叶品芳(昆明)、刘清照(陆凉)、戴鸿辰(昆明)、戴永清(通海)、黄绍周(弥勒)、覃懋和(呈贡)、倪惟诚(昆明)、吕思成(永善)、李承熙(澄江)、朱超(通海)、王荣本(新兴)、彭湘(永北)、陈本仁(昆明)、白士元(云南府)、黄堃(永善)、陈价(开化)、胡寿荣(姚州)、陈宗汉(邓川)、陈葆初(昭通)、孙光庭(南宁)、戴树芳(弥勒)、杨金鑑(鹤庆)、耿存宽(昭通)、邹佩湘(建水)、刘

藜辉(云南府)中举,是科云南65人中举。

——(清)王文韶修:《续云南通志稿·选举制》卷101,第7册,第5474—5479页

光绪九年(1883)癸未科会试

考官:礼部尚书徐桐字荫轩,汉军正蓝旗人,庚戌进士。兵部尚书宗室瑞联字睦庵,正蓝旗人,癸丑进士。刑部尚书张之万字子青,直隶南皮人,丁未进士。刑部侍郎贵恒字隝樵,满洲镶白旗人,辛未进士。

题"知其说者　斯乎","文理密察"二句,"其事则齐"二句。

赋得"花开鸟鸣晨"得"晨"字。

会元宁本瑜字琯香,安徽休宁人。

状元陈冕字冠生,顺天宛平人。榜眼宗室寿耆字子年,正蓝旗人。探花管廷献字士修,山东莒州人。

是科云南12人中进士。

——(清)法式善等撰,张伟点校:《清秘述闻三种》,第760页

光绪九年(1883)癸未科会试,云南钱正圜(建水、2甲14名)、陈荣昌(昆明、2甲21名)、吕炎律(云南县、2甲22名)、王永年(建水、2甲47名)、缪介臣(昆明、3甲53名)、王荃(石屏、3甲31名)、汤曜(昆明、3甲58名)、陈本仁(昆明、3甲73名)、段承霖(呈贡、3甲102名)、何绍堂(昆明、3甲155名)、段鏻(建水、3甲164名)、李文焕(保山、2甲115名,《明清进士题名录》载光绪十二年)12人中进士。

——江庆柏编著:《清朝进士题名录》,第1173—1183页

光绪九年(1883)礼部议准:云南巡抚杜瑞联等奏东川府属道里窎远,请另设专棚,俾士子就近赴试等因一摺。光绪九年正月十六日军机大臣奉

旨:“著照所请,该部知道。钦此!”

——(清)龙云、卢汉修,周钟岳纂:《民国新纂云南通志》卷16《历代贡举征辟表》,《中国地方志集成》,第582页

光绪十一年(1885)乙酉科乡试

云南考官:编修朱善祥字咏裳,浙江秀水人,丙子进士。编修庞玺字次符,山西代州人,甲戌进士。

题“君子不重”一节,“诗云伐柯　为远”,“尧舜之道”二句。

赋得“金沙万里走波澜”得“澜”字。

解元寇仲衡,云南人。

——(清)法式善等撰,张伟点校:《清秘述闻三种》,第765—766页

光绪十一年(1885)乙酉科乡试,寇仲衡(云南府)、何金式(晋宁)、苏品仁(云南府)、傅景贤(会泽)、张维彬(江川)、窦曙(晋宁)、李锦元(普洱)、赵继善(鹤庆)、段世清(河阳)、许韵璋(临安)、罗其元(昆明)、李作梅(赵州)、包映庚(建水)、杨上培(太和)、杨泽周(蒙自)、杨本楫(东川)、甘叔贤(姚州)、李肇元(镇雄)、杨应鸿(昭通)、李鑑(晋宁)、赵文模(剑川)、蓝和光(临安)、高蕙(石屏)、王紫诰(蒙自)、张莹(东川)、段履富(浪穹)、范克仁(大理)、张正伦(通海)、高仰(曲靖)、周学夔(澄江)、舒良弼(鹤庆)、陈辂(云南府)、李相(云南府)、赵一鹤(浪穹)、段禄增(安宁)、孙清瑞(呈贡)、白嘉澍(昆明)、莫如德(昆明)、卢成林(东川)、罗玉鑑(蒙化)、徐兆松(晋宁)、赵象乾(通海)、简致中(昆明)、杨汝滨(昆明)、李凤聿(蒙自)、李兴言(昆明)、黄金魁(普洱)、陈虞星(蒙化)、朱景轼(石屏)、李楷(澄江)、朱文焕(浪穹)、杨庆华(昆明)、刘勋(通海)、杨纯珍(大理)、范九龄(建水)、和建勋(丽江)、裴镐(云南府)、赵文桂(云南府)、王经明(永善)、吴炳(保山)、杨秉锟(云南府)、沈含章(建水)、武光烈(昆明)、杨增辉

(蒙自)中举,是科云南 64 人中举。

——(清)王文韶修:《续云南通志稿·选举制》卷101,第 7 册,第 5474—5479 页

光绪十二年(1886)丙戌科会试

考官:吏部尚书锡珍字席卿,蒙古镶黄旗人,戊辰进士。左都御史祁世长字子禾,山西寿阳人,庚申进士。户部侍郎嵩申字犊山,满洲镶黄旗人,戊辰进士。工部侍郎孙毓汶字莱山,山东济宁人,丙辰进士(初八入闱)。

题"子张问行"一章,"中庸不可"一句,"取诸人以"三句。

赋得"报雨早霞生"得"生"字。

会元刘培字荫轩,直隶乐亭人。

状元赵以炯字仲莹,贵州贵阳人。榜眼邹福保字咏春,江苏元和人。探花冯煦字萝华,江苏金坛人。

是科云南 13 人中进士。

——(清)法式善等撰,张伟点校:《清秘述闻三种》,第 766—767 页

光绪十二年(1886)丙戌科会试,云南康克明(昆明、2 甲 68 名)、吴炳(保山、2 甲 85 名)、李文焕(保山、2 甲 115 名)、谢崇基(恩安、3 甲 39 名)、杨增辉(蒙自、3 甲 103 名)、刘有光(宁州、3 甲 108 名)、李相(云南府、3 甲 111 名)、杨汝滨(昆明、3 甲 118 名)、范克承(太和、3 甲 124 名)、王人文(太和、3 甲 132 名)、董汝明(嶍峨、3 甲 139 名)、杨嘉栋(宾川、3 甲 140 名)、苏品仁(云南府、3 甲 159 名)、倪惟诚(昆明、2 甲 134 名,《清朝进士题名录》载中于光绪十六年)13 人中进士。

——江庆柏编著:《清朝进士题名录》,第 1188—1198 页

光绪十四年(1888)戊子科乡试

云南考官:编修庞鸿文字䌹堂,江苏常熟人,丙子进士。编修黄桂清字

伯香,贵州镇宁人,癸未进士(改名桂鋆)。

题“知者动”二句,“及其广大”四句,“太公之封于齐也”四句。

赋得“山桥树杪行”得“行”字。

解元聂培湖。

——(清)法式善等撰,张伟点校:《清秘述闻三种》,第962页

光绪十四年(1888)戊子科乡试,聂培湖(永善)、魏余庆(临安)、张鸿博(昆明)、华之清(鹤庆)、钟杰(建水)、王锡昌(昭通)、杨宝锟(建水)、凌邦燮(永善)、李中生(建水)、朱庭珍(石屏)、周子懿(蒙自)、周汝源(昆明)、吴许煦(保山)、龚致和(昆明)、吕存德(鹤庆)、张定禄(宁州)、郑锡典(太和)、王锦心(临安)、欧阳霁(剑川)、胡裕培(呈贡)、韦履洁(保山)、郭昶(河阳)、杨纪元(弥勒)、赵树德(浪穹)、黄汝楫(赵州)、徐德(云南府)、杨增新(蒙自)、魏锟(东川)、张瀛(石屏)、吴树藩(南宁)、李芬(云南府)、卫家琇(临安)、李福宝(丽江)、张应爵(蒙自)、李鸿昌(临安)、于春霖(安宁)、武继祖(黑盐井)、苏桂芬(昆阳)、赵国泰(蒙化)、李耀春(太和)、施甘霖(浪穹)、何述曾(石屏)、张琨(太和)、万正坤(晋宁)、王瀛(云南府)、钱鸿逵(昆明)、邵廷选(云南府)、徐毓芳(师宗)、戴逢喜(通海)、郭燮熙(镇南)、王运谦(弥勒)、赖名生(新平)、牛应辰(云南府)、杨金铠(鹤庆)、段荣嘉(昆明)、张瑞麟(太和)、赵法周(通海)、周庆宸(师宗)、陈作哲(赵州)、张舜镛(石屏)、孙煜泰(昭通)、张镇(昆明)、马向庆(云南府)、吕钰(云南县)中举,是科云南64人中举。

——(清)王文韶修:《续云南通志稿·选举制》卷101,第7册,第5485—5491页

光绪十五年(1889)己丑恩科乡试

云南考官:编修李联芳字友梅,号实斋,陕西平利人,辛未进士。编修张星炳字叙墀,河南固始人,庚辰进士。

题“所谓大臣者以道事君”,“君子之道淡而不厌简而文温而理万物皆

备于我矣”。

赋得“众岭秋空敛翠烟”得“烟”字。

解元杨实字□□,昆明人。

——(清)法式善等撰,张伟点校:《清秘述闻三种》,第 967 页

光绪十五年(1889)己丑恩科乡试,杨实(昆明)、王开元(蒙自)、张榕荫(安宁)、林雨欣(阿迷)、苏慈(石屏)、李振声(浪穹)、李效培(昭通)、凌荣昌(永善)、倪隆德(东川)、王守道(白盐井)、王秉钧(昆明)、郑徽典(大理)、黄凤祥(建水)、刘必苏(永北)、施有方(云南府)、潘余庆(鹤庆)、李光斗(太和)、任本恕(云南府)、朱炳册(石屏)、张如冀(白盐井)、全嘉仁(昆明)、全允中(云南府)、杨志伊(浪穹)、郭宝生(昆明)、罗永开(东川)、高树棻(云南府)、寇珩(剑川)、朱秉仁(云南县)、李燮阳(云南府)、和庚吉(丽江)、张殿甲(保山)、段寿增(安宁)、施尔猷(昆明)、朱福庆(曲靖)、张舜笙(石屏)、段天祐(晋宁)、李润堉(太和)、陈桢(昆明)、赵珍(云南府)、陈永锟(昭通)、吴成文(通海)、刘启藩(云南府)、李锡增(云南府)、彭耀宗(恩安)、寸开泰(腾越)、张忠(大理)、张键(昆明)、朱兰(南宁)、李怀忠(丽江)、王肇纶(建水)、史光华(东川)、王成章(丽江)、陈思诚(剑川)、朱芬(石屏)、李岱生(江川)、黄德润(东川)、王正观(昭通)、王者佐(楚雄)、蔡维卿(呈贡)、周玮(丽江)、吴世钦(保山)、赵鹤龄(鹤庆)、李芝(赵州)、杨培林(蒙自)、全天佑(云南府)、郭有濬(云南府)、吴暹(昆明)、刘宗泽(南宁)、李云芬(剑川)、张学智(昆明)、黎荣壁(普洱)、赵联辉(通海)、刘长泰(定远)、何自然(顺宁)中举,是科云南 74 人中举。

——(清)王文韶修:《续云南通志稿·选举制》卷 101,第 7 册,第 5485—5491 页

光绪十五年(1889)己丑科会试

考官:礼部尚书李鸿藻字兰孙,直隶高阳人,壬子进士。工部尚书宗室昆冈字小峰,正蓝旗人,壬戌进士。工部尚书潘祖荫字伯寅,江苏吴县人,

壬子进士。礼部侍郎廖寿恒字仲山,江苏嘉定人,癸亥进士。

题“子曰行夏之时至乐则韶舞”,“取人以身”二句,“曰子不通功易事至皆得食于子”。

赋得“马饮春泉踏浅沙”得“泉”字。

会元许叶芬字绍嚣,顺天宛平人。

状元张建勋字季端,广西临桂人。榜眼李盛铎字木斋,江西德化人。探花刘世安字静皆,汉军镶黄旗人。

是科云南12人中进士。

——(清)法式善等撰,张伟点校:《清秘述闻三种》,第962—963页

光绪十五年(1889)己丑科会试,云南卢丛林(东川、2甲24名)、张维彬(江川、2甲99名)、刘盛堂(会泽、3甲31名)、张瑞麟(太和、3甲79名)、董维埁(大理、3甲95名)、杨纪元(弥勒、3甲97名)、李棻(云南府、3甲121名)、杨增新(蒙自、3甲127名)、苏保国(建水、3甲141名)、钱鸿逵(昆明、3甲156名)、张寅旦(宣威、3甲157名)、孙愚(呈贡,登科录载不在此科,在光绪二十年3甲30名)12人中进士。

——江庆柏编著:《清朝进士题名录》,第1204—1214页

光绪十六年(1890)庚寅恩科会试

考官:刑部尚书孙毓汶字莱山,山东济宁人,丙辰进士。左都御史沈源深字叔枚,河南祥符人,庚申进士。

题“子贡曰夫子之文章”二章,“知所以治人”三句,“霸者之民”四句。

赋得“城阙参差晓树中”得“门”字。

会元夏曾佑字穗卿,浙江钱塘人。

状元吴鲁字肃堂,福建晋江人。榜眼文廷式字芸阁,江西萍乡人。探花吴荫培字颖芝,江苏吴县人。

是科云南13人(其中倪惟诚为补殿试)中进士。

——(清)法式善等撰,张伟点校:《清秘述闻三种》,第968页

光绪十六年(1890)庚寅恩科会试,云南朱景轼(石屏、2甲38名)、吴煦(保山、2甲74名)、韦履洁(保山、2甲98名)、倪惟诚(昆明、2甲134名)、杨金铠(鹤庆、3甲5名)、范宗莹(太和、3甲6名)、黄德润(会泽、3甲31名)、李夔阳(昆明、3甲89名)、朱芬(石屏、3甲134名)、刘勋(云南府、3甲143名)、王宝光(昆明、3甲160名)、杨学敏(昆明、3甲163名)、张键(昆明、3甲183名)13人中进士。

——江庆柏编著:《清朝进士题名录》,第1223—1234页

光绪十七年(1891)辛卯科乡试

云南考官:编修戴鸿慈字少怀,广东南海人,丙子进士。吏部员外郎王嘉善字问山,安徽怀宁人,甲戌进士。

题"闵子骞曰仍旧贯"一节,"尊贤也亲亲也","相秦而显其君"二句。

赋得"樵路细侵云"得"云"字。

解元杜滐金字□□,昆明人。

——(清)法式善等撰,张伟点校:《清秘述闻三种》,第973页

光绪十七年(1891)辛卯科乡试,杜滐金(云南府)、张新年(通海)、郭宝贤(云南县)、范宗濬(河西)、冯思咏(云南府)、曹庆恩(河西)、钱用中(昆明)、魏家斌(宁州)、武光樽(建水)、车文富(云南府)、杨琼(邓川)、杨振声(石屏)、周长清(昆明)、汤覲衡(蒙自)、张锴(昆明)、陈庚明(石屏)、严天骏(新兴)、杨印元(剑川)、王玉麟(昆明)、王肇奎(昆明)、赵泽溥(太和)、黄明经(广南)、冷肇明(曲靖)、赵传琴(通海)、向昌甲(开化)、郭文濂(广通)、耿存良(昭通)、李中铨(丽江)、陈毕明(石屏)、陶玉川(临安)、戴

士彬(呈贡)、杨懋龄(云南府)、宋嘉俊(晋宁)、刘彭龄(元江)、陈本礼(昆明)、胡嗣虞(会泽)、杨文佐(大理)、王际唐(大姚)、许抡芳(石屏)、杜瑾(蒙自)、刘敦(云南府)、黄万春(保山)、寸辅清(腾越)、李玉振(大理)、吕存厚(鹤庆)、周莲(云南府)、李增芳(蒙化)、曹曙湘(昆明)、段鹏瑞(剑川)、杨宝图(河西)、王树和(丽江)、窦廷铨(东川)、后重贤(临安)、杜国梁(大理)、李嘉珉(恩安)、余钟骏(昆明)、周廷鈴(太和)、许克家(宜良)、周宗麟(太和)、李国恩(蒙自)、张朝甲(永昌)、吕咸熙(浪穹)、邓希端(黑盐井)、李学仁(昆明)中举,是科云南 64 人中举。

——(清)王文韶修:《续云南通志稿·选举制》卷101,第 7 册,第 5485—5491 页

光绪十八年(1892)壬辰科会试

考官:户部尚书翁同龢字叔平,江苏常熟人,丙辰进士。工部尚书祁世长字子和,山西寿阳人,庚申进士。内阁学士霍穆欢字慎斋,满洲正蓝旗人,丙辰进士。内阁学士李端棻字苾园,贵州贵筑人,癸亥进士。

题"子曰君子矜而不争"二章,"斯礼也达乎诸侯大夫及士庶人","井田九百亩"四句。

赋得"柳拂旌旗露未干"得"春"字。

会元刘可毅字葆真,江苏武进人。

状元刘福姚字伯崇,广西临桂人。榜眼吴士鑑字䌹斋,浙江钱塘人。探花陈伯陶字子砺,广东东莞人。

是科云南 12 人中进士。

——(清)法式善等撰,张伟点校:《清秘述闻三种》,第 973—974 页

光绪十八年(1892)壬辰科会试,云南张瀛(石屏、2 甲 25 名)、朱家宝(宁州、2 甲 41 名)、赵国泰(蒙化、2 甲 50 名)、吕存德(鹤庆、2 甲 58 名)、张榕荫(南宁、2 甲 69 名)、赵传琴(通海、3 甲 66 名)、胡寿荣(楚雄、3 甲 73 名)、许克家(宜良、3 甲 97 名)、和庚吉(丽江、3 甲 148 名)、武光樽(建水、3

甲 159 名)、黄汝楫(赵州、登科录不在此科,在光绪二十年 3 甲 38 名)、施有方(昆明、2 甲 96 名,登科录不在此科)12 人中进士。

——江庆柏编著:《清朝进士题名录》,第 1242—1252 页

光绪十九年(1893)癸巳恩科乡试

云南考官:编修吴嘉瑞字雁舟,湖南长沙人,己丑进士。编修陈伯陶字子砺,广东东莞人,壬辰进士。

题"达巷党人曰至吾执御矣","君子存之。"

赋得。

解元杨炳炎字□□,蒙自人。

——(清)法式善等撰,张伟点校:《清秘述闻三种》,第 978 页

光绪十九年(1893)癸巳恩科乡试,杨炳炎(蒙自)、彭寿恒(会泽)、刘镇藩(昆明)、张一清(建水)、倪学宽(楚雄)、刘兴东(东川)、杨振家(浪穹)、马象乾(赵州)、束用中(蒙化)、徐憕(嶍峨)、王宝贤(昆明)、吴深(昆明)、李坤(云南府)、萧瑞麟(恩安)、何祖尧(剑川)、郑宪典(太和)、高致尧(昆明)、张霖(蒙化)、贾宝瑜(临安)、熊廷权(昆明)、简益中(昆明)、邹毅洪(开化)、高翊尧(昆明)、秦光铭(呈贡)、刘映奎(通海)、李华崧(易门)、黄德润(昆明)、吴运昌(建水)、莫汝争(呈贡)、缪瑞章(宣威)、黄华(昆明)、吴秉坤(宣威)、李绍扬(昆明)、赵贞仁(太和)、贾瑞清(昆明)、张汝明(阿迷)、李毓森(镇南)、蒋应镐(昭通)、梁友意(蒙化)、朱朝琛(建水)、段崇周(保山)、王寿山(河西)、刘镇沅(通海)、秦光玉(呈贡)、张鸿范(云南府)、汤希禹(东川)、刘长顺(定远)、叶荃(云南府)、宋廷模(晋宁)、章模(云南县)、赵邦泽(保山)、覃宝琛(呈贡)、杨复(浪穹)、唐万青(新兴)、杨焘(云南府)、曾传经(建水)、孙承信(云南府)、徐允清(云南府)、卫光禧(石屏)、王开国(永昌)、陈琦(平彝)、吴廷琛(临安)、陈树(昆明)、张泗传

(云南府)中举,是科云南64人中举。

——(清)王文韶修:《续云南通志稿 · 选举制》卷101,第7册,第5485—5491页

光绪二十年(1894)甲午科乡试

云南考官:修撰张建勋字季端,广西临桂人,己丑进士。编修许泽新字颖初,贵州贵阳人,丁丑进士。

题"子适卫"一章,"或困而知之至一也"。

赋得。

解元陈祖虞字□□,会泽人。

——(清)法式善等撰,张伟点校:《清秘述闻三种》,第983—984页

光绪二十年(1894)甲午科乡试,陈祖虞(会泽)、袁嘉穀(石屏)、刘增(寻甸)、李尊先(曲靖)、束于仁(蒙化)、李源(呈贡)、李膺唐(新兴)、杨笃庆(平彝)、李淇园(蒙自)、杨华春(云南府)、杨云卿(呈贡)、邱永孚(永善)、姚九成(昆明)、宋藩(昆阳)、孙文达(昆明)、赵星聚(江川)、侯世英(曲靖)、杨兆龙(昆明)、施汝钦(云南府)、江命职(会泽)、刘宪邦(新兴)、寇从义(昆明)、李尚德(云南府)、赵耀奎(鹤庆)、汤立贤(昆明)、雷济美(云南府)、毕宣(呈贡)、戴长龄(云南府)、吴树楣(昆明)、李庆霖(昆明)、毛佑国(昆明)、蒋应澍(昭通)、沈兴廉(建水)、姚思敬(浪穹)、张楷荫(安宁)、杨葆龄(昆明)、张联芳(河西)、周冕(永北)、杨继元(剑川)、罗森(河阳)、赵传忍(通海)、李鸿钧(鹤庆)、杨浍(昆阳)、桂梁荼(昆明)、许克宽(宜良)、何营仁(黑盐井)、胡开云(大关)、赵国珍(蒙化)、杨瑞鳣(大理)、徐嘉彦(昆明)、孙竹森(石屏)、李馥园(蒙自)、陈度(广西州)、徐新德(建水)、罗其章(昆明)、孙凤廷(定远)、马启华(澄江)、林春华(永昌)、詹太和(广西州)、杨润德(元江)、张立志(太和)、周镜熙(昭通)、宋晖(临安)、缪云章(广西州)、王从心(通海)、李学舜(宣威)、舒瑛(鹤庆)、赵铭新(通海)、杨思德(通海)、范彭龄(建水)、钮尚质(建水)、赖名显(新平)、喻思禹

(临安)、张衡(云南府)中举,是科云南 74 人中举。

——(清)王文韶修:《续云南通志稿·选举制》卷 101,第 7 册,第 5485—5491 页

光绪二十年(1894)甲午恩科会试

考官:礼部尚书李鸿藻字兰荪,直隶高阳人,壬子进士。左都御史徐郙字颂阁,江苏嘉定人,壬戌进士。工部侍郎汪鸣銮字柳门,浙江钱塘人,乙丑进士。左副都御史杨颐字蓉浦,广东茂名人,乙丑进士。

题“达巷党人曰大哉孔子”,“子曰道不远人至忠恕违道不远”,“庆以地”。

赋得“雨洗亭皋千亩绿”得“皋”字。

会元陶世凤字端一,江苏金匮人。

状元张謇字季直,江苏通州人。榜眼尹铭绶字佩之,湖南茶陵人。探花郑沅字叔进,长沙人。

是科云南 13 人中进士。

——(清)法式善等撰,张伟点校:《清秘述闻三种》,第 979 页

光绪二十年(1894)甲午恩科会试,云南邹簃洪(文山、2 甲 18 名)、周子懿(蒙自、2 甲 46 名)、张锟(太和、2 甲 58 名)、施有方(昆明、2 甲 96 名)、张忠(太和、2 甲 110 名)、杨懋龄(昆明、3 甲 5 名)、吴式钊(保山、3 甲 6 名)、徐允清(昆明、3 甲 28 名)、孙愚(呈贡、3 甲 30 名)、黄汝楫(赵州、3 甲 38 名)、钟杰(建水、3 甲 69 名)、郑宪典(太和、3 甲 93 名)、戴永清(通海、3 甲 173 名)13 人中进士(《清实录》载 12 人,《明清进士题名碑录》载 13 人)。

——江庆柏编著:《清朝进士题名录》,第 1259—1270 页

光绪二十一年(1895)乙未科会试

考官:携办大学士、吏部尚书徐桐字荫轩,汉军正蓝旗人,庚戌进士。理藩院尚书启秀字颖之,正白旗人,乙丑进士。礼部侍郎李文田字芍农,广东顺德人,己未进士。内阁学士唐景崇字春卿,广西灌阳人,辛未进士。

题“主忠信”,“优优大哉”二句,“居天下之广居”四句。

赋得“襄德录贤”得“廉”字。

会元陈海梅字香雪,福建闽县人,戊戌补殿试。

状元骆成骧字公骕,四川资州人。榜眼喻长霖字志韶,浙江黄岩人。探花王龙文字泽寰,湖南湘乡人。

是科云南12人中进士。

——(清)法式善等撰,张伟点校:《清秘述闻三种》,第984页

光绪二十一年(1895)乙未科会试,云南吕钰(云南县、2甲28名)、寸开泰(腾越、2甲55名)、赵鹤龄(鹤庆、2甲56名)、李增芳(蒙化、2甲76名)、白嘉澍(昆明、3甲16名)、张锴(昆明、3甲61名)、李庆霖(昆明、3甲82名)、杨瑞鳣(太和、3甲96名)、陈桢(昆明、3甲97名)、杨云卿(呈贡、3甲98名)、刘兴东(会泽、3甲106名)、吕咸熙(浪穹、3甲121名)12人中进士。

——江庆柏编著:《清朝进士题名录》,第1277—1285页

光绪二十三年(1897),五月,戊戌,谕内阁:“云南学政姚文倬奏,考核教职,垦恩奖励等语。云南丽江府教授钱鸿逵、东川府教授赵永昌、江川县教谕王京诏、南宁县教谕赵咏周、选用训导周汝源,以上五员既据该学政声称学行俱优,均著照所请,赏给内阁中书衔,以示鼓励。学政保举教官,原为激励人才起见。惟近来各省学政往往于任满时,胪列多员,奏请奖励,几

若视为成例,难免有意存见好之弊。嗣后教职中如实有品学兼优,足为士林矜式者,方准据实保奏,断不准滥竽充数,以重名器。”

——《清实录·德宗实录》卷405,第7页,总第287页

光绪二十三年(1897)丁酉科乡试

云南考官:编修周克宽字容皆,湖南武陵人,丁丑进士。编修余堃字子厚,四川巴县人,庚寅进士。

题“子路曾皙至则何以哉”,“敬大臣也至来百工也”,“晏子对曰至无非事者”。

赋得“润色鸿业寄贤才”得“才”字。

解元李炳壎,字□□,大理人。

——(清)法式善等撰,张伟点校:《清秘述闻三种》,第989页

光绪二十三年(1897)丁酉科乡试,李炳壎(大理)、张崇仁(昆明)、张舒锦(剑川)、陈宗彝(临安)、周传经(临安)、钱钧衡(丘北)、赵舒怡(太和)、杨履宽(太和)、孙嗣煌(呈贡)、周传性(嶍峨)、尹纶(云南府)、宁祺康(澄江)、张儒澜(石屏)、杨新城(宣威)、刘澂(镇南)、杨玉林(大理)、郝嘉祜(云南府)、缪勷臣(昆明)、段永清(云南府)、张景仓(昆明)、张启曾(大理)、窦居易(罗平)、李泽(云南府)、罗家俊(白盐井)、汤铣昌(师宗)、王志恕(昭通)、唐学闵(东川)、刘兴(保山)、武光济(建水)、徐曾祀(师宗)、赵运新(建水)、吴源(云南府)、姜孟侯(剑川)、吴良桐(大关)、李炳泰(楚雄)、佴诚中(建水)、顾凤瑞(昆明)、顾文熙(永昌)、余亲贤(镇南)、宋嘉彦(晋宁)、赵鹤清(姚州)、何钥(剑川)、张宗濂(富民)、刘敏(云南府)、褚锦章(云南县)、夏尚忠(昆明)、郭嘉梁(广通)、赵锡源(太和)、由云龙(姚州)、许树声(昆明)、万杰(陆凉)、余嘉贵(云南府)、孙松森(石屏)、杨继昌(昆明)、孙毓华(昆明)、吴崇仁(昆明)、李继麟(黑盐井)、张琼林(蒙自)、秦康龄(呈贡)、赵荃(剑川)、张文淑(丽江)、张绅(永昌)、夏瑞庚(昆明)、

李增(澄江)中举,是科云南64人中举。

——(清)王文韶修:《续云南通志稿·选举制》卷101,第7册,第5485—5491页

光绪二十四年(1898),五月,辛未,云南巡抚裕祥等奏:"安平等十六厅,县新设学额,考试已历五届,请定廪、增名数及出贡年分。"下礼部议。

——《清实录·德宗实录》卷420,第8页,总第502页

光绪二十四年(1898)五月,诏废八股文科举,改试策论,以政变,旋诏复。

——(清)龙云、卢汉修,周钟岳纂:《民国新纂云南通志》卷16《历代贡举征辟表》,《中国地方志集成》,第582页

光绪二十四年(1898)戊戌科会试

考官:户部尚书孙家鼐字燮臣,安徽寿州人,己未进士。左都御史徐树铭字寿蘅,湖南长沙人,丁未进士。吏部侍郎徐会澧字东甫,山东诸城人,戊辰进士。兵部侍郎文治字叔平,镶红旗人,乙丑进士。

题"子曰放于利而行"两章,"不诚无物","所以动心忍性增益其所不能"。

赋得"云补苍山缺处齐",得"山"字。

会元陆增炜字彤士,江苏太仓人。

状元夏同龢字用卿,贵州麻哈州人。榜眼夏寿田字午诒,湖南桂阳人。探花俞陛云字阶青,浙江德清人。

是科云南12人中进士。

——(清)法式善等撰,张伟点校:《清秘述闻三种》,第989—990页

光绪二十四年(1898)戊戌科会试,云南张学智(昆明、2甲63名)、赵传忍(通海、2甲98名)、任本恕(昆明、2甲103名)、宋嘉俊(晋宁、3甲6名)、赵耀基(丽江、3甲57名)、向昌甲(开化、3甲69名)、熊廷权(昆明、3甲89名)、段献增(安宁、3甲105名)、周长清(昆明、3甲113名)、潘余庆(鹤庆、3甲122名)、周钦(会泽、3甲137名)、杨兆龙(昆明、3甲160名)、黄堃(昭通,《明清进士题名碑录》载光绪二十九年永善人,3甲108名)12人中进士。

——江庆柏编著:《清朝进士题名录》,第1294—1305页

光绪二十六年(1900)庚子科乡试(庚子、辛丑、壬寅并科)

以拳匪之乱,两宫出狩,虽经简放工部侍郎华金寿,中允吴郁生为福建省正副考官;吏部侍郎李殿林,编修吴同甲为广东省正副考官;御史胡孚宸,编修李传元为广西省正副考官;编修吴纬炳,伍铨萃为云南省正副考官;修撰骆成骧,编修田智枚为贵州省正副考官;但因乱均未成行。次年辛丑始举行广东、广西、甘肃、云南、贵州五省乡试,其余各省皆于壬寅补行。

光绪二十八年壬寅补行庚子、辛丑恩正并科乡试,是科改试,头场史事时务论,二场策问,三场经义。

——(清)法式善等撰,张伟点校:《清秘述闻三种》,第990—992页

光绪二十七年(1901)辛丑补行庚子恩科乡试

光绪二十六年(1900)庚子辛丑、恩正并科乡试。张肇兴(太和)、蒋谷(昆明)、蒋世恩(通海)、袁从义(永北)、高桐(石屏)、周冠南(丽江)、杨中润(浪穹)、唐万才(新兴)、洪畀范(鹤庆)、高仰贤(建水)、吕占东(思茅)、杨应侯(云龙)、李培林(大姚)、刘光烈(建水)、王嘉、杨自新(太和)、王崇矩(鹤庆)、杨桂清(宜良)、陈廼和(广西州)、席聘臣(昆明)、甘德柄(姚州)、赵锡璋(白盐井)、张国柱(永北)、苏光塑(石屏)、李临阳(寻甸)、许实(宜良)、吴联珠(定远)、萧善选(剑川)、吴树松(昆明)、桃贵岱(晋宁)、王

春(嵩明)、鲍泉(昆明)、倪惟俊(昆明)、张映瀛(腾越)、吴琨(昆明)、周廷卿(嵋峨)、许世芳(石屏)、赵澍(昆明)、金万镕(昆明)、稽应瑞(昆明)、程焕文(恩安)、刘昌明(昭通)、郭琼璋(昆明)、杨家兴(云南县)、吴文蔚、革孚言(腾越)、罗凤章、严天骥(新兴)、李熙仁(昆明)、胡嘉行(昆明)、黄恩成(恩安)、商延年(姚州)、徐有穀(会泽)、马灿奎(昆明)、向时起(河西)、张之霖(白盐井)、林景清(保山)、梁咸、孔庆镕(昆明)、任嗣源(昆明)、胡商彝(石屏)、张钟英(黑盐井)、叶茂林(新兴)、董维邦(太和)、马太元(新平)、孔昭咸、韩光宗(沾益)、何元春(剑川)、赵灿(昆明)、姜柏龄(广西州)、金汉斌(昆明)、李师程(浪穹)、刘乾义(元江)、杨春培(浪穹)、王荫槐(浪穹)、赵昌熙(大关)、李澡(太和)、杨煜斗(顺宁)、吴嘉玢(昆明)、李培佑(昆明)、杨景时(石屏)、杨文清、柏绍棠(嵋峨)、马肇成(建水)、胡丕昌、于藩(昆明)、张坤(昆明)、张天培、薛亮、刘德馨(昆明)、张永仁(通海)、郭之翰(晋宁)、杨增培(广西州)、邓鸿逵(赵州)、蒋洪叙、孙本信(昆明)、彭文杰(石屏)、王永和(昆明)、贺时雍(腾越)、杨兴仁(宜良)、曾廷杰、周汝敦(太和)、陈丹书(会泽)、王存义(太和)、张文华(琅盐井)、顾视高(昆明)、桂国光(昆明)、禄镇南(东川)、万斯箱(宜良)、张映秦(云南县)、甘纶(白盐井)、杨允升(赵州)、李绍汉(东川)、马宽厚(蒙自)、张汝厚(太和)、刘奎光(元江)、郎应宿、陈秉谦、陈钧(石屏)、吕嘉宝(昆明)、赵国琪(蒙化)、吕祖光(永善)、张鑫(河阳)、张同文(昆明)、蒋泰(昆明)、黄葵(昆明)、吴炳恒(宾川)、吴绍雍(姚州)中举,是科云南 128 人中举。

——李春龙、江燕点校:《新纂云南通志(二)》,云南人民出版 2007 年版,第 2 册,第 395—398 页

云南考官:修撰吴鲁字肃堂,福建晋江人,庚寅进士。编修冯恩崐字伯岩,浙江余姚人,甲午进士,旋因事革职。

解元张肇兴字□□,太和人。

——(清)法式善等撰,张伟点校:《清秘述闻三种》,第 991 页

光绪二十七年(1901),十月,丙辰,谕内阁:“政务处奏,遵旨妥议变通乡、会试事宜等语。上年刘坤一等奏请将辛丑、壬寅乡试恩、正并行,会试归并壬寅年举行,业经允准。惟本年举行乡试,仅广东、广西、甘肃、云南、贵州五省,若于明年举行会试,其未经乡试各省士子未免向隅。且经济特科,前经谕令定于本届会试前考试,亦属办理不及。所有明年会试,著展至癸卯年举行,余著照礼部所议各条办理。至借闱考试一节……”

——《清实录·德宗实录》卷488,第23页,总第459页

光绪二十七年(1901)诏:“自明年为始,乡会试等均改试策论,不准用八股文程式。”又命停止武科童试及乡会试。未几又诏:“自明年会试后,凡入翰林及以部属中书用者,均令入京师大学堂分门肄业。”

——(清)龙云、卢汉修,周钟岳纂:《民国新纂云南通志》卷16《历代贡举征辟表》,《中国地方志集成》,第582页

光绪二十八年(1902),二月,甲辰,谕军机大臣等:“有人奏直隶藩司周馥昏耄营私,贻误地方一折……”又谕(军机大臣等):“有人奏‘云南学政田智枚赴任时,行至湖北建阳驿地方,该学政家人殴毙夫役,激动众愤,相率阻行,致向地方官借银说和’等语。著张之洞、端方按照所参各节,确切查明,据实具奏,毋稍徇隐。原片著钞给阅看。将此各谕令知之。”寻奏:“该学政赴任,中途遇雪,行李稽迟,致家丁有殴毙夫役二命之事。原奏谓其约束不严,已可概见。惟尚无百姓阻行及向地官借银说和等情。其家丁赵留、李祥现已先后病故,查明属实。”得旨:“田智枚著交部议处。”寻议:“降二级调用,公罪准其抵销。”

——《清实录·德宗实录》卷495,第24页,总第546页

光绪二十八年(1902),十月,乙卯……云贵总督魏光焘奏:“云南地处边瘠,人才寥落,遵设课吏馆,研习吏治。”得旨:“著即督饬切实讲求,认真

考核，务收实效。”

——《清实录·德宗实录》卷506，第23页，总第692页

光绪二十八年(1902)，十二月，戊子，云贵总督魏光焘奏：“开办学堂，酌提盐捐团费十万两作为经费，以五万两办理省会官立学堂，以五万两办理各属官立之小学堂，各蒙养学堂。另设课吏馆，以为仕学之先导。”得旨：“著即督饬认真办理，仍随时考查，务收实效。”

——《清实录·德宗实录》卷509，第2页，总第714页

光绪二十九年(1903)，五月，庚辰，云南署江川县知县、补用知县宋席珍办事因循……云南巡抚林绍年奏：“滇省需次人员，罕晓时务。兹当续遣学生出洋，特于候补各员中，选其明达可造者，一同游学日本，并添设中学教习随往，以资督率。”下部知之。

——《清实录·德宗实录》卷516，第22—23页，总第816—817页

光绪二十九年(1903)，六月，己巳，云南巡抚林绍年奏：“滇省绅民按盐随粮，年捐巨款，请援照四川成案，加广云南乡试中额，以广登进。”下部议。

——《清实录·德宗实录》卷518，第18—19页，总第845页

光绪二十九年(1903)癸卯恩科乡试

云南考官：编修张星吉字景垣，山东菏泽人，丙戌进士。编修吴庆坻字子修，浙江钱塘人，丙戌进士。

题。

解元周钟岳字星甫,剑川州人。

——(清)法式善等撰,张伟点校:《清秘述闻三种》,第 1002 页

光绪二十九年(1903)癸卯科,周钟岳(剑川)、杨中显(浪穹)、杨觐东(保山)、陈时铨(宣威)、陈文翰(太和)、闵道(蒙自)、严慕清(昆明)、施尧章(昆明)、汤曾佑(邓川)、王建中(石屏)、田谦毅(建水)、杨恩第(昆明)、罗宿(剑川)、杨寿昌(昆明)、雷恩溥(石屏)、谢崇垣(恩安)、尹彰(昆明)、董乃麟(嶍峨)、陈光熏(楚雄)、张钟璜(昆明)、金在镕(昆明)、张璞(会泽)、汪锡彬(鹤庆)、丁兆冠(石屏)、张肇基(宝宁)、张士麟(建水)、杨志中(剑川)、王继林(建水)、覃宝珧(呈贡)、董玉书(昆明)、段清(保山)、刘钟华(思茅)、孙振宗(昆明)、刘宗汉(镇沅)、张锡彤(太和)、曾习经(建水)、魏士祥(昆明)、刘桂清(昆明)、赵文龙(昆明)、丁中立(昆明)、周汝桐(昆明)、孟考慕(会泽)、窦维藩(南宁)、张德洋(腾越)、汪炳琦(弥勒)、张湝(石屏)、李鼎抡(鹤庆)、李德沛(腾越)、周荃(昆明)、刘淇(昆明)、李世珍(安宁)、白士艺(昆明)、路安衢(南宁)、杨兆鳣(云南县)、林嘉瑞(昆明)、郑永清(昆明)、余嘉俊(昆明)、王宗孔(太和)、杨璨(昆明)、张惟寅(通海)、舒嘉猷(鹤庆)、段体正(永北)、李炳斗(师宗)、张鸿举(剑川)、王桢(昆明)、陈濬(会泽)中举,是科云南 66 人中举。

——李春龙、江燕点校:《新纂云南通志(二)》,第 395—397 页

光绪二十九年(1903)癸卯补行辛丑、壬寅恩正并科会试

考官:体仁阁大学士孙家鼐字燮臣,安徽寿州人,己未进士。兵部尚书徐会澧字东甫,山东诸城人,戊辰进士。刑部尚书荣庆字华卿,蒙古正黄旗人,丙戌进士。吏部右侍郎张英麟字振卿,山东历城人,乙丑进士。

题“管子内政寄军令论”“汉文帝赐南粤王佗书论”“威之以法法行则知恩限之以爵爵加则知荣论”“刘光祖言定国是论”“陈思谦言铨衡之弊论”。

会元周蕴良字味莼，浙江会稽人。

状元王寿彭字次籛，山东潍县人。榜眼左霈字雨泉，汉军旗，广东驻防。探花杨兆麟字次典，贵州遵义人。

是科云南12人中进士。

——（清）法式善等撰，张伟点校：《清秘述闻三种》，第996页

光绪二十九年（1903）癸卯年补行辛丑、壬寅恩、正并科会试，云南张坤（昆明、2甲16名）、李坤（昆明、2甲35名）、袁嘉穀（石屏、2甲62名）、李玉振（太和、2甲109名）、顾视高（昆明、2甲123名）、陈钧（石屏、3甲9名）、郑辉典（太和、3甲72名）、胡商彝（石屏、3甲80名）、施汝钦（昆明、3甲94名）、黄堃（永善、3甲108名）、周汝敦（太和、3甲153名）、王永和（昆明、3甲168名）、夏瑞庚（昆明、3甲170名）12（《明清进士题名碑录》为13）人中进士。

——江庆柏编著：《清朝进士题名录》，第1312—1323页

光绪二十九年二月十三日（1903年3月11日），张之洞、袁世凯奏请递减科举折：

窃惟国无强弱，得人则兴，时无安危，有才斯理。诚以人才者，国家之元气，治道之根本，譬犹饥渴之需食饮，水陆之资舟车，而不可须臾离者也。中国今日贫弱极矣，大难迭乘，外侮日逼，振兴奋发，正在此时。然而诸务未遑，求才为亟；无人才则救贫救弱，徒属空谈，有人才则图富图强，易于反掌。进言者皆曰天下非无人才也，求之于临时，则不见其多；储之于平日，则不患其少。储之维何，学校是已。在昔三代盛时，庠序之制大备，教育之法綦详，人鲜失学，校多人材；以故俊彦蔚兴，政修事举。近今东西洋各国，其文明愈著者，其学校必愈多，自通都大邑以逮穷乡僻壤，几于无地无学，自文事武备，以逮薄技片长，几于无事无学。国民自七八以逮十二三岁，谓之学龄。有不学者，罚其父母，几于无人而不入诸学。其学有官立者，由公

家为之筹经费；有民立者，由民间为之醵资财。举国上下，人人皆以兴学为务，而其造士也于此，其选士也亦必于此。因其所习，而试之以事；考其所能，而授之以职；事无不治，职无不举；以故贤智辈出，而国家日进于富强。由是观之，致治必赖乎人才，人才必出于学校，古今中外，莫不皆然，夫固人人能知之，亦人人能言之矣。钦惟我皇太后、皇上宵旰焦劳，求贤若渴，诏各行省普立学堂，复申谕以敦促之；并敕政务处明定学堂出身；又令新进士悉就学堂肄业；宸谟深远，洞见本源，嘉与海内，敬教劝学，薄海臣庶，固宜仰体圣意，协力同心，奉命承流，争先恐后矣。乃朝廷屡颁明诏以相期，天下亦知当务之为急；而起视各省，大率观望迁延，否则敷衍塞责，或因循而未立，或立矣而未备。推究其故，则曰经费不足也，师范难求也；两者固然，要不足为患也。其患之深切著明，足以为学校之的而阻碍之者，实莫甚于科举。盖学校所以培才，科举所以抡才；使科举与学校一贯，则学校将不劝自兴；使学校与科举分途，则学校终有名无实。何者？利禄之途，众所争趋，繁重之业，人所畏阻。学校之成期有定，必累年而后成材；科举之诡弊相仍，可侥幸而期获售。虽废去八股试帖，改试策论经义，然文字终凭一日之长，空言究非实诣可比。设有年少薄植之辈，未尝学问，小有聪明，或泛览翻译之新书，或涉猎远近之报纸，亦能侈口而谈经济，挟策以干功名。而宿学耆儒，皓首穷经，笃守旧说者，反不能与之角胜，坐视其速成以去。人见其得之易也，群相率为剽窃钞袭之学，而不肯身入学堂，备历艰苦，盖谓入学堂亦不过为得科举地耳。今不入学堂，而亦能得科举，且入学堂反不能如此之骤得科举，又孰肯舍近而图远，避易而求难。不但此也，学校者，虽由国家提倡之，实由士民乐成之也。东西各国公私大小学堂，多者不下数万区，如皆由公家筹款建立，安得如许经费。大抵高等教育之责，国家任之，普通教育之责，士民任之，惟其众擎，是以易举。中国非无忧时之人也，而绅民不闻倡建学堂者，亦以群情注重科举，父兄以是勖子弟，乡党以是望侪偶，但使荣途不失，何暇远虑深谋。故不独不肯倡建学堂，且并向来宾兴公车等费，亦不能移作学堂之用。其为阻碍何可胜言！是科举一日不废，即学校一日不能大兴；将士子永远无实在之学问，国家永远无救时之人才；中国永远不能进于富强，即永远不能争衡于各国，臣等诚私心痛之。在臣等亦非不知科目取士,垂数百年,一旦废之,士子必多觖望。然时艰至此,稍有人心者,皆当顾念大局,与其迁就庸滥空疏之士子,何如造就明体达用之人材。且圣朝亦尝毅然罢武科矣,停捐纳矣。于人情并无不顺,而天下群颂圣明。况科举之为害,关系尤重,今纵不能骤废,亦当酌量变通,为分科递减之一法。昔我高宗纯皇帝右文稽古,雅化作人。然于学政钱群之请增添中额,则责其不知政体,于科臣吴炜之请广收录科,则斥其取悦士类。又读乾隆九年八月高宗纯皇帝圣谕:"为治之道,贵乎核实,一切因循姑息之习,皆当痛除。近者士风之嚣,一至于此,而好谀之人,尚有国家人文日盛,以此冀开科广额,初不以士习邪正为念。嗣后如有以加科广额为请者,必加以违制之处分,著为令。至于议减中额,则非所乐闻。或有士子类以寒素专藉科目进身,或有一习举业,则不能更为农商,谋生无计。甚者有言士心失望,或妄生议论,或别生事端者。以此毫无识见之人,不知为政之体要,国家科目,岂为养老恤贫而设乎?若有造言生事者,是身投宪网,国法具在,何能逃于天壤哉!夫旁求俊乂,本欲量能授官,若一味滥取广收,如何可得真才实济。现在解额已多,壅滞日甚,何作量为裁减之处,著大学士九卿会议具奏等因。钦此。"圣训煌煌,布在方策,抉摘流弊,义正词严,迄今读之犹为欢悚。今宜略师乾隆时减裁中额之法,拟请俟万寿恩科举行后,将各项考试取中之额,预计均分,按年递减。学政岁科试分两科减尽,乡会试分三科减尽。即以科场递减之额,酌量移作学堂取中之额,俾天下士子,舍学堂一途,别无进身之阶,则学堂指顾而可以普兴,人才接踵而不可胜用。胶庠所讲求者,无非实学。国家所登进者,悉是真才。政教因之昌明,百废从而振举。其程功之速,收效之宏,固有不难如期操券者。至旧有举贡生员,三十岁以下者,易于改业,皆可令入学堂。三十至五十,可入仕学师范速成两途。其五十至六十,与夫三十以上,不能入速成科者,应为宽筹出路:如再科大挑;或拣发一次;或岁贡倍增其额;或多挑誊录,令其入馆,可得议叙;或举人比照孝廉方正,生员比照已满吏,准其考成,三年一次,分别用为知县佐贰杂职,俾免向隅。六十以上者,酌给职衔。其有经生宿儒,文行并美,而不能改习新学者,可为各学堂经书词章之师。现在捐纳既停,寒畯之士,不患其终无出路,应请敕下政务处,核议施行。至于递减中额，则请断自宸衷，决然必行，明降诏旨，晓示天下。有阻挠者，予以严谴。务期科举逐渐而尽废，学校栉比而林立，上以革数百年相沿之弊政，下诏旨，晓示天下。有阻挠者，予以严谴。务期科举逐渐而尽废，学校栉比而林立，上以革数百年相沿之弊政，下以培亿兆辈有用之人才，五洲惊服，万世瞻仰，在此举矣。或谓科场年分，例不应条陈科场事务，今当朝廷锐意求治，变通庶政之时，似可不拘成例。或又谓诏举恩科，更不应奏请减额，然臣等所谓减额者，不过预筹办法，固非敢指恩科言之，原以俟夫恩科举行之后。考乾隆九年既奉谕旨，明著禁令，不准以加科广额为请。至乾隆十七年、二十七年、三十七年，迭次恭逢孝圣宪皇后万寿，则又无不纶音特沛，诏举恩科。并格外加恩于下第举子中，拣选引见，量予录用，高宗纯皇帝圣训所谓"国家遇有大庆，则必有殊常之恩"者是也。盖举行恩科者，所以特光盛典，而广敷锡类之宏施；裁减中额者，所以深维治源，而期收得人之实效，仁之至而义之尽，实并行而不相妨。故臣等敢于此时，竭其一得之愚，以冒渎夫宸听也。谨奏。

——沈云龙主编，沈桐生辑：《近代中国史料丛刊第三十五辑·光绪政要》卷29，文海出版社1989年版，第1825—1830页

光绪三十年(1904)甲辰恩科会试

考官：协办大学士裕德字寿田，正白旗人，丙子进士。吏部尚书张百熙字冶秋，湖南长沙人，甲戌进士。左都御史陆润庠字凤石，江苏元和人，甲戌进士。户部右侍郎戴鸿慈字少怀，广东南海人，丙子进士。

题"周唐外重内轻秦魏外轻内重各有得论"，"贾谊五饵三表之说班固讥其疏然秦穆尝用之以霸西戎中行说亦以戒单于其说未尝不效论"，"诸葛亮无申商之心而用其术王安石用申商之实而讳其名论"，"裴度奏宰相宜招廷四方贤才與参谋议请于私第见客论"，"北宋结金以图燕南宋助元以攻蔡论"。

会元谭延闿字组庵，湖南茶陵人。

状元刘春霖字润琴，直隶肃宁人。榜眼朱汝珍字聘三，广东清远人。探花商衍鎏字藻亭，汉军正白旗人。

是科云南10人中进士。

——(清)法式善等撰,张伟点校:《清秘述闻三种》,第1002—1003页

光绪三十年(1904)甲辰恩科会试,云南莫以增(呈贡、2甲22名)、施尧章(昆明、2甲59名)、吴琨(昆明、2甲71名)、陈度(广西、2甲76名)、舒嘉猷(鹤庆、3甲10名)、闵道(蒙自、3甲69名)、李熙仁(昆明、3甲93名)、张肇基(宝宁、3甲128名)、许树声(昆明、3甲129名)、汤曾佑(邓川、未殿试)10人中进士。

——江庆柏编著:《清朝进士题名录》,第1329页

光绪三十一年(1905)诏:"自丙午科为始,所有乡会试一律停止。各省岁科考试,亦即停止。"又言:"学堂本古学校之制,其奖励出身又与科举无异云。"至三十三年暨宣统元年举贡会考,中式虽未明定出身,然仍内以主事、小京官用,外以知县用。本省亦于三十二年暨宣统元年举行考职各一次,每次均取五十名。

——(清)龙云、卢汉修,周钟岳纂:《民国新纂云南通志》卷16《历代贡举征辟表》,《中国地方志集成》,第582—583页

光绪三十一年八月初四日(1905年9月2日)袁世凯等会奏请立停科举推广学校折:

窃维科举之弊,古今人言之綦详。而科举之阻碍学堂,妨误人才,臣世凯臣之洞等,亦叠经奏陈,久在圣明照鉴之中,无烦缕述,以渎宸听。是以前奉谕旨,递减科举中额,期以三科减尽;十年之后,取士概归学堂,固已明示天下以作新之基,而徐俟夫时机之至。所以为兴学培才计者,用意至为深远。臣等默观大局,熟察时趋,觉现在危迫情形,更甚曩日,竭力振作实同一刻千金,而科举一日不停,士人皆有侥幸得第之心,以分其砥砺实修之志。民间更相率观望,私立学堂者绝少,又断非公家财力所能普及,学堂决

无大兴之望。就目前而论,纵使科举立停,学堂遍设,亦必须十数年后,人才始盛。如再迟至十年,甫停科举,学堂有迁延之势,人才非急切可成,又必须二十余年后,始得多士之用。强邻环伺,岂能我待。近数年来,各国盼我为维新,劝我变法,每疑我拘牵旧习,讥我首鼠两端。群怀不信之心,未改轻侮之意,转瞬日俄和议一定,中国大局益危,斯时必有殊常之举动,方足化群疑而消积愤。科举夙为外人诟病,学堂最为新政大端,一旦毅然决然,舍其旧而新是谋,则风声所树,观听一倾,群且刮目相看,推诚相与。而中国士子之留学外洋者,亦知进身之路,归重学堂一途,益将励志潜修,不为邪说浮言所惑,显收有用之才俊,隐戢不虞之诡谋,所关甚宏,收效甚巨。且设立学堂者,并非专为储才,乃以开通民智为主,使人人获有普及之教育,具有普通之知能,上知效忠于国,下得自谋其生。其才高者,固足以佐治理,次者亦不失为合格之国民,兵农工商,各完其义务而分任其事业。妇人孺子,亦不使逸处而兴教于家庭。无地无学,无人不学,以此致富奚不富,以此图强奚不强。故不独普之胜法,日之胜俄,识者皆归其功于小学校教师。即其他文明之邦,强盛之源,亦孰不基于学校。而我国独相形见绌者,则以科举不停,学校不广,士心既莫能坚定,民智复无由大开,求其进化日新也难矣。故欲补救时艰,必自推广学校始。而欲推广学校,必自先停科举始。拟请宸衷独断,雷厉风行,立沛纶音,停罢科举。庶几广学育才,化民成俗,内定国势,外服强邻,转危为安,胥基于此。虽然科举停矣,尚有切要之办法数端,而学堂乃可相维于不敝。

一、在尊经学也:或虑科举一停,将至荒经。不知习举业者,未必其湛深经术。但因科场题目所在,不得不记诵经文。又因词章敷佐之需,不得不掇拾经字。故自《四书》《五经》而外,他经皆束置不观。即《五经》亦不皆全读,读者亦不尽能解,是何与于传经?今学堂奏定章程,首以经学根柢为重。小学中学,均限定读经讲经温经晷刻,不准减少;计中学毕业,共需读过十经,并通大义。而大学堂、通儒院,更设有经学专科;余如史学、文学、理学诸门,凡旧学所有者皆包括无遗,且较为详备。盖于保存国粹,尤为兢兢,所虑办学之人,喜新厌故,不知尊经,则虽诸生备谙各种科学,亦仅造就一泛滥无本之人才,何济于用。应请饬下各省督抚学政,责成办理学务人员，注意经学暨国文国史，则旧学非但不虑荒废，抑且日见昌明。

一、在于崇品行也：查科场试士，但凭文字之短长，不问人品之贤否。是以暗中摸索，最足为世诟讥。今学堂定章于各项科学外，另立品行一门，用积分法，与各门科学一体核考，同记分数，共分言语、容止、行体、作事、交际、出游六项，随处稽察，第其等差。至考试时亦以该生平日品行分数，并合计算。亟应申明定章，请饬各省认真遵办，则人人可期达材成德，自不至越矩偭规。

一、师范宜速造就也：各省学堂之不多，患不在无款无地，而在无师。应请旨切饬各省多派中学已通之士，出洋就学，分习速成师范及完全师范，亦以多派举贡生员为善。并于各省会多设师范传习所。师资既富，学自易兴，此为办学入手第一要义，不可稍涉迟缓。

一、未毕业之学生暂勿率取也：各省设立学堂，迟早不一，程度不齐，或卒业有期，或毕课尚早。若不待毕业骤加考试，则苟且速化，弊将日滋。若必待全行毕业，则各省之办学校迟者必致缺其选举，士林又将失望。今筹一通融办法，既不蹈科举敷衍故事，亦不因学堂而迁就滥登，要使取士仍归学堂之中，学堂不蹈科举之弊。拟请此数年内除学堂实系毕业者届期奏请考试外，其余则专取已经毕业之简易科师范生，予以举人进士出身。既可以劝教育之员，扩兴学之基，并隐以励积学而杜幸进。外国无速成小中高等各学，而有速成师范学，具有深意，至五年以后，完全师范毕业者已多，更足以应选举而有余。此等师范生，类皆国文已优，学术纯精，断无流弊且多系举贡生员为之，本可得科第之人，亦非侥幸。迨十年以后，各省学堂逐渐毕业，人才济济，更可不穷于用。

一、旧学应举之寒儒，宜筹出路也：文士失职，生计顿蹙，除年壮才敏者入师范学堂外。其不能为师范生者，贤而安分，则困穷可悯。其不肖而无赖者，或至为非生事，亦甚可忧。拟请十年三科之内，各省优贡照旧举行己酉科拔贡亦照旧办理，皆仍于旧学生员中考取。其已入学堂者，照章不准应考。惟优贡之额过少，拟请按省分之大小酌量增加，分别录取，朝考后，用为京官知县等项。三科后即行请旨停止。其已中举人五贡者，此三科，内拟令各省督抚学政每三年一次，保送举贡若干名。略照会试中额加两三倍，送京考试。凡算学、地理、财政、兵事、交涉、铁路、矿务、警察、外国政法等事，但有一长，皆可保送。俟考时分别去取，试以经义史论一场，专门学一场，共为两场。其取定者，酌量用为主事中书知县官。如此，则乡试虽停，而生员可以得优拔贡。会试虽停，而举贡可以考官职。正科举之门，专归于急需之学堂。广登进之途，借恤夫旧学之寒士。庶乎平允易行，各得其所，少长同臻于有用，新旧递嬗于无形矣。

以上五条，皆停科举后最为切要之端，而行之可期无弊。应请一并饬下各省督抚学政切实遵办。至各省学堂未办者，宜从速提倡。已办者，宜竭力扩充。以及各堂学生之良莠，与夫办理学务人员之功过，均应随时认真考察，分别劝惩，亦皆各省督抚学政所不得稍辞其责者也。其一切学堂毕业考试，暨简放考官等事，自应悉遵奏定章程办理。臣等为补救时艰妥筹办法起见，往复商榷，意见相同。是否有当，谨合恭折具陈，伏乞皇太后、皇上圣鑑训示，谨奏。

——沈云龙主编，沈桐生辑：《近代中国史料丛刊第三十五辑·光绪政要》卷31，第2153—2157页

光绪三十一年八月初四日(1905年9月2日)清帝谕旨

袁世凯等奏请立停科举以广学校并妥筹办法一折。三代以前，选士皆由学校，而得人极盛，实我中国兴贤育才之隆轨。即东西洋各国富强之效，亦无不本于学校。方今时局多艰，储才为急。朝廷以提倡科学为急务，屡降明谕，饬令各督抚广设学堂，将俾全国之人咸趋实学，以备任使，用意至为深厚。前因管学大臣等议奏，当准将乡会试分三科递减。兹据该督等奏称科举不停，民间相率观望，推广学堂必先停科举等语，所陈不为无见。著即自丙午科为始，所有乡会试一律停止，各省岁科考试亦即停止。其以前之举贡生员分别量予出路，及其余各条，均著照所请办理。总之，学堂本古学校之制，其奖励出身亦与科举无异。历次定章，原以修身读经为本。各门科学，又皆切于实用。是在官绅申明宗旨，闻风兴起，多建学堂，普及教育，国家既获树人之益，即地方亦与有光荣。经此次谕旨，著学务大臣迅速颁发各种教科书，以定指归而宏造就。并著责成各该督抚实力通筹，严饬

府、厅、州、县赶紧于城乡各处遍设蒙小学堂，慎选师资，广开民智。其各认真研究随时考察，不得稍涉瞻徇，致滋流弊。务期进德修业，体用兼赅，以副朝廷劝学作人之至意。

——沈云龙主编，沈桐生辑：《近代中国史料丛刊第三十五辑 · 光绪政要》卷31，第2157—2158页

参 考 文 献

(明)李东阳等撰,(明)申时行等重修:《大明会典》,台北新文丰出版社1976年版。

(明)刘文征撰,古永继点校:《滇志》,云南教育出版社1991年版。

(清)陈伟勋撰:《丛书集成续编》,上海书店1994年版。

(清)范承勋:《中国方志丛书·云南府县志辑》,成文出版社影印1967年版。

(清)黄宗羲编:《明文海》,中华书局1987年版。

(清)倪蜕辑,李埏校点:《滇云历年传》,云南大学出版社1992年版。

(清)阮元修,(清)王崧、李诚纂:《(道光)云南通志稿》,清道光十五年刻本。

(清)师范:《中国方志丛书·滇系》,成文出版社影印1967年版。

(清)王崧:《中国方志丛书·云南备征志》,成文出版社影印1967年版。

(清)张廷玉等撰:《明史》,中华书局1974年版。

《回族简史》编写组:《回族简史》,宁夏人民出版社1978年版。

《明实录》,上海书店1982年版。

《钦定大清会典》,乾隆二十九年奉敕撰,吉林大学出版社2015年版。

《四部备要》,中华书局1988年版。

《天一阁藏明代科举录选刊·乡试录》,天一阁影印。

《续修四库全书》编纂委员会编:《续修四库全书》,上海古籍出版社1995年版。

《中国地方志集成·云南府县志辑》,凤凰出版社2009年版。

《中华人民共和国地方志》编纂办公室:《中华人民共和国地方志丛书·云南各县志》,云南人民出版社1991年。

白寿彝主编:《回族人物志(明代)》,宁夏人民出版社 1988 年版。
陈文新:《贡举志五种》,武汉大学出版社 2009 年版。
丁一清:《回族文学史》,民族出版社 2015 年版。
方树梅:《明清滇人著述书目》,国立云南大学西南文化研究室 1944 年版。
顾廷龙主编:《清代朱卷集成》,上海图书馆藏台北成文出版社 1992 年版。
和钟华、杨世光主编:《纳西族文学史》,四川民族出版社 1992 年版。
胡华:《彝族文学史》,四川民族出版社 1994 年版。
李春龙、牛鸿斌点校:《(民国)新纂云南通志》,云南人民出版社 2007 年版。
李春龙主编:《云南史料选编》文化、教育卷,云南民族出版社 1997 年版。
李国祥主编《明实录类纂》系列,武汉出版社 1991 年版。
李伟、吴建伟主编:《回族文献丛刊》,上海古籍出版社 2008 年版。
李兴盛主编:《清实录》,黑龙江人民出版社据上海书店影印 2014 年版。
南开大学古籍与文化研究所编:《清文海》,国家图书馆出版社 2010 年版。
全国人民代表大会民族委员会云南民族调查组、云南省少数民族社会历史研究所编:《〈明实录〉有关云南历史资料摘钞》,云南人民出版社 1959 年版。
陶应昌编著:《云南历代各族作家》,云南民族出版社 1996 年版。
田丕鸿、张佐:《云南科举史话》,云南美术出版社 2013 年版。
王文韶修:《续云南通志稿(光绪二十四年版 1898)》,文海出版社 1966 年版。
王云五:《丛书集成初编》,中华书局 1991 年版。
新文丰出版公司:《丛书集成新编》,新文丰出版公司 1984 年版。
新文丰出版公司:《丛书集成续编》,新文丰出版公司 1988 年版。
徐希平主编:《中国西南文献丛书》,兰州大学出版社 2003 年版。
岩峰、王松、刀保尧:《傣族文学史》,云南民族出版社 1995 年版。
尤中:《中国西南民族史》,云南人民出版社 1985 年版。
尤中编著:《中国西南的古代民族》,云南人民出版社 1980 年版。
云南省历史研究所编:《〈清实录〉有关云南史料汇编》卷四,云南人民出版社 1986 年版。

云南省文史研究馆整理:《云南丛书》,中华书局 2009 年版。
云南省志编纂委员会办公室:《续云南通志长编》,云南省地方志编纂委员会 1985 年版。
赵尔巽等撰:《清史稿》,中华书局 1977 年版。
赵寅松主编:《情系大理——历代白族作家丛书(十八册)》,民族出版社 2006 年版。
中国人民大学、北京大学联合主持编纂:《清代诗文集汇编》,国家青史编纂委员会上海古籍出版社 2011 年版。
周季凤纂修:《(正德)云南志》,上海书店 1990 年版。
朱保炯、谢沛霖编:《明清进士题名碑录索引》,上海古籍出版社 1979 年版。

附　　录

附录一　明清云南科举名人逸事、逸闻、作品及来源*

1. 四朝老臣、大明首辅——杨一清

杨一清（1454—1530），华盖殿大学士，云南安宁人。明朝景泰五年（1454）诞生于广东化州州署，字应宁，号邃庵，别号石淙，汉族。

……

杨一清为政通练、性情宽大。明世宗还未登基时，献王就曾经对他说，楚地有三杰，分别是刘大夏、李东阳及杨一清，明世宗记住了这番话。……

发生在明正德十六年（1521）到嘉靖十七年（1538）间的“大礼仪”，是一场规模巨大、旷日持久的政治争论，是因明世宗以地方藩王入主皇位，为其生父称号问题引起的。当时，世宗与杨廷和、毛澄为首的武宗旧臣之间发生争论，争论的焦点是以谁为明世宗皇考即宗法意义上的父亲，以及世宗生父尊号的问题。至 1524 年以世宗为代表的一方取得胜利。大礼议“始而争考、争帝、争皇，继而争庙及路，终而争庙谒及乐舞”，斗争的焦点是如何确定世宗生父朱祐杬的尊号。究其实质，是明世宗通过议礼之争，打击杨廷和等先朝阁臣和言官，巩固自身的统治，推行新政。“大礼仪”的时候，杨一清看到张璁的上疏后，对门人乔宇称：“张生此议，圣人复起，不能易也。”又劝席书早去赴召，以定大议。……

---

* 本书逸事绝大部分来自正史、地方志、通史、文学史料、墓志铭、家谱等，仅有极少数采纳网络信息等。

杨一清的著述可分为两类:一类散文,特别是政论文,更多为奏议,如《关中奏议》《督府奏议》《吏部献纳稿》《吏部题稿》《文襄石淙集》《通家杂述》。这些著作在关心民生疾苦、整顿边防、改革弊政等方面一针见血,也显现了杨一清的政治家水平。另一类就是诗歌,代表作是《石淙诗稿》。

——云南省社会科学界联合会编:《云南科举名人逸事》,云南教育出版社 2017 年版,第 21—26 页。参考《滇略》《明史·杨慎传》《新纂云南通志》《(天启)滇志》

2."堪比眉山三父子"的保山张志淳科举家族三父子逸事

张志淳(1457—1538),字进之,号南园野人。性敏睿,通六艺,明成化二十年(1484)甲辰科进士。原籍南京,先人于明洪武年间随沐英征滇,定居保山城。

张志淳自幼聪明好学,精通六经。明成化十六年(1480)中乡试第一名,成化二十年(1484)中进士。明弘治元年(1488)后,历任吏部文选司主事、郎中,掌管文职官吏的选授、诠叙、勋阶等事。明正德二年(1507)任太常少卿,主管少数民族的政事往来和贸易事项,政绩卓著。后因得罪权贵,被明升暗降。

张志淳的仕途起于南户部,后因为张綵的陷害而辞职。当时刘瑾专政,张綵以重贿得到官职,又成为文选郎,升了佥都,历任吏侍,大权在握。张志淳于是被弹劾罢官。回乡后,每天只是闭门谢客,时间久了,又因为其他事被构陷,几乎遭遇杀身之祸。张志淳任选部郎时,任用贤能拔除平庸,门无私谒,和天台黄元昭齐名。明正德初年,擢升太常少卿,提督四译馆,惩办入馆子弟空名的弊端,完全改变旧的习俗,获得了时人的赞许。嘉靖元年(1522)后,进阶通议大夫,十五年后写下《论诗》,精辟而有灼见。后来,张志淳不肯附和当时的权奸刘瑾,辞官离开南京回到保山,潜心著述,以图书自娱。

张志淳的作品主要有《南园集》《谥法》二卷,《西铭通》《南园漫录》十卷,《永昌二芳记》三卷,《南园续录》十卷,《春园诗集》三卷等。

他有两个儿子:张含、张合。

张含(1478—1565),字愈光,又字禺山,保山人,张志淳长子,别号日坞痴人、半谷幽人等,是保山历史上“诗名遍及海内”的首屈一指的诗人。

……

张含的诗文有《禺山文集》、《张禺山诗文选》八卷、《戊己吟》五卷、《禺山选太白诗》五卷等十余种。……

……

张合(1506—?),字樊观,号贲所。明嘉靖十一年(1532)壬辰科进士,张志淳的次子。……

——云南省社会科学界联合会编:《云南科举名人逸事》,第27—30页。参考《(万历)云南通志》《(道光)云南通志》《新纂云南通志》《张禺山诗文选》《永昌府志》《滇系》《(天启)滇志》

3.“雄于文,笃于行”的滇中晋宁唐以敬科举家族

唐以敬,字克钦,晋宁人,人称慎斋先生,明成化十年(1474)甲午科举人。……

唐以敬有两个儿子,长子叫唐佐,字良弼,为明弘治五年(1492)壬子科举人。……

唐佐有三个儿子,二儿子叫唐锜,为明嘉靖五年(1526)丙戌科进士。唐锜任定远县令时,严明果决,不避权势。不久被授为御史,巡按湖广,政绩卓著。转任河南按察司佥事,因得罪权贵而回归乡里,为官两袖清风,归乡行囊空空。定远县民众为他建生祠,从祀定远的乡里名宦。王九思曾撰写《唐氏二贤墓碑》。

《新纂云南通志》中赞扬说:唐锜与太和李元阳、永昌张含为新都杨慎道义交,“以风雅模范后生,泽流滇中,士多能道之。而其先两世,皆已荦荦雄于文,笃于行,迥然别于流俗。源远流长,家学之可贵如此夫”。

——云南省社会科学界联合会编:《云南科举名人逸事》,第31—32页。参考《故宫珍本丛刊·云南府志县志·晋宁州志》《新纂云南通志》

4. “刚直不阿、屈死冤狱”的回族御史孙继鲁

孙继鲁(1498—1547),字道甫,云南府右卫人。《(天启)滇志》记载:“少负奇质,凡书不再读,竟不忘,嘉靖癸未,举进士。先做州牧再为学官,得国子监助教,历户部员外郎中,监运通州,守卫辉,岁苦蝗旱,公竭诚走群望,得大霖雨,蝗亦不能害。未几,调知淮安。”其父在今昆明市东寺街开设万松草堂药铺。孙继鲁于明嘉靖二年(1523)中进士。……

……

孙继鲁著有《松山文集》《破碗集》。死后归葬昆明莲花池,20 世纪 50 年代初,迁葬官渡。为何叫《破碗集》呢?孙继鲁做官巡抚时,当时讨论西邮之警情,他所持意见与翁万达不合,二人交疏争论,结果孙继鲁入狱。有个叫杨爵的御史,早先就因为言事忤旨入狱,两人意气很是相投,整日相对作诗。孙继鲁有诗云:“忧国忧民意至深,谏章一上泪沾襟。男儿至死心无愧,留取芳名照古今。”杨爵亦有:“劝君努力加餐饭,浩荡乾坤在两肩”之句。狱中无纸笔,他们以破碗书于壁,因号《破碗集》。下狱不久,孙继鲁去世。隆庆改元,追赠孙继鲁兵部侍郎衔,并谥“清愍”。《新纂云南通志》中说:“孙继鲁当道消之世,才高行方,气宇刚激,见谗众口,以殒厥身。悲夫!此卢藏用之所以致戒于李邕也。”

——云南省社会科学界联合会编:《云南科举名人逸事》,第 32—34 页。参考《(天启)滇志》《新纂云南通志》《滇系》《回族人物志》《回族文学史》

5. “疾恶如仇,为民请命”的白族文人杨士云

杨士云(1477—1544),字从龙,号弘山,别号九龙真逸,太和人。本姓董氏,其祖先董昇宝,在元朝时任邓川州同知。董昇宝之子高祖董俊,为大理宣慰儒学学录。董俊生子董文道,董文道生董铉,董铉生子董玹。董玹因为颖敏,被祖姑母杨董氏所钟爱,于是董玹遂姓杨氏。

……

杨士云少年时学习刻苦,工于文。明弘治十四年(1501),被推荐为云贵乡试第一,会试不第后,乃游太学。……

……

杨士云平生清介，先践履而后著述，尝分录《春秋》正文以证明讹传之误，又订《尚书》蔡传之失，皆未脱稿。所著有《黑水集证》一卷、《郡大记》一卷。究心《皇极经世》书，天文、历志、律吕、诸史、《韩诗外传》，《老子》、《庄子》、《列子》、《说苑》、《太乙》，皆有咏诗云。《杨宏山先生存稿》十二卷……民国初，收入《云南丛书》。《咏史诗》于万历《云南通志》已著录。《滇南文略》录诗一百一十六首，录文三十九篇。

——云南省社会科学界联合会编：《云南科举名人逸事》，第 34—35 页。参考《滇南文略》《滇南诗略》《云南丛书》《新纂云南通志》《滇系》《丛书集成》

6. “肇启人文”的“铁面御史”玉溪第一进士陈表

陈表(1490—1573)，字献忠，号草池，玉溪人。幼年好学，胸怀壮志，深得父亲陈孔易的钟爱。十五岁时离家到晋宁盘龙寺住宿读书，其间他勤奋刻苦，成绩优异，获得了“一等食廪”的待遇，在当时小有名气。明正德十一年(1516)考中举人时，年仅二十七岁。第二年参加会试落第。归来后，父母年老，家境贫寒，已经不适合再继续准备会试了。为解决一家的生计，便离家到四川南溪县任“教谕”。……

……

陈表于明万历元年(1573)去世，终年八十四岁，葬在玉溪豸绣山。地方政府因陈表生前兴学、治水有功于百姓，在百姓中有很高的威望，知州张子京等人上疏朝廷，请求为他在新兴州建乡贤祠，以供后人缅怀。

陈表诗今存五十一首，文十一篇，收入李鸿祥委托王灿编辑的《玉溪文征》中。他的诗风格清新明快，语言生动流畅，善于写景，缘情而发，有的诗似不经意写出，却构成鲜明的画面，表现了诗人的艺术造诣。陈表的文章都写于晚年，如《汉忠武侯祠碑记》就是在他七十三岁时写成的。他的文章朴实无华，议论抒情务求真挚，做到了人品与文品的统一。

——云南省社会科学界联合会编：《云南科举名人逸事》，第 35—38 页。参考《玉溪文征》《玉溪市志》

7. “史上白族第一文人”——李元阳

李元阳(1497—1580),字仁甫,世居点苍山十八溪之中,因号中溪。……明嘉靖元年(1522),取云贵乡试第二名;嘉靖五年(1526),中进士,选翰林院庶吉士。由于参加议论为嘉靖皇帝生父封号的所谓“大礼议”,而被贬到江西分宜县。

……

李元阳在哲学、史学、文学、书法、教育等方面都达到了很高的境界,自成一家,被誉为“史上白族第一文人”,在云南文化史甚至中国文化史上占有重要地位。明万历八年(1580)去世。去世前十日,召门人子弟至默游园,曰:“自今十日,与子等别矣。吾尝一死生外形骸,今其得悬解矣。”至期,端坐而逝,享年八十四岁。

《新纂云南通志》中赞扬说:“李元阳,风节高劲,才识通渊,当官抗直,侃侃不挠,尽心规纳。及夫解组归田,味览典策,居易俟命。其出处可法,进退有度,岂夫戋戋者所可窥量也哉!”

——云南省社会科学界联合会编:《云南科举名人逸事》,第38—40页。参考《(天启)滇志》《云南丛书》《滇小记》《新纂云南通志》《滇系》《丛书集成》

8. “历任要职,清贫如故”的一代廉吏严清

严清(?—1590),字公直,云南后卫人。明嘉靖二十三年(1544)进士,先任富顺知县,为官“公廉恤民”,获得了廉洁能干的美誉,后进入六部任工部主事、郎中,负责主持修建北京外城和皇陵。在为官期间,对于支出和收入,他事必躬亲,亲自过问具体款项和细节,一直到工程结束,毫无纰漏。他所领导的下属没有侵贪工程款项的行为,对照预算与拨款,节省费用达到数万金。由于他的耿直与廉洁,得罪了朝中权贵,之后让他出任保定府知府。按照当时的惯例,保定府的百姓每年都要到北京服“库役”。严清到来后,为百姓着想,上疏建议废除这一徭役。

……

明万历十五年(1587),兵部尚书额缺,诏令严清出任,并多次遣使催促

严清到任,可见他在皇帝心目中的分量。但遗憾的是,他的病情已经不能让他赴任了。三年后严清去世,获赠太子太保,谥恭肃。《五华区志》中赞扬他“历任要职,清贫如故”。严清嫡孙严似祖,明崇祯十三年(1640)进士,供职翰林院。地方父老为表彰乡贤,特在严氏居住的北门街建造“世恩”坊。《新纂云南通志》中说:“严清廉公有威,始典州牧,累有名绩,遂用干理,致身台铉。”

——云南省社会科学界联合会编:《云南科举名人逸事》,第41页。参考《新纂云南通志》《(天启)滇志》《滇系》

9. “治身素约、惟清与恬”《(天启)滇志》的作者刘文征

刘文征(1555—1626),生于明嘉靖三十四年(1555)正月乙亥,卒于天启六年(1626)六月戊子,终年七十有二。字懋学,昆明人,家住东寺街,明万历十一年(1583)进士。父亲刘体仁,明嘉靖年间仕蜀新繁令。清约惠爱,以勤瘁卒官。幼年时家庭贫困,刘文征能刻励向学,与罗汝芳交游并成为师生,专心于阳明心学。

历任四川新都县知县、刑部主事、绍兴知府、浙江按察副使、威清兵备道、四川右参政等职。……

刘文征“颖异夙慧”“刻励向学”,博览群书,酷爱文史,曾师事云南屯田副使罗汝芳,并受其熏陶。……

……

刘文征归滇后,常常依靠借贷,家中方能免受断炊之苦。刘文征去世前一年,明天启五年(1625),根据旧志,编纂成资料丰富翔实的《滇志》三十三卷。刘文征有兄刘顺征,为明万历八年(1580)进士。地方父老特为他们在东寺街建立“兄弟联芳”坊。

《墓志铭》称刘文征自幼好学,“下帷攻经,业究当世之务”,进入官场三十多年,仍然“好学,坐卧不离卷帙”。至六十三岁,毅然告老回乡,摒除俗务,潜心著述,晚年亦嗜奇书,抽豪赋诗,兴致不竭。著《茶花馆集》《思母编》《松注》《滇志》,总若干卷。《明史·艺文志》又载刘文征《刑部事宜》十

卷,列入职官类。以上著作,现仅存《滇志》三十三卷。《滇志》最早著录即见于王锡衮撰墓志铭,时为崇祯十年(1637)。

——云南省社会科学界联合会编:《云南科举名人逸事》,第42—44页。参考《丛书集成》《新纂云南通志》《(天启)滇志》《刘太仆传》

10. 敢于上疏皇帝,痛陈万历朝八大时弊的云南诤臣王元翰

王元翰(1565—1633),字伯举,号聚洲,华宁县宁州镇人。明万历二十九年(1601)进士。选翰林院庶吉士,明万历三十四年(1606)改吏科给事中。后升工科右给事中。他意气凌厉,刚直不阿,以谏诤为己任。

明朝万历后期,廷臣文恬武嬉,很多法度都废弛了。他任工科右给事中后,巡视厂库,极力陈述惜薪司官多的害处。秋天又上疏,痛阵时事的败坏,请皇帝视朝,廷见大臣,言官能够随行其后,日陈四方利病。不久又上疏痛陈当时万历朝的八大时弊:"皇帝长期不召见辅臣,连礼部尚书兼东阁大学士朱赓这样的重臣,也三年不得见皇上面,这是可痛哭的原因之一。九卿超过一半是虚悬之职,更厉害的是全署竟然没有一人,监司、郡守也是多年无官,有的一人掌管数印。事情只要不是关系自身,政事自是苟且因循,这是可痛哭的原因之二。南北两直隶省寥寥几人,调入京师待任的官员长年不被任命。庶常散馆也超越常期。御史巡视地方事罢,久不交差,再巡视却无人可派。威严的命令不贯彻执行,上下玩忽职守,这是可痛哭的原因之三。因事被废除的诸大臣,长久避居山野。最近虽然奉诏再次录用,但久拖得不到落实。他们苟且过了数年,日渐衰朽。不重视这些有经验的老臣,这是可痛哭的原因之四。……

——云南省社会科学界联合会编:《云南科举名人逸事》,第44页。参考《滇系》《新纂云南通志》

11. "铁面之风"的朝廷重臣杨绳武

杨绳武(1595—1641),字念尔,别号翠屏,弥勒人,兼资文武,容貌过人,其祖父杨祯于明嘉靖年间来弥勒做官,落籍弥阳。杨绳武幼年喜欢读

书，擅长诗文。青年时曾在县城东郊禹门寺前石洞中自学。学友交往中，结识了一批德才兼备的读书人，他们常以“士人当以天下为己任”相勉励。所著《禹门漫兴》诗，表露了他的抱负：“结舍禅林永不移，达人休笑有情痴。但将山水堪携去，方是胡生出谷时。”另在《甸溪烟雨》中写道：“浓云正隐梁山梦，过橹频劳楚水神。夙债日深风景怅，几时却肯倍还人？”他二十一岁入府学，得补博士弟子员。明天启二年(1622)，弥勒州学选拔他为贡生。明天启四年(1624)应乡试，考中第二名举人。当时他的父亲杨三阳去世，守制间待嫡母如生母，获得乡里好评。明崇祯四年(1631)进京会试，考中第十七名进士，殿试选为翰林院庶吉士，后擢升为监察御史，人称有“铁面之风”。在京为官数年后，巡抚河东盐法道，该地商民交困，他极力疏浚盐池，增加卤水，得盐数倍，不但还清积欠盐款，还获利数万金充国库。这一年正赶上大饥荒，他想各种办法在当地开设粥厂救济灾民，基本没有饿死人。当时河东久旱饥荒，百姓流离失所，造成了这一地区的不稳定。一支农民起义军席卷河东地区，他一面赈济灾民，稳定人心。一面率兵镇压义军，捕获了义军首领。不久他巡抚河南，并监考乡试。历次监考中，公正无私，为国选贤，先后选拔了傅作舟、文无导、王应麟等名士。他在洛阳以牡丹为题作诗一首：“色香无约逢琼玉，富贵何心冠洛阳。公门赫赫闲桃李，不作清贫醉里狂。”以此诗鼓励应试者，为国家效劳。此时河南郭三海领导数万农民起义军攻城略地，他率军镇压，擒住郭三海，散了被胁迫的民众数万。之后，崇祯帝令他兼治豫境黄河，他采用堤防与疏浚方法治理，数年无患。治黄期间，他发现崇祯帝侄子朱聿键以剿贼为名，违反朝廷法制，私自招兵买马，有出境北上造反的嫌疑，于是三上秘疏，崇祯帝获讯，将唐王召回囚禁，避免了大的政治波动。此后受命入都，崇祯帝于平台议剿农民义军事，杨绳武受命参与，所陈方策非常合理，于是擢升为兵部右侍郎，旋即派遣为顺天巡抚，赐尚方剑，总督蓟辽等省军务粮饷，驻守遵化。这期间杨绳武多立军功，受赐隆重，一次次解决了朝廷的难题。明崇祯十四年(1641)，洪承畴被围困在锦州，松山危机，朝廷令其督师，星夜驰救，他奉命时疝病发作，仍抱疾出山海关，军至丰润时病情恶化而卒。“上闻震悼，赠光禄大夫、太子少傅、兵部尚书，予祭葬，荫一子世袭锦衣千户。”杨绳武去世后,朝野哀悼,谥号庄公。今弥勒西南郊尚留有“翰林坟”,乃杨绳武之衣冠冢。

——云南省社会科学界联合会编:《云南科举名人逸事》,第46—47页。《滇系》《新纂云南通志》

12. “万里孤踪”的“忠节”大臣王锡衮

王锡衮(1598—1647),字龙藻,号昆华、仲山、念昔,别号素斋。禄丰县金山镇大北厂村人,祖籍陕西华阴县。远祖王仲宽于明洪武十四年(1381)随征南将军颍川侯傅友德、西平侯沐英进军云南,因功受封“右卫军冠带总旗”,之后率军屯田禄丰,于是他们家就定居大北厂村。几代以后传至王锡衮的父亲王勤士,他天资聪颖,过目成诵,外和而内介,尤以孝行著称,有《易学真传》《养俭手钞》等书行世。

王锡衮幼年时随父亲劝士攻读,耳濡目染,学业精进。明万历四十三年(1615)中乙卯科举人。明天启二年(1622),王锡衮进京参加会试,中壬戌科进士,被选入翰林院授庶吉士、检讨、编撰。当时他父亲去世了,天启帝准其扶棺回家乡安葬,丁忧守制。其间,王锡衮倡建“飞虹桥”,解决了乡里人民的交通问题。明天启六年(1626)巡视云南,周济贫困,义助婚丧,乡里人对他非常感激。回京复命后,升任侍读。……

……

明永历三年(1649),嗣子王咨冀陈情礼部,礼部奉批“优抚”,谥“忠节”,后加谥“文毅”,钦赐祭葬,镌石碑立于县城南十五里的公鸡山岭,墓碑已被损。禄丰古驿道“石云庵”石门天堑处立“明大学士王文毅公故里”石碑,今存。

——云南省社会科学界联合会编:《云南科举名人逸事》,第47—49页。参考《禄丰县志》《新纂云南通志》《滇系》

13. “明史留名”、沙场死节的兵部尚书傅宗龙

傅宗龙(1591—1641),字仲伦,昆明人。明万历二十八年(1600)进士。

初授铜梁知县，后调巴县，不久取为户部主事，后被授为御史。

明天启元年(1621)，关外的辽阳被满洲攻破，天启帝下达了全国招募新兵的命令，傅宗龙招得精兵五千人，请求出关。第二年，安邦彦造反，围困贵阳，土寇蜂拥而起。傅宗龙请开建禺，打通由蜀入滇的道路，并请求罢免湖广退却胆怯的总兵薛来允，又上疏要求讨伐叛军，说："能够成为武定、寻甸大患的人，是东川土酋禄千钟；成为沾益、罗平大患的人，是设科及其同党李贤辈；攻围普安，成为云南、贵州门户祸患的人，是龙文治妻及其党尹二；围困安南、据关索岭的人，是沙国珍及罗应魁辈；围困乌撒的人，是安效良。臣下对这些人都很熟悉，他们不是臣的对手。臣愿任四川巡按兼监军，剿灭这些人。"天启帝大喜，命令把傅宗龙的请求下到所司商议……。

……

……傅宗龙大声呼喊说："我是朝廷大臣，杀则杀耳，岂能为你们这些贼赚城以缓死啊！"起义军抽刀击杀傅宗龙，击中其脑而仆地，折其耳鼻，傅宗龙遂死于城下。其事迹被报至朝廷，崇祯帝说："壮烈如此，可谓忠贞之臣啊。"恢复他兵部尚书的官衔，并加太子少保，谥号忠壮。

——云南省社会科学界联合会编：《云南科举名人逸事》，第49—52页。参考《新纂云南通志》《明史·傅宗龙传》《滇系》

14."仰为泰斗，名重天下"的义节之士雷跃龙

雷跃龙(1602—1661)，字伯麟，号石庵，玉溪高仓人。明万历四十六年(1618)"领乡荐"(中举人)时才十七岁，次年中进士，被选为翰林院庶吉士，是翰林院中最年轻的官员。他和文学家吴伟业、书画家黄道周等名士被誉为"当代名流"；他为人刚直不阿，不投靠魏忠贤，晚年坚持抗清斗争，与史可法等人被推为义节之士，"仰为泰斗，名重天下"。

雷跃龙入仕后，正是魏忠贤权势熏天的时候，他见到了魏忠贤一党的飞扬跋扈的残酷现实；也看到凡投靠魏党便可飞黄腾达，青云直上。但他保持独立，对魏党不亢不卑，采取敬而远之，不与之来往的态度。……在崇祯帝在位的十七年中，因为他的品德与忠诚，被委以重任，由庶吉士擢升为

吏部左侍郎、育英殿大学士兼礼部尚书、太子少保、经筵日讲等要职。

雷跃龙在《孔公重修学宫记》一文中，借对孔元德政绩的赞扬，提出了他的治国主张。……

……

雷跃龙除工诗文外，还精书法。《新兴州志》记载，原玉溪大桥旁的匾额“玉涧长虹”“月幕烟鬟”“沙堤新柳”，都是他的遗墨。

——云南省社会科学界联合会编：《云南科举名人逸事》，第52—53页。参考《新纂云南通志》《玉溪文征》《玉溪市志》《新兴州志》

15.“饬躬律度，作范后昆”的昆明安宁段拱新科举家族

段拱新，字捷元，安宁人。为恩贡生，素有学行，以教读养亲，具寒士清贫品德，身无私蓄。……他的两个儿子，段昕、段曦都登科进士。

段昕，字浴川，号皆山，段拱新的长子。清康熙三十九年(1700)庚辰科进士……。

段曦，字晴川，段拱新的次子，清康熙三十六年(1697)丁丑科进士……。

段曦识见高明，持身清白谨慎，遇事敢言，不愧为台臣身份。著有《浴日诗集》。

《新纂云南通志》中赞扬说：“拱新饬躬律度，作范后昆，二子彬彬，实开风气。”段曦的《浴日诗集》已失传。段昕的《皆山堂诗》载《滇南诗略》，俊逸清新，各体兼擅，评者谓其“牢笼众有，凌跨前哲，可称为李、何”，良非阿也。

——云南省社会科学界联合会编：《云南科举名人逸事》，第54—55页。参考《(道光)云南通志》《滇南诗略》《新纂云南通志》《滇系》

16.“罄舍私藏、遏绝兵哄”的一代名臣赵士麟

赵士麟(1629—1699)，字玉峰，河阳人，……清顺治九年(1652)中进

士,上任贵州为平远县推官,后改补容城县令。创立了正学书院。修学宫,治城隍,平狱讼,在他任内使商民与旗人没有争端。严保甲,课农桑,农闲则教导百姓做战备,在治理方面有很好的名声。行取部曹,累迁至光禄少卿,晋鸿胪卿左副都御使。

……赵士麟建议置官守,抚绥其民,设一府二县,而总兵、副将分驻台、澎,监护军事,每年派遣屯垦士兵就地取材自给自足,减少浙省沿海守汛之兵。朝廷下诏让廷臣讨论,认为可行,升浙江巡抚。

……

后来赵士麟改抚江苏,治理沿袭了浙江省的办法。奖孝悌,尚廉隅,革奢僭,定章服等。入京为吏部左侍郎,旌别淑慝,风采毅然。卒官,年七十一。

《新纂云南通志》赞扬赵士麟:学以从政,临变能断,历典方圻,罄舍私藏,遏绝兵哄,用纾民逋,排祸解急,务全大体。置之古名臣传中,何多让焉。

——云南省社会科学界联合会编:《云南科举名人逸事》,第55—56页。参考《(道光)云南通志》《云南丛书》《滇南诗略》《清史稿》《新纂云南通志》《滇系》

17.“一门之中堪称二俊”的朱瑛、朱炜兄弟

朱瑛,字临川,号龙坡,石屏人。祖父朱孔阳,父亲朱宏裕。朱瑛二十六岁时,考中清雍正二年(1724)甲辰科进士,旋即丁内艰。丧服满后,授宣化府赤城县知县。当时正值朝廷大军西征厄鲁特,而赤城正是战略要道,朱瑛应变有法,事集而民不知。

……

朱炜,朱瑛之兄,清雍正二年(1724)甲辰科举人,性格严厉,朱瑛对待他如同父亲。有一次朱炜曾经发怒,想要笞挞朱瑛,朱瑛绕床哀求才作罢,可见其兄在他心中的地位。朱炜治家勤俭,所置田产都与朱炜共同拥有,恐怕儿子有异议,便想分家处理。不巧朱炜当选要到新野县任职,兄弟皆为官吏,贫富均匀了,于是就商议分开家产。还没来得及分家,朱炜就去世

了。等到朱瑛归家,就和朱炜的儿子把家产平均分了,又拿别处田产给了朱炜长子,让他侍奉祭祀祖先。

朱瑛做人修德为己任。将才俊之人招回官署,亲自教导。……

在任丘时,曾经有富人家子弟行贿千金,希求能中榜首,朱瑛说:“我是书生起家的县令,怎么能收受贿赂呢?”富人子弟大怒,入京师,按照行贿朱瑛的先例行贿给知州,说“广吾以压朱某也。”

朱瑛于乾隆三十九年(1774)去世。崔述撰《墓志铭》赞扬说:“朱瑛之才比于龚、黄,鞠躬履方,卒致颠蹶,惜哉!朱炜义方自守,友于之情,穷老弥笃。一门之中称二俊啊。”

——云南省社会科学界联合会编:《云南科举名人逸事》,第57—58页。参考《石屏县志》《新纂云南通志》

18.“名重南土”的晋宁李因培科举家族

李因培(1717—1767),字其材,号鹤峰,云南晋宁人。其父为李治民,字立人,康熙癸巳年在乡试中中举,不久被派到广东,署清远知县,李治民居官有很多善政。

……

李治民之子李因培,中清乾隆三年(1738)秋闱榜,乾隆十年(1745)进士,殿试二甲,改庶吉士。散馆,授编修。擢升内阁学士,光禄大理寺卿,提督山东、浙江、江苏学政,顺天府府尹,历户、礼、兵、邢四部侍郎,湖北、湖南、福建三省巡抚。李因培明习经史,才高而性刚,所至气凌人上,然能折节下士。为学政时,所识拔的多是江南才俊。又好表章气节忠烈,如宋代名臣朱长文、韩世忠、文天祥等。于诸臣中,独负时望。

……

李因培死后,家徒四壁,吴中士民感李因培品德,葬于吴下九龙坞,设灵位以祭之。李因培著有《鹤峰诗文集》若干卷。……

李翊,李因培的长子,字桂圃,号衣山。自幼聪明颖悟,博通经史。十六岁时,清乾隆二十一年(1756)乡试中试。清乾隆二十二年(1757)成进士,入词馆。供职十余年,后因病归乡。当时李因培视学江浙,前后几十年的时间,李翊常侍奉左右,与当时的名士相唱和。他的诗多散佚,刊存了三卷,命名曰《衣山诗钞》。

李翃,李因培的次子,字和之,号梦山,别号云华。少年聪慧,四岁就能背诵唐诗,长大之后更加热爱学习。清乾隆四十八年(1783),乡试第一。

嘉庆四年(1799)成进士,入词馆。不久升迁侍御,以祖母去世守孝为由辞官不做,归乡后不再复出。李翊尝博综汉儒诸说,然后参进自己的意见,著写了《敬业载言》六卷,有《云华诗钞》五卷。

李翻,李因培的三子,字云樵,号兰溪。读书观其大意,不屑于具体的章节句子,屡试不第。后任山东泗水县尉,县尉本来就是闲职,公事闲暇之余寄情于诗酒,筑了小室栽花种竹。以丁祖母之忧离开官场,不再出任职务。有《兰溪诗钞》二卷。

李翻的儿子李浩,字篆卿。清嘉庆十五年(1810)中举于乡试,嘉庆十九年(1814)成进士,入词馆,授编修。清道光二年(1822),主持湖南乡试,又提督湖北学政,编写了《稜翁》《鹤峰》《衣山》《云华》《兰溪》诸诗集,把它们统一命名为《李氏诗存》,刊行于世。

李舟,李因培的四子,字仙望。以知县历升潞安、河南彰德、曹州知府,一时称号为循吏。擢升福建粮储道、山西按察使、广西布政使,廉隅自饬,不失家风。

——云南省社会科学界联合会编:《云南科举名人逸事》,第58—60页。参考《新纂云南通志》《(云南丛书集部之二十五)李氏诗存 · 小传》《(道光)晋宁州志》《(道光)云南通志》《丛书集成》

19. "能以清白遗子孙"的蒙自尹均父子叔侄三进士

尹均,字佐平,蒙自人。其先祖为河南怀庆人,明兵科给事中革,因为言事,触怒了当权太监,被贬为太和县丞,子孙就落户云南。尹均祖父尹文炽在清康熙年间做过兵部主事。其父尹宗梁做过桂林府同知。

……

尹壮图(1738—1808),字万起,号楚珍。清乾隆三年(1738)冬月生于蒙自县城阁学街。尹壮图少年和青年时受业于蒙自县“勤讲论、善诱掖”的宿儒杜式庵,又曾跟随弥阳刘随轩学书法。清乾隆二十五年(1760)赴临安科试,名列一等一名。清乾隆三十一年(1766)考中进士,改庶吉士、散馆,授刑部安徽司主事,再迁吏部文选司员外郎,考功司郎中,礼部郊祭司郎中。清乾隆三十九年(1774)考选江南道监察御史,转京畿道,三迁至内阁学士,兼礼部侍郎。

……

尹壮图博览群书,勤于笔耕,有《尹壮图诗稿》二卷,《详批纲鑑性理语录文稿》四卷。另有《楚珍自编年谱》,为尹壮图自编,始清乾隆三午(1738),止乾隆六十年(1795),共五十八年。清嘉庆元年(1796)至嘉庆十三年(1808),其子佩珩、佩环、佩恩续尹壮图自编年谱,且多加按语,双行侧注以别之。合续编十八年,尹壮图生平出处皆具,论世知人藉可考见。尹佩珩等刻行此行。收入《云南丛书》二编。

尹英图,字毓钟。清乾隆五十二年(1787)进士,由检讨改授恩施县。……

……

《新纂云南通志》中赞扬说:“尹氏累世儒,望名重滇中。壮图事君无隐,抗议柱下,正直不回,《传》所谓‘进思尽忠,退思补过’者,庶乎近之。一鸣之后,终身远斥,悲夫！贤人君子,难合于时也。盛世犹然,况于乱季乎。均清纯德素,英图开达理干,一门竞爽,盛矣哉！”

——云南省社会科学界联合会编:《云南科举名人逸事》,第61—67页。参考《清史稿》《滇系》《新纂云南通志》《蒙自县志》《(道光)云南通志》

20.“智斗和珅,以直声震海内”的清朝名御史——钱沣

钱沣(1740—1795),昆明人,名沣,字东注,号南园。……

……

钱沣虽然很有才华,但功名并不顺利。清乾隆二十二年(1757),钱沣

十八岁才考取秀才。清乾隆三十三年(1768)考取举人,同年冬赴京参加第二年春天的会试落第,于是去湖北公安投奔做知县的好友万钟杰。清乾隆三十六年(1771),又回京参加"恩科会试",中了进士,为翰林院庶吉士。后为检讨,充任国史馆纂修官,前后任职将近十年。……

清乾隆四十六年(1781),钱沣改任江南道御史。……

钱沣的诗、文、书、画、联都很有名,被誉为"滇中第一完人"。其书法集诸家之长,尤其精于颜体,笔力雄劲。钱沣书联,结构严谨而刚劲清润,如筇竹寺中两副楹联,都是珍品。其身后著作《钱南园遗集》《南园诗存》《南园文存》等行世。其楷书代表作有《枯树赋》《冒雨寻菊序》《守株图诗》《端阳竞渡序》,行书代表作有《桂花厅记》等。

……

钱沣去世后,归葬于昆明龙泉镇羊肠村北山,今墓已修复,被列为昆明市重点文物保护单位。翠湖东畔旧时有钱沣祠,俗称"草公馆",馆前小巷又称"学士巷"。1995 年 3 月,钱沣逝世 200 周年之际,"钱南园纪念碑廊"在昙华寺中园落成。

——云南省社会科学界联合会编:《云南科举名人逸事》,第 67—72 页。参考《钱南园先生遗集》《钱南园先生文存序》《钱南园先生别传》《钱南园先生墓志铭》《钱南园遗集》《(道光)昆明县志》《民国新纂云南通志》《(光绪)续云南通志稿》《清史稿》《新纂云南通志》《滇系》

21. 清史留名的白族"谏臣"谷际岐

谷际岐(1739—1815),字凤来,号西阿,自号龙华山樵,白族,赵州人。清乾隆四十年(1775)进士,授翰林院检讨。祖父为州学生,父亲为国子监生。

谷际岐自幼聪明,刻苦学习,读书经常至深夜。乾隆三十年(1765)选拔贡中副车。乾隆三十九年(1774)中乡试举人解元。乾隆四十年(1775)中乙未科进士。入翰林院庶常馆,清乾隆四十三年(1778)散馆御授检讨,参与校译宫廷《四库全书》。曾先后封任国史撰修、武英殿提调官、咸安宫官学总裁等职。后以双亲年老为由,乞求归乡供养亲人,当时的云贵总督富纲看好他的才华，聘他主讲五华书院，云南学习经艺参加科举考试的学子，都以谷际岐为师。后来谷际岐的父亲去世，他扶棺归故里，十年不出家乡。……

……

谷际岐著有《五华讲义》《历代大儒诗钞》《西阿诗草》《彩云别墅存稿》《采兰集》《龙华山稿》，以及《学易秘旨》《历法秘旨》《声调谱》等卷。《西阿诗草》内分《龙华山草》《彩云别墅存稿》，前有蒙古法式善、莱阳初彭龄《序》及《自序》、《陶庐诗话》一则、师范《读其诗集书后诗》八首；后有初彭龄《跋》、吴锡麒评。谷际岐书为初彭龄所校梓。《小停云馆芝言》录六十首，《滇南诗选》录三首，《滇诗嗣音集》录十八首。张履程称其诗"静穆清逸，淡而弥旨"。收入《云南丛书》，后附子妇袁氏《漱芳亭诗钞》。

——云南省社会科学界联合会编：《云南科举名人逸事》，第72—74页。参考《小停云馆芝言》《西阿诗草》《新纂云南通志》《云南丛书》《滇系》《丛书集成》

22. "兄弟怡怡，互相师友"的"保山二袁"——袁文典、袁文揆兄弟逸事

袁文典（1725—?），字仪雅，号陶村山人。保山城袁氏街人，出身于诗书礼仪之家，为人敦厚，学识渊博。清乾隆二十一年（1756）考中乡试举人后，去北京参加会试落选，回家孝敬父母，扶持兄弟袁文德、袁文思、袁文揆读书立业。……

……

袁文揆（1749—1815），字时亮，又字苏亭，袁文典之弟。自幼聪明颖悟，五岁时，父亲口授《大学》教他，便能背诵无差。十一岁应童子考试，以其优异成绩显示了才华，受到学使李中简的赞扬，并获得了秀才的身份。父亲去世后，继续跟大哥袁文典学习。

……

袁文揆一生走遍大江南北，特别是赴北京科考和甘肃上任，让他了解了民生疾苦，所到之处都与士大夫交游，谈诗论文，著有《时畲堂诗稿》十一卷、《时畲堂文稿》若干卷。在外做官回云南后，先后客居昆明十年，购买经

史文籍近万卷,对乡土文献尤为关注。后来他与兄长袁文典搜辑整理后,编著成《滇南诗略》四十七卷、《滇南文略》四十七卷,成为研究古代云南政治、历史、文学、人物的百科全书,功不可没。《新纂云南通志》赞扬他们兄弟二人说:袁文典、袁文揆兄弟怡怡,互相师友,视富贵利达若敝屣。汲汲于滇中文献,辑滇南诗、文《略》二书,刊刻流播。……

——云南省社会科学界联合会编:《云南科举名人逸事》,第 75—77 页。参考《云南丛书》《时畲堂诗稿》《保山二袁遗诗》《陶村文集》《陶村诗钞》《保山市志》《新纂云南通志》

23. 清嘉庆帝亲批“好官可用”的五华书院山长刘大绅

刘大绅(1746—1828),字寄庵,华宁县宁州镇人。刘大绅年少时致力于学,诗与文相得益彰。清乾隆三十七年(1772)中进士。刘大绅为人清方明敏,尤洁廉自刻。政崇温和,备御旱涝,甚有方略,百姓归仰。历任山东新城、曹县二县县令。

刘大绅在清乾隆四十八年(1783)任山东新城(桓台)知县……

……

清嘉庆十八年至嘉庆二十五年(1813—1820),回乡之后的刘大绅任昆明五华书院主讲。他以培育治国人才为已任。早在新城等县任职时,刘大绅就以“务修德行,勿以记诵词章诡取功名”劝诫诸生。掌教五华书院后,针对当时学生们读书的目的只为功名,不图其他,就以经史诗文教授学生,使学风大变。他还精选学生诗文刊印成《五华诗存》。他的学生中最有名的是昆明的戴炯孙、大理的李于阳、呈贡的戴淳、楚雄的池生春和昌宁的杨国翰,世人称为“五华五子”。刘大绅擅赋诗作文,著有《寄庵文钞》三卷和《寄庵诗钞》三十卷,均收入《云南丛书》,其书法古朴醇厚,恰如其人。《寄庵诗文钞》三十三卷,其中诗钞八卷,自清乾隆五十三年(1788)至嘉庆十年(1805)作,张象津、杨淳“序”于前,李士林、张登瀛“跋”于后,而刘大绅亦自有“跋”,续钞十卷,张咸熙“序”于后;续附十二卷,高乃听“序”于前,而刘大绅亦有自序二;文钞三卷,前有仁和屠绍理、建水张履程“序”,杨国翰、戴恩诏、韩檠、戴淳"序"于后。《滇南诗选》录二十一首，《滇诗嗣音集》录一百五十首，师范《小停云馆芝言》录诗一首。文则李祖陶《清朝文录》及近代国文教本皆选录之。张履程称其诗"因寄所托，写性灵，发旷思，言真丽情愈深，昧淡而指弥远，亦杜亦陶，机趣洋溢"。赵本敭谓其诗"朴老真挚，直写胸臆，不事雕琢，自然流露"。

——云南省社会科学界联合会编：《云南科举名人逸事》，第78—80页。参考《华宁县志》、《新纂云南通志》、《清代诗文集汇编》第421册、《寄庵诗文钞》之《刘青天传》、《滇诗嗣音集》

24. 被姚鼐称赞为"史氏一家之美"的《滇系》白族作者师范

师范(1751—1811)，字端人，号荔扉，又号金华山樵，白族，弥渡辛野人。师范曾祖父师可植及祖父师鼎乾皆为州学生。父亲师问忠，字恕先，一字裕亭，十四岁成为孤儿，奋志于学，但资质不聪明，读书不得要领……他梦中害怕而惊醒，从那以后比普通儿童更加颖慧，并进入了州学。清乾隆六年(1741)秋闱，乡试第二。会试几次不第，被挑选为晋宁州训导，礼部授长芦石碑场盐课大使，后来在乐亭县待了下来，二十年后才回家乡。归乡八年后去世，享年八十有一。师问忠有文学才华，屈居下僚能够和睦相处，遇人平心静气，对于是非道义却坚持原则。他洁身自好。按照资历应该当县宰，但他推辞让给他人。师问忠以文章教弟子，有很多成名的人，唯独师范能够传其学而光大之。

……

师范知识渊博，多才多能，"凡有关民生国是者，莫不考求实用"。他无论为官为民，凡所到之处都很重视教育工作，结纳名士、授业弟子，"陈古指今，悉中利害"。师范擅长文学，熟悉地理、水利、边防军事，一生著作很多。著有《课余随笔》三卷、《金华山樵集》二卷、《雷音集》十二卷、《荫春书屋诗话》一卷、《小停云馆芝兰》十册，以及《二余堂诗稿》等编……。

……

《新纂云南通志》中说："师范贵尚儒雅，砥修名行。既政事之良，又矫娇刚直,面折贵臣,杖责豪奴,有董宣之风。身既殁世,行路挥涕,何遗爱在民,而见思至此也?君子宽则得众,信则民任。使其道行,将措诸天下而咸悦,岂惟乡里之间而已。史称"召父杜母",以彼况此,夫何惭焉!"

——云南省社会科学界联合会编:《云南科举名人逸事》,第80—84页。参考《师荔扉先生遗集》《云南丛书》《新纂云南通志》《滇系》《丛书集成》

25. 正史列传的白族学子第一人——王崧

王崧(1752—1837),原名藩,字伯高,一字乐山,号西山,云南浪穹(今大理白族自治州洱源县)玉湖镇北门街人,白族。祖籍江西上元,其祖王生,元末授大理路判官,住邓川州玉泉乡。元代时即为浪穹土官,明代洪武年间袭浪穹土典史。他的父亲王梅村性情笃实,博学多闻,是当地知名的学者,他们家中藏书很多。王崧很小就承受庭训,务实好学。后来拜著名学者檀萃为师,学识日渐长进。他十七岁时考取秀才,清乾隆五十三年(1788)乡试第三名。清嘉庆四年(1799)中进士第六名,深得主考相国朱文正和太子少保阮元赏识,后授山西省武乡县令。去山西上任后,他便捐出自己薪俸购书办学,并且改革盐政,把原先的官盐改为商盐,让商民从中有利可赚。他还治理漳河,清理源头,疏通渠道,有利于农业进行灌溉。在任九年间,始终以革弊兴利为己任,后来因为得罪当道者而丢官。

王崧罢官后,本想借此机会回归乡里,因为他卓著的名声,受到山西督抚的聘请,清嘉庆二十一年(1816)主讲山西晋阳书院。"九府十州之士,昔之遯听而未登其门者,咸称弟子,集于皋比之下",他为山西培养了不少人才。道德学问传遍山西。他的弟子曾画《乐山讲学图》并作记,从一个侧面如实记载了他对山西学风的影响与贡献,学生把画悬于书院,激励后学。王崧在地方志方面成就卓著,编纂了《云南备征志》和道光《云南志钞》。

……

王崧将所征云南史料编为具有重要史学价值的《云南备征志》二十一卷,填补了云南汉初以前的史料。《云南备征志》首有"总序",略述汉代以前有关云南的史迹。其后则辑录《史记》以下至清初有关云南史料诸书,凡六十二种。这六十二种书籍的汇编方式有四类：一是收录全书，对历代专记云南史事的书籍，择其善本，全书纳入，如樊绰《云南志》、张道宗《记古滇说》、杨慎《滇载记》、阮元声《南诏野史》、诸葛元声《滇史》、冯苏《滇考》、余庆远《维西见闻录》、王凤文《云龙记往》等；二是收录专卷，选择重要典籍中有关云南的专卷收录，如《华阳国志·南中志》、《新唐书·南蛮传》、《太平寰宇记·剑南西道》、《明史·地理志》等；三是收录专条，收录各正史地理志及其他地理书中有关云南的专条，如《汉书·地理志》《续汉书·郡国志》《元史·地理志》《水经注》《山海经》等；四是辑录成篇，将某书中有关云南的零散资料辑录出来，集成专篇，如《资治通鑑》《元史·本纪》《明史·本纪》等。《云南备征志》所汇编之史料大抵以事为主，照录原文，且所用版本多为善本（如樊绰《云南志》为武英殿聚珍版原本、《水经注》则从戴震校本节录）。因而《云南备征志》为以后云南修志提供了基本的资料，亦方便了后学。……

《（道光）云南志钞》八卷，亦为王崧负责云南通志馆时编纂。王崧总纂《云南通志》数年，析各省通志而标新，参诸史传作旁证，广采案牍、斟酌损益，已成通志稿过半。后王崧辞归，已成之稿，经过遴选由其学生杜允中注释后刊刻，收入丛书《乐山集》。收入《乐山集》的《云南志钞》，封面刻有"道光云南志钞"和"道光九年吉佑堂藏版"字样，卷首目录载为八卷：卷一地理志，卷二建置志、盐法志、矿产志，卷三和卷四封建志上、下，卷五和卷六边裔志上、下，卷七和卷八土司志上、下。《云南志钞》虽刊刻而未发行，故传本绝少，世人知之不多。直至民国初年，秦光玉编《续云南备征志》时将其收入，始得流传。孙殿起《丛书目录拾遗》、方国瑜《云南史料目录概说》有著录。云南大学《云南史料丛刊》收有徐文德标点本。1995 年云南社会科学院内部出版刘景毛点校本（参考宋永平《王崧与云南地方志》）。

——云南省社会科学界联合会编：《云南科举名人逸事》，第 84—86 页。参考《云南丛书》《洱源县志》《清史稿·儒林传》《云南备征志》《新纂云南通志》《丛书集成》

26.“昆明望族、文学彬彬”的倪氏科举家族

倪琇，字尚莹，昆明人。幼时聪颖，家贫致力于学。清嘉庆五年(1800)中举，嘉庆六年(1801)辛酉科进士，入选庶常，散馆，授编修，充文颖馆纂修。不久擢升江南道御史，稽查裕丰仓，巡视江南漕务，上疏陈述运河情形及河防各议，都能切中时弊。清嘉庆十八年(1813)，转为吏科给事中。

……

倪玢，字廷玉，又字辉山，倪琇的弟弟，行性孝友，清嘉庆十四年(1809)进士。历任陕西洋县，浙江长兴、云和、江山等县知县。听讼明决，勤廉有声。分校两省乡闱，所推荐之人都是一时之才俊。

……

儿子倪应谦，举人，贵州同知；倪应升，庠生，浙江萧山知县；倪应观，进士，工部虞衡司郎中。孙子倪恩龄，进士。

《新纂云南通志》中赞扬说：倪氏，昆明望族，文学彬彬，足以为后进之士的楷模，琇与玢是其中尤其著名的人。二人位有高下，而他们的治理方法很多地方相同，大概本原没有区别。读他们的诗，蔼然可亲，真是仁人之言啊。

——云南省社会科学界联合会编：《云南科举名人逸事》，第86—88页。参考《新纂云南通志》

27.“学粹品端”“克尽厥职”的吏部尚书朱嶟

朱嶟(1791—1862)，字仰山，通海人。自幼刻苦好学，老成持重，志气纯正。清嘉庆十八年(1813)中癸酉科举人。嘉庆二十四年(1819)中乙卯科进士，朝考后钦点翰林院庶吉士。朱嶟为人明察内敏，又习文法，修身立名，以廉洁谨慎著称。

……

朱嶟历任通政副使、内阁学士。清道光二十九年(1849)，授仓场侍郎。清咸丰四年(1854)，病，乞罢。清咸丰五年(1855)，病痊，复授户部侍郎。清咸丰六年(1856)，擢升左都御史。迭署兵、礼二部尚书。

清咸丰八年(1858)，朱嶟升任礼部尚书。清咸丰十年(1860)，出任全国

会试大总裁。清咸丰十一年(1861),他自觉年老力衰,奏请开缺。清同治元年(1862),朱嶟在京去世,葬于京郊,朝廷谥“文瑞”,有“学粹品端”“克尽厥职”等评语。清光绪初年,地方绅耆报请朝廷批准,建“礼部尚书朱文瑞公故里碑”于通海城东门外大桥驿道旁。

朱嶟居官,正直有气干,慨然有树立功名之志,凡所奏议,都百十篇,而论通变圜法,其意甚美,故为删节其辞,著于《传》云。

《新纂云南通志》赞曰:“昔左丘明论晏子之谏齐侯以为仁人之言,其利溥哉! 故《诗》称‘辞之辑矣,民之协矣;辞之绎矣,民之莫矣。’夫辞不可以已也,有如是哉!”

——云南省社会科学界联合会编:《云南科举名人逸事》,第 88—91 页。参考《清史稿》《新纂云南通志》《通海县志》

28.“五华五子”兼具楚雄八大翰林之一的池生春

池生春(1798—1836),字龠庭,别号剑芝,楚雄鹿城人,为明清楚雄有名的“八大翰林”之一。他的先世原居住在山东省的登州县,后来迁徙到了云南。……清道光三年(1823)进士,授翰林院编修,上书房行走,充会试同考官,典陕西乡试。

池生春出生于一个穷秀才家庭,深知稼穑之苦,贫穷的生活也培养了他许多优秀的品质。十二岁入邑庠,后补廪生,二十一岁中举,二十五岁中进士,选为翰林院庶吉士,又授编修,在科举道路上可谓一帆风顺。清道光八年(1828),出任陕西主考官,不久又被提拔为南书房行走。道光十二年(1832),被任命为广西提督学政。清道光十六年(1836),升为国子监司业,正当他大春风得意之时,惜天不假年,因积劳成疾与世长辞。

……

池生春一生,勤学奋著,留下不少传世佳作。除《入秦日记》《直庐记》外,尚有《池司业遗稿》《池司业遗集》等。

——云南省社会科学界联合会编:《云南科举名人逸事》,第 91—93 页。参考《楚雄市志》《新纂云南通志》

29.“居官正直,贤声夙著”的岳阳楼长联作者窦垿

窦垿(1803—1865),字子坫,又字子州,号兰泉,罗平州西区淑基村人。罗平淑基窦氏,是清代滇东名门望族。窦垿的祖父窦晟,为清乾隆十八年(1753)癸酉科云南选拔,清乾隆三十三年(1768)戊子科乡试解元,曾任山西洪洞县知县,“清廉自矢”;父亲窦欲峻,为乾隆五十四年(1789)己酉科云南选拔,历任湖北兴山县、襄阳县、黄冈县、罗田县和安徽黄梅县知县,时有“青天”之称。

窦垿出身书香门第,受祖辈、父辈影响,少怀壮志,发奋读书,主攻经济治世之学,成为国家栋梁之材。清道光五年(1825)中乡试解元,与其祖父同为科举名人,其家享有“祖孙解元”之殊荣。清道光九年(1829),他二十六岁时,又考中乙丑科进士。此后,历任吏部主事、考功司行走。丁父忧,服除后,补文选司主事,除员外郎,掌验封、考功二司印,岁考课一等,记名以道府备用。……

……

窦垿的著作有《晚闻斋稿》刊行于世。清道光年间,窦垿在岳阳楼写下长联:“一楼何奇?杜少陵五言绝唱,范希文两字关情,滕子京百废俱兴,吕纯阳三过必醉。诗耶?儒耶?吏耶?仙耶?前不见古人,使我怆然涕下;诸君试看,洞庭湖南极潇湘,扬子江北通巫峡,巴陵山西来爽气,岳州城东道崖疆。潴者,流者,峙者,镇者,此中有真意,问谁领会得来。”……

……

《新纂云南通志》赞扬说:“清自嘉道以后,政治日坏,祸乱遂兴。洪、杨割据于东南,其余草莽飙起者不可胜数。……垿固文学侍从之才,致身庙堂之上,从容讽议,补阙直言,庶几贾、晁之流。用舍其长而责以成效,肤受浸及,遽见罪斥,悲夫!此诗人所以兴《巷伯》、《苑柳》之叹也。”

——云南省社会科学界联合会编:《云南科举名人逸事》,第93—101页。参考《窦垿纪念集》《窦垿评传》《新纂云南通志》《罗平县志》

30. “无料敌之明,失效死之节”的悲剧总督何桂清

何桂清(1816—1862),字根云,云南昆明人。清道光十五年(1835)进士,选庶吉士,授编修。迁赞善,入直南书房。五迁至内阁学士。清道光二十八年(1848),擢升为兵部侍郎,以丁忧离去,服除,补原官,调任户部。清咸丰二年(1852),督江苏学政。太平军进攻江南,何桂清上疏陈述兵事,弹劾疆吏,侃侃无所避,清文宗奇之。清咸丰四年(1854),调仓场侍郎,不久授浙江巡抚。

……言官数次弹劾上奏,清同治元年(1862),逮捕下狱,审判定罪拟为斩监候。大学士祁俊藻等十七人上疏论救,尚书李棠阶则力争治罪,审判定罪的程序才确定下来。最后此案下到曾国藩处,让他审察奏明。曾国藩上疏说:“封疆大吏以城守为大节,不应该因为僚属的一言为进退。大臣以心迹的是否忠诚来定罪,不必以公禀有无为权衡。”这年冬天,何桂清遂被斩首。

何桂清由侍从出任疆事,才识明敏。在两江正值英国挑衅时,迭陈应付之策。偕同大学士桂良等议税则时,多中肯綮,亦不能尽用其言。晚节败裂,误国殄民,虽廷议多有袒护他的人,但最终也难逃一死。

《清史稿》论曰:“何桂清以才敏负一时之望,膺江表重寄。桂清无料敌之明,又失效死之节。身名俱陨,罪实难辞。”

——云南省社会科学界联合会编:《云南科举名人逸事》,第101—103页。参考《清史稿》《何桂清等书札》

31. 杜文秀逸事

杜文秀(1823—1872),字云焕,号百香,保山上村人。

杜文秀出生于云南保山一个回族商人家庭。他原本姓杨,后因姑母杜氏无后,过继为子,改姓为杜。他有兄弟三人,妹一人,他本人排行第二。过继姑母家后,住在杜家庄。姑母家资殷富,在永昌城内同丰街开设一家宝兴号的盐铺,杜文秀便在城内读书。他从小便天资聪颖,加上勤奋好学,十三岁便通晓古代经籍,十四岁考中秀才,十六岁补廪生。在保山本地也算是小有名气的科举名人(本文其他科举名人皆为举人、进士,杜文秀因影

响重大,在此列入)。成年之后的杜文秀沉厚寡言,英气勃勃。

……

清同治十一年(1872),清军攻破上关、下关,夺取了大量土地,大军逼近大理,义军的大本营受到威胁。杜文秀率万余人激战十余日,死亡过半,退回内城,眼看大势已去。十一月二十五日,杜文秀召集文武官员会议,大司衡杨荣提出"归顺"。杜文秀决定,牺牲自己以换取全城百姓的生命安全。第二天,他和全家服毒自尽,唯幼女小六妹被贴身丫鬟救出,幸免于难。

——云南省社会科学界联合会编:《云南科举名人逸事》,第103—105页。参考《晚清云南剧变:杜文秀起义与大理政权的兴亡(1856—1873)》《杜文秀起义研究》《保山市志》

32. 云南诗评的第一人——许印芳

许印芳(1832—1901),字印山、麟篆,号五塘山人,石屏县五郎沟人,是云南颇负盛名的文学家和教育家。他性情倜傥,目光炯炯如炬,从小广泛涉猎,工于文学。侍奉父母以孝道闻名,妻子病故后不再续娶,全身心研究经史,几十年如一日,丝毫不懈怠。清同治九年(1870),中云南乡试第二名。历任昆阳学正,永善教谕,昭通、大理教授,五华书院监院,经正书院山长等。

许印芳自幼勤奋好学,接受了良好的家庭教育,少年时代就开始写出文采飞扬的诗文,博览群书,重视诗学,出口成章,胸有大志,受到乡里读书人的称赞。他十六岁参加府试,名列第一。因成绩优异,到昆明五华书院学习。由于言谈举止落落大方,且经常有许多同龄人所没有的独到见解,得到了五华书院掌教的肯定和赏识,称赞他为"当今国士"。

……许印芳的著作,有《诗法萃编》《诗谱详说》《律髓辑要》《五塘诗草》《五塘杂俎》等。

……

许印芳晚年告老还乡,在家乡担任玉屏书院主讲。他平生从事教职及著述，经史子集无所不通，每阅览必有批注，是清代滇中著名的文化名人之一，被称为“硕学通儒”。在监掌五华书院时，为补毁于战火的书籍、文献，曾宵衣旰食地搜集前人经籍和诗文，进行刊刻校点、修残补缺，使滇中文献得以保全。

——云南省社会科学界联合会编：《云南科举名人逸事》，第 105—107 页。参考《诗法萃编》《诗谱详说》《律髓辑要》《五塘诗草》《五塘杂俎》《石屏县志》《新纂云南通志》

33. 高风亮节堪比“汉之管幼安、东晋陶元亮”的状元老师陈荣昌

陈荣昌（1860—1935），字筱圃，生于昆明。其父陈维恺，为清同治四年（1865）进士，官福建即用知县，后授东川府学教授。陈维恺去世后，陈荣昌刚满八岁，性情友善，颖悟非常，童蒙受业于会泽县名儒师孟光铎。后来他因家贫而辍学，孟光铎说：“不要辍学，我也不要你的束脩。我受你父亲生前的托付，定当竭尽全力来使你完成学业。”于是陈荣昌受业如初，最终学以有成。五年之后，从会泽返回昆明参加童试，考取第一。在昆明进入府学后，受知于学使李端棻。巡抚岑毓英知道了他的事迹，召他进入总督署，为他延师课读，他的学业更加进步。

清光绪八年（1882），陈荣昌在云南参加乡试中举第一名（解元），清光绪九年（1883），会试登科进士，被授为翰林院庶吉士。……

……

生平著述甚富，已印行者有《虚斋文集》《诗集》《桐村骈文》《滇诗拾遗评选》《剑南诗钞》《乙巳东游日记》《老易通》《改过编》《周训》等书，其未付印者尚有二十余种，藏于家。门人私谥曰“文贞”。

……在卷六总目后，陈荣昌自识云：“予以编辑了明代云南先辈之诗五卷，厚安又为旁搜博采成此一册，于是把它列为卷六。时代越远，网罗越艰难，附刻赋数篇，亦以得之不易，欲其不复散失罢了。此卷诗、赋，乃披阅各县志，随见随钞，有与诗、文《略》重复的地方，荣昌也没有来得及检查。”其自编五卷，每卷都有评语，很是精当。

以上,《清史稿·艺文志》已著录,收入《云南丛书》。

——云南省社会科学界联合会编:《云南科举名人逸事》,第107—109页。参考《云南丛书》《新纂云南通志》《丛书集成》《一代文宗——陈荣昌》

34. 云南状元第一人——袁嘉谷

袁嘉谷(1872—1937),云南石屏人,字树五,又字树圃,晚号屏山居士。清光绪二十九年(1903)取二甲第六十二名进士,同年取“经济特科”一等第一名,结束了云南六百余年间无状元的历史,袁嘉谷也当之无愧地成为云南科举第一人。民间称之为“经济特元”,或“云南独一无二的状元”。昆明原“聚奎楼”悬“大魁天下”匾,在他夺魁后改名为“状元楼”,他的家乡石屏东门城楼悬挂“大魁天下”匾。

……

袁嘉谷的书法造诣颇深,享有名气,被编入《中国书法大词典》。他早年学欧阳询,后学王羲之,旁通米芾、颜真卿、褚遂良,而自创一体。陈古逸评他的书法说:以王、欧为本,兼有褚体,以峭拔俊秀获胜,人称“袁家书”。他的书法笔力坚韧,气势矫健。……

……

1937年12月23日,袁嘉谷与世长辞,终年六十六岁。袁嘉谷博通古今,著作等身,参与编写过《清史稿》《新纂云南通志》和主纂民国《石屏县志》等各种志书上百种,著有《卧雪堂文集》《卧雪堂诗集》《卧雪堂联语》《滇绎》等各类书籍八十余卷。

——云南省社会科学界联合会编:《云南科举名人逸事》,第113—116页。参考《卧雪堂文集》《卧雪堂诗集》《卧雪堂联语》《石屏县志》《袁嘉谷文集》《特科“状元”——袁嘉谷》

附录二　明清云南各府州县科举家族及其科名编年

本部分内容根据《民国新纂云南通志》《中国地方志集成·云南府县志辑》《续云南通志稿》《中华人民共和国地方志丛书·云南各县志》《中国方志丛书·云南府县志》《中国方志丛书·云南备征志》《丛书集成(五编)》《清文海》《明文海》《清代诗文集汇编》《中国西南文献丛书》《云南丛书》《云南史料选编》等文献资料整理。科举家族特指一般情况下,一个家族父子兄弟中至少有两人中举或中进士。

洪畴——河阳人,永乐十八年(1420)庚子科举人
洪汉——洪畴之子,景泰元年(1450)庚午科举人

杨景——安宁人,永乐二十一年(1423)癸卯科举人
杨一清——杨景之子,成化八年(1472)壬辰科进士

赵和——赵州人,永乐二十一年(1423)癸卯科举人
赵子禧——鹤庆人,赵和之子,成化十三年(1477)丁酉科举人

李畅——昆明人,宣德元年(1426)丙午科举人
李昱——李畅之子,天顺六年(1462)壬午科举人

刘莹——姚安人,宣德八年(1433)癸丑科进士
刘玺——刘莹之弟,正统六年(1441)辛酉科举人
刘钧——刘玺之子,成化十九年(1483)癸卯科举人

陶镕——云南府人,宣德十年(1435)乙卯科举人
陶濂——陶镕之孙,弘治八年(1495)乙卯科举人

王宗——晋宁人,正统三年(1438)戊午科举人
王昱——王宗之子,天顺六年(1462)壬午科举人

李蕃——澄江人,正统十二年(1447)丁卯科举人
李居广——李蕃之子,成化十九年(1483)癸卯科举人
李居安——李蕃之子,李居广之弟,弘治五年(1492)壬子科举人

张遵——河西人(寄于通海县学),景泰四年(1453)癸酉科举人
张通——张遵之弟,景泰七年(1456)丙子科举人

朱克瀛——晋宁人,景泰四年(1453)癸酉科举人
朱凤——朱克瀛之子,成化十年(1474)甲午科举人

李昱——呈贡人,天顺六年(1462)壬午科举人
李蓬孺——李昱之子,正德五年(1510)庚午科举人
李霖——姚安人,成化元年(1465)乙酉科举人
李云——李霖之弟,成化四年(1468)戊子科举人

赵璧——云南府人,成化八年(1472)壬辰科进士
赵鸣鸿——赵璧之子,正德二年(1507)丁卯科举人

严容——宜良人,成化十年(1474)甲午科举人
严范——严容之子,弘治十七年(1504)甲子科举人
严表——严容次子,严范之弟,正德八年(1513)癸酉科举人

唐以敬——晋宁人,成化十年(1474)甲午科举人
唐佐——唐以敬之子,弘治五年(1492)壬子科举人
唐锜——唐以敬之孙,唐佐之子,嘉靖五年(1526)丙戌科进士

张西铭——宁州人,成化十一年(1475)乙未科进士

张凤翀——张西铭之子，正德十六年(1521)辛巳科进士

傅澄——昆明人，成化十三年(1477)丁酉科举人
傅良弼——傅澄之子，正德九年(1514)甲戌科进士

包玉——浪穹人，成化十三年(1477)丁酉科举人
包万石——包玉之子，正德五年(1510)庚午科举人

俞钥——南安州人，成化十三年(1477)丁酉科举人
俞金——俞钥之弟，弘治十一年(1498)戊午科举人

罗珦——临安人，成化十四年(1478)戊戌科进士
罗晟——罗珦之父，景泰二年(1451)辛未科进士
罗杰——罗晟之孙，万历四十四年(1616)丙辰科进士

杨玺——浪穹人，成化十六年(1480)庚子科举人
杨绍轲——杨玺之子，正德二年(1507)丁卯举人

李宗泗——昆明人，成化十七年(1481)辛丑科进士
李宗儒——李总泗之弟，成化二十年(1484)甲辰科进士

张志淳——金齿卫人，成化二十年(1484)甲辰科进士
张含——张志淳之子，正德二年(1507)丁卯科举人
张合——张志淳之子，嘉靖元年(1522)壬午科举人
张志信——张志淳从弟，弘治八年(1495)乙卯科举人

朱玑——蒙化人，成化二十三年(1487)丁未科进士
朱光霁——朱玑之子，正德八年(1513)癸酉科举人

王璟——建水人，弘治三年(1490)庚戌科进士

王以忠——王璟之子，嘉靖二十二年(1543)癸卯科举人

方矩——昆明后卫人，弘治六年(1493)癸丑科进士
方化——方矩之子，正德十一年(1516)丙子科举人

于经——澄江人，弘治十四年(1501)辛酉科举人
于泰元——于经之子，嘉靖三十一年(1552)壬子科举人

易经——腾冲卫，弘治十四年(1501)辛酉科举人
易翼之——易经之子，正德二年(1507)丁卯科举人

赵仪——太和人，弘治十四年(1501)辛酉科举人
赵汝濂——赵仪之子，嘉靖十一年(1532)壬辰科进士

叶聪——建水人，弘治十七年(1504)甲子科举人
叶瑞——叶聪之子，正德十六年(1521)辛巳科进士
叶祖尧——叶瑞之孙，万历五年(1577)丁丑科进士

毛玉——昆明人，弘治十八年(1505)乙丑科进士
毛沂——毛玉之子，嘉靖十九年(1540)庚子科举人

王辅——昆明人，正德二年(1507)丁卯科举人
王廷臣——王辅之子，嘉靖三十七年(1558)戊午科举人
王阶——王辅之孙，王廷臣之子，万历十三年(1585)乙酉科举人

陈汉——马龙人，正德五年(1510)庚午科举人
陈瑞麟——陈汉之子，嘉靖二十五年(1546)丙午科举人
陈瑞凤——陈汉之子，与兄陈瑞麟同科，嘉靖二十五年(1546)丙午科举人

黄敏才——晋宁人，正德八年(1513)癸酉科举人

黄明贤——黄敏才之子，嘉靖十三年（1534）甲午科举人
黄明良——黄敏才次子，黄明贤之弟，嘉靖四年（1525）乙酉科举人

傅良弼——昆明人，正德九年（1514）甲戌科进士
傅训——傅良弼之子，嘉靖十六年（1537）丁酉科举人

杨塾——嵩明人，正德十一年（1516）丙子科举人
杨和——杨塾之弟，嘉靖十六年（1537）丁酉科举人
杨钧——杨塾之子，嘉靖二十八年（1549）己酉科举人
杨仲美——石屏人，正德十一年（1516）丙子科举人
杨忠爱——杨仲美之孙，杨忠亮之兄，万历十年（1582）壬午科举人
杨忠亮——杨忠爱之弟，万历二十五年（1597）丁酉科举人

赵德宏——鹤庆人，正德十一年（1516）丙子科举人
赵捷——赵德宏之孙，万历十年（1582）壬午科举人
赵民悦——赵德宏之孙，万历十三年（1585）乙酉科举人

吴尧献——太和人，正德十一年（1516）丙子科举人
吴懋——吴尧献之子，嘉靖十九年（1540）庚子科举人

黄凤翾——昆明人，正德十一年（1516）丙子科举人
黄凤翔——黄凤翾之弟，嘉靖五年（1526）丙戌科进士

施昱——昆明人，正德十四年（1519）己卯科举人
施汝翼——施昱之子，嘉靖三十四年（1555）乙卯科举人
施尧心——施汝翼之孙，万历三十一年（1603）癸卯科举人
施尧中——施汝翼之孙，万历四十六年（1618）戊午科举人

张纪——昆明人，嘉靖元年（1522）壬午科举人
张桥——张纪之子，嘉靖三十八年（1559）己未科进士

张应台——张纪之孙,万历四十年(1612)壬子科举人

王璠——浪穹人,嘉靖元年(1522)壬午科举人
王询——王璠之子,嘉靖四十年(1561)辛酉科举人

陈常道——呈贡人,嘉靖五年(1526)丙戌科进士
陈崇虞——陈常道之孙,万历三十七年(1609)己酉科举人
陈爰谋——陈常道曾孙,万历四十年(1612)壬子科举人

王如春——王昱之孙,嘉靖七年(1528)戊子科举人
王一鹏——王如春之孙,王一鸣之兄,嘉靖二十八年(1549)己酉科举人
王一鸣——王如春之孙,王一鹏之弟,隆庆四年(1570)庚午科举人

唐金——晋宁人,嘉靖七年(1528)戊子科举人
唐尧官——唐金之子,嘉靖四十年(1561)辛酉科举人
唐懋德——唐金之孙,唐尧官之子,万历十九年(1591)辛卯科举人

高第——云南府人,嘉靖七年(1528)戊子科举人
高任重——高第之子,嘉靖三十一年(1552)壬子科举人

拜完——临安人,嘉靖七年(1528)戊子科举人
拜锦——拜完之子,嘉靖三十一年(1552)壬子科举人

袁衮——楚雄人,嘉靖七年(1528)戊子科举人
袁邦彦——袁衮之子,嘉靖二十八年(1549)己酉科举人

俞纬——楚雄人,嘉靖十三年(1534)甲午科举人
俞汝钦——俞纬之侄,嘉靖二十五年(1546)丙午科举人

李茂阳——云南府人,嘉靖十三年(1534)甲午科举人

李向阳——李茂阳之兄,嘉靖二十二年(1543)癸卯科举人

车文琮——剑川人,嘉靖十三年(1534)甲午科举人
车朝辅——车文琮之孙,康熙八年(1669)己酉科举人

陈连——昆阳人,嘉靖十三年(1534)甲午科举人
陈楠——陈连之子,嘉靖二十八年(1549)己酉科举人

施继远——云南府人,嘉靖十三年(1534)甲午科举人
施溥——施继远之子,万历七年(1579)己卯科举人

张经纬——澄江人,嘉靖十三年(1534)甲午科举人
张联奎——张经纬之子,嘉靖三十四年(1555)乙卯科举人

刘辅——昆明前卫,嘉靖十四年(1535)乙未科进士
刘安民——刘辅之子,嘉靖三十七年(1558)戊午科举人

万文彩——临安人,嘉靖十七年(1538)戊戌科进士
万铣——万文彩之子,嘉靖四十年(1561)辛酉科举人
万永康——万文彩之孙,天启五年(1625)乙丑科进士
万肃——万永康之孙,康熙十二年(1673)癸丑科进士

罗云凤——剑川人,嘉靖十九年(1540)庚子科举人
罗为黼——罗云凤之子,万历二十五年(1597)丁酉科举人

张时举——昆明人,嘉靖十九年(1540)庚子科举人
张继芳——张时举之子,嘉靖四十三年(1564)甲子科举人

刘体仁——昆明人,嘉靖十九年(1540)庚子科举人
刘顺征——刘体仁之子,万历八年(1580)庚辰科进士

刘文征——刘体仁之子，万历十一年(1583)癸未科进士
刘信征——刘体仁之子，万历十年(1582)壬午科举人

何思明——浪穹人，嘉靖二十二年(1543)癸卯科举人
何鸣凤——何思明之孙，万历四十三年(1615)乙卯科举人
何其宽——何思明曾孙，康熙五十六年(1717)丁酉科举人

鞠躬——楚雄人，嘉靖二十二年(1543)癸卯科举人
鞠以仁——鞠躬之子，嘉靖三十四年(1555)乙卯科举人
鞠以正——鞠躬之子，鞠以仁之弟，隆庆元年(1567)丁卯科举人

严清——昆明人，嘉靖二十三年(1544)甲辰科进士
严官——严清之子，万历二十五年(1597)丁酉科举人
严实——严清之子，万历二十五年(1597)丁酉科举人

陈葵——石屏人，嘉靖二十五年(1546)丙午科举人
陈龙光——陈葵之孙，万历三十二年(1604)甲辰科进士

杨经——昆明人，嘉靖二十六年(1547)丁未科进士
杨同春——杨经之子，万历四年(1576)丙子科举人

李一阳——云南府人，嘉靖二十八年(1549)己酉科举人
李含锦——李一阳之子，万历七年(1579)己卯科举人

许堂——石屏人，嘉靖二十八年(1549)乙酉科举人
许国良——许堂之子，嘉靖四十三年(1564)甲子科举人

叶露新——云南府人，嘉靖三十一年(1552)壬子科举人
叶世孝——叶露新之子，万历十六年(1588)戊子科举人
叶宏绪——叶露新之孙，叶世孝之子，万历四十年(1612)壬子科举人

董学孔——蒙自人,嘉靖三十四年(1555)乙卯科举人
董杞——董学孔三子,万历四十六年(1618)戊午科举人

李东——太和人,嘉靖三十七年(1558)戊午科举人
李嗣善——李东之子,万历十九年(1591)辛卯科举人
李嗣淳——李东之子,李嗣善之弟,万历四十年(1612)壬子科举人

王廷臣——云南府人,嘉靖三十七年(1558)戊午科举人
王阶——王廷臣之子,万历十三年(1585)乙酉科举人

缪应龙——曲靖人,嘉靖三十七年(1558)戊午科举人
缪思启——缪应龙之子,万历三十一年(1603)癸卯科举人
缪思周——缪思启之弟,万历四十年(1612)壬子科举人

范从义——昆明人,嘉靖四十年(1561)辛酉科举人
范立朝——范从义之子,万历二十五年(1597)丁酉科举人

杨资元——蒙自人,嘉靖四十年(1561)辛酉科举人
杨主敬——杨资元之子,顺治十八年(1661)辛丑科举人

张殿桂——杨资元之孙,杨主敬之子,康熙三十八年(1699)己卯科举人

许镃——石屏人,嘉靖四十三年(1564)甲子科举人
许企观——许镃元孙,康熙三十八年(1699)己卯科举人
许龙骧——许镃元孙,康熙四十一年(1702)壬午科举人
许岳——许企观侄子,康熙五十三年(1714)甲午科举人

傅继孙——傅训之子,隆庆元年(1567)丁卯科举人
傅顺孙——傅训之子,隆庆四年(1570)庚午科举人

王制——昆明人，隆庆元年(1567)丁卯科举人
王景勋——王制之子，万历二十五年(1597)丁酉科举人

辛联芳——云南府人，隆庆四年(1570)庚午科举人
辛嗣进——辛联芳之子，万历四十三年(1615)乙卯科举人

尹廷俊——蒙自人，隆庆五年(1571)辛未科进士
尹邵皋——尹廷俊之子，万历十年(1582)壬午科举人

陶希皋——姚安人，万历元年(1573)癸酉科举人
陶珽——陶希皋之子，万历三十八年(1610)庚戌科进士
陶珙——陶希皋之子，陶珽之弟，天启元年(1621)辛酉科举人

李闻馨——昆明人，万历元年(1573)癸酉科举人
李云举——李闻馨之子，万历二十五年(1597)丁酉科举人

王国治——石屏人，万历四年(1576)丙子科举人
王履祥——王国治之子，万历二十八年(1600)庚子科举人

侯师龙——江川人，万历四年(1576)丙子科举人
侯宏文——侯师龙之子，万历四十三年(1615)乙卯科举人

谈三极——蒙自人，万历七年(1579)己卯科举人
谈所蕴——谈三极之子，天启元年(1621)辛酉科举人

孙思顺——石屏人，万历七年(1579)己卯科举人
孙光祐——孙思顺之子，万历四十三年(1615)乙卯科举人
孙光祚——孙思顺之子，孙光佑之弟，天启四年(1624)甲子科举人
孙光绪——孙光祐之弟，万历四十三年(1615)乙卯科举人
孙申之——孙思顺曾孙，孙光祐之孙，康熙八年(1669)己酉科举人

孙士鹤——孙申之孙,康熙五十二年(1713)癸巳科举人

王希尧——昆明人,万历七年(1579)己卯科举人
王来仪——王希尧之子,万历二十八年(1600)庚子科举人

涂时相——石屏人,万历八年(1580)庚辰科进士
涂会畿——涂时相曾孙,康熙三十二年(1693)癸酉科举人

周作乐——昆明人,万历十年(1582)壬午科举人
周南——周作乐之子,万历三十七年(1609)己酉科举人

闪继迪——永昌人,万历十三年(1585)乙酉科举人
闪仲俨——闪继迪之子,天启五年(1625)乙丑科进士
闪仲侗——闪继迪之子,天启七年(1627)丁卯科举人

尹愉——蒙自人,万历十三年(1585)乙酉科举人
尹子禧——尹愉之子,天启七年(1627)丁卯科举人
尹文炽——尹愉曾孙,康熙二十六年(1687)丁卯科举人
尹宗梁——尹文炽长子,康熙五十六年(1717)丁酉科举人
尹增——尹宗梁长子,乾隆二十五年(1760)庚辰科举人
尹均——尹宗梁三子,尹增三弟,乾隆十九年(1754)甲戌科进士
尹壮图——尹文炽曾孙,尹宗梁之孙,尹均长子,乾隆三十一年(1766)丙戌科进士
尹英图——尹均侄子,尹增六子,乾隆五十二年(1787)丁未科进士
尹佩珩——尹壮图之子,嘉庆十六年(1811)辛未科进士
尹巩图——尹增次子,乾隆三十六年(1771)辛卯科举人
尹佩绅——尹巩图次子,嘉庆七年(1802)壬戌科进士

杨提——鹤庆人,万历十六年(1588)戊子科举人
杨方盛——杨提之子,万历四十四年(1616)丙辰科进士

朱思明——昆明人,万历十七年(1589)己丑科进士
朱运新——朱思明之子,万历四十年(1612)壬子科举人

柳之和——宜良人,万历十九年(1591)辛卯科举人
柳志沆——柳之和之孙,柳志潜之兄,康熙二年(1663)癸卯科举人
柳志潜——柳之和之孙,柳志沆之弟,康熙八年(1669)己酉科举人

马逸——蒙化人,万历十九年(1591)辛卯科举人
马易从——马逸之子,万历三十七年(1609)己酉科举人
马民从——马逸之子,马易从之弟,万历三十七年(1609)己酉科举人

孙学易——楚雄人,万历十九年(1591)辛卯科举人
孙学诗——孙学易之弟,万历二十二年(1594)甲午科举人
孙学书——孙学易、孙学诗之弟,万历三十一年(1603)癸卯科举人

朱化孚——安宁人,万历二十年(1592)壬辰科进士
朱葵——朱化孚之子,万历四十年(1612)壬子科举人

左重——蒙化人,万历二十二年(1594)甲午科举人
左廷皋——左重之子,崇祯十三年(1640)庚辰科进士

苗嘉穀——宜良人,万历二十二年(1594)甲午科举人
苗裔昌——苗嘉穀,之子万历三十一年(1603)癸卯科举人

潘允中——保山人,万历二十五年(1597)丁酉科举人
潘嗣魁——潘允中之子,崇祯九年(1636)丙子科举人
潘世臣——潘允中之孙,潘嗣魁之子,崇祯九年(1636)丙子科同榜举人

陈鑑——石屏人,万历二十八年(1600)庚子科举人
陈士誉——陈鑑之子,天启四年(1624)甲子科举人

陈铭——陈鑑之弟,万历四年(1576)丙子科举人

徐朝纲——晋宁人,万历二十八年(1600)庚子科举人
徐天凤——徐朝纲之子,天启二年(1622)壬戌科进士

张克俭——镇南州人,万历二十八年(1600)庚子科举人
张如凤——张克俭之子,崇祯十五年(1642)壬午科举人

王国治——保山人,万历三十一年(1603)癸卯科举人
王宏祚——王国治之子,崇祯三年(1630)庚午科举人

金本高——昆明人,万历三十二年(1604)甲辰科举人
金伟——金本高之子,天启四年(1624)甲子科举人

阮近贤——马龙州人,万历三十四年(1606)丙午科举人
阮元声——阮近贤之子,崇祯元年(1628)戊辰科进士

吴宏业——河阳人,万历四十三年(1615)乙卯科举人
吴觐宸——吴宏业之孙,康熙五十二年(1713)癸巳科举人

赵璧烜——太和人,万历四十三年(1615)乙卯科举人
赵应鼎——赵璧烜之子,天启七年(1627)丁卯科举人
赵应官——赵璧烜之子,赵应鼎之弟,崇祯十五年(1642)壬午科举人

何可及——剑川人,万历四十七年(1619)己未科进士
何浚——何可及之孙,康熙五十年(1711)辛卯科举人

杨树声——澄江人,天启元年(1621)辛酉科举人
杨文施——杨树声之子,天启四年(1624)甲子科举人
杨珵——杨树声之孙,杨文施之子,康熙八年(1669)己酉科举人

陈我猷——楚雄人，万历四十六年（1618）戊午科举人
陈我德——陈我猷之弟，崇祯七年（1634）甲戌科进士
陈士恪——陈我猷之子，崇祯十五年（1642）壬午科举人

段高选——剑川人，万历四十七年（1619）己未科进士
段廷选——段高选之弟，万历四十年（1612）壬子科举人

陈奇猷——剑川人，天启二年（1622）壬戌科举人
陈祚隆——陈奇猷之子，康熙二年（1663）癸卯科举人

李大受——鹤庆人，天启二年（1622）壬戌科进士
李梦嘉——李大受之子（剑川），康熙十一年（1672）壬子科举人

刘芳——石屏人，天启四年（1624）甲子科举人
刘泽——刘芳之弟，崇祯十二年（1639）己卯科举人
刘敬公——刘芳之孙，刘有余之子，康熙二十三年（1684）甲子科举人
刘宸赞——刘敬公之孙，雍正十三年（1735）乙卯科举人

杨开泰——石屏人，天启四年（1624）甲子科举人
杨敦德——杨开泰曾孙，康熙四十七年（1708）戊子科举人

陈玺——安宁人，崇祯四年（1631）辛未科进士
陈玉振——陈玺之子，康熙四十四年（1705）乙酉科举人
陈峋——陈玺之孙，陈玉振之子，康熙四十四年（1705）乙酉科举人

俞联辉——楚雄人，崇祯六年（1633）癸酉科举人
俞联魁——俞联辉之弟，崇祯十五年（1642）壬午科举人

何渼——镇南人，崇祯九年（1636）丙子科举人
何其义——何渼之子，顺治十八年（1661）辛丑科举人

朱奕文——宾川人，崇祯十二年(1639)己卯科举人
朱薷——朱奕文之子，康熙十一年(1672)壬子科举人

曾高捷——宾川人，崇祯十三年(1640)庚辰科进士
曾学祖——曾高捷之孙，康熙二十九年(1690)庚午科举人

张一甲——石屏人，崇祯十三年(1640)庚辰科进士
张汉——张一甲曾孙，康熙五十二年(1713)癸巳科进士
张金鑑——张一甲曾孙，乾隆三十年(1765)乙酉科举人

黄世春——临安人，顺治十八年(1661)辛丑科举人
黄春祉——黄世春之孙，康熙五十二年(1713)癸巳科举人

余溥——寻甸人，顺治十八年(1661)辛丑科举人
余其祥——余溥之子，雍正二年(1724)甲辰科举人

张肫仁——楚雄人，康熙二年(1663)癸卯科举人
张守仁——张肫仁之弟，地方志载中康熙五年(1666)丙午科举人

黄寅——晋宁人，康熙二年(1663)癸卯科举人
黄申循——黄寅之子，雍正四年(1726)丙午科举人

杨起雷——石屏人，康熙二年(1663)癸卯科举人
杨胪赐——杨起雷之孙，雍正元年(1723)癸卯科进士

赵士麟——澄江人，康熙三年(1664)甲辰科进士
赵宸鼐——赵士麟之子，康熙二十九年(1690)庚午科举人

王寿运——晋宁人，康熙十一年(1672)壬子科举人
王寿祚——王寿运之弟，顺治十八年(1661)辛丑科举人

卢先觉——嶍峨人,康熙二十二年(1683)癸亥科举人
卢先烈——卢先觉之弟,通海人,康熙二十六年(1687)丁卯科举人

段缙——晋宁人,康熙二十三年(1684)甲子科举人
段士骝——段缙之子,康熙五十九年(1720)庚子科举人

李发甲——河阳人,康熙二十三年(1684)甲子科举人
李居颐——李发甲之子,康熙五十二年(1713)癸巳科举人
李璋——李发甲之孙,康熙五十三年(1714)甲午科举人

杨正——石屏人,康熙二十三年(1684)甲子科举人
杨正笋——杨正侄子,康熙四十四年(1705)乙酉科举人

许贺来——石屏人,康熙二十四年(1685)乙丑科进士
许昭来——许贺来之兄,康熙二十九年(1690)庚午科举人
许泰来——许贺来之弟,康熙三十五年(1696)丙子科举人
许涵——许昭来之子,康熙四十四年(1705)乙酉科举人
许渊——许昭来之子,许涵之弟,康熙五十年(1711)辛卯科举人
许湜——许贺来之子,康熙四十七年(1708)戊子科举人
许涟——许贺来之子,康熙五十年(1711)辛卯科举人
许腾蛟——许泰来曾孙,乾隆四十五年(1780)庚子科举人

赵炜——鹤庆人,康熙二十六年(1687)丁卯科举人
赵煻——赵炜之弟,康熙四十四年(1705)乙酉科举人

陈薪槱——石屏人,康熙二十六年(1687)丁卯科举人
陈慥——陈薪槱之孙,乾隆九年(1744)甲子科举人
陈薪槱——临安人,陈万里曾祖,康熙二十六年(1687)丁卯科举人
陈万里——石屏人,乾隆四十五年(1780)庚子科举人
陈履和——陈万里之子,乾隆四十五年(1780)庚子科举人

卢炳——石屏人,康熙二十七年(1688)戊辰科进士

卢侯瓒——卢炳之子,康熙四十七年(1708)戊子科举人

卢镎——卢炳之孙,乾隆二十六年(1761)辛巳科进士

卢锜——卢炳之孙,卢镎之弟,乾隆三十年(1765)乙酉科举人

李天秩——楚雄人,康熙二十九年(1690)庚午科举人

李符恭——李天秩之子,康熙五十七年(1718)戊戌科进士

尹秦——临安人,康熙二十九年(1690)庚午科举人

尹晋——尹秦之弟,康熙四十一年(1702)壬午科举人

尹熙——尹秦之子,雍正七年(1729)己酉科举人

尹麒——尹晋之子,雍正四年(1726)丙午科举人

管灏——新兴人,康熙三十三年(1694)甲戌科进士

管子传——管灏之子,康熙四十七年(1708)戊子科举人

江自岷——晋宁人,康熙三十五年(1696)丙子科举人

江征岷——江自岷之弟,雍正十一年(1733)癸丑科进士

谢俨——河阳人,康熙三十六年(1697)丁丑科进士

谢德培——谢俨之子,康熙五十三年(1714)甲午科举人

戴益懋——安宁人,康熙三十八年(1699)己卯科举人

戴成宪——戴益懋之子,乾隆二年(1737)丁巳科进士(通志载为禄丰人)

李士奇——石屏人,康熙三十八年(1699)己卯科举人

李馥——李士奇侄子,乾隆十五年(1750)庚午科举人

汤茂如——蒙自人,康熙三十八年(1699)己卯科举人

汤伯书——汤茂如长孙,乾隆二十五年(1760)庚辰科举人

汤仲书——汤茂如次孙，汤伯书之弟，乾隆十五年(1750)庚午科举人

时亮功——赵州人，康熙三十八年(1699)己卯科举人
时余——时亮功之子，雍正十一年(1733)癸丑科进士
时远——时亮功之子，时余之弟，乾隆二年(1737)丁巳科进士

潘录——石屏人，康熙三十八年(1699)己卯科举人
潘藻——潘录之孙，乾隆三十年(1765)乙酉科举人

王孙熊——石屏人，王永宾之子，康熙三十九年(1700)庚辰科进士
王元勋——王孙熊之孙，乾隆三十六年(1771)辛卯科举人

段拱新——安宁人，贡生
段昕——段拱新长子，康熙三十九年(1700)庚辰科进士
段曦——段拱新次子，段昕之弟，康熙三十六年(1697)丁丑科进士
段一骙——段昕长子，康熙五十年(1711)辛卯科举人
段一骧——段昕次子，段一骙之弟，康熙五十二年(1713)癸巳科举人
段一麟——段曦之子，康熙五十二年(1713)癸巳科举人

董玘——通海人，康熙三十九年(1700)庚辰科进士
董健——董玘之孙，乾隆六十年(1795)乙卯科进士

任偀——石屏人，康熙四十一年(1702)壬午科举人
任寿——任偀之兄，康熙四十四年(1705)乙酉科举人
任右仁——任寿之子，乾隆三年(1738)戊午科举人
任聚仁——任偀之子，乾隆十二年(1747)丁卯科举人
任澍南——任偀之孙，乾隆三十九年(1774)甲午科举人

叶遂——晋宁人，康熙四十一年(1702)壬午科举人
叶芳唐——叶遂长子，乾隆三年(1738)戊午科举人

叶芳桐——叶遂次子,叶芳唐之弟,乾隆二十四年(1759)己卯科举人

谢履忠——昆明人,康熙四十二年(1703)癸未科进士
谢履厚——谢履忠之弟,康熙四十八年(1709)己丑科进士

陈际熙——石屏人,康熙四十四年(1705)乙酉科举人
陈履信——陈际熙曾孙,乾隆三十六年(1771)辛卯科举人

涂晫——石屏人,康熙四十四年(1705)乙酉科举人
涂暐——涂晫之弟,康熙五十三年(1714)甲午科举人

张汉——石屏人,康熙四十七年(1708)戊子科举人
张中熊——张汉之子,康熙五十六年(1717)丁酉科举人

房书——石屏人,康熙四十七年(1708)戊子科举人
房灿衡——房书之子,乾隆元年(1736)丙辰科举人

李倬云——鹤庆人,康熙四十七年(1708)戊子科举人
李敬——李倬云之子,雍正十三年(1735)乙卯科举人

谢履宽——安宁人,康熙四十七年(1708)戊子科举人
谢岱——谢履宽之子,康熙五十三年(1714)甲午科举人

张揆亮——河阳人,康熙四十八年(1709)己丑科进士
张晋午——张揆亮之子,乾隆三年(1738)戊午科举人

许世珍——昆明人,康熙五十年(1711)辛卯科举人
许善国——许世珍之子,康熙五十三年(1714)甲午科举人

龙廷标——石屏人,康熙五十年(1711)辛卯科举人

龙廷楣——龙廷标之弟,雍正七年(1729)己酉科举人

许方——石屏人,康熙五十年(1711)辛卯科举人
许平——许方之弟,雍正五年(1727)丁未科进士

程云路——通海人,康熙五十年(1711)辛卯科举人
程楷——程云路之子,乾隆元年(1736)丙辰科举人

刘颜臣——通海人,康熙五十二年(1713)癸巳科举人
刘同——刘颜臣之子,乾隆十五年(1750)庚午科举人

李秉干——石屏人,康熙五十二年(1713)癸巳科举人
李秉中——李秉干,之兄康熙五十年(1711)辛卯科举人

董继舒——通海人,康熙五十二年(1713)癸巳科举人
董正履——董继舒之子,雍正七年(1729)己酉科举人
董正临——董继舒之子,董正履之弟,乾隆二十一年(1756)丙子科举人

李治民——晋宁人,康熙五十二年(1713)癸巳科举人
李因培——李治民之子,乾隆十年(1745)乙丑科进士
李翊——李因培之子,乾隆二十二年(1757)丁丑科进士
李翃——李因培之子,嘉庆四年(1799)己未科进士
李浩——李翃之子,嘉庆十九年(1814)甲戌科进士

聂敷贲——江川人,康熙五十三年(1714)甲午科举人
聂乃乂——聂敷贲之孙,乾隆五十九年(1794)甲寅科举人

黄钺——建水人,康熙五十三年(1714)甲午科举人
黄鹤鸣——黄钺之子,康熙五十四年(1715)乙未科进士

李瑾——澄江人，李发甲之孙，康熙五十六年(1717)丁酉科举人
李之梓——李发甲曾孙，嘉庆十九年(1814)甲戌科进士

苏霖渤——赵州人，康熙六十年(1721)辛丑科进士
苏霖润——苏霖渤之弟，乾隆二年(1737)丁巳科进士
苏霖泓——苏霖渤堂兄，康熙三十五年(1696)丙子科举人

杜岳生——蒙自人，雍正元年(1723)癸卯科举人
杜侨——杜岳生之子，乾隆三年(1738)戊午科举人

喻易——石屏人，雍正元年(1723)癸卯科举人
喻冕——喻易之弟，雍正七年(1729)己酉科举人
喻如圣——喻易、喻冕之侄，石屏人，乾隆三十年(1765)乙酉科举人

陈沆——石屏人，雍正元年(1723)癸卯科举人
陈家修——陈沆之孙，乾隆二十七年(1762)壬午科举人
陈树敏——陈沆侄子，乾隆三年(1738)戊午科举人

万以敦——阿迷人，雍正元年(1723)癸卯科举人
万以征——万以敦之弟，乾隆十七年(1752)壬申科进士

郑居正——江川人，雍正元年(1723)癸卯科举人
郑瑞——郑居正之子，雍正二年(1724)甲辰科举人

朱瑛——石屏人，雍正二年(1724)甲辰科进士
朱炜——朱瑛之兄，雍正二年(1724)甲辰科举人
朱士琪——朱瑛之子，乾隆三十五年(1770)庚寅科举人
朱奕簪——朱瑛之孙，朱士琪之子，乾隆四十五年(1780)庚子科举人

谢廷绣——石屏人，雍正二年(1724)甲辰科举人

谢凤璋——谢廷绣之子，乾隆十七年（1752）壬申科进士

刘庶坛——保山人，雍正二年（1724）甲辰科举人
刘锴——刘庶坛之子，乾隆十二年（1747）丁卯科举人
刘銮——刘庶坛之子，刘锴之弟，乾隆十九年（1754）甲戌科进士

赵淳——赵州人，雍正五年（1727）丁未科进士
赵之瑞——赵淳之子，乾隆十年（1745）乙丑科进士（未仕而卒）

陈容纕——石屏人，雍正五年（1727）丁未科进士
陈萸纕——陈容纕之弟，雍正十一年（1733）癸丑科进士

许轼——石屏人，雍正五年（1727）丁未科举人
许鼎甲——许轼之子，雍正七年（1729）己酉科举人

王式和——姚安人，雍正七年（1729）己酉科举人
王式训——王式和之弟，雍正十三年（1735）乙卯科举人
王明——王式和之子，乾隆十七年（1752）壬申科举人

李盛唐——马龙人，雍正八年（1730）庚戌科进士
李敬跻——李盛唐之子，乾隆二十二年（1757）丁丑科进士

高扬——通海人，雍正八年（1730）庚戌科进士
高履方——高扬之子，乾隆三十三年（1768）戊子科举人

孙似梅——呈贡人，雍正十年（1732）壬子科举人
孙似茗——孙似梅之弟，乾隆元年（1736）丙辰科举人

钱昭——昆明人，雍正十年（1732）壬子科举人
钱汝霖——钱昭之子，乾隆二十一年（1756）丙子科举人

周于智——嶍峨人，雍正十年(1732)壬子科举人
周于礼——周于智之弟，乾隆十六年(1751)辛未科进士

余应祥——昆明人，雍正十一年(1733)癸丑科进士
余萃文——余应祥之子，乾隆二十七年(1762)壬午科举人

孙敬——新兴人，雍正十三年(1735)乙卯科举人
孙铭——孙敬之孙，嘉庆二十一年(1816)丙子科举人

王一中——建水人，乾隆元年(1736)丙辰科举人
王会岳——王一中之子，乾隆五十一年(1786)丙午科举人

李九标——江川人，乾隆元年(1736)丙辰科举人
李棠——李九标之子，乾隆四十八年(1783)癸卯科举人

蒋祖培——鹤庆人，乾隆二年(1737)丁巳科进士
蒋祖寿——蒋祖培之弟，乾隆十五年(1750)庚午科举人
蒋鸣鹿——蒋祖培之子，乾隆二十八年(1763)癸未科进士
蒋九锡——蒋祖培之孙，嘉庆十三年(1808)戊辰科举人

甘茂——姚州人，乾隆三年(1738)戊午科举人
甘美——甘茂之弟，乾隆三年(1738)戊午科同榜举人

唐文炳——晋宁人，乾隆三年(1738)戊午科举人
唐文蔚——唐文炳之弟，唐文灼之兄，乾隆十年(1745)乙丑科进士
唐文灼——唐文蔚之弟，唐文炳之弟，乾隆三十一年(1766)丙戌科进士
唐麟——唐文灼之子，嘉庆十三年(1808)戊辰科举人

杨茂林——蒙自人，乾隆三年(1738)戊午科举人
杨云官——杨茂林长子，乾隆四十八年(1783)癸卯科举人

胡养正——太和人,乾隆四年(1739)己未科举人
胡之铣——胡养正之孙,太和人,嘉庆十年(1805)乙丑科进士
胡绍瑗——胡之铣之父,乾隆五十九年(1794)甲寅科举人
胡之铨——胡之铣之弟,乾隆五十九年(1794)甲寅科举人

龚敏——龚仁之孙,乾隆六年(1741)辛酉科举人(《滇系》作龚敬)
龚亮——龚仁之孙,雍正十年(1732)壬子科举人
龚锡鼎——龚仁之曾孙,乾隆十三年(1748)戊辰科进士

谈鹤征——蒙自人,乾隆六年(1741)辛酉科举人
谈去矜——谈鹤征长子,乾隆三十年(1765)乙酉科举人
谈锡福——谈去矜之子,嘉庆十六年(1811)辛未科进士
谈锡畴——谈去矜之子,谈锡福之弟,嘉庆二十四年(1819)己卯科举人

袁人龙——赵州人,乾隆六年(1741)辛酉科举人
袁惟清——袁人龙之子,乾隆三十五年(1770)庚寅科举人

师问忠——赵州人,乾隆六年(1741)辛酉科举人
师范——师问忠之子,乾隆三十九年(1774)甲午科举人

张凤书——通海人,乾隆七年(1742)壬戌科进士
张履程——张凤书第六子,乾隆五十七年(1792)壬子科举人

武绳祖——临安人,乾隆九年(1744)甲子科举人
武应衡——武绳祖之孙,嘉庆十三年(1808)戊辰科举人

冯宗周——新兴人,乾隆九年(1744)甲子科举人
冯文晫——冯宗周之子,乾隆三十三年(1768)戊子科举人
冯文晋——冯宗周之子,冯文晫之弟,乾隆五十一年(1786)丙午科举人

杨天恩——路南州人，乾隆十年（1745）乙丑科进士
杨巽——杨天恩之子，乾隆四十四年（1779）己亥科举人
杨懋——杨天恩之孙，杨巽之子，乾隆五十一年（1786）丙午科举人

钱士云——昆明人，乾隆十年（1745）乙丑科进士
钱学彬——钱士云之孙，乾隆五十五年（1790）庚戌科进士

陈纶——河阳人，乾隆十二年（1747）丁卯科举人
陈士凤——陈纶之子，乾隆二十八年（1763）癸未科进士
陈毓璋——陈士凤之子，嘉庆十年（1805）乙丑科进士
陈毓华——陈士凤之子，陈毓璋之弟，嘉庆二十一年（1816）丙子科举人

高元明——临安人，乾隆十五年（1750）庚午科举人
高城——高元明之子，乾隆二十七年（1762）壬午科举人

倪高甲——建水人，乾隆十五年（1750）庚午科举人
倪高中——倪高甲之弟，乾隆十九年（1754）甲戌科进士
倪思淳——倪高甲之子，乾隆四十九年（1784）甲辰科进士
倪思莲——倪高甲之子，倪思淳之弟，乾隆六十年（1795）乙卯科进士

蔡馨——晋宁人，乾隆十六年（1751）辛未科进士
蔡廷璋——蔡馨之子，嘉庆十五年（1810）庚午科举人

郭良贵——郭恭之子，乾隆十六年（1751）辛未科进士
郭岱——郭良贵之子，乾隆三十六年（1771）辛卯科举人

王宇谟——沾益人，乾隆十七年（1752）壬申科举人
王育仁——王宇谟之父，康熙五十六年（1717）丁酉科举人

陈文灿——楚雄人，乾隆十八年（1753）癸酉科举人

陈璜——陈文灿之子，嘉庆九年（1804）甲子科举人

刘经传——石屏人，乾隆十八年（1753）癸酉科举人
刘汝讷——刘经传之子，乾隆五十七年（1792）壬子科举人

李云程——石屏人，乾隆十九年（1754）甲戌科进士
李云汉——李云程之弟，乾隆三十五年（1770）庚寅科举人

刘寅廷——蒙自人，乾隆二十一年（1756）丙子科举人
刘位廷——刘寅廷之兄，乾隆十六年（1751）辛未科进士
刘名廷——刘位廷、刘寅廷之兄，雍正十年（1732）壬子科举人
刘烈——刘名廷三子、乾隆四十五年（1780）庚子科举人

段廷赞——晋宁人，乾隆二十四年（1759）己卯科举人
段钦孙——段廷赞之子（《道光晋宁州志》载为举人，通志无此记载）
段崇先——段廷赞之子，嘉庆十二年（1807）丁卯科举人

戴晟——浪穹人，乾隆二十四年（1759）己卯科举人
戴廷魁——戴晟之子，嘉庆五年（1800）庚申科举人

李至——鹤庆人，乾隆二十五年（1760）庚辰科举人
李景阳——李至之子，乾隆五十三年（1788）戊申科举人

陈铨——姚安人，乾隆二十五年（1760）戊辰科举人
陈于宁——陈铨之子，乾隆五十一年（1786）丙午科举人

赵魁——剑川人，乾隆二十五年（1760）庚辰科举人
赵临千——赵魁之子，乾隆五十一年（1786）丙午科举人

朱石宝——安宁人，乾隆二十五年（1760）庚辰科举人

朱一点——朱石宝之子，乾隆四十五年（1780）庚子科举人

郭南英——河阳人，乾隆二十五年（1760）庚辰科举人
郭凤彩——郭南英之子，乾隆三十年（1765）乙酉科举人

马元龙——河阳人，乾隆三十年（1765）乙酉科举人
马捷春——马元龙之子，乾隆五十四年（1789）己酉科举人

喻如圣——石屏人，乾隆三十年（1765）乙酉科举人
喻道味——喻如圣之子，乾隆四十五年（1780）庚子科举人

窦晟——罗平人，乾隆三十三年（1768）戊子科举人
窦埻——窦晟之孙，道光九年（1829）己丑科进士

刘天瑞——嵩明人，乾隆三十三年（1768）戊子科举人
刘肇甲——刘天瑞之子，乾隆五十一年（1786）丙午科举人
刘绍甲——刘天瑞之子，乾隆五十一年（1786）丙午科举人

李茂彩——石屏人，乾隆三十四年（1769）己丑科进士
李问礼——李茂彩之子，乾隆四十五年（1780）庚子科举人

刘麟玉——禄丰人，乾隆三十五年（1770）庚寅科举人
刘嘉绶——刘麟玉之子，嘉庆二十一年（1816）丙子科举人
刘嘉绩——刘麟玉之子，嘉庆二十一年（1816）丙子科举人

段之锴——晋宁人，乾隆三十五年（1770）庚寅科举人
段联锋——段之锴次子，嘉庆二十二年（1817）丁丑科进士
段联修——段之锴三子，段联锋三弟，嘉庆二十二年（1817）丁丑科进士

庄莅民——鹤庆人，乾隆三十六年（1771）辛卯科举人

庄执穀——庄莅民之子,道光十四年(1834)甲午科举人

杨淮——宾川人,乾隆三十六年(1771)辛卯科进士
杨廷华——杨淮之子,道光五年(1825)乙酉科举人

段琦——河阳人,乾隆三十九年(1774)甲午科举人
段润彩——段琦之子,乾隆五十九年(1794)甲寅科举人

张玘——河阳人,乾隆三十九年(1774)甲午科举人
张文道——张玘之子,嘉庆三年(1798)戊午科举人

杨履宽——太和人,乾隆三十九年(1774)甲午科进士
杨文嶲——杨履宽之子,乾隆十八年(1753)癸酉科举人

卫宸垣——石屏人,乾隆三十九年(1774)甲午科举人
卫宸亮——卫宸垣堂弟,乾隆四十二年(1777)丁酉科举人

钟瓒——通海人,乾隆四十二年(1777)丁酉科举人
钟庆云——钟瓒之子,道光十一年(1831)辛卯科举人

郭晋——河阳人,乾隆四十二年(1777)丁酉科举人
郭际清——郭晋之子,嘉庆十二年(1807)丁卯科于顺天中式举人
郭锡恩——郭晋之孙,郭际清之子,道光十二年(1832)壬辰科进士

牛昂——通海人,乾隆四十四年(1779)己亥科举人
牛兆甲——牛昂之子,道光二年(1822)壬午科举人

房昊——石屏人,乾隆四十四年(1779)己亥科举人
房煦——房昊之兄,乾隆四十四年(1779)己亥科同榜举人

李九成——河西人，乾隆四十四年(1779)己亥科举人

李时升——李九成之子，嘉庆二十二年(1817)丁丑科进士

李书升——李九成之子，李时升之弟，道光二年(1822)壬午科举人

李人骥——李时升之子，道光元年(1821)辛巳科举人

李敬简——晋宁人，乾隆四十四年(1779)己亥科举人

李衢——李敬简之子，嘉庆二十四年(1819)己卯科进士

赵杰士——鹤庆人，乾隆四十五年(1780)庚子科举人

赵毓丹——赵杰士之子，嘉庆十三年(1808)戊辰科举人

欧太和——安宁人，乾隆四十五年(1780)庚子科举人

欧仲和——欧太和之弟，嘉庆五年(1800)庚申科举人

段琦——河阳人，乾隆四十五年(1780)庚子科进士

段润彩——段琦之子，乾隆五十九年(1794)甲寅科举人

沙琛——太和人，乾隆四十五年(1780)庚子科举人

沙兰——沙琛之孙，咸丰元年(1851)辛亥科举人

束本春——新兴人，乾隆四十五年(1780)庚子科举人

束本立——束本春之弟，与兄束本春同科中乾隆四十五年(1780)庚子科举人

袁凤孙——石屏人，乾隆四十八年(1783)癸卯科举人

袁襄武——袁凤孙之子，道光十二年(1832)壬辰科举人

丁应銮——石屏人，乾隆五十一年(1786)丙午科举人

丁运泰——丁应銮之子，嘉庆十六年(1811)辛未科进士

丁宝纶——丁应銮之孙，道光十五年(1835)乙未科进士

常健运——河西人,乾隆五十三年(1788)戊申科举人
常带河——常健运之子,嘉庆二十三年(1818)戊寅科举人

张志亮——白盐井人,乾隆五十四年(1789)己酉科举人
张敦朴——张志亮之子,乾隆六十年(1795)乙卯科举人

严民钦——宜良人,乾隆五十四年(1789)己酉科举人
严烺——严民钦之子,严焯之兄,乾隆五十八年(1793)癸丑科进士
严焯——严民钦之子,严烺之弟,嘉庆十年(1805)乙丑科进士

束本淳——新兴人,乾隆五十四年(1789)己酉科举人
束本敦——束本淳之弟,嘉庆十二年(1807)丁卯科举人

吴怡——保山人,乾隆五十七年(1792)壬子科举人
吴协——吴怡之弟,与胞兄中同榜乾隆五十七年(1792)壬子科举人

杨复蔚——鹤庆人,乾隆五十七年(1792)壬子科举人
杨戴清——杨复蔚之子,嘉庆十八年(1813)癸酉科举人
杨金鑑——杨复蔚曾孙,光绪八年(1882)壬午科举人
杨金铠——杨金鑑之弟,光绪十六年(1890)庚寅科进士

罗荫恩——石屏人,乾隆五十九年(1794)甲寅科举人
罗凤彩——罗荫恩祖父,雍正元年(1723)癸卯科进士
罗元琦——罗荫恩之父,乾隆三年(1738)戊午科举人
罗庆恩——罗荫恩之兄,乾隆二十七年(1762)壬午科举人
罗湛恩——罗荫恩之兄,乾隆三十六年(1771)辛卯科举人
罗会恩——罗荫恩之兄,乾隆三十三年(1768)戊子科举人

施学夔——河阳人,乾隆六十年(1795)乙卯科举人
施昂——施学夔之子,嘉庆九年(1804)甲子科举人

杨奋甲——鹤庆人,乾隆六十年(1795)乙卯科举人
杨金和——杨奋甲之孙,光绪五年(1879)己卯科举人

赵蘧——晋宁人,乾隆六十年(1795)乙卯科举人
赵金门——赵蘧之子,嘉庆二十四年(1819)己卯科举人

何钟泰——晋宁人,嘉庆四年(1799)己未科进士
何简——何钟泰之子,嘉庆二十四年(1819)己卯科举人

杨本昌——南宁人,嘉庆四年(1799)己未科进士
杨本和——杨本昌之弟,乾隆五十三年(1788)戊申科举人
杨本浚——杨本昌、杨本和之弟,嘉庆十三年(1808)戊辰科进士
杨嘉材——昆明人,乾隆四十五年(1780)庚子科进士
杨成性——杨嘉材之子,嘉庆六年(1801)辛酉科举人

钱懋龄——昆明人,嘉庆三年(1798)戊午科举人
钱履和——钱懋龄之子,嘉庆二十四年(1819)己卯科举人

黄肇冀——昆明人,嘉庆五年(1800)庚申科举人
黄大宾——黄肇冀之子,嘉庆六年(1801)辛酉科举人

苏其材——新兴人,嘉庆五年(1800)庚申科举人
苏其祥——苏其材之弟,嘉庆十二年(1807)丁卯科举人

倪琇——昆明人,嘉庆六年(1801)辛酉科进士
倪玢——倪琇之弟,嘉庆十四年(1809)己巳科进士
倪应谦——倪玢之子,道光十一年(1831)辛卯科举人
倪应观——倪玢之子,道光十五年(1835)乙未科进士
倪恩龄——倪玢之孙,倪应观之子,光绪二年(1876)丙子科进士

邹炳——昭通人,嘉庆六年(1801)辛酉科举人
邹焯——邹炳之弟,嘉庆十五年(1810)庚午科举人
邹照——邹炳、邹焯之弟,道光二年(1822)壬午科举人
邹德润——邹焯之子,道光二十四年(1844)甲辰科举人

谢长清——楚雄人,嘉庆十二年(1807)丁卯科举人
谢长年——谢长清之弟,嘉庆二十五年(1820)庚辰科进士
谢宝煃——谢长年之侄,道光二十六年(1846)丙午科举人

丁载周——石屏人,嘉庆十三年(1808)戊辰科举人
丁坊——丁载周之子,道光二十九年(1849)己酉科举人
丁逢庚——丁坊之孙,光绪五年(1879)己卯科举人

汤集义——南宁人,嘉庆十三年(1808)戊辰科举人
汤秉义——汤集义之兄,道光五年(1825)乙酉科举人

保先烈——昆明人,嘉庆十四年(1809)己巳科进士
保肇基——保先烈之子,道光三年(1823)癸未科进士
保大泉——保先烈之孙,保肇基之子,光绪元年(1875)乙亥科举人

龚绶——昆明人,嘉庆十六年(1811)辛未科进士
龚嘉侨——龚绶之子,咸丰六年(1856)丙辰科进士

饶绶——昭通人,嘉庆十八年(1813)癸酉科举人
饶起孝——饶绶曾孙,光绪五年(1879)己卯科举人

孔继尹——通海人,嘉庆十九年(1814)甲戌科进士
孔继吕——孔继尹之弟,道光二年(1822)壬午科举人

李重发——鹤庆人,嘉庆十九年(1814)甲戌科进士

李重轮——李重发之弟,嘉庆二十五年(1820)庚辰科进士
李煌——昆明人,嘉庆二十二年(1817)丁丑科进士
李培祜——李煌之子,道光二十七年(1847)丁未科进士
李培仁——李煌之子,道光二十年(1840)庚子恩科举人

陈宗鲁——剑川人,嘉庆二十二年(1817)丁丑科进士
陈师鲁——陈宗鲁之弟,道光三年(1823)癸未科进士

张履吉——剑川人,嘉庆二十三年(1818)戊寅科举人
张再谨——张履吉之子,光绪元年(1875)乙亥科举人
张再洛——张履吉之子,光绪二年(1876)丙子科举人

喻元升——南宁人,嘉庆二十四年(1819)己卯科举人
喻怀仁——喻元升之子,道光十六年(1836)丙申科进士
喻怀信——喻元升之子,喻怀仁之弟,道光二十六年(1846)丙午科举人
喻怀恭——喻元升之侄,道光二十七年(1847)丁未科进士
喻嘉行——喻元升之孙,喻怀仁之子,同治九年(1870)庚午科举人

许应藻——石屏人,嘉庆二十五年(1820)庚辰科进士
许文藻——许应藻之弟,顺天中式,道光八年(1828)戊子科举人

秦福兴——呈贡人,道光元年(1821)辛巳科举人
秦福照——秦福兴之弟,道光三年(1823)癸未科进士

华日来——云南府人,道光元年(1821)辛巳科举人
华嵘——华日来长子,道光二十四年(1844)甲辰科举人
华世熙——华日来次子,华嵘之弟,光绪五年(1879)己卯科举人

毕光荣——昆明人,道光二年(1822)壬午科进士
毕应辰——毕光荣之子,道光三十年(1850)庚戌科进士

王安庭——姚州人,道光二年(1822)壬午科举人
王芝庭——王安庭之弟,道光十一年(1831)辛卯科举人

张琴——安宁人,道光三年(1823)癸未科进士
张璠——张琴之弟,道光十二年(1832)壬辰科举人
张其仁——太和人,道光六年(1826)丙戌科进士
张士锳——张其仁之子,同治元年(1862)壬戌科进士
张士鏸——张其仁之子,张士锳、张士彬之弟,光绪六年(1880)庚辰科进士
张士彬——张士锳之弟,光绪六年(1880)庚辰科进士

辛联英——昭通人,道光八年(1828)戊子科举人
辛联玮——辛联英之弟,道光六年(1826)丙戌科进士

戴䌹孙——昆明人,道光九年(1829)己丑科进士
戴鸿辰——戴䌹孙之子,光绪八年(1882)壬午科举人

朱䐲——石屏人,道光九年(1829)己丑科进士
朱在勤——朱䐲之子,咸丰元年(1851)辛亥科举人

李因泰——昭通人,道光十一年(1831)辛卯科举人
李钟泰——李因泰之弟,与其兄同榜中道光十一年(1831)辛卯科举人

陆应穀——蒙自人,道光十二年(1832)壬辰科进士
陆葆德——陆应穀之子,同治十三年(1874)甲戌科进士

张为纬——石屏人,道光十四年(1834)甲午科举人
张宸——张为纬之子,同治九年(1870)庚午科举人

谷沅——昆明人,道光十四年(1834)甲午科举人
谷清——谷沅之弟,道光十一年(1831)辛卯科举人

李延福——开化人(文山),道光十六年(1836)丙申科进士
李熙臣——李延福之子,李熙文之弟,光绪二年(1876)丙子科举人
李熙文——李延福之子,李熙臣之兄,同治十三年(1874)甲戌科进士

盛毓华——保山人,道光十七年(1837)丁酉科举人
盛毓芝——盛毓华之弟,道光二十四年(1844)甲辰科举人
盛毓芳——盛毓华、盛毓芝之弟,咸丰五年(1855)乙卯科举人

吴镕——宁州人,道光十七年(1837)丁酉科举人
吴焜——吴镕之弟,同治九年(1870)庚午科举人

王锡桐——丽江人,道光十七年(1837)丁酉科举人
王源——王锡桐之父,乾隆五十年(1785)乙巳科举人

吴嗣仲——保山人,道光十九年(1839)己亥科举人
吴式钊——吴嗣仲之子,光绪二十年(1894)甲午科进士

缪志鲁——昆明人,道光二十年(1840)庚子科举人
缪嘉言——缪志鲁之子,同治九年(1870)庚午科举人
缪介臣——缪志鲁之孙,光绪九年(1883)癸未科进士

高本仁——昆明人,道光二十一年(1841)辛丑科进士
高蔚光——高本仁之子,同治七年(1868)戊辰科进士

刘昆——景东人,道光二十一年(1841)辛丑科进士
刘式衡——刘昆之孙,光绪八年(1882)壬午科举人
刘式通——刘昆之孙,光绪八年(1882)壬午科举人

杨纪元——蒙自人,道光二十六年(1846)丙午科举人
杨增龄——杨纪元长子,同治十二年(1873)癸酉科举人

杨增新——杨纪元次子,杨增龄之弟,光绪十五年(1889)己丑科进士

唐大章——鹤庆人,道光二十九年(1849)己酉科举人
唐平章——唐大章之弟,咸丰五年(1855)乙卯科举人

王伟——建水人,道光二十九年(1849)己酉科举人
王沂渊——王伟之子,同治九年(1870)庚午科举人

赵履安——鹤庆人,咸丰元年(1851)辛亥科举人
赵继善——赵履安之子,光绪十一年(1885)乙酉科举人

王景昌——昆明人,咸丰元年(1851)辛亥科举人
王宝书——王景昌之子,光绪二年(1876)丙子科进士
王宝仁——王宝书之弟,同治十年(1871)辛未科进士
王宝光——王宝书之弟,光绪十六年(1890)庚寅科进士

陈鸣玉——宜良人,咸丰二年(1852)壬子科进士
陈侃——陈鸣玉之子,同治九年(1870)庚午科举人

王绮珍——石屏人,咸丰九年(1859)己未科进士
王荃——王绮珍之子,光绪九年(1883)癸未科进士

曾思浚——通海人,咸丰十年(1860)庚申科进士
曾思沂——曾思浚之弟,咸丰三年(1853)癸丑科进士

郑履端——太和人,同治元年(1862)壬戌科进士
郑辉典——郑履端之子,光绪二十九年(1903)癸卯科进士

陈维恺——昆明人,同治四年(1865)乙丑科进士
陈汝昌——陈维恺之子,陈荣昌之兄,光绪五年(1879)己卯科举人
陈荣昌——陈维恺之子,陈汝昌之弟,光绪九年(1883)癸未科进士

倪藩——昆明人，同治九年(1870)庚午科举人

倪惟钦——同治十三年(1874)甲戌科进士

倪惟诚——倪藩之子，倪惟钦之弟，光绪十二年(1886)丙戌科进士

倪惟寅——倪藩之子，倪惟钦之弟，倪惟诚之兄，光绪元年(1875)乙亥科举人

王光煦——永善人，同治九年(1870)庚午科举人

王光辉——王光煦之弟，光绪二年(1876)丙子科举人

孙清士——呈贡人，同治十年(1871)辛未科进士

孙愚——孙清士之子，光绪十五年(1889)己丑科进士

李开仁——昭通人，同治十二年(1873)癸酉科举人

李嘉瑞——李开仁之子，光绪三年(1877)丁丑科进士

李嘉珉——李嘉瑞堂弟，光绪十七年(1891)辛卯科举人

孙锡——南宁人，同治十二年(1873)癸酉科举人

孙宪曾——孙锡之子，光绪二年(1876)丙子科举人

孙念曾——孙锡之子，孙宪曾之弟，同治十三年(1874)甲戌科进士

林慧选——东川人，同治十二年(1873)癸酉科举人

林崧生——林慧选之子，同榜同治十二年(1873)癸酉科举人

甘孟贤——姚州人，同治十二年(1873)癸酉科举人

甘仲贤——甘孟贤二弟，光绪二年(1876)丙子科举人

甘叔贤——甘孟贤、甘仲贤之弟，光绪十一年(1885)乙酉科举人

甘季贤——甘孟贤、甘仲贤、甘叔贤之弟，光绪八年(1882)壬午科举人

范克家——太和人，同治十二年(1873)癸酉科举人

范克承——范克家之弟，光绪十二年(1886)丙戌科进士

范克仁——范克家、范克承之弟，光绪十一年(1885)乙酉科举人

孙佩金——呈贡人,同治十三年(1874)甲戌科进士
孙清选——孙佩金之子,光绪五年(1879)己卯科举人

牛登瀛——东川人,光绪元年(1875)乙亥科举人
牛广元——牛登瀛之子,光绪元年(1875)乙亥科举人

张中孚——江川人,光绪元年(1875)乙亥科举人
张维彬——张中孚之子,光绪十五年(1889)己丑科进士

王家轼——建水人,光绪元年(1875)乙亥科举人
王家辙——王家轼之弟,光绪元年(1875)乙亥科与兄同榜举人

吴绩恭——昭通人,光绪二年(1876)丙子科举人
吴绩敏——吴绩恭之弟,与其兄吴绩恭中同榜光绪二年(1876)丙子科举人

李勤培——昭通人,光绪二年(1876)丙子科举人
李效培——李勤培之弟,光绪十五年(1889)己丑科举人

段荣勋——昆明人,光绪二年(1876)丙子科进士
段荣诏——段荣勋之弟,光绪八年(1882)壬午科举人

董汝翼——嵋峨人,光绪三年(1877)丁丑科进士
董汝明——董汝翼之弟,光绪十二年(1886)丙戌科进士

丁逢庚——石屏人,光绪五年(1879)己卯科举人
丁兆冠——丁逢庚之子,光绪二十九年(1903)癸卯科举人

刘干元——元江人,光绪五年(1879)己卯科举人
刘承祚——刘干元之父,光绪五年(1879)己卯科同榜举人

谢文翘——昭通人,光绪六年(1880)庚辰科进士

谢崇垣——谢文翘之子,光绪二十九年(1903)癸卯科举人

耿存宽——昭通人,光绪八年(1882)壬午科举人
耿存良——耿存宽堂弟,光绪十七年(1891)辛卯科举人

卫家琇——临安人,光绪十四年(1888)戊子科举人
卫家珍——卫家琇从兄,同治九年(1870)庚午科举人
卫光禧——卫家珍之子,光绪十九年(1893)癸巳科举人

朱庭珍——石屏人,光绪十四年(1888)戊子科举人
朱芬——朱庭珍之弟,光绪十六年(1890)庚寅科进士

李棻——昆明人,光绪十五年(1889)己丑科进士
李相——李棻之弟,光绪十二年(1886)丙戌科进士

周玮——丽江人,光绪十五年(1889)己丑科举人
周冠南——周玮之子,光绪二十六年(1900)庚子科举人

陈庚明——石屏人,光绪十七年(1891)辛卯科举人
陈毕明——陈庚明之弟,光绪十七年(1891)辛卯科举人

吕存德——鹤庆人,光绪十八年(1892)壬辰科进士
吕存厚——吕存德之弟,光绪十七年(1891)辛卯科举人

许克家——宜良人,光绪十八年(1892)壬辰科进士
许克宽——许克家之弟,光绪二十年(1894)甲午科举人

蒋应镐——景东人,光绪十九年(1893)癸巳科举人
蒋应澍——蒋应镐之兄,光绪二十年(1894)甲午科举人